H. **HEINZEL**, R. **FITTER**, J. **PARSLOW**

GUIDE HEINZEL
DES **OISEAUX**
D'**EUROPE**

d'Afrique du Nord et du Moyen-Orient

DELACHAUX
ET **NIESTLÉ**

Édition originale :
Titre : *Collins Pocket Guide Birds of Britain and Europe with North Africa and Middle East*
© Harper Collins Publishers, 1995
© Hermann Heinzel, Richard Fitter and John Parslow, 1995 (nouvelle édition)

Édition française :
© Delachaux et Niestlé, Paris, 1996, 2004, 2014, 2020
ISBN : 978-2-603-02763-9
Dépôt légal : mai 2020
Réimpression : mai 2024
Impression : GPS Group, Bosnie-Herzégovine

Traduction : Michel Cuisin
Relecture scientifique : Maxime Zucca
Couverture : Léa Larrieu

Note de l'adaptateur :
Des précisions ont été ajoutées çà et là dans le texte, mais on n'oubliera pas qu'une description détaillée des plumages est impossible dans un ouvrage de ce genre. D'autre part, les différences entre espèces voisines sont limitées à l'essentiel. L'envergure a été indiquée pour presque toutes les espèces d'après le *Hanbook* de *Cramp et alii* (1977-1994), alors qu'elle l'avait été seulement pour certains grands oiseaux de l'édition anglaise originale. M. C.

Sommaire

Passereaux. Ils font partie de l'ordre des Passériformes. Il s'agit d'oiseaux terrestres, généralement petits sauf les corbeaux (Corvidae). La plupart des espèces familières dans les jardins et les parcs sont des passereaux. Ici, ils sont représentés à une échelle plus grande que les espèces précédemment énumérées.

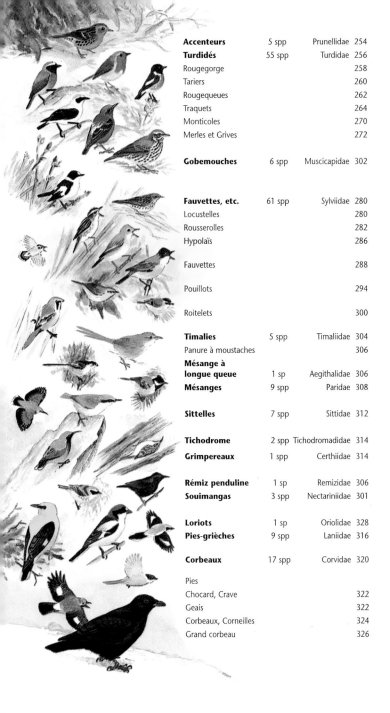

Introduction

Le texte

Tous les oiseaux d'Europe, d'Afrique du Nord et du Moyen-Orient sont décrits par familles. Pour les limites de cette aire, v. p. 14.

Le texte précise les caractères les plus importants pour l'identification des oiseaux dans la nature, notamment ceux qui sont moins évidents et ceux qui ne peuvent être illustrés (chant, cris, comportement, habitat).

La longueur (L), en centimètres, est la distance séparant la pointe du bec du bout de la queue. Elle figure à la fin de la description. Quand un oiseau (p. ex. un Héron cendré) est au repos, il peut être voûté et dans ces conditions on ne peut avoir une idée de sa taille.

Rousserolle effarvatte (p. 282). Son chant est une longue succession de « tchru tchru tchirio tchirio... » et comporte des imitations. Généralement émis dans les roseaux.

Rousserolle verderolle (p. 282). Chant plus fort, plus mélodieux et plus varié que celui de l'Effarvatte (imitations). Souvent émis d'un perchoir bien en vue et la nuit.

L'envergure (E), dimension assez imprécise, est indiquée généralement d'après The Birds of the Western Palaearctic (1977-1994), Oxford University Press, Oxford & New-York.

La voix est souvent l'un des caractères les plus importants pour l'identification et parfois c'est même le seul qui permette la distinction d'espèces très semblables comme les Pouillots véloce et fitis (p. 296) ou les Rousserolles effarvatte et verderolle (p. 282). Les oiseaux peuvent chanter et crier ou seulement crier. Le chant, émis surtout par les Passereaux, permet à l'oiseau mâle d'établir son territoire et de le défendre contre les autres mâles de son espèce ; il attire les femelles. En général, le chant est fort, fréquemment répété et on l'entend surtout avant et pendant la saison de reproduction. Toutefois, quelques oiseaux (Rougegorge, p. 258, Troglodyte, p. 314, etc.) chantent aussi en automne après la mue. Certains oiseaux, notamment les jeunes, chantent en sourdine (subsong) quand ils apprennent le chant de leur espèce mais des adultes chantent de même au début du printemps. Les cris, audibles en toutes saisons, représentent le mode de communication le plus fréquent ; ils peuvent exprimer l'alarme, l'irritation, l'avertissement, ou bien ils maintiennent le contact. Quelques grandes espèces (p. ex. les macreuses, p. 76) sont silencieuses en dehors de la saison de reproduction. Faute de mieux, nous avons représenté certains sons par des onomatopées, qui sont forcément plus ou moins fidèles. Les sonagrammes, plus exacts, ne sont, en réalité, guère utilisables.

L'habitat, milieu où l'oiseau se nourrit, niche et se repose a aussi beaucoup d'importance pour l'identification de certaines espèces, p. ex. le Pipit farlouse (p. 242) (landes) et le Pipit maritime (p. 244) (côtes rocheuses), ou la Chouette hulotte (p. 212) (bois) et le Hibou des marais (p. 208) (marais, friches). Toutefois, les Mésanges nonnette et boréale (p. 308), très semblables, nichent toutes deux dans les lieux boisés.

Certains oiseaux sont très exigeants en ce qui concerne les qualités de leur habitat et si celui-ci est altéré, ils se raréfient, tel le Râle des genêts (p. 122), qui, en Europe occidentale, souffre de la modification des pratiques agricoles. En Grande-Bretagne, l'Effraie des clochers (p. 212) est limitée par l'absence de cavités dans les bâtiments. A l'opposé, certaines transformations des paysages, dues à l'homme, favorisent des espèces : c'est le cas de l'Hirondelle de rivage (p. 238) et du Petit gravelot (p. 138), qui ont profité de la multiplication des gravières et sablières depuis plusieurs décennies.

Après l'envol des jeunes, certains oiseaux quittent le territoire où ils ont niché et fréquentent un habitat différent ; d'autres, en revanche, tel le Grand corbeau (p. 326) restent sur place. Parmi les premiers, le Pluvier doré (p. 140) niche dans les tourbières mais hiverne sur les côtes ou dans les prairies, champs et vasières. Certaines années, les Becs-croisés (p. 352) et les Jaseurs (p. 252) quittent les forêts de résineux du nord-est de l'Europe et envahissent parcs, jardins et vergers situés plus au sud et à l'ouest. Des exemples extrêmes de ces changements d'habitat nous sont donnés par les oiseaux européens qui migrent en Afrique tropicale et par les Alcidés (p. 188) et la Mouette tridactyle (p. 174), qui hivernent en mer après avoir niché sur des falaises.

Certains oiseaux européens sont sédentaires, donc présents toute l'année dans leur région d'origine. D'autres sont migrateurs : ils arrivent au printemps, nichent et vont ensuite passer l'hiver en Afrique ; d'autres encore quittent le nord ou l'est du continent et gagnent l'ouest (ou le sud) où ils trouvent un climat plus doux et davantage d'aliments. Si vous voyez, en janvier, une bergeronnette dont la face inférieure est jaune, il s'agira d'une Bergeronnette des ruisseaux (p. 248), migratrice partielle, et non pas d'une Bergeronnette printanière (p. 248), dont toutes les populations migrent en Afrique. D'autres oiseaux, de passage (tel, en France, le Bécasseau cocorli, p. 144) ne sont visibles qu'au printemps, quand ils se rendent sur leurs lieux de reproduction, et en automne, quand ils en reviennent pour aller en Afrique. Quelques espèces se montrent chaque année en grand nombre dans des pays où elles ne nichent pas (ex. la Grive mauvis, p. 274, en France) et enfin, les oiseaux accidentels sont rares et d'occurrence irrégulière, parfois à l'intervalle de plusieurs années ou même décennies (ex. grives de Sibérie, etc. V. la liste pp. 368-375).

Nos sources

Outre l'expérience personnelle que les trois auteurs et l'illustrateur de ce guide ont accumulée au fil des ans, le texte, comme celui de tous les autres ouvrages de ce genre, est fondé sur la documentation parue dans la littérature spécialisée. Quand le texte de la première édition fut rédigé peu après 1970, l'une de nos sources fut le *Pocket Guide to British Birds* de R. Fitter (1952), illustré par R.A. Richardson, le premier des guides modernes d'identification, issu pour partie de 30 ans d'observation et qui s'appuyait largement sur le *Handbook of British Birds* (1938-1943), dû à H.F. Witherby et d'autres auteurs. C'était, à l'époque, le plus récent d'une série d'ouvrages sur les oiseaux de Grande-Bretagne (le travail de E.M. Nicholson et L. Koch, 1936, *Songs of wild birds* avait joué un rôle identique). Nous rendons un hommage spécial à B. Tucker, qui avait préparé la rubrique « caractères distinctifs » dans ce *Handbook*.

Les cartes

Elles montrent la distribution, selon les saisons, de tous les oiseaux nicheurs d'Europe et des régions énumérées à la p. 14, c'est pourquoi les périodes et zones de présence ne sont pas indiquées dans le texte. Les couleurs, hachures et flèches employées sur les cartes sont expliquées ci-dessous (v. la carte):

Vert: espèce nicheuse présente toute l'année (ex. Pic épeiche, p. 226)
Jaune: espèce nicheuse, présente seulement au printemps et en été (ex. Pouillot boréal, p. 294)
Bleu: répartition en hiver (ex. Buse pattue, p. 94)
Hachures bleues: espèce visible seulement en période de migration (printemps et/ou automne), qui, normalement, ne niche pas et n'hiverne pas (ex. Mouette pygmée en Europe centrale, p. 168)
Flèche bleue: montre la direction générale de la migration des oiseaux qui survolent la région et peuvent y faire escale (ex. Chevalier stagnatile, p. 158).
Flèche noire: concentration de migrateurs en automne et au printemps (ex. Grue cendrée, p. 128).

Faucon crécerelle, p. 108.
Sédentaire. Environ 50 000
couples en France.

Merle noir, p. 272. En partie
sédentaire. Probablement
plusieurs dizaines de millions de
couples en France. Environ
540 000 couples en Belgique.

Rossignol philomèle, p. 256.
Visiteur d'été (migrateur).
2 700-5 100 couples en Belgique.

Rougequeue de Moussier, p. 262.
L'aire de cet oiseau est
entièrement incluse dans la
région.

Eider de Steller, p. 74. Visiteur
d'hiver, très localisé (Scandinavie)
dans la région.

La préparation de cartes à très petite échelle présente de grandes difficultés car elles ne peuvent, entre autres, renseigner sur l'abondance des espèces : le Faucon crécerelle et le Merle noir vivent tous deux en France, mais il y a beaucoup plus de Merles que de Crécerelles bien que leur distribution soit quasi identique (v. l'*Atlas des oiseaux nicheurs de France* 1985-1989). En outre, ces cartes exagèrent la présence d'une espèce dans son aire de répartition, puisque presque tous les oiseaux ont des préférences en ce qui concerne l'habitat. Un oiseau nicheur peut fréquenter seulement les grands plans d'eau (ex. Grèbe huppé, p. 26) ou vivre à une certaine altitude qui lui procure climat ou habitat favorables. Certains oiseaux ne nichent pas toujours dans la même région d'une année à l'autre, tel le Grèbe à cou noir (p. 26), qui a besoin d'eaux douces d'une certaine profondeur et qui les abandonne si la sécheresse fait baisser leur niveau. Enfin, la répartition des espèces grégaires, qui nichent en colonies localisées, est elle aussi souvent simplifiée, donc exagérée. Cartographier l'aire d'hivernage est également malaisé car celle-ci dépend, pour partie, de la rigueur de l'hiver ou de ressources alimentaires, dont l'abondance varie souvent d'une année à l'autre (baies, graines). Ainsi, au cours d'un hiver normal, les Vanneaux présents en France sont en partie originaires du nord de l'Europe, les autres étant des oiseaux indigènes, mais quand il y a une vague de froid comme en 1985 et en 1986, la majorité s'éloignent vers le sud. Certains oiseaux qui nichent en Scandinavie, telle la Grive litorne, peuvent s'attarder dans leur patrie (même dans le nord de la Norvège) si l'hiver est doux, mais s'il est normal ou que la nourriture manque, tous partiront.

Chaque carte montre la distribution dans la région délimitée p. 14. Certaines ne montrent que la partie où l'espèce niche (ex. Alouette calandrelle, p. 232. Rougequeue de Moussier, p. 262). Il n'y a pas de carte pour les oiseaux rares, non nicheurs dans la région délimitée.

Les informations qui ont servi à établir les cartes sont d'origines diverses. Le *Handbook of Birds of Europe, the Middle East and North Africa* (1977-1994) a été la principale. La première édition de notre guide (1972) devait beaucoup au *Handbook of British Birds* (1938-1944), à l'ouvrage de G.P. Dementiev et N.A. Gladkov (1951-1954). *Les oiseaux de l'Union Soviétique*, au *Guide des Oiseaux d'Europe* de R. Peterson, G. Mountfort et P.A.D. Hollom (1954) et à l'*Atlas of European Birds* de K.H. Voous (1960).

En France, L. Yeatman a publié le premier *Atlas des oiseaux nicheurs*; D. Yeatman-Berthelot et G. Jarry ont fait paraître le *Nouvel Atlas des oiseaux nicheurs* et l'*Atlas des oiseaux en hiver* (1991). En Belgique, l'*Atlas des oiseaux nicheurs* est paru en 1988, celui du Luxembourg a été publié en 1987 et en Suisse, l'*Atlas des oiseaux nicheurs* a vu le jour en 1980. Des atlas sont également parus en Grande-Bretagne, Allemagne, aux Pays-Bas, en Italie, Tchécoslovaquie, etc. En 1988, P.A.D. Hollom a publié des cartes dans le guide intitulé *Birds of the Middle East and North Africa*.

Les cartes du présent guide doivent beaucoup aux auteurs de ces différents atlas mais surtout à G.P. Dementiev, N.A. Gladkov et P.A.D Hollom. La répartition des oiseaux change et des informations sur son évolution paraissent constamment dans la littérature ornithologique (revues, atlas, listes, etc.). Les renseignements sont plus complets pour l'Europe occidentale, centrale et septentrionale car le nombre des ornithologues y est plus élevé et les publications spécialisées y sont plus nombreuses qu'ailleurs. Dans le détail, certaines des cartes publiées dans le présent ouvrage commencent déjà à être périmées, c'est pourquoi auteurs et éditeur remercient d'avance ceux qui leur signaleront les erreurs ou les modifications à apporter.

Les illustrations

L'artiste les a conçues de façon à montrer les différentes livrées (plumages) de tous les oiseaux qui nichent dans la région ou y viennent de façon régulière. L'allure en vol et diverses attitudes sont également représentées pour nombre d'espèces. L'illustration principale correspond au plumage nuptial, celui qui est porté, généralement, de la fin de l'hiver à l'été : toutefois, les canards (pp. 62-81) acquièrent ce plumage nuptial à la fin de l'automne après avoir revêtu, en été, un plumage d'éclipse provisoire. L'extrémité des plumes s'use et, le plus souvent, le plumage devient plus terne quand la saison avance. Un plumage neuf peut être plus coloré que sur les planches, mais avant d'être mué il sera plus terne et plus ou moins dépenaillé. Chez quelques oiseaux tel le Pinson du Nord (p. 338), c'est le contraire qui se produit, les couleurs vives apparaissant à mesure que l'extrémité des plumes s'use ; d'autres espèces ont trois mues, la troisième étant partielle, comme chez la Mouette rieuse (p. 168), qui acquiert son capuchon brun à la fin de l'hiver, ou complète comme chez le Lagopède alpin (p. 110). Pour la grande majorité des oiseaux on a représenté les plumages suivants s'ils sont suffisamment distincts : nuptial et hivernal, mâle et femelle, juvénile et immature. Cependant, chez certains groupes (surtout limicoles et Laridés) nous n'avons pas figuré toutes les livrées car elles sont nombreuses et, souvent, ne diffèrent pas énormément. Le plumage juvénile est celui qui succède immédiatement au duvet initial (quand celui-ci existe) ; les autres plumages portés entre la livrée juvénile et celle d'adulte sont « immatures » (cas des rapaces diurnes et des goélands qui acquièrent la coloration de l'adulte au bout de plusieurs années). La formation de certains plumages d'hiver commence parfois en été, juste après la fin de la période de reproduction.

Le cas échéant, les différentes phases (ou formes), types de coloration particuliers, qui existent dans toutes les populations de certaines espèces (ex. Coucou gris, p. 202, Combattant varié, p. 150) ont été illustrées. De même, des sous-espèces ont été représentées quand leur coloration diffère nettement de celle de la sous-espèce nominale. En revanche, sauf exception, l'albinisme partiel, le mélanisme ou le leucisme et autres anomalies (mutants, etc.) n'ont pas été illustrés.

Sur chaque page, les illustrations principales sont à la même échelle ; en revanche, celles qui représentent les variations de coloration, les sous-espèces, les oiseaux en vol ou des comportements, les espèces accidentelles et celles qui servent de comparaison, sont à une échelle réduite. Outre les symboles classiques qui désignent les deux sexes, nous avons employé quelques abréviations (v. p. 13 et p. 15).

PINSONS — Famille ou groupe dont font partie les oiseaux figurant sur la planche

Troupe

Femelle en plumage nuptial

Mâle en plumage nuptial

Mâle en plumage hivernal

Nom français de l'espèce

Mâle nicheur: coloration variable, gorge parfois noire

PINSON DU NORD

Comportement typique ou caractères distinctifs

Pinson des arbres

Nom d'espèce en capitales

coelebs

Les 2 espèces sont plus ternes en hiver. *F. coelebs*: bec brun clair (gris bleu au printemps); *F. montifringilla*: bec jaune en hiver, bleu noir au printemps.

Allure en vol (coloration des ailes, du croupion, etc.)

PINSON DES ARBRES

♂	= mâle
♀	= femelle
juv	= juvénile
im	= immature
N	= plumage nuptial
H	= plumage hivernal ou post-nuptial

1re année, 2e année, etc.: signalent le plumage porté après la livrée juvénile (jusqu'à la 4e année chez de grandes espèces) avant l'acquisition du plumage d'adulte. Automne (quelques sp ont un plumage intermédiaire entre livrées nuptiale et hivernale)

palatzekii: couleurs plus vives, ventre blanc, barres alaires blanches, évidentes

N teydea

PINSON BLEU

Nom de la sous-espèce quand 2 au moins sont illustrées

Les sous-espèces et certains caractères utiles pour l'identification (forme de la tête, coloration) sont souvent représentés sur la page de gauche.

tintillon

palmae

moreletti

spodiogenys

maderensis

Le texte relatif aux sous-espèces est en caractères plus petits, il mentionne la répartition et d'autres détails. V. p. 16 ce qu'est une sous-espèce.

13

Les oiseaux décrits dans ce livre

Ce livre contient la description de tous les oiseaux qui nichent ou se montrent régulièrement (en hiver ou au passage) dans toute l'Europe, en Afrique du Nord, en Arabie (jusqu'au 27° N environ), dans le sud-ouest asiatique (Moyen-Orient), à l'est jusqu'à la Mer Caspienne et approximativement le 52° Est en Iran (v. carte p. 10). Cela correspond à presque tout l'ouest de la région paléarctique, sauf la majeure partie de l'Arabie et du Sahara. Cette aire comprend, en outre, toutes les îles du nord-est de l'Atlantique (Açores, Canaries, Madère, Féroés, Islande, Jan Mayen, Spitzberg) sauf l'archipel du Cap Vert, le Maroc, l'Egypte, la Mer Rouge au nord d'Hurghada, l'Irak, le Caucase, la côte ouest de la Mer Caspienne et toute la partie européenne de l'ex-URSS, y compris les contreforts de l'Oural. On a également inclus les oiseaux nicheurs de l'est du Groenland car ils sont souvent européens. L'ensemble de cette vaste zone est appelé «région» dans le texte.

Nous avons employé le terme «Levant» au sens étroit pour désigner l'ensemble compris entre la Turquie et l'Egypte et correspondant à la Syrie, au Liban, à Israël (Palestine) et à la Jordanie.

Un Bécasseau de Bonaparte (p. 148), espèce nord-américaine accidentelle et rare (mais visible chaque année en Europe, surtout entre juillet et octobre) parmi des Bécasseaux variables et des Bécasseaux cocorlis (p. 144).

Certaines espèces non nicheuses se montrent irrégulièrement : ce sont des oiseaux accidentels, dont la liste s'allonge presque chaque année en Europe occidentale en raison de l'activité des ornithologues. Un grand nombre de migrateurs nord-américains ont été signalés en Europe et l'on peut penser que d'ici dix ou vingt ans, la majorité des espèces qui suivent le Mississippi ou la voie de migration la plus orientale auront été observées au moins une fois en Europe. Pour ne pas surcharger ce livre avec les espèces accidentelles originaires d'Amérique du Nord et d'Asie, nous n'avons illustré que les moins rares aux pp. 368-375. Celles qui sont observées le plus souvent sont mentionnées dans le texte principal à côté des espèces présentes dans la région. Certaines ont été groupées (ex. les canards, le plus souvent échappés de captivité : pp. 376-377, les grives : pp. 276-279, les passereaux nord-américains et asiatiques : pp. 362-367).

Les oiseaux des pays francophones

(Belgique, France, Luxembourg, Suisse)

Le statut des oiseaux nicheurs réguliers (N) dans ces quatre pays a été indiqué d'après les atlas parus récemment : Belgique (1988), France (1994), Luxembourg (1987) et pour la Suisse, d'après la Liste des Oiseaux de la Suisse parue dans la revue Der Ornithologische Beobachter (1989). Le statut de certaines espèces peut changer rapidement, c'est pourquoi l'absence d'indication peut n'être que provisoire (cas des oiseaux dont les effectifs sont très faibles, qui nichent irrégulièrement ou depuis peu de temps). Exemple : Faucon crécerelle (p. 108) : N : B, CH, F, L. Ce rapace diurne est nicheur et sédentaire dans les quatre pays francophones mais en hiver un certain nombre de sujets venus d'Europe centrale et septentrionale arrivent pour y passer la mauvaise saison (visiteurs d'hiver). Autre exemple : l'Hirondelle de rochers (p. 238) est migratrice en France et en Suisse mais un petit nombre hiverne en Provence.

Faute de place, il n'a pas été possible de détailler pour chacun des quatre pays les statuts plus particuliers tels que migrateur, migrateur partiel, visiteur d'hiver, sédentaire, accidentel, rare, ainsi que l'indication de l'abondance, mais les cartes donnent des indications générales sur certains points.

La classification

Tous les animaux sont classés dans différents groupes d'importance décroissante, les plus vastes (22 embranchements) précédant les classes, ordres, familles (terminaison en -idae), sous-familles (terminaison en -inae), genres et espèces. Les espèces (sp, pluriel : spp) peuvent comprendre plusieurs sous-espèces (ssp, pluriel sspp), qui correspondent à des populations différant par certains détails et ayant une répartition particulière au sein de l'aire occupée par l'espèce. Avec les mammifères, les reptiles, les batraciens et les poissons, les oiseaux font partie de l'embranchement des Chordés. Ils forment une classe particulière (*Aves*) divisée en 27 (ou 30) ordres, 150 à 180 familles et environ 9 000 espèces actuellement vivantes ou récemment éteintes ; on en découvre encore chaque année une ou plusieurs.

L'ordre le plus riche en espèces, celui des Passériformes, réunit les Passereaux, qui représentent plus de la moitié des espèces vivantes et plus du tiers des familles. Presque tous les Passereaux sont terrestres et ont des dimensions et une silhouette très variées ; en général, ils possèdent les adaptations nécessaires pour se percher et beaucoup chantent. Ici, les Passériformes commencent par les alouettes (p. 230) et prennent fin avec les bruants (p. 360). Dans le texte, nous avons adopté la famille comme unité de classification et les 74 qui sont représentées dans la région sont signalées (à l'exception des plus petites) par un disque noir à côté du titre (ex. Faucons, Falconidae– p. 104). Sauf exceptions dues à la composition des planches, la séquence des familles est celle qu'a proposée K.H. Voous dans sa *List of recent holarctic bird species* publiée dans la revue britannique *Ibis* (115, 1973 et 119, 1977).

Les noms scientifiques et les noms français

Le nom scientifique d'un oiseau a une valeur universelle et permet aux ornithologues de différents pays de savoir de quelle espèce il s'agit dans une publication ou un exposé en langue étrangère. Ainsi, Grand corbeau ne signifie rien pour un ornithologue chinois mais *Corvus corax*, nom scientifique de cet oiseau, lui sera immédiatement compréhensible. Pour désigner une sous-espèce, on ajoute un troisième élément au nom de l'espèce : le Guillemot de Troïl (p. 188) a une sous-espèce septentrionale *Uria aalge aalge* et une autre, méridionale, *Uria aalge albionis*. Les noms scientifiques sont ceux adoptés par Voous (v. p. 15). Sauf exceptions, les noms français sont ceux de la Liste LPO des Oiseaux de l'Ouest Paléarctique (2e édition 1993) et, pour les espèces accidentelles, ceux du Guide des oiseaux accidentels et rares en Europe (Delachaux et Niestlé 1992). Certains noms modifiés récemment ont été placés entre parenthèses après ceux qui sont encore le plus couramment employés.

Comment identifier les oiseaux

Les règles à suivre pour identifier correctement les oiseaux sont simples et peu nombreuses. Condition préalable : être patient ; on ne peut, surtout si l'on est débutant, identifier immédiatement tous les oiseaux que l'on voit pour la première fois. En effet, certaines espèces ne se laissent pas approcher, les conditions de luminosité peuvent être défavorables (contre-jour notamment), l'oiseau se montre trop brièvement ou est trop loin. Il est également nécessaire d'être discret : vous ne verrez et n'entendrez pas beaucoup d'oiseaux si vous vous déplacez bruyamment dans les broussailles ou si vous parlez sans arrêt à la personne qui, éventuellement, vous accompagne. En revanche, celle-ci peut vous apporter une aide précieuse si elle connaît déjà les oiseaux car elle vous apprendra à reconnaître leurs cris et leurs chants. Si vous ne connaissez aucun ornithologue, le mieux est d'adhérer au groupe ornithologique de votre département, province, ou région car des sorties d'initiation sont généralement organisées par les associations. Visiter une réserve ornithologique où l'on peut étudier les oiseaux du haut d'un mirador, est également une formule intéressante pour voir certains oiseaux aquatiques. Enfin, si une bonne vue est un atout inestimable, des jumelles de bonne qualité sont indispensables ainsi qu'un guide d'identification. Certes, on peut voir des oiseaux de tout près en les attirant dans un jardin au moyen d'aliments adéquats, mais la liste en sera vite établie. Les jumelles les plus recommandables pour un usage général grossissent 7,8 ou 10 fois ; leur luminosité varie en fonction du diamètre des objectifs (gravé sur le corps). Ex. : 10 x 25 ou 7 x 40. Plus le diamètre est important, plus la luminosité est grande.

Pour utiliser avec le maximum de profit le présent ouvrage, il est nécessaire de connaître le nom des différentes parties du corps des oiseaux qui sont souvent mentionnées dans le texte. Ces noms permettent aussi de se faire comprendre plus facilement des autres ornithologues. Dire que l'on a vu une tache blanche sur les scapulaires est beaucoup plus précis que de parler seulement de l'aile. Dans tous les cas, pour identifier un oiseau, il convient de tenir compte de ses dimensions, de sa coloration, de sa voix, de son comportement, de la saison à laquelle on l'observe, de son habitat et de la région où l'on se trouve.

« Topographie » d'un oiseau

dessus de l'aile

rémiges primaires
tectrices primaires
tectrices primaires
alula
couvertures carpiennes
grandes couvertures
rémiges secondaires
couvertures moyennes
petites couvertures
tertiaires
tertiaires
axillaires

rectrices
croupion
sus-caudales
Mantle
nuque
grandes sous-alaires

dessous de l'aile

vexille interne
bande (raie) médiane
bandeau latéral
sourcil
trait oculaire
lorum (lore)
parotiques
vexille externe
rachis
calamus
menton
moustache
rectrice
émargination

vertex (calotte)
bord du sourcil
nuque
e (trait) malaire
scapulaires
raie (trait) intermédiaire
tertiaires
moustache
parotiques
vertex (calotte)
lorum (lore)
front
bec
petites couvertures
manteau (dos)
menton
gorge
grandes couvertures
Medium coverts
côté du cou
primaires
secondaires
scapulaires
poitrine
tertiaires
barres alaires
alula
sus-caudales
tectrices primaires
rectrices
rémige primaire
anus
ventre
flancs
queue
tarse
sous-caudales
rectrices externes
le doigt postérieur manque rarement

17

Les détails importants pour l'identification

Quand on débute, il est souvent difficile de voir ce qui différencie des oiseaux de même taille, qu'ils soient petits (fauvettes, moineaux, bruants, etc.) ou grands (Corbeau freux et Corneille noire, femelles de canards, etc.). Pour les identifier correctement, il faut faire attention aux détails suivants :

1. **Taille et silhouette.** Comparez-les à celles d'un oiseau déjà connu, p. ex. Mésange bleue, Moineau domestique, Etourneau, Vanneau, Corbeau freux, Faisan. On comparera les oiseaux des eaux douces à la Poule d'eau, au Canard colvert, au Cygne tuberculé et les espèces du littoral au Grand gravelot, à la Mouette rieuse ou au Goéland argenté.

2. **Coloration** (dessus et dessous). Un oiseau de la taille du Corbeau freux mais gris sauf la tête, les ailes et la queue ne peut être qu'une Corneille mantelée (p. 324).

3. **Taches et autres marques colorées** (position, étendue). Un oiseau plus petit que le Corbeau freux et noir sauf un espace gris sur la nuque est un Choucas (p. 324).

4. **Dimensions et forme** du bec, des pattes, des ailes, de la queue et du cou. Un oiseau noir et blanc, à longue queue, plus petit que le Corbeau freux, est une Pie (p. 322). Un oiseau brun, aux grandes pattes, ayant un long bec incurvé vers le bas peut être un Courlis cendré ou un Courlis corlieu, voire un Courlis à bec grêle, rarissime (p. 156).

5. **Couleur du bec, des pattes et des yeux** (iris). Le Crave diffère du Chocard par la couleur (et la forme) du bec (p. 322) ; entre autres caractères, le Hibou moyen-duc se distingue du Hibou des marais par la couleur de ses yeux (p. 208).

6. **Façon de voler, de se déplacer à terre ou de nager.** Vol bondissant (fringille, pics, Chevêche d'Athéna) ou direct (Corneilles, Limicoles) ; marche (Etourneau) ou bonds successifs (Moineau domestique). Certains oiseaux agitent la queue (bergeronnettes), il en est qui font du vol sur place (Faucon crécerelle, Circaète), d'autres piquent dans l'eau (Fou de Bassan, sternes). Un petit oiseau brun au bec recourbé, qui escalade des arbres est un Grimpereau familier ou un Grimpereau brachydactyle (p. 314).

7. **Cris et chant.** La voix est l'un des critères essentiels pour l'identification. Certains oiseaux, très semblables par leur coloration (Pouillots véloce et fitis, p. 296 ou Mésanges nonnette et boréale, p. 308) diffèrent nettement par leur voix et beaucoup moins par leur aspect. En forêt, un ornithologue expérimenté identifie presque tous les oiseaux d'après leur voix.

8. **Saison, heure, localité et région** ont également beaucoup d'importance pour identifier un oiseau. Si l'on voit en novembre dans le nord de la France une Bergeronnette dont la face inférieure est jaune vif, il s'agira d'une Bergeronnette des ruisseaux car la Bergeronnette printanière (p. 248) est un grand migrateur qui, à cette saison, est déjà en Afrique. Un rapace nocturne qui survole une lande à midi sera probablement un Hibou Brachyote (p. 208) et non pas une Chouette hulotte (p. 212), qui vole rarement spontanément dans la journée et qui vit surtout dans les bois et les parcs. Un petit oiseau foncé au croupion blanc observé au-dessus d'un étang sera une Hirondelle de fenêtre (p. 240) et non pas un pétrel (océanite) (p. 34).

9. **Habitat, paysage.** Un petit oiseau à queue rousse observé dans un parc sera très probablement un Rougequeue à front blanc (p. 262) mais un autre observé dans une zone industrielle sans arbres sera un Rougequeue noir. Toutefois, il arrive qu'un oiseau soit observé dans un milieu très différent de celui qu'il fréquente normalement : on a vu des Pics verts sur des falaises sans arbres et des migrateurs égarés peuvent se trouver n'importe où.

10. Enfin, on tiendra compte de la luminosité, de la distance à laquelle se trouve l'oiseau, de la présence de brouillard et aussi de l'angle sous lequel on le voit : un oiseau qui vient directement vers l'observateur ou qui, au contraire, s'éloigne droit devant lui n'aura pas le même aspect que si on le voit de profil et certains détails de coloration ou de forme seront invisibles. Dans ces conditions, l'identification sera souvent difficile, voire impossible. Il en est de même si l'on voit un oiseau en vol uniquement par-dessous. Au crépuscule, le soleil couchant ou le brouillard modifient les couleurs à tel point que les risquent d'erreur augmentent considérablement.

Note importante. En raison de la brièveté des textes descriptifs, seuls les caractères essentiels ont été indiqués, or il ne faut pas oublier que pour distinguer certaines espèces très semblables (p. ex. les deux grimpereaux, p. 314, certains traquets, pp. 266-268), l'énumération des détails propres à chaque espèce peut occuper une page entière car on s'efforce désormais de décrire toutes les particularités – même les plus fines – susceptibles d'éviter toute erreur (on en trouvera des exemples, entre autres dans la revue allemande *Limicola* ou la revue anglaise *British Birds*, ainsi que dans les ouvrages consacrés à l'identification des espèces jumelles ou très voisines, tel *The MacMillan field guide to bird identification* de A. Harris, L. Tucker et K. Vinicombe, 1989 (version anglaise ou allemande).

Si vous voyez un oiseau rare...

Si vous connaissez *bien* tous les oiseaux nicheurs ou de passage de votre région, vous rencontrerez peut-être un jour une espèce qui vous paraîtra tout à fait étrangère à la faune avienne locale. Dans ce cas, notez *soigneusement* sa coloration, son aspect, son comportement et, si possible, photographiez ou dessinez-la (détails remarquables la distinguant des espèces qui lui ressemblent et que vous connaissez déjà). Notez les circonstances (date, lieu, situation météorologique) et envoyez un double de votre description au Comité d'Homologation national de votre pays. C'est seulement après que vous consulterez un guide d'identification ou un ouvrage plus détaillé pour essayer de déterminer l'oiseau inconnu.

Un oiseau « rare » peut être tout simplement échappé de captivité, tel ce Verdier de l'Himalaya (*Carduelis spinoides*), qui ressemble à un Tarin et se comporte comme un oiseau sauvage.

Comment attirer les oiseaux

On peut attirer certains oiseaux communs pour les observer à faible distance et cela même si l'on habite dans un immeuble, à condition qu'il y ait, à proximité, un parc, un jardin public ou une allée d'arbres. Dans ce cas, il suffira de leur offrir de la nourriture. Si vous avez un jardin, vous pourrez, en outre, placer un nichoir sur un arbre. Le « nourrissage artificiel » ne devrait être pratiqué qu'en hiver et s'il fait vraiment froid. Les aliments, non salés (cacahuètes, mélange de graisse et de graine) seront placés dans une mangeoire ou dans un filet fixés sur un rebord de fenêtre ou accrochés à une branche, un piquet. Mésanges, Moineaux, Verdiers et d'autres espèces seront parmi les premiers à profiter de cette nourriture, mais on risque aussi de voir une Sittelle, un Pic épeiche, etc. Localement, le nourrissage artificiel a favorisé certaines espèces comme la Mésange charbonnière qui a, désormais, tendance à passer l'hiver plus au nord en Scandinavie. Il y a deux grands modèles de nichoirs : ceux qui ressemblent à une boîte percée d'un trou circulaire et qui conviennent pour les mésanges, le Gobemouche noir, le Rouge-queue à front blanc et la Sittelle – celle-ci fixera de la boue autour

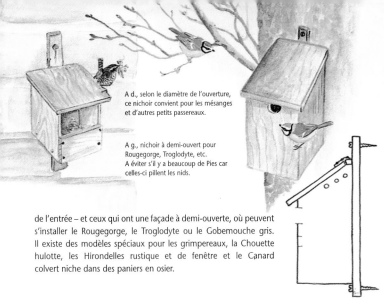

A d., selon le diamètre de l'ouverture, ce nichoir convient pour les mésanges et d'autres petits passereaux.

A g., nichoir à demi-ouvert pour Rougegorge, Troglodyte, etc. A éviter s'il y a beaucoup de Pies car celles-ci pillent les nids.

de l'entrée – et ceux qui ont une façade à demi-ouverte, où peuvent s'installer le Rougegorge, le Troglodyte ou le Gobemouche gris. Il existe des modèles spéciaux pour les grimpereaux, la Chouette hulotte, les Hirondelles rustique et de fenêtre et le Canard colvert niche dans des paniers en osier.

Où peut-on observer les oiseaux ?

L'orifice doit être toujours en haut de la façade (l'espace situé au-dessus d'une ouverture trop basse ne sert à rien).

Savoir où se trouvent les oiseaux est un gage de succès car chaque paysage héberge des espèces particulières. On verra un grand nombre d'oiseaux dans les campagnes cultivées où champs et prairies alternent encore avec des bosquets, des haies et auprès des villages entourés de jardins. Si, en outre, il y a des marais, étangs, cours d'eau, il sera possible d'observer 50 à 60 espèces en l'espace d'une matinée, surtout à la fin du printemps ou au début de l'été. En circulant en voiture, on peut comme certains amateurs de records, voir ou entendre 100 à 150 espèces en une journée à la condition de parcourir une région où l'avifaune est très riche.

On distingue les milieux terrestres, aquatiques (eaux douces), littoraux, montagnards et méditerranéens. Les premiers vont des terrains vagues à la forêt. Les déserts sont, entre autres, peuplés d'alouettes, traquets et de gangas. Vers le nord, ils sont peu à peu remplacés par des milieux moins arides. Les grandes étendues de terres arables souvent appelées « steppes cultivées » en raison de leur monotonie sont le domaine des alouettes, de certains pipits, bruants, perdrix et de l'Oedicnème.

Sur les hauteurs du nord de l'Europe les prairies broutées par les moutons laissent la place à des landes de bruyère où vivent les Lagopèdes des saules (ou d'Ecosse), le Pipit farlouse, l'Alouette des champs et le Merle à plastron. Les broussailles et les plantations forestières sont appréciées par grives, fauvettes, fringilles et autres passereaux. Les jardins, parcs et bosquets, fréquents dans les villes, banlieues et villages, hébergent de nombreux oiseaux, pour la plupart originaires de bois et forêts : Merle noir, Grive musicienne, Rougegorge, Accenteur mouchet, Troglodyte, Mésanges bleue et charbonnière, Pinson et Verdier. Il y a deux types de forêts, d'une part celles de résineux (conifères) présentes en montagne (étage subalpin) et dans le nord de l'Europe (taïga) et, d'autre part, les forêts de feuillus (arbres à feuilles caduques tels que chênes, hêtres, charmes, etc.), qui occupent les plaines, vallées et les contreforts des montagnes. Elles ont été très dégradées dans la région méditerranéenne. Plusieurs espèces sont inféodées aux forêts de résineux : Mésanges noire et huppée, Roitelet huppé, becs-croisés. Dans celles de feuillus, on trouve, entre autres, outre les espèces mentionnées plus haut, la Bécasse, le Gobemouche noir, et très localement la Cigogne noire et l'Aigle botté. Au-dessus de la limite des arbres, les montagnes sont fréquentées par des espèces de milieux ouverts, Pipit spioncelle, Traquet motteux. L'Accenteur alpin et la Niverolle sont les deux passereaux qui nichent le plus haut en Europe.

Autour de la Méditerranée, maquis et garrigues représentent le domaine de plusieurs espèces de fauvettes méridionales (Fauvettes à lunettes, sarde, passerinette). Les milieux dulçaquicoles (eaux douces) comprennent les marais, les tourbières, les lacs, étangs, les rivières et les fleuves, les torrents et les ruisseaux. Hérons, râles, bécassines, chevaliers vivent au bord de certains d'entre eux ainsi que plusieurs passereaux (rousserolles, etc.). Le Vanneau et le Pluvier doré nichent parfois loin de l'eau mais s'en rapprochent en hiver. Grèbes, canards et sarcelles nagent sur les eaux libres ; le Cincle et la Bergeronnette des ruisseaux ont besoin d'eaux rapides et non polluées. La toundra arctique est peuplée de nombreuses espèces en été (limicoles, canards, oies), mais en hiver c'est un véritable désert car il y fait très froid et les jours sont très courts.

De nombreux oiseaux marins (Alcidés, fous) nichent sur les falaises côtières tandis que vasières et lagunes attirent beaucoup de limicoles (petits échassiers).

Plusieurs goélands et mouettes animent le littoral et certains vont se nourrir à l'intérieur des terres. Les pétrels nichent sur les côtes mais passent la majeure partie de leur vie en mer.

La conservation des oiseaux

Les ornithologues s'efforcent de s'approcher des oiseaux pour les observer mais ils doivent rester à distance respectable et être aussi discrets que possible pour ne pas les effrayer et les faire fuir, surtout en période de nidification. C'est le bien-être des oiseaux qui doit primer. L'observateur doit donc se comporter de façon à ne pas déranger les oiseaux et cela est particulièrement important quand il fait froid car des envols successifs entraînent une dépense d'énergie considérable, ce qui amoindrit les facultés de résistance. De même, il ne faut jamais s'attarder près d'un nid (car on empêche les adultes de venir couver, réchauffer ou nourrir les jeunes) et surtout on ne doit pas modifier son environnement immédiat (végétation notamment), sinon on risque de le faire abandonner (cela vaut non seulement pour les passereaux mais aussi pour les grandes espèces, tels les rapaces). Enfin, on n'oubliera pas de respecter la propriété d'autrui et les règlements qui limitent les activités ou l'accès de certains milieux, notamment dans les réserves et les parcs nationaux. En conclusion, l'ornithologue doit se soumettre à une certaine éthique et ne pas se conduire en vandale. P. GÉROUDET, éminent ornithologue helvétique, a parfaitement résumé ce code de bonne conduite dans un article intitulé Le « bon usage » de l'ornithologie de terrain, paru dans la revue belge Aves (vol. 2, n° 4, 1965, pp. 75-78).

Sociétés, associations, laboratoires d'ornithologie

France Société nationale : Société d'études ornithologiques de France, 55 rue Buffon, 75005 Paris. Publie la revue Alauda. De nombreuses associations existent dans toutes les régions et la plupart publient une revue. Ligue Française pour la protection des oiseaux (LPO), La Corderie Royale, bp 263,17305 Rochefort cedex (plusieurs délégations en province). Publie les revues l'Oiseau Magazine et Ornithos. Laboratoire des Mammifères et des Oiseaux. Museum National d'Histoire Naturelle, 55 rue Buffon 75005 Paris.

Belgique Société d'Etudes Ornithologiques Aves. Publie la revue Aves. Institut de Zoologie, 22 quai Van Beneden, 4000 Liège. Ligue royale belge pour la protection des oiseaux (LRBPO), 8 Durentijdlei, 2130 Brasschaat. Publie la revue l'Homme et l'Oiseau. Institut Royal des Sciences Naturelles de Belgique, 11 rue Vautier, 1040 Bruxelles.

Suisse Société romande pour l'étude et la protection des oiseaux, Museum d'Histoire Naturelle, CH 2300, La Chaux-de-Fonds. Publie la revue Nos Oiseaux. Station Ornithologique Suisse, 6204 Sempach (publie des brochures d'ornithologie en français et en allemand ; centre national de baguage).

Luxembourg Ligue luxembourgeoise pour la protection de la nature et des oiseaux, bp 709, 2017 Luxembourg. Publie la revue Regulus.

Glossaire

Cire	p. 200	Peau nue, colorée, située à la base du bec de certains oiseaux.
Cline	p. 232	Variation progressive d'un caractère morphologique coloration, etc.
Conspécifique	p. 356	Qui fait partie de la même espèce.
Culottes		Plumes qui recouvrent la base des pattes chez les rapaces diurnes.
Cunéiforme	p. 38	En forme de coin.
Endémique	p. 340	Propre à une région et qui ne vit nulle part ailleurs.
Forme (phase)		Chez certaines espèces, une partie de la population porte un plumage d'une couleur particulière alors que le reste a une coloration différente. Il s'agit de phases colorées indépendantes de l'âge, du sexe et de la sous-espèce.
Homochromie	p. 130	De la même couleur que le milieu ambiant.
Internuptial (plumage)	p. 136	Plumage revêtu après la période de reproduction.
Limicoles		Petits échassiers (vanneaux, chevaliers, bécasse, bécassines, etc.).
Mélanisme		Anomalie provoquant une coloration foncée des plumes.
Nominale (sous-espèce)	p. 12	La première sous-espèce décrite ou la seule s'il n'y en a pas d'autres.
Nuchal	p. 168	Situé sur la nuque.
Occipitale (huppe)	p. 130	Située sur l'occiput entre le vertex et la nuque.
Phase		Voir Forme.
Piriforme	p. 188	En forme de poire.
Rachis	p. 216	Partie de l'axe central des plumes sur laquelle sont fixées les barbes.
Sempervirent	p. 252	Qui reste toujours vert (végétal).

Subterminal	p. 166	Situé près de l'extrémité.
Super-espèce	p. 28	Groupe d'espèces étroitement apparentées.
Tomium (pluriel tomia)		Bord coupant des mandibules.
Vibrisses	p. 130	Petites plumes ayant l'aspect de poils, généralement situées à la base du bec.
Zygodactyle		Disposition des doigts de certains oiseaux: les 2e et 3e sont tournés en avant, les 1er et 4e en arrière.

Abréviations et symboles employés

♂	mâle	Im.	immature
♀	femelle	Juv.	juvénile
A	accidentel	L	longueur (v. p. 8)
AFN	Afrique du Nord	M. i.	mandibule inférieure
C. circa	environ, à peu près	M. s.	mandibule supérieure
Cm	centimètres	N.	plumage nuptial (printanier)
E	envergure/été/est	Sp	espèce (singulier)
GB	Grande-Bretagne (Angleterre, Ecosse, Pays de Galles)	Spp	espèces (pluriel)
		Ssp	sous-espèce (singulier)
H	hiver (plumage hivernal, internuptial)	Sspp	sous-espèces (pluriel)

AUTRUCHE D'AFRIQUE *Struthio camelus* (Struthionidae). Ne peut être confondue : le plus grand oiseau du monde. Très long cou rosé, grandes et fortes pattes couleur chair. Ne peut voler. Mâle adulte noir sauf ailes et queue blanches. Femelle, juv. et im. gris brun. La ssp. *syriacus* vivait jadis dans la région. Le dernier spécimen, signalé en 1966 près de Maan, Jordanie, a peut-être péri, noyé dans une inondation. On envisage de relâcher des sujets de la ssp. *camelus* (Sahara, Sahel) dans le Négev (Israël) (oiseaux issus d'un élevage dans la réserve de Hai Bar). L mâle 210-275 cm, femelle 175-190 cm.

● Plongeons : *Gaviidae*. Corps cylindrique, queue très courte, pattes palmées situées très en arrière ; ces adaptations à nage et plongée les rendent impotents à terre. En vol, tête et cou tendus, dos voûté. Crient surtout en période de reproduction (cris puissants, plaintifs ou rires). Sexes semblables. En hiver, dessus foncé, dessous blanc. Juv. liserés clairs dessus. Sur les côtes en hiver, rares sur les lacs.

Des 6 groupes d'oiseaux qui plongent de la surface, les plongeons sont de la taille des cormorans et des harles mais plus grands que les grèbes, les fuligules et les Alcidés. Sur l'eau, tête moins relevée que chez les cormorans.

PLONGEON CATMARIN *Gavia stellata*. Le plus petit et le plus élancé ; en vol, battements d'ailes rapides, amples, pattes tenues serrées, assez courtes, partie antérieure du corps plus importante que l'arrière (3/2). Sur l'eau, tête et bec inclinés à ca. 30°, bec mince paraissant retroussé (m.i. arquée). H : face plus blanche que celle des autres plongeons (yeux bien visibles surtout chez l'adulte), calotte et nuque gris plus pâles, dos finement tacheté de blanc, arrière des flancs foncé. N : espace roux du cou peu visible, dessus brun foncé. Cri en vol, sorte de cancanement. Niche au bord des petits lacs (toundra, tourbières) ; se nourrit en mer et sur les grands lacs. L 53-69, E 106-116 cm.

PLONGEON ARCTIQUE *Gavia arctica*. Taille intermédiaire entre *G. stellata* et *G. immer*. N : caractéristique : tête grise, gorge noire. En vol : corps horizontal, avant et arrière du corps égaux (2/2), longues pattes écartées, battements d'ailes moins amples que chez *G. stellata*. H : diffère de *G. immer* (plus gros) par : front moins renflé, tête et cou plus gris contrastant avec le dos presque noir, mieux séparé de l'espace blanc à l'arrière des flancs. H : diffère de *G. stellata* par : dos foncé non tacheté, espace blanc plus net à l'arrière des flancs, noir de la tête et du cou plus étendu, plus contrasté, atteignant l'œil, bec et tête tenus presque horizontalement. Voix, habitat : comme *G. arctica*. L 58-73, E 110-130 cm.

PLONGEON IMBRIN *Gavia immer*. Plus grand et plus massif que *G. arctica*. Été : tête noire, 2 bandes grises sur le cou noir, bec plus épais, front plus renflé. En vol, allure plus lourde, pattes dépassant largement la queue. H : calotte et cou plus foncés que le dos d'aspect écaillé ; souvent, ébauche de collier clair ; limite entre noir et blanc moins nette (le blanc remonte souvent au-dessus des yeux). Cou et bec presque horizontaux en vol. Cris puissants, plaintifs, en vol «kvouk kvouk kvouk» gutturaux. Niche souvent sur des îles dans les grands lacs. L 69-91, E 127-147 cm.

PLONGEON À BEC BLANC *Gavia adamsii*. Un peu plus grand que *G. immer*, qui est moins rare. L'hiver, en diffère surtout par : bec blanc jaunâtre (gris blanc chez *G. immer*), paraissant retroussé (m.i. anguleuse avec arête et tomia foncés), tête inclinée à 30°, dos plus clair, cou semblable mais ses côtés et ceux de la tête moins foncés (blanc et brun moins bien délimités), yeux bien visibles. L 76-91, E 137-152 cm.

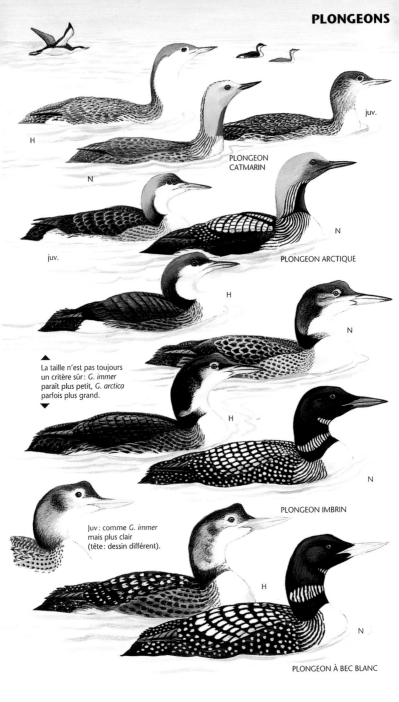

H

juv.

PLONGEON
CATMARIN

N

juv.

PLONGEON ARCTIQUE

N

H

N

La taille n'est pas toujours
un critère sûr: *G. immer*
paraît plus petit, *G. arctica*
parfois plus grand.

H

N

Juv : comme *G. immer*
mais plus clair
(tête : dessin différent).

PLONGEON IMBRIN

H

N

PLONGEON À BEC BLANC

● GRÈBES : *Podicipedidae*. Plus petits que les plongeons. Doigts palmés indépendants. Les grandes espèces ont un long cou ; petites espèces plus trapues. Sexes semblables. Hiver : dessus foncé, dessous blanc ou clair. Juv.: tête et cou striés. En vol, tête et cou plus bas que le dos. Cris aigus (jeunes). Nichent sur les eaux douces, parfois en colonie. En hiver, aussi estuaires et eaux côtières.

GRÈBE HUPPÉ *Podiceps cristatus*. Adulte nicheur : ne peut être confondu : double huppe, collerette rousse et noirâtre ; parades nuptiales spectaculaires (secoue la tête, etc.). Hiver: pas de collerette (joues blanches plus évidentes). En vol: ailes en partie blanches, queue apparemment inexistante. Bec rose. Au repos, cou souvent dressé. Cris variés: grognements, caquètements. L 46-51, E 85-90 cm. N : B, CH, F, L.

GRÈBE JOUGRIS *Podiceps grisegena*. Eté : très différent de *P. cristatus* : cou roux, joues gris clair (plus foncé chez sujets âgés), base du bec jaune vif, pas de huppe. H: en diffère par bec jaunâtre et foncé, plus court, cou gris, pas de sourcils pâles, le noir du vertex atteint l'œil et pâlit progressivement vers les joues blanches (*P. cristatus* plus blanc, plus gracieux). De loin, ressemble plus à *P. nigricollis* qu'à *P. cristatus*. Bruyant quand il niche : cris puissants, plaintifs, répétés. En hiver, surtout sur les côtes. L 40-50, E 77-85 cm.

GRÈBE ESCLAVON *Podiceps auritus*. Le plus grand des 3 petites espèces européennes trapues et à bec court. Plumage nuptial typique : devant du cou et flancs roux, grosse tête noire avec 2 touffes de plumes dorées, dressées. Hiver: tête paraissant aplatie, vertex et arrière du cou noir contrastant avec joues et devant du cou blanc, petite tache blanche devant l'œil. Bec rectiligne, noir à pointe blanche et base rose. Cris variés, trilles fréquents. Hiverne surtout sur les côtes. L 31-38, E 59-65 cm.

GRÈBE À COU NOIR *Podiceps nigricollis*. Un peu plus petit, moins massif que *P. auritus* (cou plus long) ; en diffère par le bec qui paraît retroussé (m.i. anguleuse). Plumage nuptial : cou noir, tête noire avec touffes de plumes dorées, en éventail, sur les joues. Hiver: cou blanc grisâtre, front moins fuyant, noir descendant sous les yeux, contrastant moins avec le bas des joues blanc (passage graduel de l'une à l'autre couleur). Cris généralement moins aigres que ceux de *P. auritus*. L 28-34, E 56-60 cm. N : B, CH, F.

Nicheur

Grèbe à bec bigarré *Podilymbus podiceps*. Accidentel (Amérique). Trapu, cou assez bref, grosse tête ; bec court, épais, blanc et noir (en été), sous-caudales plus blanches que chez *Tachybaptus ruficollis*, presque pas de blanc sur les ailes. L 31-38, E 56-64 cm.

GRÈBE CASTAGNEUX *Tachybaptus ruficollis*. Le plus petit grèbe de la région. Plumage nuptial : joues et gorge rousses, tache jaunâtre à la base du bec. Hiver: brun terne et beige, sous-caudales blanchâtres. Juv.: en automne, joues partiellement blanches. Pas de blanc sur les ailes. Chant: trille rapide, aigu; cri d'alarme «ouit ouit». Plus fréquent sur les cours d'eau que les autres grèbes (plus rare sur les côtes). L 25-29, E 40-45 cm. N : B, CH, F, L.

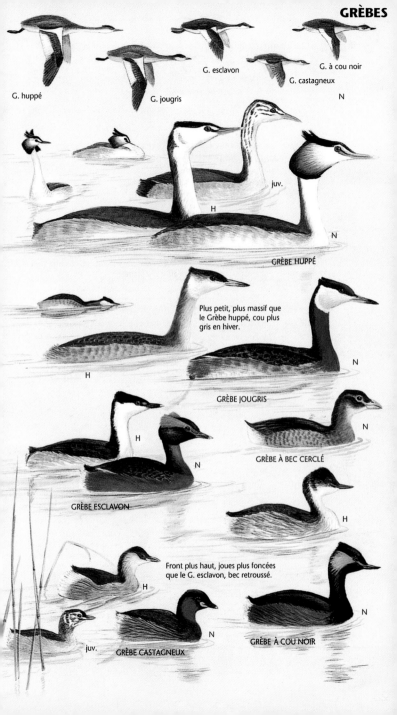

GRÈBES

G. huppé

G. jougris

G. esclavon

G. castagneux

G. à cou noir

juv.

H

N

GRÈBE HUPPÉ

Plus petit, plus massif que le Grèbe huppé, cou plus gris en hiver.

H

N

GRÈBE JOUGRIS

H

N

GRÈBE ESCLAVON

N

GRÈBE À BEC CERCLÉ

H

Front plus haut, joues plus foncées que le G. esclavon, bec retroussé.

H

N

GRÈBE À COU NOIR

juv.

N

GRÈBE CASTAGNEUX

● Phaétons: *Phaethontidae.* Oiseaux tropicaux en grande partie blancs, reconnaissables à leurs très longues rectrices centrales.

PHAÉTON À BEC ROUGE *Phaethon aethereus* Queue blanche, dos barré de noir, primaires en partie noires, trait oculaire noir, bec rouge. Juv.: dessus barré, trait oculaire noir, bec jaune. Battements d'ailes amples, pique dans l'eau. Cris aigus, râpeux, fréquents. L 90-105, E 99-106 cm.

● Frégates: *Fregatidae* Grands oiseaux foncés; planent beaucoup (ailes coudées, longue queue fourchue); long bec crochu. Houspillent d'autres oiseaux marins pour prendre leur nourriture.

Frégate superbe *Fregata magnificens.* Mers tropicales. Mâle: noir sauf sac gulaire rouge vif; femelle: poitrine blanche, collier blanchâtre sur l'arrière du cou. Im.: tête, poitrine, ventre blancs. L 95-110, E 215-245 cm.

● ALBATROS *Diomedeidae.* Les plus grands oiseaux marins capables de voler. Grande envergure. Planent très longuement. Accidentels (viennent de l'Atlantique Sud).

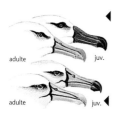

adulte   juv.

Albatros à sourcils noirs *Thalassarche melanophris.* Dos, ailes, queue, trait oculaire et larges bords du dessous des ailes, noirâtres. Im.: plus gris (tête notamment), la bande blanche du dessous des ailes s'élargit avec l'âge; bec gris noirâtre (adulte: bec jaunâtre). L 80-95, E 213-248 cm.

adulte   juv.

Albatros à cape blanche *Diomedea cauta.* Un peu plus grand que *T. melanophris,* tête grisâtre, dessous des ailes blanc avec liseré noir. L 90-99, E 220-256 cm. V. *D. exulans* et *D. chlororhynchos* p. 368.

● Pétrels et Puffins: *Procellariidae* (pp. 28-32). Oiseaux marins. Taille moyenne, longues ailes, narines s'ouvrant sur le bec par 2 petits tubes, forte odeur musquée. Excellents planeurs. Nichent en colonies. Volent au ras des vagues, les ailes raides, se balancent d'un côté et de l'autre.

Pétrel diablotin *Pterodroma hasitata.* Caraïbes. Accidentel (rarissime). Vertex noir contrastant avec front, nuque, gorge et dessous blancs, sus-caudales blanches. L 41, E 94 cm.

PÉTREL DE MADÈRE *Pterodroma madeira.* Espèce rare. Taille de *Puffinus puffinus,* vol différent, plus ondulé, plus précipité. Dessus gris, front pâle, tache foncée sur les parotiques, bande pectorale grise, incomplète, flancs tachetés de gris, dessous des ailes foncé, bec court. C. 30 couples nichent sur Madère, en montagne. La nuit, émet des cris plaintifs. Fait partie de la super-espèce du Pétrel soyeux (*P. mollis*). L 32-33, E 78-83 cm.

PÉTREL GONGON *Pterodroma feae.* Un peu plus grand que *P. madeira.* Sourcils blancs, bec long et plus épais. C. 70 couples nichent en automne sur Bugio (îles Desertas). Fait partie de la super-espèce du Pétrel soyeux (*P. mollis*). L 33-36, E 84-91 cm.

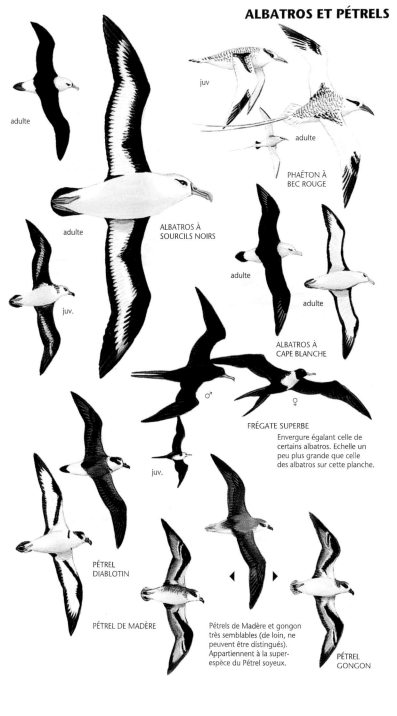

ALBATROS ET PÉTRELS

adulte

juv

adulte

PHAÉTON À
BEC ROUGE

adulte

ALBATROS À
SOURCILS NOIRS

adulte

adulte

juv.

ALBATROS À
CAPE BLANCHE

♂

♀

FRÉGATE SUPERBE

Envergure égalant celle de
certains albatros. Echelle un
peu plus grande que celle
des albatros sur cette planche.

juv.

PÉTREL
DIABLOTIN

PÉTREL DE MADÈRE

Pétrels de Madère et gongon
très semblables (de loin, ne
peuvent être distingués).
Appartiennent à la super-
espèce du Pétrel soyeux.

PÉTREL
GONGON

FULMAR BORÉAL *Fulmarus glacialis.* Ressemble à un goéland: dessus gris clair, tête et dessous blancs; phase grise plus foncée, plus uniforme (surtout Arctique). Diffère des goélands par: ailes tenues raides en vol, allure de puffin, espace clair sur les primaires, cou épais, bec court, narines tubuleuses. Grognements, caquètements gutturaux, surtout près des colonies. Si on l'importune, se défend en crachant un liquide huileux et malodorant. Niche sur falaises côtières, vieux bâtiments (jusqu'à plusieurs km de la mer). Longue période de reproduction. L 45-50, E 102-112 cm.   N: F.

PÉTREL DE BULWER *Bulweria bulwerii.* Ressemble à un Pétrel-tempête géant (p. 34). Bande claire oblique sur le dessus des ailes comme chez le Pétrel cul-blanc aussi, p. 34. Longue queue en forme de coin; bec noir, pattes roses et noires. Vol entrecoupé de glissades en plané, léger, au ras de l'eau. Chant: phrase de 5 syllabes. Cri: sorte de croassement. L 26-28, E 68-73.

Pétrel de Jouanin *B. fallax.* Océan Indien; A, rarissime. Un peu plus grand que *B. bulwerii*; ailes entièrement foncées ou faible bande claire. Vol plus zigzaguant, moins proche des vagues. De près, tête et bec plus gros. L 30, E 75 cm.

PUFFIN FULIGINEUX *Puffinus griseus.* Grande taille. Foncé sauf milieu du dessous des ailes plus ou moins clair; bec noirâtre, pattes rose violet foncé. Plus sombre et plus grand que le Puffin des Baléares (p. 32). Vol rappelant plus celui du Puffin majeur que celui de *Calonectris diomedea*: battements d'ailes puissants. Vient des mers du Sud; visiteur d'automne régulier; parfois près des côtes. L 40-51, E 94-109 cm.

Puffin à pieds pâles *P. carneipes.* Mers du Sud; A, rare. Entièrement foncé; diffère de *P. griseus* (même taille) par: bec clair sauf l'extrémité foncée, pattes rose chair, espace blanchâtre à la base des primaires sur le dessous de l'aile. L 43, E 100 cm.

PUFFIN MAJEUR *Puffinus gravis.* Grand. Reconnaissable de loin à sa calotte noire bien séparée de la gorge et du cou blancs. Bec foncé. Croissant blanc à la base de la queue, zone grise sur le ventre. Vol typique des puffins, balancé; plane. Cris rauques quand il profite des déchets de poissons autour des bateaux de pêche. Vient du S de l'Atlantique en fin d'été et automne; en mer, parfois près des caps. L 43-51, E 100-118 cm.

PUFFIN CENDRÉ *Calonectris diomedea.* Le plus grand puffin nicheur dans la région. Dessus brun à gris brun, dessous blanc. Grand bec clair. Peut avoir du blanc à la base de la queue. Pas de calotte noire contrastant avec les joues. Plus pâle que *Puffinus griseus* et plus grand que *P. mauretanica* (p. 32). Selon la vitesse du vent, plane (ailes incurvées) ou bat des ailes (davantage que *P. gravis* et *P. griseus*). Au printemps, toux rauque, cris plaintifs. Niche sur falaises, îles rocheuses. L 45-56, E 100-125 cm.   N: F.

FULMAR, PÉTRELS, PUFFINS

phase claire

phase sombre

FULMAR

plumage usé

PÉTREL DE BULWER

PÉTREL DE JOUANIN

PUFFIN FULIGINEUX

PUFFIN À PIEDS PÂLES

PUFFIN MAJEUR

PUFFIN CENDRÉ

Groupe du Puffin des Anglais. Oiseaux de petites ou moyennes dimensions, du genre *Puffinus*. Vol caractéristique : ailes raides, se balancent latéralement, montrant tantôt leur face dorsale foncée, tantôt la face ventrale blanche (surtout quand le vent est fort). A la différence des grandes espèces, ont aussi un vol papillonnant. Ne suivent jamais les bateaux.

PUFFIN DES ANGLAIS *Puffinus puffinus*. Le plus commun dans le NO de la région. Dessus très foncé, dessous blanc, très contrasté. Pattes roses et noires, bec noir. Vol balancé, alternant avec un vol plus papillonnant. Pêche souvent en troupe. Très bruyant, la nuit, dans les colonies : cris puissants, croassements, bourdonnements, miaulements. Niche sur des îles, parfois à distance de la mer. Ses troupes s'assemblent souvent en mer avant le crépuscule. L 30-35, E 76-82 cm.   N : F.

PUFFIN YELKOUAN *Puffinis yelkouan*. Taille identique à celle de *P. puffinus* (parfois considéré comme une ssp. de celui-ci). En diffère par : queue un peu plus longue, coloration bien moins contrastée ; souvent brun noirâtre dessus ; dessous blanc sauf flancs, côtés du cou, bords des ailes brun sale, plus pâle que chez *P. mauretanicus* (contraste plus net que chez ce dernier qui est un peu plus grand). Vol semblable à celui de *P. puffinus*, mais souvent plus papillonnant. Voix semblable à celle de ce dernier. Méditerranée et Mer Noire. L 30-35, E 76-82 cm.   N : F.

yelkouan   mauretanicus

PUFFIN DES BALÉARES *Puffinus mauretanicus*. Nettement plus grand que *Puffinus puffinus* et *P. yelkouan* (parfois tenu pour une ssp. des deux). Moins noirâtre que le 1er ; dessous brun plus foncé que le 2e, coloration plus uniforme ; flancs et sous-caudales bruns, ce qui peut entraîner une confusion avec *P. griseus* (p. 30), plus grand, aux ailes plus longues, au vol plus puissant mais non papillonnant. Atteint le Golfe de Biscaye et les Iles Britanniques surtout en automne. L 32-38, E 78-89 cm.

PUFFIN SEMBLABLE *Puffinus assimilis*. Ssp. *baroli* noire et blanche comme *P. puffinus*, mais plus petite, ailes plus arrondies (peu visible en mer) ; en diffère par son vol plus battu ou plus papillonnant, plus rasant ; de près, pattes bleues, bec plus court, face plus blanche (le noir de la calotte n'atteint pas les yeux (ssp. *baroli*)). Niche sur des îlots rocheux (Açores, Canaries, Desertas, Salvages) où il est moins bruyant que *P. puffinus*. L 25-30, E 58-67 cm.

boydi   baroli

Ssp. boydi (îles du Cap Vert)
accidentelle possible.

PUFFIN PERSIQUE *Puffinus (lherminieri) persicus*. Taille, longueur du bec et façon de voler intermédiaires entre *P. yelkouan* et *P. assimilis*. Dessus brun, dessous blanc ; beaucoup de brun sous les ailes, sur les axillaires, les flancs, les sous-caudales ; pattes roses. Sud de la Mer Rouge, toute l'année dans le Golfe Persique. Souvent considéré comme une ssp. du Puffin d'Audubon, *P. lherminieri*, pan-tropical, lui-même parfois tenu pour une ssp. de *P. assimilis*, dont la ssp. *lherminieri*, noire et blanche, de l'Atlantique occidental, pourrait être accidentelle dans la région. L 29-31, E 62-69 cm.

P. puffinus   P. persicus

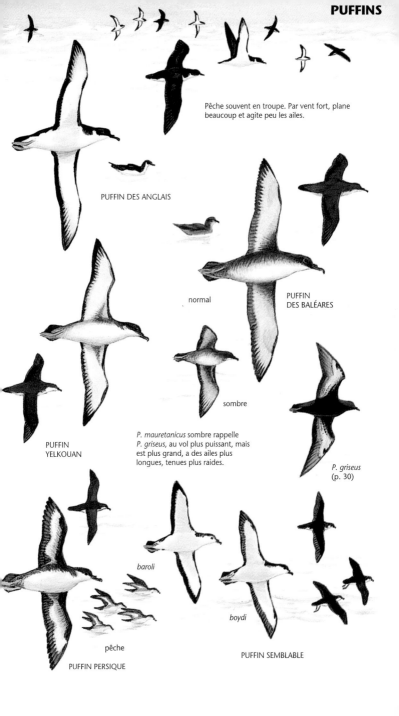

Pêche souvent en troupe. Par vent fort, plane beaucoup et agite peu les ailes.

PUFFIN DES ANGLAIS

normal

PUFFIN
DES BALÉARES

sombre

PUFFIN
YELKOUAN

P. mauretanicus sombre rappelle
P. griseus, au vol plus puissant, mais
est plus grand, a des ailes plus
longues, tenues plus raides.

P. griseus
(p. 30)

baroli

boydi

pêche

PUFFIN PERSIQUE

PUFFIN SEMBLABLE

● OCÉANITES *Hydrobatidae*. Petits pétrels noirs, pélagiques; croupion souvent blanc; volent ou voltigent au ras de l'eau et semblent marcher dessus. Ne viennent à terre (la nuit) que pour nicher dans une cavité sur les côtes rocheuses des îles ou sous les épaves. Sexes semblables. Bec court, noir, narines tubuleuses. La plupart peuvent suivre les navires.

OCÉANITE TEMPÊTE *Hydrobates pelagicus*. Le plus petit et le plus commun dans la région. Evoque une Hirondelle de fenêtre (p. 240) à queue carrée. Croupion blanc, contrastant avec le reste du plumage presque tout noir; ligne pâle sur le dessus de l'aile; barre blanche ou claire sur le dessous de l'aile, pattes noires, ne dépassant pas la queue. Vol direct ou papillonnant, comme celui d'une chauve-souris, entrecoupé de brèves glissades en plané. Chant analogue à celui d'un engoulevent, bourdonnant, entrecoupé de «tchikka». L 14-17, E 36-39 cm.   N: F.

OCÉANITE CULBLANC *Oceanodroma leucorhoa*. Plus grand, plus brun que le Pétrel-tempête, ailes plus longues, bande claire bien nette sur l'aile; dessous de l'aile entièrement foncé, queue fourchue; croupion blanc, gris au milieu (marque absente ou difficilement visible). Reconnaissable surtout au vol léger, bondissant, virevoltant (ailes coudées); touche rarement l'eau avec ses pattes et suit rarement les navires. Chant: ronronnement; cri: «houika houika». Plus répandu à la fin de l'automne. L 19-22, E 45-48 cm.

OCÉANITE DE CASTRO *Oceanodroma castro*. Ailes un peu plus courtes et plus larges que celles d'*O. leucorhoa*; bande alaire moins évidente, croupion entièrement blanc, queue moins fourchue (détails peu visibles en mer). Meilleur caractère: le vol, qui ressemble à celui d'un puffin (intermédiaire entre celui d'*O. leucorhoa* et celui d'*Hydrobates pelagicus*), comportant des zigzags latéraux et non pas verticaux. Chant, ressemble à celui d'*H. pelagicus*; en vol, «tcheuk-a-tcheuk tcheuk tcheuk». En hiver, séjourne près des îles où il a niché. L 19-21, E 42-45 cm.

Océanite de Swinhoe *O. monorhis*. Taille d'*O. leucorhoa*; bande alaire claire, pas de croupion blanc, queue fourchue. Vol comportant des piqués comme les sternes. Océan Indien. A, mais signalé de plus en plus souvent. L 19-22, E 44-46 cm.

OCÉANITE DE WILSON *Oceanites oceanicus*. Petit, brun très foncé, queue carrée, croupion blanc. Diffère de *H. pelagicus* – plus petit – et d'*O. leucorhoa* – plus grand, par ses longues pattes qui dépassent largement la queue (palmures jaunes peu visibles); bande alaire plus évidente que chez *H. pelagicus* mais moins que chez *O. leucorhoa*; dessous des ailes généralement sombre. En vol, ailes non coudées, allure de sterne. Vient de l'Antarctique. Rare près des côtes. L 15-19, E 38-42 cm.

OCÉANITE FRÉGATE *Pelagodroma marina*. Dans la région, le seul petit pétrel partiellement gris dessus et blanc dessous; face partiellement blanche (évoque un phalarope en hiver, p. 162) car taille semblable. Vol hésitant, balancements latéraux fréquents; longues pattes dépassant la queue presque carrée (palmures jaunes). Chant ressemblant à un roucoulement. L 20-21, E 41-43 cm.

dessous de l'aile variable ;
bande claire du dessus
rarement visible.

OCÉANITE TEMPÊTE

OCÉANITE
CULBLANC

OCÉANITE
DE CASTRO

OCÉANITE DE SWINHOE

OCÉANITE
DE WILSON

OCÉANITE FRÉGATE

juv.

2e année

3e année

sub-adulte

adulte

● Fous : *Sulidae*. Grands oiseaux marins au corps allongé ; queue cunéiforme. Vol puissant, battu et plané. Plongent de haut ou de la surface pour pêcher.

FOU DE BASSAN *Morus bassanus*. Blanc sauf bout des ailes noir. Reconnaissable de loin quand il plonge (soulève une gerbe d'écume). De près : tête et cou jaune orangé, gros bec gris bleu, palmures brun noir, peau nue gris bleu autour des yeux gris. Sexes semblables. Juv. brun foncé, tacheté de blanc ; l'im. blanchit peu à peu en 3-4 ans. Voix rauque. Niche en colonies très denses sur des côtes et îles rocheuses. Pélagique en hiver. L 87-100, E 165-180 cm.
N : F.

du Cap   masqué

Fou du Cap *M. capensis*. Atlantique Sud. A. Un peu plus petit que *M. bassanus*. Adulte : queue, extrémité et bord de fuite des ailes, milieu gorge et tour des yeux (peau nue), noirs. L 84-89 cm.

Fou masqué *Sula dactylatra*. Mers tropicales. A, rare. Adulte : tête blanche, queue brun chocolat foncé, peau nue de la face noirâtre. Im. ressemble à *S. leucogaster* sauf collier brun tacheté de blanc. L 81-92, E 152 cm.

FOU BRUN *Sula melanogaster*. Mers tropicales. Niche dans la Mer Rouge. Visiteur régulier : golfe d'Elat/Aqaba. Plus petit que *Morus bassanus* ; brun foncé sauf poitrine et ventre blancs. Im. semblable mais plus pâle ; diffère de celui de *M. bassanus* par sa coloration nettement bicolore. L 64-74, E 132-150 cm.

● PÉLICANS : *Pelecanidae*. Très grands. Très long bec, poche gulaire extensible. Vol majestueux, battu, plané ou vol à voile (cou replié), souvent en formation régulière.

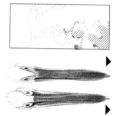

PÉLICAN BLANC *Pelecanus onocrotalus*. Plumage nuptial blanc teinté de rose, petite huppe. Larges ailes, extrémité et bord de fuite noirs ; queue très courte ; poitrine teintée de jaune ; yeux rouges ; poche gulaire jaune ; peau nue de la face jaune ou orange ; pattes roses ou rougeâtres. Im. brun clair, devenant blanc en 3-4 ans. Voix gutturale. Sociable, niche en colonies. Lacs d'eau douce et saumâtre, marais, deltas, eaux côtières peu profondes. L 140-175, E 270-360 cm.

PÉLICAN FRISÉ *Pelecanus crispus*. Un peu plus grand que *P. onocrotalus*, plumage plus gris (jamais rosé) ; yeux jaunes ; pas de huppe mais plumes de la nuque frisées ; poche orange, peau nue de la face violacée (nidification) ; dessous des ailes : extrémité des primaires noirâtre, bord de fuite gris et très étroit ; pattes gris plomb. L 160-180, E 310-345 cm.

juv.

Pélican gris *P. rufescens*. Afrique tropicale. A, rare. Plus petit que *P. onocrotalus*. Plumage blanc grisâtre teinté de rose en période de reproduction (surtout dessous et ventre) ; bec et poche roses ; peau de la face tachetée de noir. L 125-132, E 265-290.

FOU DE BASSAN adulte

juv.

adulte

adulte

FOU DU CAP

♀

adulte

♂

juv.

FOU BRUN

adulte

FOU MASQUÉ

juv.

juv.

adulte

adulte H

juv.

adulte H

PÉLICAN BLANC

N

N

adulte H

PÉLICAN FRISÉ

H

PÉLICAN GRIS

● CORMORANS : *Phalacrocoracidae*. Grands oiseaux aquatiques grégaires, noirâtres ; grand cou, long bec crochu, queue cunéiforme. Sexes semblables. im. bruns (dessous plus clair), adultes au bout de 2 ans. Relèvent la tête obliquement quand ils nagent ; plongent de la surface ; battements d'ailes réguliers ; volent à faible hauteur au-dessus de l'eau, souvent en formation (V), le cou tendu. V. plongeons (p. 24).

CORMORAN HUPPÉ *Phalacrocorax aristotelis*. Plus petit que *P. carbo*, front plus droit. Noirâtre sauf peau nue, jaune à la base du bec (étroit) et autour des yeux verts ; huppe courbée en avant en période de reproduction. Juv./im.: menton et gorge blanchâtres, reste du dessous brun pâle. Côtes rocheuses ; niche sur falaises, écueils. Parfois sur côtes sablonneuses, vasières. L 65-80, E 90-105 cm. N : F.

aristotelis N   desmarestii N

desmarestii: plus petit, bec plus long, peau faciale plus pâle, huppe plus courte.

Ssp. *desmarestii* (Méditerranée, Mer Noire): un peu plus petit, bec plus long, plus fin, jaune ; peau faciale jaune, plus pâle, plus étendue, huppe plus courte parfois absente, palmures jaunes. Juv.: dessous bien plus blanc. Ssp. *riggenbachi* (NO Afrique): semblable sauf bec comme ssp. *aristotelis*.

Grand cormoran

Cormoran à aigrettes

En vol. Cormoran huppé: tête relevée. Cormoran à aigrettes: cou paraissant tordu. Grand cormoran: cou horizontal. Les 2 premiers battent des ailes plus rapidement que le dernier.

GRAND CORMORAN *Phalacrocorax carbo*. Dans la région, le plus grand oiseau marin tout noir sauf face en partie blanche ; poche gulaire jaune ou jaune-orangé, iris vert. Au printemps, tache blanche sur les cuisses. Dans le C et le S de l'Europe et au Maghreb, de nombreux adultes ont tête et cou en grande partie blancs quand ils nichent. Juv./im.: gorge blanchâtre ; dessous blanchâtre, plus ou moins tacheté ou même brunâtre. Cris gutturaux. Lacs, réservoirs, fleuves, eaux côtières. Niche sur falaises, rochers ou arbres. L 80-100, E 130-160 cm. N : F.

carbo H   sinensis H

aspect de la face surtout lié à l'âge.

Ssp. *carbo* (Atlantique): plumage à reflets violets ; ssp. *sinensis* (C et S Europe), plus petit, plumage à reflets vert foncé, tête et cou plus ou moins blancs (nidification). Ssp. *maroccanus* (Maghreb) semblable sauf poitrine blanche.

lores et poche gulaire toujours orange.

Cormoran à aigrettes *P. auritus*, A, rare. Taille intermédiaire entre *P. carbo* et *P. aristotelis*. Quels que soient l'âge et le sexe, poche gulaire orange, nue, lores orange. Im. brun, dessous plus clair, notamment cou et haut de la poitrine. L 76-91, E 137 cm.

CORMORANS

H

adulte

juv.

2e année

marestii

aristotelis

juv.

CORMORAN HUPPÉ

Au repos, tiennent souvent les ailes
écartées, comme s'ils les faisaient
sécher (cela est contesté).

H

◄ carbo

N

N

sinensis plus vert;
tête plus blanche
au printemps que
les vieux *carbo*,
plus violets.

N

juv.
foncé

juv. clair

juv. variables, ventre
généralement blanc.

N
maroccanus

juv.

H

CORMORAN
À AIGRETTES

GRAND CORMORAN. La distinction
des ssp. n'est pas toujours facile,
contrairement aux illustrations ci-dessus.

CORMORAN DE SOCOTRA *Phalacrocorax nigrogularis*. Plus petit et plus fin que *P. carbo*. Ressemble à *P. aristotelis*. Foncé, sauf en période de nidification. Un peu de blanc derrière l'œil, taches blanches sur le cou et fines stries blanchâtres au croupion. Bec gris noirâtre, iris vert. Juv./im. diffèrent de ceux de *P. carbo* par : bec plus fin, grisâtre, taches blanchâtres sur les ailes, taches foncées sur le dessous blanchâtre. Côtes. Niche à terre. L 77-84, E 102-110 cm.

adulte nicheur :
trait blanc derrière
l'œil.

Grand cormoran

L'aire de *P. nigrogularis* chevauche celle de *P. carbo* et de *P. pygmaeus*. *P. pygmaeus* est bien plus petit, *P. carbo* toujours plus grand (adulte nicheur : du blanc sur face et cuisses). *P. nigrogularis* évoque le Cormoran huppé; vole souvent au ras de l'eau.

CORMORAN PYGMÉE *Phalacrocorax pygmaeus*. Le plus petit cormoran de la région (plus petit que le Canard colvert). Caractères distinctifs : cou bref assez épais, tête arrondie, longue queue, iris foncé. Adulte nicheur : tête et cou acajou (parfois noirs avant la reproduction), reste du plumage tacheté de blanc. Eaux douces et saumâtres avec grandes roselières; souvent sur de petits étangs. Niche dans arbres et roselières. L 45-55, E 80-90 cm.

Adulte N : tête
foncée, plus
brune ensuite.

Adulte N : vert
noirâtre, courte
huppe avec
espace blanchâtre.

CORMORAN AFRICAIN *Phalacrocorax africanus*. Ne niche plus dans la région. Un peu plus grand que *P. pygmaeus*. Cou bref, tête arrondie. Adulte H et juv. brunâtres avec gorge blanche et reste du dessous clair. Adulte N : noir sauf taches argentées sur couvertures alaires, petite huppe et espace blanchâtre provisoire derrière l'œil. Eaux douces et côtières. L 50-60, E 80-90 cm.

● ANHINGAS : *Anhingidae*. Grands oiseaux des eaux douces et saumâtres. Silhouette plus élancée que celle des cormorans, cou et queue plus longs. Bec non crochu, souvent relevé.

ANHINGA ROUX *Anhinga melanogaster (A. rufa)*. Dessus noir rayé de blanc. Mâle : tête, nuque noires (brunes chez la femelle), gorge rousse (♀ : brun rosé), long trait blanc sur côté du cou (peu visible chez la ♀), iris jaune. Cou étrangement incurvé, souvent animé de mouvements reptiliens (d'où le nom d'oiseau-serpent). Nage en tenant tête et cou à l'air libre. Ecarte les ailes comme les cormorans. Au nid, lance des grognements. Lacs, fleuves, estuaires. Niche en colonies sur arbres ou buissons proches de l'eau. L 85-97, E 116-128 cm.

CORMORANS, ANHINGA

juv.

H

Très sociable, souvent en troupes de plusieurs milliers ; parfois en mer, mais généralement près des côtes.

im.

CORMORAN DE SOCOTRA

N

juv.

en vol, ressemble à une foulque à grande queue (p. 126)

H

im.

H

CORMORAN PYGMÉE

juv.

♂

♀

CORMORAN AFRICAIN

pêche en nageant

ANHINGA ROUX

♀

perché, écarte les ailes comme les cormorans ; souvent, seuls cou et tête émergent quand il nage.

● HÉRONS, AIGRETTES, BUTORS : *Ardeidae*. Echassiers bien adaptés à la pêche dans les eaux peu profondes : cou, bec et pattes longs. Queue assez courte. Ailes larges, arrondies. Les grandes espèces volent assez lentement, pattes tendues et cou replié, contrairement aux cigognes, spatules, ibis et grues (v. pp. 50 et 128). Les adultes nicheurs de certaines espèces ont de longues plumes ornementales sur nuque et épaules. Changements de coloration en période de nidification (v. p. 46). Sexes généralement semblables. Voix souvent forte, rauque ou croassante. La majorité nichent en colonies sur des arbres ou dans des roselières.

BUTOR ÉTOILÉ *Botaurus stellaris*. Assez grand, brun tacheté et strié de noir ; vertex noir, peau nue de la face bleu vert. Très discret : on l'entend plus qu'on ne le voit. Emet un grognement grave, qui porte loin (chant), ressemblant à un beuglement ou à une corne de brume. Se tient le cou replié entre les épaules, mais s'il est inquiété, s'accroupit et étale les ailes. Cri en vol « koua » ou « kouov » rauque. Plus visible quand il nourrit sa nichée. Grandes roselières, marais, grands étangs. Niche isolément. L 70-80, E 125-135 cm.   N : B, F.

Butor étoilé : en vol, les ailes arrondies, aux battements assez lents, évoquent un rapace nocturne ; en diffère par : bec long, pattes dépassant la queue. B. d'Amérique : vole plus souvent, extrémité des ailes noire, ressemble plus à un héron.

Butor étoilé

Butor d'Amérique *B. lentiginosus*. Amérique du Nord. A, rare sauf GB et Irlande (automne-hiver), Islande et Féroés. Vertex roux, peau nue de la face jaune verdâtre, extrémité des ailes noire, très larges et longues moustaches noires, dessus finement marqué de noir. Plus souvent en vol que le B. étoilé, évoque moins un rapace nocturne ; se nourrit davantage à découvert. Voix analogue, aussi des « kok kok kok » rauques, en vol et un « haink » nasal ; mugissement trisyllabique, comparé au bruit d'une vieille pompe (audible seulement en Amérique). L 60-75, E 105-125 cm.

Butor d'Amérique

BLONGIOS NAIN *Ixobrychus minutus*. Le plus petit Ardéidé nicheur de la région. Le mâle est le seul à avoir les ailes bicolores (noir et jaune crème). Femelle plus terne, brune, plus striée dessous (juv. semblable mais aussi strié dessus). Chant : coassement ou aboiement grave et portant loin ; cri en vol « ker », cri d'alarme « gek ». Très discret. Grimpe sur les roseaux comme la Rousserolle turdoïde (p. 282). Comme le Butor étoilé, peut se figer, corps et cou étirés, verticaux. Roselières au bord des étangs et rivières, marais. L 33-38, E 52-58 cm.   N : B, CH, F.

♀

Blongios nain

♂

♀

Petit blongios

♂

Petit blongios *I. exilis*, Amérique du Nord. A. Plus petit que *I. minutus*. Coloration des ailes moins contrastée, bande claire sur les épaules. Femelle : dos marron (et non pas noir) ; juv./im. semblables sauf poitrine et dos plus striés. Encore plus discret. Dans la végétation épaisse des marais, peut être pris pour un râle, voire un rongeur. L 28-36, E 40-45 cm.

PETITS HÉRONS

N

juv.

1er hiver

CRABIER CHEVELU

1ère nidification

N

juv.

adulte

CRABIER DE GRAY

im.

adulte

juv.

juv.

HÉRON STRIÉ

HÉRON VERT

adulte

im.

juv.

2e année

juv. (voir aussi p. 43)

BIHOREAU GRIS

adulte — Crabier chevelu

adulte — Crabier de Gray — adulte — Héron strié — juv.

juv. — adulte — Bihoreau gris

Crabier chevelu

En vol, Crabier chevelu et Crabier de Gray paraissent presque aussi blancs qu'une aigrette. Héron strié: battements d'ailes amples. Le Héron bihoreau vole surtout au crépuscule, souvent en ligne; ses battements d'ailes sont rapides.

CRABIER CHEVELU *Ardeola ralloides*. Petit héron roussâtre. Paraît blanc en vol. Perché, roussâtre sauf ailes, queue et ventre blancs (juv./im. plus striés). Iris jaune, bec, pattes, peau nue de la face jaune vert. Plumage nuptial: vertex et longues plumes de la nuque (plus courtes en hiver) blancs et noirs, dos jaune roussâtre, bec, peau nue de la face bleu vif, pattes rose vif. Cri «kerr, karr» aigre. Marais, bords marécageux des cours d'eau. Niche en colonie dans les arbres, souvent près d'autres hérons. L 44-47, E 80-92.   N : F.

CRABIER DE GRAY *Ardeola grayi*. Sud Iran, près du Golfe Persique. Ressemble au Crabier chevelu non nicheur, mais moins discret; en vol, ailes plus arrondies, dessous blanc, pas de huppe; la base du bec peut être bleue. Plumage nuptial: 2 longues plumes blanches sur la nuque, dos brun roux foncé, pattes jaune vif. L 42-45, E 75-90 cm.

HÉRON STRIÉ *Butorides striatus*. Ailes, pattes et cou brefs. Courte huppe érectile. Dessus bleu vert foncé, face et cou gris ou chamois, pattes jaunes ou orange. Juv. plus brun, plus strié et tacheté. Cri d'alarme bisyllabique «kiou, kiek». Mangroves, côtes tropicales plus dégagées. L 40-48, E 52-60 cm.

Héron vert *Butorides virescens*. Amérique. A, rare (surtout en GB). Diffère du Héron strié par: face, cou et côtés poitrine marron roux. Auparavant, considéré comme une ssp. du Héron strié. L 46, E 66 cm.

◀ **BIHOREAU GRIS** *Nycticorax nycticorax*. Petit héron noir, blanc et gris. Tient souvent le cou replié entre les épaules (aspect trapu). Dos, vertex noirs, longues plumes blanches sur la nuque; bec noir ou en partie jaune; iris rouge, peau de la face bleue, noire ou verdâtre, pattes jaunes ou rougeâtres. Juv. brun tacheté de blanc; im. brunâtre. En vol, coloration contrastée (adulte), ailes larges, battements assez rapides. Vole souvent en ligne. Discret, surtout nocturne. Généralement visible au crépuscule, en vol ou perché sur une branche dans un marais (eau douce ou salée) ou même loin de l'eau. Cris: croassements rauques «kouac». L 58-65, E 105-112 cm.   N : F.

nicheur

pattes rougeâtres seulement
pendant les parades nuptiales.

PETITS HÉRONS

N

1er hiver

juv.

CRABIER CHEVELU

H

1ère nidification

N

juv.

CRABIER DE GRAY

adulte

im.

juv.

adulte

juv.

HÉRON VERT

juv.

HÉRON STRIÉ

adulte

im.

juv.

2e année

juv. (voir aussi p. 43)

BIHOREAU GRIS

Aigrette garzette

Héron
garde-bœufs

juv. : couleur du bec variable

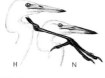

H   N

H
gularis

VARIATIONS DE LA COLORATION : Pendant la formation du couple et depuis les parades jusqu'à la fin de la ponte, la peau nue de la face, le bec et les pattes de nombreux hérons et aigrettes acquièrent une couleur plus vive, plus rouge ou orange et l'iris, jaune, devient rouge (changement indiqué entre parenthèses).

HÉRON GARDE-BŒUFS *Bubulcus ibis.* Plus petit et plus trapu que l'Aigrette garzette, bec plus court, plus épais, jaune (orange-rouge), cou plus court, plus large, menton renflé. Au repos, toujours ramassé sur lui-même. En vol et au repos, paraît tout blanc sauf quand il niche (longues plumes roussâtres sur vertex, manteau et poitrine). Peau de la face jaune (rouge vif), pattes vert foncé (rouge terne) sauf dessous des doigts jaunâtre. Se nourrit généralement dans les prairies près des vaches ou des chevaux. En expansion. L 48-53, E 90-96 cm.   N : F.

GRANDE AIGRETTE *Ardea alba.* La plus grande aigrette. Toute blanche. pas de plumes allongées sur la nuque, mais, au printemps, très longues plumes ornementales sur les épaules. Peau de la face verdâtre (vert vif), bec jaune (rouge-rose, devenant noir, parfois jaune à la base), pattes brun foncé (noir) ; derrière l'œil, courte ligne noire (différence avec tous les autres hérons et aigrettes blancs, y compris la rare phase blanche du Héron cendré). Marais, eaux douces et saumâtres peu profondes. Niche dans des roselières. L 85-102, E 140-170 cm.

Aigrette intermédiaire *E. intermedia.* Tropiques de l'Ancien Monde. A, rarissime. Intermédiaire entre Grande aigrette et Aigrette garzette. Bec plus court, jaune comme la peau nue de la face. Pattes assez courtes, dépassant moins de la queue (en vol). L 65-72, E 105-115 cm.

AIGRETTE DES RÉCIFS *Egretta gularis.* Oiseau presque uniquement côtier. 2 phases : blanche et foncée (plus intermédiaires d'identification difficile). Ressemble à l'Aigrette garzette : aigrette nuchale, pattes foncées, doigts jaunes, plumage blanc, *mais* moins gracieuse, bec plus épais, jaune ou brunâtre. Sujets foncés (du noirâtre au gris bleuté) pouvant être confondus avec la rare phase sombre d'*E. garzetta* (toutefois, menton et gorge blancs). Im. gris brun. Peau de la face jaune vert (teintée d'orange). L 55-65, E 86-104 cm.

Phase blanche dominante chez ssp. orientale plus grande (*schistacea*), qui niche dans le Golfe Persique et le nord de la Mer Rouge. Phase foncée dominante chez la ssp. occidentale *gularis* (Afrique tropicale), accidentelle.

AIGRETTE GARZETTE *Egretta garzetta.* Toute blanche sauf bec noir (brunâtre chez juv.), pattes noires sauf doigts jaunes (visibles en vol). Plumage nuptial : longue aigrette nuchale et longues plumes ornementales sur les ailes (scapulaires) ; lores gris bleu ou bleu vert, passagèrement orange. Phase sombre (rarissime) gris ardoise avec gorge souvent foncée et bec plus petit. V. Héron garde-bœufs, Aigrettes intermédiaire et des récifs. Cri, sorte d'aboiement « kark » (au nid). Marais, eaux douces et côtières peu profondes. En général, niche sur des arbres et près de l'eau. L 55-65, E 88-95 cm.   N : F.

HÉRON GARDE-BŒUFS

juv.

N

H

GRANDE
AIGRETTE

N

H

H

N phase blanche
de *schistacea*
AIGRETTE
DES RÉCIFS

juv.

H

AIGRETTE GARZETTE

adulte N

Héron pourpré

Héron mélanocéphale

Grand héron

Héron cendré

Héron goliath

En vol, les grands hérons tiennent le cou replié (contrairement aux cigognes, spatules, ibis et grues), les pattes tendues ; larges ailes arrondies aux battements amples et assez lents. Chez le Héron cendré en vol, la tête est tournée vers le haut, chez le Héron pourpré elle est inclinée vers le bas.

HÉRON CENDRÉ *Ardea cinerea*. Le plus commun des grands hérons dans la région. Gris sauf tête et cou partiellement blancs, longues plumes noires derrière les yeux, cou tacheté de noir (juv./im. : vertex gris foncé, pas de plumes allongées). En vol (lent, assez lourd), moitié externe des ailes (très arrondies) noire, tête inclinée vers le haut. Cri le plus fréquent, fort et brusque « kraaik » ; au nid, d'autres cris et claquements de bec. Se nourrit dans marais, eaux peu profondes, champs (hiver). Debout, tient souvent le cou replié entre les épaules. Niche en colonies sur des arbres (plus rarement dans roselières, voire sur une falaise). L 90-98, E 175-195. N : B, CH, F.

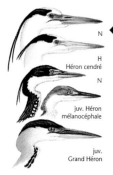

N

H
Héron cendré

N

juv. Héron
mélanocéphale

juv.
Grand Héron

Le bec du Héron cendré nicheur peut devenir orange foncé. Certains juv. très foncés. Les adultes albinos (rares) peuvent être confondus avec la Grande aigrette.

Héron mélanocéphale *Ardea melanocephala*. Afrique tropicale. A (rare) en Israël. Vertex et nuque noirs, dessous des ailes blanc (et non pas gris comme chez le Héron cendré, un peu plus grand). Diffère du Héron pourpré (un peu plus petit) par l'absence de couleur rousse dans le plumage. L 92-96 cm.

Grand héron *A. herodias*. Amérique. A, rare. Equivalent du Héron cendré mais plus grand. Cou fauve, cuisses et bord d'attaque des ailes roux. Juv. plus terne que l'adulte, vertex et dos gris brun, couvertures alaires partiellement marron. Phase blanche (rare) jamais signalée dans la région. L 91-137, E 183 cm.

HÉRON GOLIATH *Ardea goliath*. Le plus grand héron de la région mais accidentel et rare (sauf s'il niche encore S Irak). Comme un Héron pourpré géant, sauf vertex et aigrette marron roux (et non pas roux, ce qui le distingue aussi du Héron cendré) ; vol plus lourd et plus lent. Cris forts, graves, ressemblant à des aboiements prolongés. Marais, eaux peu profondes. L 135-150, E 210-230 cm.

HÉRON POURPRÉ *Ardea purpurea*. Nettement plus petit et plus foncé que le Héron cendré, aspect plus svelte, cou mince évoquant le corps d'un serpent, bec plus long et moins épais. Ventre et vertex noirs, cou roux rayé de noir sur les côtés, poitrine roux marron. Juv./im. brun jaunâtre (v. Butor étoilé, plus massif, p. 42) avec moins de noir sur tête et cou, plus pâle et plus jaunâtre que chez le Héron cendré. Plumage adulte acquis progressivement ; certains oiseaux se reproduisent en livrée sub-adulte. Vol plus rapide que celui d'*A. cinerea*, tête inclinée vers le bas, ailes entièrement foncées, pattes dépassant davantage de la queue, cou replié formant un renflement plus fort. Eaux douces peu profondes, marais, roselières des étangs. Discret, niche généralement dans les roseaux. L 78-90, E 120-150 cm. N : CH, F.

sub-adulte,
Héron pourpré

juv.

adulte N

HÉRON CENDRÉ

juv. plus terne, vertex et dos plus brun grisâtre.

GRAND HÉRON

juv.

N

HÉRON GOLIATH

N

juv.

juv.

plumage d'adulte acquis à 2-3 ans, mais peut nicher avant.

HÉRON POURPRÉ

● IBIS ET SPATULES : *Threskiornithidae.* Ibis et spatules sont des échassiers de taille moyenne. En vol, tiennent le cou tendu comme les courlis (différence avec les hérons). Ibis: long bec recourbé vers le bas; spatules: bec très élargi à l'extrémité. Sexes semblables. Nichent en colonies. Dans la région, tous sont très localisés.

SPATULE BLANCHE *Platalea leucorodia.* Le seul grand échassier blanc qui ait l'aspect d'un héron mais en diffère par son bec noir, très élargi à l'extrémité qui est jaune orangé (Spatule d'Afrique, *P. alba*, échappée de captivité: face et pattes rouges). Poitrine teintée d'orangé. Plumage nuptial: longue huppe nuchale jaunâtre; pattes noires. Juv./im.: extrémité des ailes noirâtre, bec rosé, pattes d'abord rosées. Généralement silencieuse mais sur les lieux de nidification, grogne. Eaux douces et côtières peu profondes, marais. Niche sur arbres, buissons et dans les roselières. L 80-90, E 115-130 cm. N: F.

IBIS FALCINELLE *Plegadis falcinellus.* Plumage très foncé, brun acajou, paraissant noir à distance, reflets verts sur ailes et queue; pattes relativement courtes, brun verdâtre, bec incurvé. Ressemble à un Courlis cendré, mais coloration différente; en vol, battements d'ailes alternant avec glissades en plané; en groupe, vole souvent en formation linéaire. Juv. brun foncé avec stries blanches sur tête et cou en automne. Le bec foncé le sépare de *P. ridgwayi* (l'Ibis de la Puña), échappé de captivité, qui a le bec rouge. Cri: croassement rauque, grinçant. Habitat comme la Spatule. Niche souvent dans les colonies de hérons, aigrettes ou spatules. L 55-65, E 80-95 cm.

IBIS CHAUVE *Geronticus eremita.* Plumage noir à reflets verts. Plus grand que l'Ibis falcinelle, pattes plus courtes, tête nue couverte de peau rouge, bec et pattes rouges, collerette de longues plumes pointues lui donnant un aspect hirsute (ondulent dans le vent). Cris gutturaux dans la colonie. Régions semi-arides, prairies, côtes (en hiver). Niche sur des falaises rocheuses. Eteint en Turquie, se raréfie rapidement au Maroc (jadis en Europe). L 70-80, E 125-135 cm.

2e-3e année

IBIS SACRÉ *Threskiornis aethiopicus.* Ne peut être confondu: blanc et noir; tête et cou nus et noirs; pattes noires. Longues plumes scapulaires noires à reflets violets, extrémité des rémiges primaires et secondaires noire; peau nue, rouge, sous les ailes. Juv./im. tête partiellement emplumée, noirâtre, nuque noire et blanche, gorge blanche, pas de scapulaires allongées. Assez silencieux, lance parfois des croassements. Bords des eaux douces et côtières, marais, champs. Ne niche plus que dans le S de l'Irak; jadis aussi en Egypte. L 65-75, E 112-124 cm.

N

au gagnage

H

sexes semblables sauf
mâle plus grand, bec
et pattes plus longs.

SPATULE BLANCHE

juv.

H

juv.

N

IBIS FALCINELLE

N

juv.

IBIS CHAUVE

N

im.: tête emplumée,
gorge et menton
blancs.

juv.

IBIS SACRÉ

● **CIGOGNES** : *Ciconiidae*. Grands échassiers à longues pattes, long cou et grand bec robuste. Tiennent le cou tendu en vol (différence avec les hérons) et font du vol à voile. Démarche posée.

CIGOGNE BLANCHE *Ciconia ciconia*. Un des plus grands échassiers de la région. Bicolore. Bec et pattes rouges. Long cou, courte queue; ailes blanches et noires (extrémité et bord postérieur). Juv.: parties noires et rouges teintées de brun. Silencieuse mais siffle si inquiétée et, surtout, claque du bec pendant les parades nuptiales et aussi après, en renversant la tête en arrière. Campagne cultivée, prairies humides, marais. Niche sur arbres ou toits et cheminées des maisons. Migre en grandes troupes. L 100-115, E 155-165 cm. N: B, CH, F.

CIGOGNE NOIRE *Ciconia nigra*. Noire (à reflets verts et violets) sauf ventre et sous-caudales blancs. Bec rouge, peau autour des yeux rouge, pattes rouge plus vif. Juv. semblable mais brunâtre, bec et pattes gris vert. Crie plus que la Cigogne blanche «hili hili». Espèce sylvestre très discrète. Niche sur de grands arbres, se nourrit au bord des eaux douces et dans les marais des forêts. Plus rare que la Cigogne blanche. L 95-100, E 145-155 cm. N: B, F.

Tantale ibis *Mycteria ibis*. Afrique tropicale. A, rare: Maghreb, Moyen-Orient. Bec jaune, peau nue de la face rouge, dos blanc rosé, ailes blanc rosé et noir, queue noire. Juv.: tête, cou, dessus brunâtre; im.: comme l'adulte sauf dessus non rosé. Eaux douces et côtières. L 95-105, E 150-165 cm.

Marabout d'Afrique *Leptoptilus crumeniferus*. Afrique tropicale. A, rare: Israël. Ne peut être confondu: massif, dessus noir, dessous blanc, énorme bec, tête et cou nus, grande poche pendante sous le cou. Vol lourd; plane, le cou replié. Au repos, tient souvent le cou plié. Bords des eaux douces, savanes. L 115-130, E 225-255 cm.

● **FLAMANTS** : *Phoenicopteridae*. Très grands échassiers roses, blancs et noirs. Bec fortement busqué. En vol, cou et pattes tendus. Très sociables.

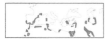

FLAMANT ROSE *Phoenicopterus roseus*. Facilement reconnaissable. Gros bec très busqué, noir et rose, adapté pour filtrer la nourriture dans les eaux saumâtres. Très longues pattes rouge-rose. En vol, ailes rouges et noires. Sexes semblables. Juv. gris brun; im. en grande partie blanc. Grégaire. En vol, cris semblables à ceux des oies. Lacs et lagunes d'eaux saumâtres peu profonds. Niche en grandes colonies (nid en boue, tronconique, 1 seul œuf est pondu dessus). L 125-145, E 140-165 cm. N: F.

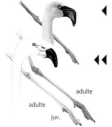

 Flamant nain *Phoenicoaias minor*. Afrique tropicale. A, rare: région méditerranéenne. Le plus petit flamant. Plus petit, plus massif que le Flamant rose; d'un rose plus vif, bec plus rouge et encore plus busqué. L 80-90, E 95-100 cm.

Flamant du Chili *Phoenicopterus chilensis*. Echappé de captivité, a niché dans la région. Diffère de *P. roseus* par le bec noir et blanc, les pattes gris vert à bleu pâle aux doigts et articulations rouges. L 105 cm.

adulte

adulte

juv.

adulte

juv.

CIGOGNE BLANCHE

adulte

juv.

juv.

juv.

CIGOGNE NOIRE

H

TANTALE IBIS

nicheur : ailes plus
roses, face rouge
plus foncée

im.

juv.

pullus

pullus

mâles généralement
plus grands que les
femelles

pullus

FLAMANT ROSE

● CYGNES, OIES et CANARDS : *Anatidae*. Palmipèdes au long cou, plus ou moins aquatiques. Bec assez épais sauf chez les harles (p. 80). Les poussins quittent le nid peu après l'éclosion. Sous-familles : Cygninae (p. 54), Anserinae (pp. 54-61), et Anatinae (pp. 62-81). De nombreuses espèces exotiques s'échappent de captivité. Cygninae : cygnes (*Cygnus*) : les plus grands Anatidae. Adultes blancs sauf pattes noires et bec bicolore. Sexes semblables. Juv. brun gris, devenant blancs à la fin de la 2e année, bec rose (généralement avec les adultes en hiver).

CYGNE CHANTEUR *Cygnus cygnus*. Adulte : bec jaune et noir sans renflement à la base (en avant, le jaune forme un angle aigu ; v. Cygne de Bewick, plus petit, cou plus bref). Juv. plus gris que brun (v. juv. de *C. olor*). Allure en vol, comme *C. olor* sauf au repos, cou vertical. En vol, les ailes produisent un bruissement normal. Lance souvent (surtout en vol) des cris puissants «ang ha». Niche au S de la toundra. Sociable en hiver. L 145-160, E 218-243.

Cygne de Bewick

Cygne chanteur :
coloration   plumage
normale   teinté

Les cygnes adultes qui ont la tête et le cou plus ou moins teintés de roux ont acquis cette coloration en se nourrissant dans des eaux ferrugineuses ou envahies par certaines algues. Un sol boueux peut également colorer (provisoirement) le plumage.

CYGNE DE BEWICK *Cygnus columbianus bewickii*. Plus petit, cou plus bref que *C. cygnus*. Sur le bec, étendue du jaune très variable mais cette couleur s'avance moins vers l'extrémité et dessine une courbe (au lieu d'une pointe chez *C. cygnus*). Cris : «hou hou», «karrk» plus mélodieux et plus aigus que ceux de *C. cygnus*. Niche dans les marais de la toundra. Sociable en hiver. L 115-127, E 180-211 cm.

Cygne siffleur ssp. *C. c. columbianus*. Amérique du Nord. A, rare. Bec tout noir ou parfois (comme certains Cygnes de Bewick) avec une petite tache jaune près de l'œil. NB : le Cygne de Bewick peut avoir le bec sali par de la terre. L 120, E 180-200 cm.

CYGNE TUBERCULÉ *Cygnus olor*. Le plus commun des cygnes. Adulte : bec orange avec bosse noire à la base ; bec du juv. rosé, sans renflement. Juv. brunâtre. Chez la phase appelée «Cygne polonais», juv. blanc. A terre, marche en se dandinant ; nage gracieusement, le cou incurvé, la queue un peu relevée. En vol, les ailes produisent un bruit rythmé «hompa hompa». Ne crie pas. Niche parfois en petites colonies. Groupes de non-reproducteurs. Eaux douces stagnantes ou lentes, estuaires (hiver), souvent en ville, sur les pièces d'eau des parcs (semi-domestique). L 145-160, E 208-238 cm. N : B, CH, F, L.

Cygne noir *Cygnus atratus*. Australie. Echappé de captivité. Le seul grand Anatidé tout noir sauf rémiges blanches et étroite bande blanche près de l'extrémité du bec. L 120-140, E 160-200 cm.

Oie des neiges *Anser caerulescens*. Amérique du Nord. A, rare. Souvent échappée de captivité. 2 phases : blanche (sauf bout des ailes noir : différence avec cygnes et oies grises albinos). V. aussi Oie de Ross *A. rossii* (p. 369) bien plus petite ; bleue : dos et ailes gris brun bleuâtre, tête et cou blancs, dessous gris bleuâtre et brun, sous-caudales blanches (v. hybrides, p. 58). Pattes et bec roses, commissures noires (différence avec l'Oie de Ross). Juv. : pattes et bec gris. L 165-180, E 132-165 cm.

Cygne
noir

Oies des
neiges
(plumage
teinté)

juv.

adulte

CYGNE CHANTEUR

juv.

adulte

CYGNE DE BEWICK

cygnes : vol lourd

juv.

CYGNE TUBERCULÉ

adulte

blanche

juv. bleu

CYGNE NOIR

bleue

juv.
blanche

phase
blanche

adulte phase bleue

OIE DES NEIGES

● OIES : *Anserinae*. Gros oiseaux trapus, cou long. Sociables. Sexes semblables. Vol rapide, direct, formation en V fréquente. En vol, cris puissants. Oies grises : *Anser*. Plumage gris brun (sauf l'Oie des neiges, p. 54), sous-caudales blanches. L'hiver, dans les champs, marais, estuaires, prairies.

Oie des moissons

Oie à bec court

Oie cendrée

Faire attention à : couleur du bec et des pattes, forme du bec, cris. En vol, Oie cendrée : avant des ailes gris pâle ; Oie des moissons : tête, cou et avant des ailes foncés ; Oie à bec court : tête foncée, avant des ailes gris bleu.

OIE CENDRÉE *Anser anser*. L'une des deux grandes oies grises. Vol et démarche lourds. Cou assez épais, grosse tête, avant des ailes gris pâle (en vol), pattes roses, bec orange. Souvent, quelques petites taches noires sur le ventre (v. Oie rieuse, p. 58). Cris en vol «oang ong ong» puissants ; siffle si inquiétée, comme l'Oie domestique qui en dérive. Niche : marais, tourbières, bords des eaux douces. L 75-90, E 147-180 cm. N : B, F.

Ssp. *anser* décrite ci-dessus. Ssp. *rubrirostris* plus pâle, bec rose. Niche : E Europe et Irak. Quelques populations formées d'oiseaux domestiques revenus à la vie libre se croisent avec les autres oies (Belgique, GB).

OIE DES MOISSONS *Anser fabalis*. 2ᵉ grande oie grise. Plus brune et plus foncée que l'Oie cendrée sur tête, cou et avant des ailes. Bien plus grande que l'Oie à bec court, cou plus long, bec plus gros. Pattes jaune orangé, bec noirâtre et orange jaune, rarement rose. Cris en vol semblables à ceux de l'Oie à bec court mais plus graves et plus rares. L 66-84, E 142-175.

Ssp. *fabalis* (forêts) : bec bien moins gros que celui d'*A. anser*, jaune orange et noirâtre. Ssp. *rossicus* (toundra) : bec plus court, plus épais à la base, noirâtre avec étroite bande orange près du bout.

à bec court

des moissons

rieuse

Il arrive, exceptionnellement, que les Oies cendrée, des moissons et à bec court aient une étroite bande blanche à la base du bec, mais elle n'est jamais aussi large que celle de l'Oie rieuse adulte (p. 58), chez laquelle elle varie.

OIE À BEC COURT *Anser brachyrhynchus*. Plus petite que les 2 précédentes. Dessus gris bleu ; petite tête arrondie, brune, cou assez bref et brun, avant des ailes gris bleu, pattes roses, bec noirâtre et rose (bec et pattes rarement orange) (v. Oie des moissons). Troupes très bruyantes, lancent divers cris «ouink ouink on ong», plus aigus que ceux des autres oies. Niche : toundra, parfois corniches des falaises. L 60-75, E 135-170 cm.

OIES GRISES

juv.

juv.

adulte

rubrirostris

adulte

anser

OIE CENDRÉE

adulte d'une population hybride

juv.

adulte

adulte :
bec
différent

OIE DES MOISSONS

fabalis

adulte

rossicus

juv.

adulte

OIE À BEC COURT

En hiver, les oies vivent en troupes formées de familles ; les juv. mangent tout près de leurs parents. Les troupes peuvent comprendre quelques individus d'autres espèces : dans celles de l'Oie rieuse, on peut voir des Oies des moissons, des Oies naines ou des Bernaches à cou roux.

OIE RIEUSE *Anser albifrons*. Adulte. Identification facile. Large bande blanche à la base du bec (v. note p. 56), dessous du corps plus ou moins fortement barré de noir, pattes orange, bec rose. Juv. d'un gris brun plus uniforme, sans blanc sur le front. Diffère de l'Oie à bec court (de même taille) par le cou et la tête qui contrastent moins, l'avant des ailes plus foncé, le bec entièrement rose, les pattes orange. Cris semblables à des jappements « kou-liou » de chiots excités, généralement plus aigus que ceux de l'Oie à bec court. Niche : toundra marécageuse. L 65-78, E 130-165 cm.

Ssp. *flavirostris* (Groenland, hiverne : GB, Irlande). Bec plus long, plus épais, jaune orangé ; a généralement davantage de noir sur le ventre.

OIE NAINE *Anser erythropus*. La plus petite des oies grises. Ressemble à l'Oie rieuse (bec rose, pattes orange) mais chez l'adulte, le blanc du front atteint le vertex ; bec bien plus petit, étroit anneau oculaire jaune. Juv. pas de blanc sur le front, anneau oculaire ébauché. Cris plus aigus. En Europe occidentale, rare dans les troupes d'Oies rieuses ; quand elle broute, on la distingue alors à ses mouvements plus rapides. Niche : toundra sèche, proche des forêts. L 53-66, E 120-135 cm.

Oie à tête barrée *A. indicus*. Souvent échappée de captivité. D'un gris bien plus pâle que les autres oies grises. Tête blanche avec 2 barres noires sur la nuque, bec et pattes jaune orange. L 71-76 cm, E 142-167 cm.

Oies hybrides. Oies grises et bernaches se croisent facilement surtout en captivité. On voit parfois des hybrides dans les troupes d'oies sauvages et leur aspect déconcerte. Ex. 1) Oie cendrée x Bernache du Canada : joues blanches ; 2) Oie rieuse x Oie des moissons (p. 56) ; 3) Oie rieuse pour comparaison. Oie des neiges x Oie rieuse : l'hybride peut être confondu avec une Oie empereur, *A. canagicus* (p. 376) échappée de captivité.

OIES GRISES

juv. milieu H

juv.
flavirostris

adulte

juv.

juv. fin H

adulte
albifrons

OIE RIEUSE

adulte

juv.

OIE NAINE

Oie des neiges x Oie rieuse

hybrides

Bernache du Canada x
Oie cendrée

juv.

adulte

OIE À TÊTE
BARRÉE

● BERNACHES : *Branta*. Assez petites (sauf Bernache du Canada). Tête et cou en grande partie noirs (sauf B. à cou roux). Les 3 espèces indigènes sont surtout des visiteurs d'hiver dans la région. Généralement en troupes.

BERNACHE CRAVANT *Branta bernicla*. La seule oie qui ait la tête entièrement noire ; la plus petite et la plus foncée des 3 bernaches à cou noir (sauf une petite tache blanche de chaque côté du cou) ; haut poitrine noir ; dos, croupion, ailes gris brun foncé ; sus et sous-caudales blanches. Im. au repos : lignes blanches visibles sur les couvertures alaires, pas de tache blanche au cou. Cris « rouk, grouk, grounk ». Niche : côtes et îles de l'Arctique, toundra marécageuse. Hiverne : estuaires, côtes plates avec zostères, prairies voisines. L 55-61, E 110-120 cm.

Ssp. B. b. bernicla à ventre sombre (Sibérie) : dessous gris ardoisé. Ssp. B. b. hrota (Terre François-Joseph, Spitzberg, Groenland, hiverne en Irlande) : dessous gris brun clair à blanc. Ssp. B. b. nigricans (Amérique du Nord-Est Sibérie) : dessous noir, espace blanc sur les flancs. A.

BERNACHE NONNETTE *Branta leucopsis*. La seule bernache qui ait la face toute blanche ; vertex, nuque, cou, noirs ; reste du plumage gris ou blanc plus ou moins barré de noir et de blanc. Juv. plus terne, face plus grise. Cri « ark » comme le jappement d'un fox-terrier. Niche : côtes de l'Arctique, Gotland (Suède) ; hiverne : vasières littorales, marais, prairies. Rare dans les terres sauf si échappée de captivité. V. petites ssp. de la Bernache du Canada. L 58-70, E 132-145 cm.

BERNACHE DU CANADA *Branta canadensis*. Amérique du Nord. Introduite en GB, Suède, Norvège, DK, Pays-Bas, Allemagne, où elle est acclimatée. La plus grande bernache ; cou très long, plumage plus brun que celui de *B. leucopsis*. Sur la tête, blanc limité à joues et menton. Cris « ker-honk » bisyllabiques, en coups de trompette. Rivières, lacs, étangs, prairies et marais voisins à l'intérieur des terres. En hiver, aussi marais et vasières littoraux. L 90-100, E 160-175 cm.

petite
et pâle

aberrante

Quelques Bernaches du Canada ayant apparemment traversé l'Atlantique (oiseaux sauvages) sont observées assez régulièrement en Irlande et O Ecosse dans des troupes de Bernaches nonnettes et Oies rieuses en provenance du Groenland. Certaines appartiennent à des ssp. plus petites et plus foncées que celles introduites en Europe. Certains hybrides entre Bernaches nonnettes et du Canada ressemblent fortement à ces petits oiseaux foncés.

BERNACHE À COU ROUX *Branta ruficollis*. La plus petite et la plus remarquablement colorée de toutes les oies. Gorge, poitrine, joues marron roux, séparés du dessus et du dessous par des lignes blanches ; sur les flancs, large espace blanc visible de loin. Juv. plus terne, espace roux des joues plus petit ou absent. Cris aigus, assez mélodieux, bisyllabiques « ki-koua, ki-kouit ». Hiverne : steppes, marais du SO Asie et SE Europe. Accidentelle en Europe occidentale dans les troupes d'autres oies, ou échappée de captivité. L 53-56, E 116-135 cm.

adulte *hrota*

adulte
bernicla
juv.
BERNACHE CRAVANT

adulte

nigricans

adulte

juv.

BERNACHE NONNETTE

canadensis

interior

juv.

BERNACHE DU CANADA

minima

adulte

**BERNACHE
À COU ROUX**

● CANARDS : *Anatinae* (pp. 62-81). La plupart sont plus petits que cygnes et oies. Cou et pattes plus courts. En plumage d'éclipse (milieu été-automne), les mâles ressemblent aux femelles.

TADORNE DE BELON *Tadorna tadorna*. En vol et à terre, allure d'oie. Paraît noir et blanc, mais tête vert foncé, large bande pectorale rousse, bec rouge, pattes roses. Sexes semblables sauf mâle nicheur: bosse en haut du bec (en éclipse: plus pâle et plus brun). Juv.: front, joues, dessous blanc, bec et pattes grisâtres. Cri du mâle en vol: sifflement; de la femelle: «ak ak ak». Niche dans un terrier. A l'O, dans estuaires, côtes sablonneuses (dunes), localement dans les terres; à l'E, près des eaux douces ou saumâtres (mers et lacs intérieurs). Mue en grandes troupes sur des vasières, p. ex. à l'embouchure de l'Elbe. L 58-71, E 110-133 cm.
N: B, F.

TADORNE CASARCA *Tadorna ferruginea*. Plumage fauve orangé. Tête plus claire, extrémité des ailes et queue noires. En vol, grand espace blanc à l'avant des ailes; bec et pattes noirs. Mâle: étroit collier noir. Femelle: tête partiellement plus pâle. Cris puissants, nasaux, ressemblant à ceux de l'Oie cendrée «aang aang». Rives des eaux douces dans les steppes, déserts, montagnes. Se raréfie. L 61-67, E 121-145 cm.

OUETTE D'ÉGYPTE *Alopochen aegyptiacus*. Un peu plus grande, plus brune que le Tadorne casarca. Cou et pattes plus longs. Ressemble plus à une oie par sa silhouette dressée; espace blanc des ailes analogue. Adulte: tour des yeux et bas poitrine brun chocolat, bec et pattes roses. Sexes semblables. Mâle, fort cri rauque; femelle «kek kek, houk aa». Cours d'eau, lacs, marais. Se perche sur les arbres. A: Afrique du Nord. Introduite en GB. L 63-73, E 134-154 cm.

Anserelle de Coromandel *Nettapus coromandelianus*. Inde. A, rare. Le plus petit canard. Mâle blanc (cou, dessous, partie des ailes) et noir (vertex, bande pectorale, reste des ailes, queue), dos vert. Femelle en partie brun gris foncé. L 31-38 cm.

CANARD MANDARIN *Aix galericulata*. Mâle: longue huppe, plumes des joues (pendantes) et plumes ornementales (dressées) des ailes roux orangé. Femelle gris brun, flancs tachetés de blanc, cercle blanc autour des yeux et ligne blanche en arrière. Espace emplumé à la base du bec: limite droite. Mâle en éclipse: comme juv., bec rouge. En vol, le mâle émet un sifflement «vrick», la femelle un «ack» plaintif. Eaux douces des régions boisées. Chine, introduit en Europe. L 41-49, E 68-74 cm.
N: CH (1994), F.

Canard Carolin *Aix sponsa*. Le mâle ne peut être confondu. Mâle en éclipse/femelle et juv. diffèrent de ceux d'*Aix galericulata* par la tache blanche plus grande autour des yeux et moins longue en arrière ainsi que la zone emplumée pointue à la base du bec (extrémité noire, blanc beige chez le Canard mandarin) et enfin le dessous des ailes rayé (uni chez le Mandarin). Cri de la femelle «ou-ik» aigu. Eaux douces des régions boisées. Amérique du Nord. Introduit en Europe mais pas naturalisé comme *A. galericulata*. L 47 cm.

Dendrocygne fauve *Dendrocygna bicolor*. Afrique tropicale. A, rare. Se tient très droit sur ses longues pattes; grand cou. Dessous jaune roussâtre, vertex, nuque, dos brun foncé, croupion beige, stries crème sur les flancs. Sexes semblables, juv. plus foncé. Vole lentement, les pattes dépassant la queue. Cri en vol «oui ou». L 45-53 cm.

TADORNES

juv.

♂ éclipse

♀ variable

♂ N

TADORNE DE BELON

♂ éclipse

juv. plus terne
que la femelle,
plus gris, moins roux

♂ N ♀

TADORNE CASARCA

juv.

♀

♂ N

OUETTE D'ÉGYPTE

adulte brun (il y a
une phase gris clair)

Anserelle de Coromandel

♂ éclipse

♀

♂ N

CANARD
MANDARIN

♀

♂ N

CANARD CAROLIN

Canards de surface: *Anas (pp. 64-69).* Se nourrissent à la surface ou en basculant l'avant du corps sous l'eau; plongent quand ils ne peuvent voler ou s'ils sont jeunes. Sur les ailes, mâle et femelle ont un «miroir» (petit espace de couleur typique permettant d'identifier femelle et juv.). Vol rapide et direct.

CANARD COLVERT *Anas platyrhynchos.* Le plus grand canard de surface, le plus commun et le plus largement répandu. Ancêtre du Canard domestique. Mâle: tête vert foncé (à reflets violets avant la mue), mince collier blanc, poitrine brun violacé, bec toujours jaune, miroir bleu violet. Cane (femelle): bec verdâtre; juv.: bec rougeâtre. Près des villes, albinos (plus ou moins partiels) fréquents (métissage avec le Canard domestique). «Coin coin» bien connu, émis par la femelle seulement. Cri du mâle plus doux «quak, reb reb». Eaux douces stagnantes ou lentes, marais; en hiver, aussi estuaires, côtes marines. L 51-62, E 81-98 cm. N: B, CH, F, L.

Canard noir *Anas rubripes.* Amérique du Nord. A. Peut se croiser avec le Canard colvert, des 2 côtés de l'Atlantique. Mâle et femelle ressemblent à une femelle du Colvert très foncée, sauf joues et cou beige, miroir violet, dessous des ailes blanc et gris clair, très visible en vol. Femelle: cancanement comme chez le Colvert; mâle, croassement grave. L 58 cm.

CANARD CHIPEAU *Anas strepera.* Mâle gris, couvertures caudales noires, couvertures alaires marron. Femelle: ressemble à une petite cane de Colvert grisâtre. Mâle et femelle ont le front plus droit que le Colvert, le miroir blanc et noir, le ventre blanc (visible en vol); bec court, plus mince que celui du Colvert, gris (♂), corne foncé bordé d'orange (♀), jaune (juv.). Mâle: croassement grave, nasal; femelle: cancanement plus aigu que celui du Colvert. En plaine, eaux douces, eaux saumâtres intérieures, marais. L 46-56, E 84-95 cm.   N: B, CH, F.

CANARD SIFFLEUR *Anas penelope.* Mâle: front et vertex jaunes contrastant avec reste de la tête et cou roux; bande blanche sur les flancs gris, couvertures caudales noires, ventre blanc. En vol, avant des ailes blanc très visible. Femelle plus petite, plus svelte que celle du Colvert (v. Canard pilet, p. 68). Mâle et femelle: front droit, bec court, miroir vert, ventre blanc, queue pointue. Juv. comme femelle mais plus terne (mâle 1ère année: espace blanc des ailes parfois absent). Vol rapide, en troupe. Cri du mâle: «oui-ou» sifflé, portant loin; femelle: «Karr» bas. Niche au bord des eaux douces dans la toundra, les marais côtiers, les tourbières; en hiver, lacs, réservoirs, estuaires, eaux littorales peu profondes, pâture dans les prairies voisines. L 45-51, E 75-86 cm.

♀ C. siffleur femelle: phase grise

CANARD À FRONT BLANC *Anas americana.* Amérique du Nord. A, rare. Aussi échappé de captivité. Mâle: front et vertex blancs, bandeau vert derrière l'œil, flancs gris rosé. Femelle et juv. diffèrent peu de ceux d'*A. penelope*, mais tête et cou plus gris, axillaires et dessous des ailes blancs (distinction difficile si l'on ne voit pas ces détails). Au printemps, chez certaines femelles, les tertiaires foncées ont une bordure pâle. Les hybrides (échappés de captivité) Canard siffleur x Canard siffleur du Chili *A. sibilatrix*, peuvent provoquer des confusions. L 45-56 cm.

CANARDS DE SURFACE

Colverts semi-domestiques : albinisme partiel et autres aberrations

♂ N

♂ éclipse

♀

CANARD COLVERT

♂

♀

Le Colvert se croise souvent avec des canards domestiques ; vus de loin, on peut confondre ces métis avec d'autres espèces (ex. Eiders im.).

♂ éclipse

♂

♀

CANARD NOIR

♂ N

♂ éclipse

♀

CANARD CHIPEAU

♂

♀

♂ éclipse

♀

♂ N

CANARD SIFFLEUR

♂

♀

tête, dos, flancs plus ...es, épaules grises

♂ éclipse

♂

♀

♀ CANARD À FRONT BLANC

♂ N

δ éclipse. S. d'hiver: plus foncé que ♀, trait oculaire foncé moins net

SARCELLE D'HIVER *Anas crecca*. Le plus petit Anatidé nicheur de la région. Vol rapide (troupes compactes en hiver). Mâle: tête marron roux avec large bandeau vert bordé de crème. Au repos, reconnaissable, de loin, à la ligne blanche sur les scapulaires et aux sous-caudales jaunâtres bordées de noir. Femelle semblable à celle du Colvert mais plus petite, miroir noir et vert, espace blanchâtre à la base de la queue, ventre blanc, bec et pattes gris. Juv. comme femelle sauf bec rosé. Cri du mâle: «krik krik» sifflé; femelle: cancanement bref «quek quek», aigu. Au printemps (parades) les groupes de sarcelles émettent un concert de gloussements. Niche: rives des eaux douces stagnantes ou lentes bordées d'une épaisse végétation, marais, tourbières. En hiver: eaux douces, eaux côtières peu profondes (surtout estuaires). L 34-38, E 58-64 cm.   N: B, CH, F.

Sarcelle à ailes vertes *A. carolinensis*. Amérique du Nord. Traverse l'Atlantique chaque année. Rare. Mâle: ligne blanche verticale sur côté poitrine; ligne crème à l'avant des joues seulement; femelle presque identique à celle de *A. crecca*.

A. falcata δ / N   1ère année

Canard à faucilles *Anas falcata*. Asie orientale. A, rare. Egalement échappée. Mâle: longue huppe nuchale, rémiges allongées, tête rouge-violet, joues vertes sans lignes claires. Femelle: ressemble à celle du Chipeau (p. 64); en diffère par: huppe esquissée, avant des ailes gris, miroir noir et vert, bec et pattes noirâtres. Eaux douces, souvent avec le C. siffleur. L 48-54, E 76-82 cm.

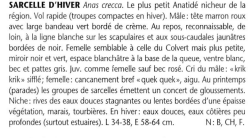

SARCELLE D'ÉTÉ *Anas querquedula*. Un peu plus grande que la Sarcelle d'hiver. Corps plus allongé, front plus vertical (tête plus anguleuse). Mâle: bande blanche au dessus de l'œil, longues scapulaires noires et blanches, avant des ailes gris bleu (gris chez la femelle), plus gris que chez le Souchet (p. 68) et *A. discors*. Juv. et femelle: raies pâles sur côtés de la tête et espace clair à la base du bec (celui-ci plus long et plus large que chez *A. crecca*), pas de blanc à la base de la queue, miroir vert bordé de blanc. Bec, mâle gris pâle, femelle gris olive, pattes grises. Au printemps, le mâle lance un cri sec, étrange (comme le bruit d'une allumette secouée dans une boîte); femelle, cancanement grave. En plaine, eaux douces peu profondes avec abondante végétation. L 37-41, E 60-63 cm.

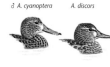

δ *A. cyanoptera*   *A. discors*

Sarcelle à ailes bleues *Anas discors*. Amérique du Nord. A, rare. Avant des ailes gris bleu. Mâle: croissant blanc sur la face. Femelle: avant des ailes plus bleu que chez *A. querquedula*, pas de lignes claires sur la face mais tache pâle à la base du bec et cercle oculaire blanchâtre, bec noirâtre, pattes jaunes. Ressemble fortement à la Sarcelle cannelle *A. cyanoptera* (échappée de captivité) qui est d'un brun plus chaud, a le bec plus long (plus spatulé). Sifflement du mâle «piip», autre cri «tsif tsif tsif» zézayé, doux; femelle: cancanement doux, comme chez *A. crecca*. L 37-41, E 60-64 cm.

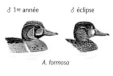

δ 1re année   δ éclipse

A. formosa

δ éclipse: vertex plus foncé mais garde plus les couleurs vives des ailes que la femelle

Sarcelle élégante *Anas formosa*. Sibérie. A, rare (ou échappée). Mâle: tête bigarrée de vert, jaune crème et noir, scapulaires allongées, bande verticale blanche entre poitrine et flancs. Femelle: ressemble à une grande femelle d'*A. crecca*, mais tache blanche à la base du bec, trait oculaire incomplet, pâle. Mâle: répète souvent un étrange «proup» ou «wot wot»; femelle: cancanement rauque. L 41 cm.

66

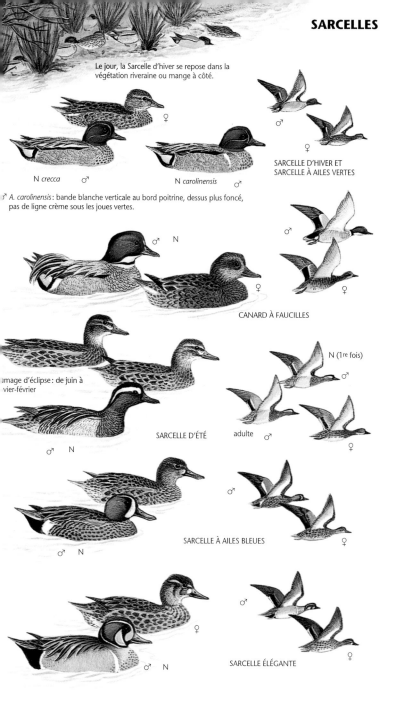

Le jour, la Sarcelle d'hiver se repose dans la végétation riveraine ou mange à côté.

♀

♂

♀

SARCELLE D'HIVER ET SARCELLE À AILES VERTES

N *crecca* ♂

N *carolinensis* ♂

♂ *A. carolinensis*: bande blanche verticale au bord poitrine, dessus plus foncé, pas de ligne crème sous les joues vertes.

♂ N

♂

♀

♀

CANARD À FAUCILLES

N (1re fois)

♂

umage d'éclipse: de juin à vier-février

SARCELLE D'ÉTÉ

adulte ♂

♀

♂ N

♂ N

♂

SARCELLE À AILES BLEUES

♀

♀

♂ N

♂

SARCELLE ÉLÉGANTE

♀

CANARD PILET *Anas acuta*. Silhouette élégante, cou mince. ♂: très longues rectrices centrales, tête brune et blanche, gorge et poitrine blanches. Le seul autre canard de surface à poitrine blanche est le Souchet (plus trapu, très gros bec). Seule la Harelde a une queue aussi longue (espèce marine). Femelle: comme celle du Canard siffleur mais plus pâle, plus jaunâtre, queue plus pointue, cou plus mince, ailes plus étroites. Miroir couleur bronze, bec gris bleu, mince, pattes grises. Vol rapide. Mâle: cri faible, grave, nasal, ressemblant à celui d'une Poule d'eau; pendant les parades nuptiales, croassement assez mélodieux; femelle: cancanement assez rauque. Etangs, marais d'eau douce et saumâtre (toundra et forêts de résineux). L'hiver, lacs, étangs, prairies inondées, estuaires, marais côtiers. L 51-66, E 80-95 cm.   N: B, CH, F.

♂ éclipse   ♀

♂ éclipse: bec plus pâle que celui de la ♀, culmen, base et bout noirs.

CANARD SOUCHET *Anas clypeata*. ♂ et ♀: gros bec en forme de spatule; avant des ailes gris bleu bien visible en vol. ♂: plumage très coloré: tête vert foncé (paraît noirâtre si lumière faible), poitrine blanche, flancs marron roux; le seul canard de surface ayant l'iris jaune. ♀: comme celle du Colvert (p. 64), sauf bec et miroir verts. Cri du ♂: «touk touk» bas; ♀: cancanement double. En plaine, eaux douces et saumâtres, marais avec épaisse végétation aquatique et eau peu profonde, vaseuse. En hiver, eaux douces plus ou moins profondes. L 49-52, E 70-84 cm.   N: B, F.

Souchet: bec vu de dessus et de profil

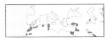

adulte   juv.

adulte bec rose, juv. bec gris

Canard du Cap *A. capensis*. Afrique tropicale. A, rare dans le S de la région. ♂, ♀, juv. gris et brun très tacheté, bec un peu retroussé, miroir noir et vert vif entouré d'une ligne blanche en U. ♀ et juv., tête plus brune. ♂ et ♀, iris variant du brun clair au jaune, à l'orange et au rouge; juv. iris foncé. L 44-48 cm.

♂   ♀

♀: tête plus arrondie, huppe esquissée

SARCELLE MARBRÉE *Marmaronetta angustirostris*. Plumage clair, beige et brun tacheté de blanc; tour de l'œil brun foncé contrastant avec le front plus pâle; tête assez allongée, petite huppe nuchale, ailes et queue claires, bec noirâtre, bout gris vert. En vol, ressemble à un petit Canard pilet (ailes étroites et longues, grand cou). Sexes semblables. Juv. un peu plus terne, plus gris, pas de huppe, taches des flancs moins nettes. Dans la région, le seul canard de surface sans miroir visible. Cri du ♂: faible, nasal; ♀: sifflement double. Eaux douces ou saumâtres riches en végétation, marais. En hiver, eaux plus dégagées, mares temporaires des déserts. L 39-42, E 63-67 cm.

NETTE ROUSSE *Netta rufina*. Canard plongeur. ♂: dans la région, le seul qui ait le bec et les pattes rouge orange; une grosse tête roux vif; en vol, longue et large bande alaire blanche. ♀: calotte brun foncé sauf joues et cou gris blanc; plumage brun terne, un peu de rose au bout du bec; ♂ et ♀ large bande alaire blanche. Plonge en basculant l'avant du corps pour se nourrir. Cri du mâle «bêt bêt»; femelle: «kourr» rauque. Lacs, lagunes d'eau douce ou saumâtre avec roseaux sur les bords, marais. Souvent échappée de captivité, se croise avec d'autres Anatidés. L 53-57, E 84-88 cm.   N: CH, F.

CANARDS DE SURFACE

♂

♂ éclipse

♀

♂ N

♀

CANARD PILET

♀

♂

♂ éclipse

♂ sub-éclipse (automne)

♀

♂ N

CANARD SOUCHET

juv.

CANARD DU CAP

sexes
identiques

SARCELLE MARBRÉE

♂ éclipse

♀

♀

♂

juv.

NETTE ROUSSE

♂ N

Fuligules *Aythya*. Canards plongeurs. Cou bref, corps plus trapu que celui des canards de surface, pattes situées plus en arrière, battements d'ailes rapides.

FULIGULE MORILLON *Aythya fuligula*. ♂ : flancs blancs contrastant avec le dessus noir ; le seul à avoir une huppe pendante bien visible. ♀ : huppe esquissée, plumage brunâtre, parfois étroite bande blanche à la base du bec (v. Fuligule milouinan), ou sous-caudales blanchâtres (v. Fuligule nyroca). Juv. comme la ♀. Bec gris bleu, iris jaune. En vol, barre alaire blanche. Eaux douces stagnantes et lentes avec végétation palustre (au printemps) ; l'hiver, aussi sur réservoirs aux rives nues et parfois eaux côtières. L 40-47, B 67-73 cm.　　　　　　　　　　　N : B, CH, F.

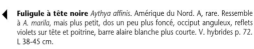

Fuligule à bec cerclé *Aythya collaris*. Amérique du Nord. A, rare. Occiput plus pointu que chez *A. fuligula* ; bande blanche près du bout du bec ; en vol, barre alaire grise. ♂ : bande blanche verticale entre poitrine noire et flancs gris, ligne blanche à la base du bec. ♀ : anneau oculaire blanc et trait oculaire blanc en arrière fréquent, espace blanchâtre à la base du bec. L 37-46, E 61-75 cm.

Fuligule à tête noire *Aythya affinis*. Amérique du Nord. A, rare. Ressemble à *A. marila*, mais plus petit, dos un peu plus foncé, occiput anguleux, reflets violets sur tête et poitrine, barre alaire blanche plus courte. V. hybrides p. 72. L 38-45 cm.

FULIGULE MILOUINAN *Aythya marila*. Diffère d'*A. fuligula* (plus petit) par : tête plus grosse, plus arrondie, dos gris (♂), large bande blanche à la base du bec (♀). Im. : pas de blanc à la base du bec, distingué par la forme de la tête. Diffère d'*A. ferina* (de même taille) par : tête, cou et poitrine noirs (à reflets verts) et des 2 sexes du même par la barre alaire blanche (visible en vol). Niche : toundra, taïga ; hiver : estuaires et eaux côtières. L 42-51, E 72-84 cm.

FULIGULE MILOUIN *Aythya ferina*. ♂ : tête et cou marron roux, dessus gris, flancs plus clairs, poitrine noire. ♀ : cou, tête, poitrine bruns ; reste du corps gris brun. ♂ et ♀ : bec gris bleu, noir au bout et à la base, barre alaire grise. Juv. ressemble à la femelle. ♂ : sifflement grave, souvent asthmatique ; ♀ : « kourr kourr » rauque, grogné. Habitat : comme le Fuligule morillon, mais niche aussi sur des lacs d'eau saumâtre. L 42-49, E 72-82 cm. En expansion.　　　　　　　　　　　N : B, CH, F.

FULIGULE NYROCA *Aythya nyroca*. ♂ : plumage marron roux, tête semblable à celle d'*A. ferina*, iris blanc ; ♀ : plus brune, plus terne, pas de blanc à la base du bec. Tous deux les sous-caudales blanches (détail parfois présent chez *A. fuligula* ♀, mais couleur moins franche, barre alaire blanche sur les primaires plus visible. *A. ferina* a le dos et l'avant des ailes gris. En plaine, eaux douces et saumâtres, stagnantes ou lentes, souvent dans la végétation palustre ; marais, roselières. L 38-42, E 63-67 cm.　　　　　　　　　　　N : B, CH.

Canard
colvert pour
comparaison

♂ N

FULIGULE MORILLON

♀   ♂ N

FULIGULE À BEC CERCLÉ

♂ N

FULIGULE À TÊTE NOIRE

FULIGULE
MILOUINAN   ♂ N

♂ éclipse

♀

♂ N   FULIGULE MILOUIN

♀

♂ N

FULIGULE NYROCA

Fuligule à bec cerclé

Fuligule morillon

Fuligule à tête noire

Fuligule milouinan

Fuligule de Baer

Fuligule nyroca

Fuligule à tête rouge

Fuligule milouin

FULIGULES HYBRIDES (Aythya) De nombreux hybrides existent entre les différentes espèces du genre *Aythya* et avec *Netta rufina* (p. 68), certains entre des espèces indigènes et d'autres (exotiques) échappées de captivité. Tout *Aythya* paraissant anormal doit être examiné avec soin. Ci-dessous, seuls les hybrides ♂ sont décrits (sauf exception). Regarder : couleur du bec, couleur noire à son extrémité, couleur et reflets de la tête. Identification des ♀ très difficile (v. Wildfowl Trust, Report n° 17, 1966 : 49-65).

Type Fuligule à bec cerclé. F. morillon x F. milouin (dos gris) ou F. à bec cerclé (dos noir). Tête pointue, courte huppe, marron roux, bande blanche sur le bec (comme *A. collaris*, avant le bout noir, parfois une faible ligne blanche à la base ; flancs un peu vermiculés).

Type Fuligule morillon. ♂ F. milouin x, ♀ F. morillon. Courte huppe (intermédiaire entre F. morillon et Petit morillon), tête noir violacé à reflets verts. Au bout du bec, le noir remonte en croissant sur les côtés.

Type Fuligule à tête noire. ♂ F. morillon x ♀ F. milouin. Courte huppe ; diffère d'*A. affinis* par l'occiput moins pointu, les reflets violet brunâtre, le front moins droit, le dos bien plus finement vermiculé, le bec plus pointu où le noir de l'extrémité remonte en croissant sur les côtés, généralement noir à la base ; iris jaune orangé ; barre alaire plus blanche que chez *A. affinis*, mais moins que chez *A. fuligula*.

Type Fuligule milouinan. F. morillon x F. milouinan. Tête pointue, huppe esquissée, reflets violets et verts, dos plus grossièrement barré que chez *A. marila*, grande tache blanche à la base du bec.

Type Fuligule de Baer. F. morillon x F. nyroca. Huppe esquissée, plumage roux très foncé à reflets verts, un peu de noir à la base du bec, à l'extrémité couleur noire en éventail ; iris jaune pâle (*A. baeri* : Extrême-Orient, pas encore vu à l'état sauvage dans la région). D'autres hybrides entre ces espèces ressemblent à des im. ternes de *F. nyroca*.

Type Fuligule de Nouvelle-Zélande. Des hybrides probables entre *A. collaris* et *A. novaeseelandiae*, probablement échappés de captivité, ont été signalés en Angleterre et en France. L'un d'eux, plus petit qu'*A. collaris*, avait les flancs marron terne, des reflets violets sur la tête, un espace clair près de l'extrémité du bec. Il s'agissait peut-être aussi d'un hybride F. nyroca x F. morillon (ou F. à bec cerclé).

Type Fuligule nyroca (F. de Paget). F. milouin x F. nyroca. Tête marron, à l'extrémité du bec le noir remonte en croissant sur les côtés, à la base les deux tiers sont gris ; iris orange.

Type Fuligule à tête rouge. F. milouin x F. morillon. Ressemble fortement à un Fuligule à tête rouge (*A. americana*) (espèce non signalée dans la région) ; front un peu plus droit que chez *A. fuligula* ; gris bleu du bec pas aussi nettement séparé du noir de la base.

Type Fuligule milouin. F. milouin x F. morillon. Comme le précédent sauf courte huppe ; tête marron à reflets violets ; à l'extrémité du bec, le noir remonte en croissant sur les côtés.

En hiver, les Fuligules morillons s'assemblent en troupes auxquelles s'associent parfois d'autres espèces, ce qui peut entraîner des croisements.

A cette saison, on trouve parfois des espèces accidentelles ou des hybrides au sein de ces troupes (un examen attentif s'impose).

type F. à bec cerclé
A. collaris x A. fuligula

type Fuligule à tête noire
A. fuligula x A. ferina

type F. de Baer
A. fuligula x A. ferina

type Fuligule à tête rouge
A. fuligula x A. ferina

type Fuligule milouinan
A. fuligula x A. marila

type Fuligule morillon
A. fuligula x A. marila

type Fuligule à tête noire milouinan
A. fuligula x A. marila

1er H type F. à bec cerclé
A. nyroca x A. fuligula

type F. de Nouvelle-Zélande
A. fuligula x ?

type Fuligule nyroca
A. nyroca x A. ferina

A. nyroca

A. nyroca x A. ferina

type Fuligule à bec cerclé
A. fuligula x A. marila

Les canards hybrides les plus fréquents résultent de croisements entre espèces du genre *Aythya*, mais il y en a d'autres, p. ex. entre *A. ferina* et *Netta rufina* (p. 68), *A. fuligula* et *Netta rufina* et C. colvert et C. pilet (pp. 64, 68).

En présence d'un canard aberrant, noter couleur de l'iris, du bec, des flancs, des sous-caudales et présence éventuelle de reflets sur la tête. L'identification des hybrides mâles est relativement moins difficile que celle des femelles.

Eiders : *Somateria, Polysticta.* Gros canards marins; excellents plongeurs. Rares à l'intérieur des terres. Mâles très colorés, femelles barrées ou tachetées de brun. Pas de miroir. Bec en prolongement du front oblique (sauf ♂ de *S. spectabilis*); les plumes couvrent une partie de la m. s. ♀ en vol: 1-2 lignes blanches sur le dessus des ailes. ♂ et ♀ crient davantage que les autres canards.

1   2

3

EIDER À DUVET *Somateria mollissima.* ♂ adulte et celui de *S. spectabilis*: seuls canards blancs dessus et noirs dessous. Vertex, ventre, arrière-train et queue noirs, poitrine rose pâle, nuque vert clair. En vol: pointe et arrière des ailes noirs, bord d'attaque partiellement blanc. ♂ en éclipse et im.: plumage bariolé de noir, brun et blanchâtre, mais tête généralement foncée et dessous noir. ♀ brun roussâtre barré de brun noir, lobes frontaux du bec atteignant presque les yeux. Pendant les parades nuptiales, le ♂ lance des «ah-ou» ou «cou-rou» bas, accentués sur la 2e syllabe; la ♀ grogne ou croasse. Côtes rocheuses et sablonneuses. L 50-71, E 80-108 cm.   N: F

Mâles: ssp. *faeroensis*, 2 (Orcades, Shetlands, Féroés): plus petite que 1; ssp. *mollissima*, 1: bec gris plus foncé, lobes frontaux plus courts; ♀: barres plus foncées; ssp. *borealis*, 3 (Islande, Spitzberg): bec jaune vif.

EIDER À TÊTE GRISE *Somateria spectabilis.* ♂: paraît blanc devant et noir en arrière. Tête gris clair plus arrondie que celle de *S. mollissima*; front vertical, renflé, orange, bec rouge; en vol, ailes noires avec un peu de blanc à la base. ♂ im./éclipse: plumage brun noirâtre et blanchâtre, tête généralement noirâtre. ♀: ressemble beaucoup à celle de *S. mollissima*, mais plus rousse, taches foncées des flancs en forme de croissants, front plus convexe, bec un peu plus court (lobes frontaux moins longs). Voix: comme *S. mollissima*; ♂: cri trisyllabique accentué à la fin. Côtes de l'Arctique, eaux douces de la toundra; en hiver, seulement eaux côtières. L 47-63, E 86-102 cm.

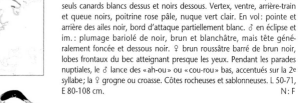

◄ **Hybride** *Somateria mollissima x S. spectabilis.* En Islande et ailleurs, les 2 espèces se croisent parfois, hybrides rarement féconds.

EIDER À LUNETTES *Somateria fischeri.* NE Sibérie, Alaska. A, en hiver sur côtes de l'Arctique. Bien plus petit que *S. mollissima*, ♀ plus foncée. Grande zone circulaire autour de l'œil, blanche (♂) ou chamois (♀); bec court, m. s. en grande partie emplumée. ♂: dessus blanc, dessous noir (poitrine incluse); tête vert clair sauf «lunettes». En vol, ressemble à *S. mollissima*. Crie rarement. L 52-57, E 85-93 cm.

EIDER DE STELLER *Polysticta stelleri.* Beaucoup plus petit que les autres eiders; petit bec gris bleu, miroir violet. ♂: tête blanche sauf front et nuque vert clair, tour de l'œil noir, dessus noir et blanc, dessous roux. En vol, ressemble à *S. mollissima*. ♀ et ♂ en éclipse: brun foncé avec ligne blanche sur l'aile. ♂: cri doux et bas; ♀: cancanement aigre. En vol, tous 2 font entendre un sifflement comme le Garrot à œil d'or (p. 78). Signalé dans N de la Norvège, près des côtes (a niché); quelques hivernants dans la Baltique; A ailleurs. L 43-47, E 70-76 cm.

nidification ♂   N ♂

1er H ♂

♀

H ♂   ♀ grise

♂ éclipse

automne ♂

♂   ♀ éclipse

♂ éclipse

♂ N   ♀ N

EIDER À DUVET

2e nid.

♀

♂

♂ éclipse

♂ N

EIDER À TÊTE GRISE

♂ éclipse   ♀

EIDER À LUNETTES

♂ N

♀

♂ éclipse

♀

♂ N

EIDER DE STELLER

Macreuses et Arlequin plongeur (pp. 76-77). Canards marins plongeurs (la Harelde, p. 78 en fait aussi partie). Nichent au bord des eaux douces mais hivernent surtout en mer près des côtes.

♀ ♀

Harelde   Arlequin plongeur

1er H

♂ ♂

Macreuse à bec jaune

M. noire

M. brune   M. à front blanc

tête des ♀ des 3 espèces

ARLEQUIN PLONGEUR *Histrionicus histrionicus*. Petit canard accidentel en Europe (sauf Islande où il niche). ♂ : coloration unique, gris bleu, blanc, marron et noir, mais paraissant noir à distance (dans ces conditions, le bec court et les marques blanches de la tête sont caractéristiques). ♀ brune sauf 3 taches blanches de chaque côté de la tête, pas de barre alaire; plus petite que les macreuses, bec plus court, moins de blanc sur le ventre que chez la Harelde im. Souvent dans la zone du ressac, cours d'eaux rapides; nage la queue dressée. ♂: sifflements descendants pas prenant fin en trille; ♀: croassements aigres. Niche souvent près des cascades. Hiverne en mer près des côtes rocheuses. L 38-45, E 63-69 cm.

MACREUSE NOIRE *Melanitta nigra*. ♂: le seul canard entièrement noir; ♀ et juv. /im. brun foncé sauf joues et côtés du cou blanchâtres (la ♀ de la Nette rousse, p. 68, plus claire, a une barre alaire blanche; celle de la Harelde, au bec plus court, a le dessous blanc). ♂ et ♀: pattes noirâtres, bec renflé à la base, noirâtre (♀), jaune orangé et noir sur la m. s. (♂). Au repos, le ♂ tient souvent la queue relevée. Quand il parade, il lance des sifflements ou roucoulements; ♀ : caquètements aigres, grognements. Niche: toundra, taïga. En hiver, vole souvent en ligne à faible hauteur et s'assemble en troupes denses sur la mer. De nombreux sujets non nicheurs passent l'été au S de l'aire de reproduction. L 44-54, E 79-90 cm.

Macreuse à bec jaune ssp. *americana*. Amérique du Nord. A, rare. Bosse frontale plus grosse, bec jaune à pointe noire.

MACREUSE BRUNE *Melanitta fusca*. Plumage noir sauf barre blanche à l'arrière de l'aile, bien visible en vol; pattes rouges; plus grande que la Macreuse noire. ♂ petite tache blanche derrière l'œil, côtés du bec jaune orangé. ♀ et im.: 2 taches blanchâtres, 1 sur les joues, 1 à la base du bec. Niche: taïga d'Eurasie, moins souvent dans la toundra que la Macreuse noire. L'hiver, en petits groupes mêlés ou non aux Macreuses noires ou à des eiders. L 51-58, E 90-99 cm.

MACREUSE À FRONT BLANC *Melanitta perspicillata*. Amérique du Nord. A, rare dans le NO de l'Europe. Diffère des autres macreuses par son très gros bec bariolé (partiellement rouge chez le ♂, gris vert foncé chez la ♀). ♂: tache blanche sur front et nuque; ♀ et im. ont généralement 2 taches claires sur joues et à la base du bec, parfois une 3e sur la nuque, mais elles peuvent être estompées, voire absentes. Pattes orange; pas de barre alaire. L 45-56, E 78-92 cm.

♀

♂

♂

N ♂

ARLEQUIN PLONGEUR

♀

♂ 1er été

♂ éclipse

♂ 1er H

americana

♀

nigra

N ♂

♂ N

MACREUSE NOIRE

americana

♀

N ♂

MACREUSE BRUNE

♂ 1er printemps

juv.

♀

N ♂

MACREUSE À FRONT BLANC

GARROT À ŒIL D'OR *Bucephala clangula*. Canard plongeur reconnaissable à sa grosse tête et à ses larges barres alaires blanches; cou blanc, iris jaune. ♂: tête noire à reflets verts, tache blanche ovale entre la base du bec et l'œil. ♀/juv.: tête un peu moins volumineuse, brun chocolat uni. ♂ au printemps: lance des «spir spir» insistants et des «ki-rick» aigres; ♀: «kourr» guttural. En vol (grosse tête et cou bref), les ailes produisent un sifflement assez fort. Niche dans les forêts (souvent de résineux) près de l'eau, dans un trou d'arbre, un nichoir. En hiver, eaux douces et eaux côtières. L 42-50, E 65-80 cm.

GARROT D'ISLANDE *Bucephala islandica*. Très rare en dehors de l'Islande. Les 2 sexes diffèrent de *B. clangula* par: tête encore plus grosse, plus arrondie en arrière. Le ♂ paraît plus foncé (sur l'aile fermée, taches blanches au lieu de barres) et a un grand croissant blanc à la base du bec, tête noire à reflets violets. Cris et bruit des ailes comme *B. clangula*. Niche: bord des lacs d'eau douce, dans un trou de falaise, rocher, mur, ruine. En hiver, aussi sur les eaux côtières. L 42-53, E 67-84 cm.

Garrot albéole *B. albeola*. Amérique du Nord. A, rare. ♂: milieu de la tête blanc, le reste noir à reflets verdâtres et violets. ♀: tache blanche sur les joues. En vol, le ♂ ressemble à un petit Garrot à œil d'or, mais a la tête plus blanche. ♂: émet une sorte de roulade gutturale, la ♀ des «gouk gouk» répétés. L 32-39, E 54-61 cm.

Le Garrot albéole décolle verticalement

HARELDE BORÉALE *Clangula hyemalis*. Dans la région, aucun autre Anatidé n'a un aussi grand nombre de livrées (4 chez le ♂ au cours de l'année). En toutes saisons, aspect élégant, bec très court, pas de barres alaires. ♂ adulte: longue queue (v. Canard pilet, p. 68), scapulaires allongées, bec noir, rose au milieu. ♀, juv. /im.: queue plus courte, bec gris. Au printemps, ♂ bruyant, lance des cris sonores «ardelo-a-ardelo», la ♀ émet des cancanements doux. Vol chaloupé, battements d'ailes de faible amplitude. Niche: bord des eaux douces ou salées (toundra, côtes de l'Arctique et montagnes de Scandinavie); l'hiver, eaux côtières (rare sur les eaux douces). L 40-47, E 73-79 cm.

Au printemps, le ♂ adulte a tête (sauf joues et tour des yeux blancs), poitrine et dessus brun foncé, le reste du dessous blanc; en hiver, il est bien plus blanc (brun noir limité à: bande pectorale, tache sur les joues, ailes, croupion et queue). ♀ au printemps: ressemble au ♂ mais les espaces blancs sont grisâtres, cou grisâtre, brun moins foncé (poitrine, tête), queue nettement plus courte. ♂ im. comme la ♀ sauf bec partiellement rose; juv.: tache blanche à là base du bec.

78

♀

♂ N

♂ éclipse

♂ N

♀

♂ N

♂ éclipse

♀

♂ N

GARROT À ŒIL D'OR

♀

GARROT D'ISLANDE

1re année ♀

♀

GARROT ALBÉOLE

♂ éclipse

♂ N

♂ N

♂ été

♀ N

♂ H

♂ H

♀ H

HARELDE BORÉALE

Harles : *Mergus*. Canards plongeurs plus ou moins huppés, au bec étroit, dentelé sur les bords. ♀ et juv. /im. : tête roussâtre, menton blanc.

HARLE BIÈVRE *Mergus merganser*. Le plus grand harle. ♂ : grosse tête vert foncé, long bec rouge, poitrine et flancs teintés de rose. ♀ /im. : tête rousse avec huppe nuchale hirsute, menton blanc. Vol bruyant (sifflement), rapide, cou tendu (v. grèbes), ailes blanches (dessus). Niche dans un trou d'arbre ou autre cavité au bord des lacs et cours d'eau forestiers, moins souvent sur les côtes abritées. En hiver, eaux douces, estuaires. L 58-66, E 82-97 cm.   N : CH, F.

HARLE HUPPÉ *Mergus serrator*. Plus petit que *M. merganser*. ♂ : tête vert foncé avec huppe nuchale, poitrine brun roux, flancs gris. ♀, im. : distinction avec ceux de *M. merganser* assez difficile : bec plus mince, roux du cou et blanc du menton moins nettement délimités, huppe plus fine, plus divisée en 2, dessus, poitrine et flancs gris teinté de brun. Bruit des ailes semblable. Niche au bord des eaux douces et sur les côtes, à terre. En hiver, estuaires, côtes marines, rare sur les eaux douces. L 52-58, E 70-86 cm.

HARLE PIETTE *Mergus albellus*. Dans la région, le ♂ est le petit Anatidé le plus blanc (sauf quelques lignes, manteau et bout des ailes noirs : nettement bicolore en vol). ♀, im. : haut de la tête, nuque, marron contrastant avec les joues blanches. Plonge souvent (comme les grèbes). Petits lacs, étangs, cours d'eau lents de la taïga ; niche dans un trou d'arbre. L'hiver : eaux douces, estuaires. L 38-44, E 55-69 cm.

Harle couronné *Lophodytes cucullatus*. Amérique du Nord. A, rare. Le ♂ ne peut être confondu (le ♂ du Garrot albéole, plus petit, p. 78, a la tête moins grosse, pas de double barre noire sur les flancs blanc et roussâtre). Quand la huppe est repliée, la tête devient presque rectangulaire et la partie blanche est un peu triangulaire. ♀ ressemble à celle du Harle huppé mais plus petite, pas de huppe nuchale. L 42-50, E 56-70 cm.

Erismatures : *Oxyura*. petits canards plongeurs trapus ; grosse tête, cou bref, bec très épais. En nageant, tiennent souvent leur longue queue redressée. Comme les grèbes, peuvent nager avec la tête dépassant seule de l'eau. ♂ : cris aigus, gloussements.

ÉRISMATURE À TÊTE BLANCHE *Oxyura leucocephala*. ♂ : gris et brun finement vermiculé de noir, poitrine roux marron, tête blanche sauf vertex noir, cou noir, bec bleu clair renflé à la base. En hiver : bec gris, davantage de noir sur vertex. ♀ : brune sauf bande claire sur les joues entourée de brun foncé, bec gris. Juv. : comme la ♀ mais plus clair. Eaux douces et saumâtres peu profondes, souvent bordées de roseaux. Plonge souvent ; ne vole pas volontiers. L 43-48, E 62-70 cm. En déclin, concurrencée par *O. jamaicensis*.

ÉRISMATURE ROUSSE *Oxyura jamaicensis*. Amérique du Nord. Introduite en Europe, en expansion. Se croise avec *O. leucocephala*, qui se trouve ainsi menacée de disparition. Bec non renflé à la base, taille inférieure. ♂ : marron roux plus uniforme, davantage de noir et moins de blanc sur la tête, sous-caudales blanches. Plus gris brun en hiver. ♀/juv. : base du bec non renflée ; souvent, vertex moins foncé que *O. leucocephala*, bande brune des joues plus étroite. Eaux douces ; plonge mais ne marche pas beaucoup. L 35-43, E 53-62 cm.

♂

♀

♂ N

♂ non N

HARLE BIÈVRE

♂ non N

♂ N

♀

HARLE HUPPÉ

♀

♂

♂ non N

♀

♂ N

HARLE PIETTE

♂

♀

♀

♂ N

HARLE COURONNÉ

♂ non N

♀

♂ N

♀

♂

ÉRISMATURE À TÊTE BLANCHE

♂

parade nuptiale

♀

♂ N

♂ non N

ÉRISMATURE ROUSSE

● RAPACES DIURNES : *Falconiformes* (pp. 82-109). Oiseaux de taille moyenne à grande, longues ailes, bec puissant, crochu, griffes robustes (adaptations à un régime carné). Les narines s'ouvrent à la base du bec dans une peau nue, colorée, la «cire». Femelles plus grandes que les mâles. Plusieurs livrées d'im. chez les grandes espèces. Certains pratiquent le «vol à voile». 2 familles : *Accipitridae* (Balbuzard – souvent placé dans une famille à part : *Pandionidae*-, milans, aigles, buses, autours, éperviers, busards, vautours de l'Ancien Monde, circaètes, pygargues) et *Falconidae* (faucons).

BALBUZARD PÊCHEUR (Balbuzard fluviatile) *Pandion haliaetus.* Tête blanche et noire, dessous blanc, dessus brun foncé. Longues ailes coudées. Reconnaissable à son habitude de plonger d'une hauteur variable pour pêcher du poisson. Diffère des petits aigles par le dessous blanc, la forme des ailes, et du Busard harpaye (p. 90) par le dessous blanc et la taille. Cris aigus rappelant ceux d'une jeune perdrix. Vol lent et battu ou vol sur place au dessus de l'eau. Plane, fait du vol à voile. Se perche souvent sur un arbre mort, un poteau. Régions boisées avec lacs, fleuves, côtes. Niche sur un arbre ou un îlot rocheux. Migrateur, hiverne en Afrique tropicale. L 55-58, E 145-170 cm. N : F.

PYGARGUE À QUEUE BLANCHE *Haliaeetus albicilla.* Très grand. Longues et larges ailes aux bords parallèles ; très gros bec et cire jaune clair. Diffère des aigles du genre *Aquila* (pp. 96-99) par : queue cunéiforme (et non pas carrée) et pattes à demi-emplumées. Adulte : diffère des *Aquila* im. par sa queue blanche. Im. : souvent confondu avec *Aquila chrysaetos* adulte (en diffère par : queue cunéiforme, tachetée de blanc à la base, et son habitat ; en hiver, vient au bord des grands plans d'eau). Adulte : tête parfois très pâle, presque blanche. Voix : lance des aboiements, jappements. Vol majestueux, souvent bas au-dessus de l'eau. Fait du vol à voile, des piqués. Côtes rocheuses, lacs, fleuves, grands réservoirs d'eau douce. Nid sur falaise, grand arbre. L 70-90, E 200-240 cm.

Pygargue à tête blanche *Haliaeetus leucocephalus.* Amérique du Nord. A, rare (ou échappé de captivité). Adulte : tête, cou et queue blanc pur. Im. entièrement foncé, livrée d'adulte à 4-5 ans (ressemble beaucoup à *H. albicilla* im.). L 75-108, E 180-230 cm.

juv.

adulte

PYGARGUE DE PALLAS *Haliaeetus leucoryphus.* Moins massif que *H. albicilla ;* bec et cire gris, tête toujours pâle (adulte), queue brun noir, blanche au milieu, bien visible en vol. Im. : brun foncé, dessous des ailes partiellement blanc, base de la queue tachetée de blanc. Cris : aboiements. Assez silencieux en hiver. Lacs, fleuves, marais. Nid sur arbre ou à terre. Répartition très différente de celle d'*H. albicilla* sauf très localement.

2e année

adulte   envergure 190-240 cm   juv.

Pygargue vocifère *Haliaeetus vocifer.* Afrique tropicale. A, rare. queue courte. Adulte tricolore : blanc, marron roux (poitrine, ventre) et noir. Im. : dessus brun, dessous blanchâtre avec stries foncées. Cris puissants, portant loin «claou claou claou». L 74-84, E 190-240 cm.

BALBUZARD, PYGARGUES

juv.

adulte

adulte ♂

ad ♀

envergure 145-170 cm

BALBUZARD PÊCHEUR

juv.

3e - 4e année

adulte

envergure 200-240 cm

PYGARGUE À QUEUE BLANCHE

adulte

juv.

adulte

1re année

2e année

envergure 180-230 cm
Pygargue à tête blanche

im.

adulte

juv.

adulte   envergure 200-250 cm

PYGARGUE DE PALLAS

Milans: *Milvus*. Ailes plus longues que celles des buses (p. 94), longue queue fourchue souvent plus ou moins déployée en vol plané. Partiellement charognards. Localement, fréquentent les tas d'ordures. Nichent sur des arbres.

MILAN NOIR *Milvus migrans*. Plumage brun foncé, tête claire, striée, queue peu fourchue (échancrure à peine visible si elle est complètement étalée); vol plus léger que celui des buses mais moins souple que celui du Milan royal et des busards (p. 90). Fait moins de vol à voile que les buses; ailes moins coudées que celles du Milan royal (v. Busard harpaye, qui tient les ailes un peu relevées quand il plane). Bruyant: sifflements aigus, plaintifs, tremblés. Sociable. Bois, forêts, voisinage des lacs, rivières, fleuves; aussi près des villes (Moyen-Orient). L 55-60, E 113-117 cm. N: B, CH, F, L.

Ssp. *aegyptius*: plus grande, plus brune dessus, plus rousse dessous, tête plus foncée, bec jaune, espace blanc sous les ailes (v. Milan royal), queue barrée. Egypte. Fréquente dans les villes et sur côtes de la Mer Rouge.

MILAN ROYAL *Milvus milvus*. Dans la région, le seul rapace qui ait une queue toujours bien fourchue, même si elle est étalée. Plus roux que le Milan noir, ailes et queue plus longues; grand espace blanc sous les ailes. Plane beaucoup. Cris: miaulements comme la Buse variable et sifflements forts (comme ceux du Milan noir). Vol bien plus léger que celui de ce dernier; en plané, ailes recourbées vers le bas comme le Héron cendré. Ailes souvent coudées. Campagne cultivée avec bois, prairies. L 60-66, E 144-155 cm. N: B, CH, F, L.

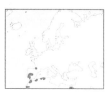

ÉLANION BLANC *Elanus caeruleus*. Petit rapace gris, noir et blanc. Im. partiellement brun; tête assez grosse, épaules noires typiques, queue carrée. Fait souvent du vol sur place. En vol plané, ailes coudées et légèrement relevées. Assez silencieux. Cris: sifflements faibles. Se perche souvent sur fils électriques, poteaux. Peut voler au crépuscule. Milieux ouverts avec bois, arbres isolés; souvent près de l'eau. Nid sur un arbre. L 31-35, E 75-87 cm. N: F (rarissime).

CIRCAÈTE JEAN-LE-BLANC *Circaetus gallicus*. Bien plus grand que la Buse variable, queue plus longue. Paraît presque tout blanc dessous (à distance), dessus brun (v. Balbuzard p. 82, qui a ailes plus étroites, dessus plus foncé). Grosse tête; sur la queue, 2 barres étroites et une large barre terminale. Cris: miaulements du type buse. Plane, fait du vol à voile, souvent du vol sur place. Paysages boisés, en plaine et sur les collines. Nid à la cime d'un arbre. Se nourrit surtout de reptiles. Migrateur. L 62-67, E 185-195 cm. N: F.

84

MILANS
ÉLANION
CIRCAÈTE

adulte

juv.

adulte

MILAN NOIR

juv.

adulte

adulte

MILAN ROYAL

adulte

juv.

ÉLANION BLANC

foncé

vol sur place

clair

foncé

clair

CIRCAÈTE
JEAN-LE-BLANC

Vautours : pp. 86-89. Grande taille. Plumage généralement foncé. Queue courte. Longues et larges ailes adaptées pour le vol à voile durable. Tête plus ou moins nue, souvent une collerette. Bec généralement puissant, serres faibles. Sexes semblables. Plus ou moins sociables selon l'espèce. Charognards. Milieux ouverts, surtout en montagne (dans la région). Recherchent les cadavres de gros mammifères en planant à forte altitude ; quand l'un d'eux est repéré, de nombreux vautours se rassemblent près de lui car ils surveillent mutuellement leurs mouvements dans l'espace.

Percnoptère   1ʳᵉ année

V. charognard

VAUTOUR PERCNOPTÈRE *Neophron percnopterus*. Le plus petit vautour de la région. Adulte : ailes noires et blanches (comme la Cigogne blanche), courte queue blanche cunéiforme, face et menton nus couverts de peau jaune, collerette hirsute, bec mince. Im. brun foncé, peau de la face grisâtre ; livrée d'adulte acquise au bout de 5 ans. Plane, fait du vol à voile, les ailes horizontales ou un peu relevées. Milieux ouverts, collines, plaines, basses montagnes, abords des villages (Maghreb, Proche-Orient). Nid dans une falaise, sur une corniche. Migrateur. L 60-70, E 156-180 cm.   N : F.

adulte   juv.

◀ **Vautour charognard** *Necrosyrtes monachus*. Afrique tropicale. A, rarissime (1 fois au Maroc). Ressemble à un grand Percnoptère im. sauf queue plus courte, arrondie au bout. L 86 cm.

GYPAÈTE BARBU *Gypaetus barbatus*. Malgré son régime, ce n'est pas un vautour. Très grand. Ailes longues, étroites, assez pointues au bout, grande queue en losange. Battements d'ailes fréquents, de faible amplitude. Dessus noir, dessous plus ou moins roussâtre ou crème, tête blanchâtre avec bande oculaire noire et touffe de plumes noires modifiées (vibrisses) de chaque côté du bec. Pattes emplumées jusqu'aux doigts. Im. brun foncé et noirâtre avec taches plus claires ; livrée d'adulte acquise progressivement à 5 ans. Cris (parade) fins, aigus. Plus actif que les vautours. Solitaire (dans la région). Exploite les cadavres de gros mammifères après le passage des vautours. Casse les gros os en les laissant tomber de haut sur un rocher, de façon à obtenir la moelle. Montagnes. Niche sur un rebord de rocher. L 100-115, E 266-282 cm. N : F (très rare).

Israël   Maghreb

VAUTOUR ORICOU *Torgos tracheliotus*. Le plus rare des vautours dans la région. Plumage brun ; de près, bec très massif, peau nue de la tête crème, grise, brune ou rose ; petits replis de peau (caroncules) pendants, gris sur la gorge, roses sur la nuque. En vol, « culottes » pâles, brunâtres, bien visibles par dessous (sauf juv.). Voix : grognements ou jappements. Plaines découvertes, savanes, semi-déserts avec arbres dispersés sur lesquels il niche. L 95-105, E 255-290 cm.

Quelques sujets de la ssp. *negevensis* vivent en Israël. Ssp. *nubicus*, caroncules toujours plus grandes, souvent rouges sur la gorge ; dessous plus clair, une ligne pâle sur le bord d'attaque des ailes (adulte). Nichait jadis dans le Maghreb, actuellement, A.

VAUTOURS

juv.

juv.

Vautours près d'une carcasse

juv.

adulte

adulte   envergure 155-180 cm   im.

VAUTOUR PERCNOPTÈRE

adulte

juv.

im.

adulte

adulte   envergure 250-266 cm

GYPAÈTE BARBU

1er année

adulte   Maghreb

juv.   Israël

adulte   envergure 255-290 cm

adulte

VAUTOUR ORICOU

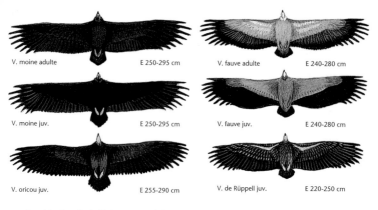

V. moine adulte	E 250-295 cm	V. fauve adulte	E 240-280 cm
V. moine juv.	E 250-295 cm	V. fauve juv.	E 240-280 cm
V. oricou juv.	E 255-290 cm	V. de Rüppell juv.	E 220-250 cm

En vol, la silhouette du Vautour moine est plus rectangulaire que celle du Vautour oricou.

En vol, le Vautour fauve im. est brun chamois clair dessous. Vautour de Rüppell plus sombre, ailes plus courtes.

im. juv.

VAUTOUR MOINE *Aegypius monachus.* Un des plus grands vautours de la région, brun noir. Im.: corps d'un brun plus clair. Peau nue du cou bleuâtre, collerette noire (v. V. oricou, p. 86). Pattes parfois jaunes, normalement grises. En vol, queue plus longue et plus arrondie que celle du V. fauve. Voix: croassements, sifflements, miaulements. Solitaire mais rejoint les V. fauves près des cadavres et les écarte pour manger (dominant). Paysages ouverts, montagnes. Nid sur un arbre. Très rare en Europe. L 100-110, E 250-295 cm.

VAUTOUR FAUVE *Gyps fulvus.* Dans la région, le plus répandu des vautours, le seul au plumage assez clair, brun pâle avec collerette blanchâtre, tête couverte de duvet blanchâtre, rectrices et rémiges brun foncé. Im. brun plus sombre, collerette brun roussâtre. Plane souvent à grande hauteur, les ailes un peu relevées; queue plus carrée et plus courte que celle du V. moine. Voix: grognements, sifflements. Montagnes avec falaises où il niche, souvent en colonies. Sociable. Sur les cadavres, dominant par rapport au V. percnoptère mais dominé par le V. moine. L 95-105, E 240-280 cm.   N: F.

Vautour de Rüppell *G. rueppellii.* Afrique tropicale. A: Egypte. Bien plus foncé que le V. fauve (noir brunâtre), ailes un peu plus courtes; couvertures alaires et dessous du corps liserés de blanc; sur la face inférieure des ailes, 3 lignes horizontales de taches claires. Im. plus clair, d'un brun plus uniforme, bande blanche en arrière du bord d'attaque des ailes, dessous du corps moins nettement tacheté. Voix forte, aigre. L 85-95, E 220-250 cm.

Bateleur des savanes *Terathopius ecaudatus.* Afrique tropicale. A, rare (Israël, Irak). Grosse tête, queue extrêmement courte (silhouette en vol unique). Mâle: dos, croupion, queue roux, dessous des ailes blanc et noir, épaules grises. Femelle: ailes brunes et grises. Bec noir, jaune et rouge, pattes, cire, peau nue autour des yeux rouges. Im. brun chaud, tête et dessous du corps plus clairs. L 80-85 cm, E 170-180 cm.

VAUTOURS

juv.

adulte

VAUTOUR MOINE

juv.

adulte

juv.

adulte

adulte

VAUTOUR FAUVE

envergure 220-250 cm

adulte

VAUTOUR DE RÜPPELL

envergure 170-180 cm

juv.

im.

♀

♂

BATELEUR DES SAVANES

Busards: *Circus*. Rapaces de taille moyenne, sveltes; ailes assez longues, étroites, longue queue, grandes pattes, collerette plus ou moins marquée autour de la face. Sauf chez le Busard des roseaux, mâles gris pâle avec bout des ailes noir. Femelles/im. bruns avec croupion blanc. Vol typique à très faible hauteur, lent, plané entrecoupé de quelques coups d'ailes (celles-ci sont relevées pendant le plané). Nichent à terre.

BUSARD DES ROSEAUX *Circus aeruginosus*. Le plus grand busard de la région. Ailes plus arrondies, plus larges que celles des autres busards, vol plus lourd. ♂ : brun roux foncé, ailes tricolores (brun roux, gris et noir), queue grise. ♀/im. : brun chocolat, tête et épaules crème, queue non barrée, croupion blanc. Im. et sujets mélaniques diffèrent du Milan noir (p. 84) par l'absence de barre alaire pâle et la queue carrée. Diffèrent des Bondrées (p. 94) et des Aigles bottés (p. 96) foncés par la longueur de la queue et les ailes relevées en vol plané. Cris: comme *C. cyaneus*, cris plaintifs pendant les parades, caquètements (menace, harcèlement). Marais, étangs avec roselières, rizières. L 48-56, E 115-120 cm.   N : B, CH, F.

BUSARD SAINT-MARTIN *Circus cyaneus*. ♂ : gris pâle sauf bout des ailes noir, bord de fuite du dessous des ailes foncé, croupion et dessous du corps blancs. ♀/im.: dessus brun, dessous brun chamois strié (Juv. dessous exceptionnellement roux) queue barrée, croupion blanc, collerette formant une ligne noirâtre sur la gorge (v. B. cendré et B. pâle). Cris: caquètements «ke ke ke» ou «kek kek kek» pendant les parades aériennes; pour menacer, houspiller, cris plaintifs (surtout ♀ couveuse). Landes, prairies, steppes, bois clairs, marais, roselières, dunes, champs (céréales, colza). L 44-52, E 100-120 cm.   N : B, F, L.

♀   juv.

BUSARD PÂLE *Circus macrourus*. Ailes étroites. Taille intermédiaire entre *C. cyaneus* et *C. pygargus*. Mâle plus clair que ceux de ces 2 espèces, tête et poitrine plus blanches, moins de noir au bout des ailes, pas de blanc au croupion, bord de fuite (dessous des ailes) sans ligne foncée. ♀/im. : collier et joues blanchâtres, trait oculaire foncé et croissant noirâtre sous l'œil. Juv.: dessous roux uni comme celui de *C pygargus* (juv. de *C. cyaneus*: dessous tacheté). L 40-48, E 95-120 cm.

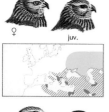

♀   juv.

BUSARD CENDRÉ *Circus pygargus*. Plus svelte que *C. cyaneus*, ailes plus étroites. ♀ : une barre noire sur le dessus de l'aile (rémiges secondaires), stries rousses sur flancs et dessous des ailes (invisibles en nature). ♂/im.: en vol, distinction avec *C. cyaneus* délicate : ailes plus allongées, marques de la face plus contrastées; sur le dessous des ailes, espace clair plus large entre le bord de fuite et 1ʳᵉ barre foncée. Juv.: dessous roux uni. Il y a des sujets mélaniques. Cris un peu plus aigus que ceux de *C. cyaneus*. Steppes, prairies, champs, marais côtiers, roselières, dunes, coupes et jeunes plantations forestières. L 43-47, E 105-120 cm.   N : B, CH, F, L.

♀   juv.

BUSARDS

juv.

juv.

♀

♂ ♀

vieille

BUSARD DES ROSEAUX

♂

juv.

♀

BUSARD SAINT-MARTIN

juv.

♂

♂

juv.

♂

♀

BUSARD PÂLE

im. ♂

juv.

♂

juv.

♂

♀

BUSARD CENDRÉ

Autours, Eperviers : *Accipiter.* Queue longue, ailes assez courtes, larges et relativement arrondies. Femelles nettement plus grandes que les mâles (tiercelets). Vol rapide. Chassent par surprise dans bois et champs. Nid sur un arbre.

juv.

ÉPERVIER D'EUROPE *Accipiter nisus.* ♀ : comme un Autour miniature. Dessus brun foncé ou brun gris, dessous blanchâtre barré de brun. ♂ : dessus gris ardoisé, joues rousses, dessous blanchâtre barré de roussâtre. 4-5 barres foncées sur la queue des 2 sexes. Diffère des petits faucons par : son allure (longue queue, ailes larges, vol impétueux, souvent à très faible hauteur avec crochets rapides) vol battu alternant avec glissades en plané. Ne fait jamais de vol sur place mais peut faire du vol à voile. Juv. /im. : dessus brun, dessous tacheté avec quelques barres horizontales. Peu bruyant. Crie surtout près du nid : caquètements « Kek kek » « kiuo kiou » « gig gig ». Forêts, bois, campagne cultivée, villages, prairies, champs, plaine et montagne. Prépare ses proies à terre ou à faible hauteur, les plumes révèlent sa présence (confusion possible avec l'Autour qui se comporte pareillement). L 28-38, E 55-70 cm. N : B, CH, F, L.

ÉPERVIER SHIKRA *Accipiter badius.* Un peu plus petit qu'*A. brevipes.* Moins de noir au bout des ailes plus arrondies, joues et queue plus pâles, 2 traits verticaux noirs sur la gorge. ♂ gris pâle, ♀ plus brune, juv. ailes plus arrondies que celles du juv. d'*A. brevipes.* Cris : « kouik kouik ». Vol comme *A. nisus.* Bois clairs. L 30-36, E 60-70 cm.

ÉPERVIER À PIEDS COURTS *Accipiter brevipes.* Ailes plus longues, plus pointues que *A. nisus ;* dessous des ailes blanc (♂). Détails visibles de près seulement : barres du dessous brun roussâtre des 2 sexes, 6-7 barres étroites sur la queue. ♂ : joues grises, bout des ailes noir contrastant plus avec le dos gris. ♀ grise dessus. Juv. gris brun foncé avec rangées de taches sur le dessous plus blanc. Cris typiques « kewick kewick » aigus, en série. Bois de plaine. Migre en groupes (sociable). L 33-38, E 65-75 cm.

AUTOUR DES PALOMBES *Accipiter gentilis.* Femelle de la taille d'une Buse. Coloration semblable à celle de l'Epervier femelle. ♂ de même couleur que la ♀, peut être confondu avec une grande femelle d'Epervier mais est plus massif, a la queue plus large et plus arrondie au bout, sous-caudales blanches, sourcils blancs. Juv. et im. 1ʳᵉ année : dessus brun, dessous crème ou jaunâtre avec grandes taches noirâtres, longitudinales, en forme de gouttes. Vol puissant, rapide, généralement à faible hauteur. Voix : crie surtout près de l'aire « gig gig gig » (alarme), cris plaintifs et aigus (♀). Forêts, champs, prairies. Nid sur un grand arbre. L 48-62, E 135-165 cm. N : B, CH, F, L.

Ssp. *buteoides* (du N de la Suède au N de la Russie) : plus grande et plus pâle, parfois presque blanche. Ssp. *arrigonii* (Corse, Sardaigne) : plus petite, ♀ très foncée, dessous fortement barré. Ssp. *atricapillus* (Amérique du Nord ; A) : plus grande, dessus bleuâtre, vertex foncé.

buteoides

Rare : Maroc :
A : Espagne, Israël

AUTOUR SOMBRE *Melierax metabates.* Adulte : gris sauf bout des ailes noir, queue noire barrée et terminée de blanc, croupion et ventre blancs finement barrés, pattes et base du bec rouges. En vol, allure de busard ; inspecte le sol, perché sur un poteau ou un arbre, tient le corps horizontal. Voix : série de notes flûtées, sifflées. Savanes avec buissons. L 38-48, E 95-110 cm.

juv.

♀

♀

♂

ÉPERVIER D'EUROPE

♂

juv.

♀

ÉPERVIER À PIEDS COURTS

♂

♂

♀

ÉPERVIER SHIKRA

juv.

adulte

adulte

adulte

buteoides

♀

AUTOUR DES PALOMBES

juv.

gentilis

arrigonii

juv.

juv.

Busard Saint-Martin p. 90

juv.

adulte

adulte

AUTOUR SOMBRE

variabilité de la coloration chez la Buse variable

Buses : *Buteo*. Rapaces trapus ; larges ailes ; bien plus petites que les aigles du genre *Aquila ;* taille voisine de l'Aigle botté (p. 96), des milans (p. 84) à queue plus longue, échancrée et du Busard des roseaux (p. 90). Faire attention à la coloration du dessous des ailes et de la queue.

BUSE VARIABLE *Buteo buteo*. Un des rapaces les plus communs en Europe. Coloration très variable, allant du brun foncé au blanc (sans relation avec âge ou sexe). Dessous des ailes : tache foncée au poignet, zone claire près de l'extrémité. Queue finement et souvent faiblement barrée, bande foncée plus large au bout. Plane beaucoup, fait du vol à voile (ailes plus ou moins coudées, légèrement relevées au bout). Chasse souvent à l'affût (en hiver). Cris : miaulements fréquents au printemps. Forêts, régions boisées, campagne cultivée avec arbres. En hiver, paysages plus dégagés, bords des routes. L 51-57, E 113-128 cm. N : B, CH, F, L.

BUSE PATTUE *Buteo lagopus*. Queue blanche sauf large bande terminale noire et taches noires aux poignets très marquées. Souvent, large bande pectorale brun foncé. De tout près, pattes emplumées jusqu'aux doigts (comme chez les aigles). Fait du vol sur place plus souvent que les autres buses. Cris plus forts et moins aigus que ceux de *B. buteo*. Distinction avec cette dernière délicate : ailes plus longues, tête souvent plus proéminente. Toundra, landes, dunes, marais. En hiver aussi champs. L 50-60, E 120-140 cm.

BUSE FÉROCE *Buteo rufinus*. Un peu plus grande que *B. buteo*, ailes et queue plus longues. Plus grande que *B. buteo rufinus*, la Buse de Russie. Plumage variable comme chez *B. buteo*. Très souvent claire. En grande partie rousse (ailes, culottes), ventre brun foncé, dessous des ailes blanc, roux et noir ; queue rousse non barrée (sauf chez juv.). Le mélanisme existe. Vol, voix : comme *B. buteo* ; en vol à voile, base des ailes relevée, extrémité horizontale. Plaines, semi-déserts, montagnes, paysages ouverts. L 50-65, E 126-148 cm.

Ssp. *cirtensis* (N de l'Afrique) : plus petite, plus claire, silhouette plus proche de celle de *Buteo buteo*.

BONDRÉE APIVORE *Pernis apivorus*. Diffère de la Buse variable par : queue et ailes plus longues et plus étroites, cou plus long, tête plus fine, bec moins puissant, 3 larges bandes foncées sur la queue, la plus large au bout, les autres vers la base (peu visibles en nature) ; sous les ailes, 2 ou 3 bandes foncées. En vol plané, ailes légèrement incurvées vers le bas ; en vol à voile, ailes horizontales. Vole sur place surtout pendant les parades. Voix : en vol, cris bisyllabiques plus aigus et moins plaintifs que ceux de la Buse variable. Se nourrit souvent à terre (ouvre les nids de guêpes et bourdons). Forêts (surtout de feuillus), campagne cultivée et boisée. L 52-60, E 135-150 cm. N : B, CH, F, L.

phases de la Bondrée apivore

BUSES, BONDRÉE

adulte typique
coloration variable

BUSE VARIABLE

ssp. *vulpinus* (Buse de Russie) (E Europe)
généralement rousse surtout sous les ailes ;
queue presque sans barres

adulte

BUSE PATTUE

ad. roux

cirtensis

juv.

ad. ▶

adulte

adulte
foncé

adulte

adulte *rufinus*
typique

adulte

BUSE FÉROCE

♂
adulte

♀

♀

BONDRÉE APIVORE

Aigles: *Hieraaetus* et *Aquila*. Grande taille. Pattes emplumées jusqu'aux doigts; ailes et queue larges. Plumage des adultes revêtu au bout de 2-3 ans. Vol assez lourd. Vol à voile: rémiges primaires souvent relevées au bout. Régions boisées, plaine ou montagne. Nid: sur un arbre ou dans une falaise.

Sédentaire sauf im. vagabond en automne.

AIGLE DE BONELLI *Hieraaetus fasciatus.* Ailes assez longues et étroites, longue queue, cou assez long; en vol, silhouette évoquant celle d'une grande Bondrée (p. 94). Plus petit que l'Aigle royal. Reconnaissable à: dessous blanc finement strié de noir, large bande noire sur le dessous des ailes, bout de la queue noir (v. phase pâle de l'Aigle botté), haut du dos souvent blanchâtre contrastant avec le reste du dessus brun foncé. Im. généralement plus brun, dessous du corps et des ailes chamois à brun roussâtre (v. Aigle botté); ailes horizontales en vol. Voix: cris assez mélodieux «kie kiki». Montagnes et collines boisées avec falaises; l'hiver, aussi milieux plus ouverts. L 65-72, E 150-180 cm. N: F.

Part en septembre, revient en mars. Sédentaire à Minorque.

AIGLE BOTTÉ *Hieraaetus pennatus.* Taille de la Buse variable. 3 phases de couleur; toutes ont les rémiges primaires et l'arrière des ailes noirâtres (dessus et dessous), la queue carrée, non barrée. Phase pâle (la plus commune en Europe): manteau et avant des ailes roux, dessous du corps blanc, dessous des ailes blanc et noir (v. Aigle de Bonelli, plus grand). Phase rousse (surtout Moyen-Orient): dessous du corps roux, bande brun foncé sur le dessous des ailes. Phase sombre: brun foncé, queue plus claire. Im. plus roux, plus clair que *H. fasciatus* juv. Vol plané: ailes coudées légèrement incurvées vers le bas; vol à voile: ailes horizontales. Voix: sifflements mélodieux «kui» répété. Forêts (collines, contreforts des montagnes, plaines). L 45-53, E 100-121 cm. N: F.

Adultes sédentaires. Dans le N, des im. partent au S en automne.

AIGLE ROYAL *Aquila chrysaetos.* Adulte: brun foncé, tête plus ou moins jaunâtre, ailes plus étroites à la base qu'au milieu, couvertures alaires plus pâles que les rémiges et le corps. Im. base de la queue blanche, grande tache blanche sur le dessous des ailes. Queue plus longue que celle des autres *Aquila*, carrée (v. Pygargue p. 82). Vol majestueux; plane et fait du vol à voile, les ailes légèrement relevées et souvent pendant des heures (différence avec les autres *Aquila*). Voix: miaulements semblables à ceux de la Buse variable. Surtout en montagne (de l'étage montagnard à l'étage alpin). Dans l'E de la région, aussi en plaine (forêts, grandes zones humides). L 75-88, E 204-220 cm. N: CH, F.

A. ibérique sédentaire dans la péninsule hispanique. A. impérial (à l'Est), im. migrateurs à faible distance (retour février-mars).

AIGLE IMPÉRIAL *Aquila heliaca.* Cou plus long que celui des autres *Aquila*. Epaules et côtés du manteau blancs, tête et nuque jaunâtres devenant blanches avec l'âge. Base de la queue gris brun. Im. brun roussâtre, queue et rémiges primaires plus foncées, dessous strié, pas de blanc sur les épaules, dessus tacheté. (v. Aigle des steppes p. 98). Voix: aboiements. Collines boisées, plaines, steppes, marais. L 72-83, E 190-210 cm.

AIGLE IBÉRIQUE *Aquila adalberti.* Espagne, Portugal. Epaules et côtés du manteau entièrement blancs ainsi que le bord d'attaque des ailes (base); im. plus roux, moins strié.

juv.

juv.

adulte

sub-
adulte

adulte

adulte

AIGLE DE BONELLI

Buse

Aigle botté

adulte foncé

adulte clair

juv.

clair

foncé

AIGLE BOTTÉ

adulte

adulte

sub-
adulte

juv.

juv.

AIGLE ROYAL

juv.

juv.

adalberti

ad.

adulte

adulte

heliaca

heliaca

AIGLES IMPÉRIAL ET IBÉRIQUE

Rare en Europe à l'O de la Russie. Les sujets vus loin de l'aire de nidification sont généralement im.

AIGLE CRIARD *Aquila clanga*. Plumage brun foncé; ailes larges, queue courte. En vol, ressemble un peu au Pygargue à queue blanche (p. 82) plus grand, qui a le cou un peu plus long et la queue cunéiforme. Un peu plus grand et plus foncé que *A. pomarina;* plus svelte que l'Aigle des steppes (de même taille), queue plus carrée. Couvertures sous-alaires paraissent plus foncées que les rémiges primaires. Croissant clair à la base de la queue. Juv./im.: plus noirs, dessus tacheté et barré de blanc, V blanchâtre à la base de la queue. Phase pâle (rare) entièrement brun chamois crème ou roussâtre sauf primaires et secondaires foncées (ressemble beaucoup à *A. rapax*). En vol, plané et vol à voile, extrémité des ailes un peu incurvée vers le bas. Voix: jappements «kiak kiak». Forêts de plaine, souvent près des lacs, fleuves, marais; paysages ouverts: seulement en migration. L 65-72, E: 155-182 cm.

AIGLE POMARIN *Aquila pomarina*. Un peu plus petit que *A. clanga*, ailes plus étroites, queue plus longue, croissant blanchâtre à sa base moins visible, secondaires plus claires, plus étroitement barrées que chez *A. clanga* et *A. rapax*. Adulte: couvertures sous-alaires plus pâles que les primaires. Im.: marques chamois, dessus moins nettement tacheté. En vol: comme *A. clanga*, mais ailes généralement un peu coudées. Voix: cris plus aigus, moins forts que ceux d'*A. clanga*. Habitat semblable mais moins souvent près de l'eau. L 60-65, E 134-159 cm.

AIGLE DES STEPPES *Aquila nipalensis*. Ailes larges, queue courte. Brun foncé mais parfois chamois pâle. Dessus généralement d'une couleur unie, sans taches blanches (sujets clairs: fort contraste entre rémiges foncées et reste du plumage) (v. *A. rapax*). Im.: très pâle ou très foncé et dans ce cas sus-caudales blanches, 2 barres alaires claires, dessus du corps d'aspect écaillé, bande blanche sur le dessous des ailes. En vol à voile, ailes un peu coudées. Steppes, prairies avec ou sans buissons et arbres. L 65-77, E 172-260 cm.

AIGLE RAVISSEUR *Aquila rapax*. Ressemble beaucoup à *A. nipalensis* (ont été considérés comme faisant partie de la même espèce). Adulte: chamois ou roussâtre mais jamais fauve comme au S du Sahara. Souvent plus pâle, plus gris brun qu'*A. nipalensis*. Commissures jaunes du bec atteignant l'œil (le dépassent chez *A. nipalensis*). Im.: souvent plus pâle que celui d'*A. nipalensis*. Im. et juv.: barres pâles sur le dessus des ailes, pas de bande blanche sur le dessous. Vol, habitat: comme *A. nipalensis*. L 65-77, E 172-260 cm.

Très rare au Maghreb; répandu au S du Sahara.

AIGLE DE VERREAUX *Aquila verreauxii*. Adulte noir sauf croissant blanc sur croupion, remontant jusque sur les épaules (visible en vol; au repos, ligne blanche sur l'épaule) (v. Aigle impérial, p. 96); espace blanchâtre avant l'extrémité des ailes (en vol). Juv./im.: plumage brun, d'aspect écaillé. Vol plus gracieux que celui des autres grands aigles, ailes plus étroites à la base qu'à l'extrémité. Voix: jappements, aboiements, croassements. Régions montagneuses, collines rocheuses. L 80-95, E 225-245 cm.

1-2 couples nichent en Israël; répandu en Afrique (E et S)

98

AIGLES

juv. pâle

adulte

adulte foncé

juv.

juv.

juv. foncé

AIGLE CRIARD

adulte

juv.

adulte

AIGLE POMARIN

juv.

adulte

adulte

juv.

AIGLE DES STEPPES

adulte

juv.

adulte

AIGLE RAVISSEUR

juv.

adulte

ad.

juv.

juv.

AIGLE DE VERREAUX

RAPACES DIURNES EN VOL. Le plus souvent, on les voit par-dessous, en train de planer ou de voler (sur les lieux de reproduction et aussi en certains lieux de passage : Falsterbo en Suède, cols pyrénéens et alpins, Eilat en Israël, etc.). Faire attention aux proportions respectives des ailes et de la queue et à leur forme, ainsi qu'à la coloration. Selon les circonstances, la silhouette peut changer fortement (v. Buse variable p. 95 et ci-dessous).

Queue déployée   Queue pliée   Ailes un peu coudées   Ailes très coudées

Bondrée apivore (p. 94). Aspect de la queue typique (sauf juv.). Coloration plus ou moins foncée ou claire comme chez la Buse variable.

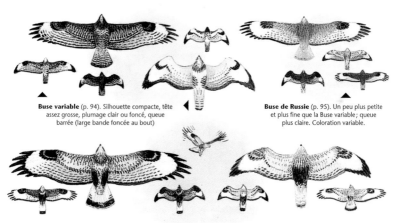

Buse variable (p. 94). Silhouette compacte, tête assez grosse, plumage clair ou foncé, queue barrée (large bande foncée au bout)

Buse de Russie (p. 95). Un peu plus petite et plus fine que la Buse variable ; queue plus claire. Coloration variable.

Buse pattue (p. 94). Un peu plus grande que la Buse variable, ailes plus longues, queue non barrée sauf au bout, tache foncée du poignet très apparente.

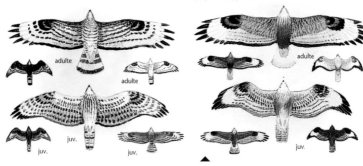

Bondrée apivore (p. 94). Plus élancée que la Buse variable, queue plus longue, tête plus proéminente, 3 larges bandes sous la queue. Souvent en troupe quand elle migre.

Buse féroce (p. 96). Plus grande que la Buse de Russie. Adulte : queue non barrée ; juv. : queue barrée. Peut voler sur place comme les autres buses.

100

Faucon hobereau (p. 108). Vol impétueux. Longues ailes, courte queue, aspect de grand martinet.

Faucon pèlerin (p. 108). Vol rapide; piqués; plane aussi. Même silhouette que le Faucon hobereau.

Faucon crécerelle (p. 108). Fait très souvent du vol sur place. Plane aussi. Longue queue.

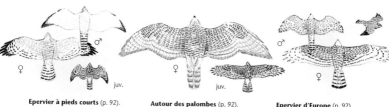

Epervier à pieds courts (p. 92). Rase le sol comme l'Epervier d'Europe. En migration, vole plus haut.

Autour des palombes (p. 92). Comme un Epervier géant. Fait souvent du vol à voile.

Epervier d'Europe (p. 92). Vol impétueux, souvent bas. Fait aussi du vol à voile (coups d'ailes intermittents).

Aigle de Bonelli (p. 96). Dessous blanc, tacheté, large bande noire sous les ailes.

Aigle botté (p. 96). Adulte; dessous blanc; extrémité et arrière des ailes noirs.

Milan noir (p. 84). Queue peu échancrée. Dessous des ailes foncé. Ailes horizontales (en vol plané).

Milan royal (p. 82). Queue toujours fourchue. Espace blanc au bout des ailes. Ailes coudées (plané).

Busard des roseaux (p. 90). Les busards volent à faible hauteur et planent les ailes relevées.

Busard cendré (p. 90). Vol plus léger que celui du Busard des roseaux. ♀ et im.: queue barrée.

101

Buse variable

Aigle royal (p. 96). Plane beaucoup, les ailes un peu relevées. Juv./im. : espaces blancs sous les ailes et à la base de la queue.

sub-adulte

juv.

adulte

Aigle criard (p. 98). Allure de Pygargue. Extrémité des ailes un peu abaissée. Juv./im. : grand espace pâle près du bout des ailes.

adulte

adulte (variante)

juv.

Aigle pomarin (p. 98). Ailes un peu coudées. Couverture sous-alaires plus pâles que les primaires. Juv./Im. : secondaires et couvertures tachetées de crème au bout.

adulte

juv.

adulte

adulte *heliaca*

adulte *adalberti*

juv.

Aigle impérial/ibérique (p. 96). Tête un peu plus proéminente que chez les autres aigles. Ailes coudées quand il plane vite. Adulte : dessous foncé.

sub-adulte

adulte

juv.

sub-adulte

juv.

Aigle des steppes (p. 98). En vol à voile : ailes tendues. En plané : ailes plus ou moins coudées. Juv./im. : bande claire sur dessous des ailes ; bout et arrière foncé.

adulte

juv.

sub-adulte

Aigle ravisseur (p. 98). Ressemble fortement à l'Aigle des steppes mais juv./im. sans bande claire sur le dessous des ailes. Parasite des autres rapaces.

Pygargue à queue blanche (p. 82). Ailes longues et larges, queue cunéiforme (différence avec les aigles). Plane, fait du vol à voile.

sub-adulte

juv.

adulte

Vautour fauve (p. 88). Larges ailes aux bords parallèles; extrémité noire (comme la queue), partie antérieure claire, collerette blanche.

juv.

adulte

Gypaète barbu (p. 86). Ailes longues, pointues, très longue queue cunéiforme; battements d'ailes souples.

juv.

adulte

Bondrée apivore

adulte

sub-adulte

juv.

Vautour percnoptère (p. 86). Larges ailes aux bords parallèles; extrémité noire (comme la queue), partie antérieure claire, collerette blanche.

adulte

adulte   très variable   adulte

Circaète Jean-le-Blanc (p. 84). Dessous blanc, barré et tacheté, sauf plastron brun et fines stries pectorales brunes. Ailes coudées s'il plane. Fait du vol sur place.

♀

♂

Bondrée apivore

Balbuzard pêcheur (p. 82). Diffère du Circaète par la tache noire du poignet. Plonge dans l'eau pour capturer des poissons. Vol battu assez lent.

● FAUCONS : *Falconidae*. Ailes longues, pointues. Principales différences avec les Accipitridae (pp. 82-103) : ne construisent pas de nid ; tuent leurs proies en les frappant sur la nuque avec le bec (ou leurs griffes : Faucon pèlerin), les maintiennent avec les griffes. Mandibule supérieure pourvue d'un crochet en arrière de la pointe. Narines en forme de boutons à pression. Inquiétés, secouent la tête de haut en bas. Cris d'alarme ou de parade, aigus.

FAUCON GERFAUT *Falco rusticolus*. Le plus grand faucon. Plus massif que le F. pèlerin (p. 106). Queue plus longue, ailes un peu moins pointues, plus larges à la base. Coloration variable : presque blanc avec quelques taches noires à gris foncé tacheté. Im. brun. Vole plus lentement que *F. peregrinus*. Cris plus forts, plus aigres, plus graves. Côtes rocheuses, montagnes, vallées des fleuves, toundra, falaises, lisières des forêts de résineux. L 50-60, E 130-160 cm.

Gerfaut   Pèlerin

Phase la plus fréquente : comme un Faucon pèlerin clair, mais moustaches peu apparentes ; contraste entre les couvertures sous-alaires foncées et les rémiges plus claires (base). Des sujets de phase foncée ressemblent au F. pèlerin (joues blanchâtres sans taches). Oiseaux islandais et groenlandais (ne forment plus une Ssp. distincte) plus grands. Les plus blancs (qui migrent au SE en hiver), surtout présents dans le N du Groenland ; sujets islandais gris, ceux de l'Europe continentale gris foncé (tachetés).

FAUCON SACRE *Falco cherrug*. Ailes plus larges et queue plus longue que le F. pèlerin (p. 106) ; dessus brun, rémiges primaires plus foncées. Diffère du F. pèlerin et du F. lanier (plus petit) par sa tête claire (vertex et nuque striés de brun), ses moustaches peu marquées. Plus petit que le Gerfaut, aire de répartition très différente. Coloration variable (peut être très pâle). Im. plus strié. Fait parfois du vol sur place. Paysages plus ou moins boisés, steppes, semi-déserts avec arbres dispersés. L 45-55, E 102-126 cm.

cherrug

Ssp. *cherrug* (C et SE Europe, O Asie) : dessous crème, tacheté de brun foncé.
Ssp. *milvipes* (C Asie, A dans la région) : dessus barré de roux, dessous un peu barré.

FAUCON LANIER *Falco biarmicus*. Taille intermédiaire entre *F peregrinus* et *F. cherrug*. Queue plus longue, ailes plus longues et moins pointues que le Pèlerin. Dessus gris brun, dessous clair, faiblement tacheté, vertex roux ou crème avec stries noirâtres, moustaches foncées plus étroites que celles du F. pèlerin. Certains sujets ont les joues blanchâtres, sans marque. Le F. sacre est plus robuste, plus foncé dessus, a le vertex plus clair, les moustaches peu marquées. Déserts, versants rocheux des basses montagnes, côtes rocheuses. Niche dans falaises, parfois ruines. L 34-50, E 90 115 cm.

♀

erlangeri

♂

tanypterus

Ssp. *feldeggii* (de l'Italie à la Turquie) décrite ci-dessus. Ssp. *erlangeri* (N Afrique), plus svelte et avec ssp. *tanypterus* (Moyen-Orient) plus pâle et bien moins tachetée et striée.

GRANDS FAUCONS

foncé

blanc

juv.

blanc

gris

gris

gris

blanc im.

FAUCON GERFAUT. Coloration variable. Oiseaux sibériens les plus blancs, ceux de Scandinavie les plus petits. Les pattes des adultes peuvent être gris-bleu.

im. foncé

im.

juv.

adulte

adulte

pâle

FAUCON SACRE

juv. foncé

adulte

juv.

adulte *feldeggii*

juv.

adulte *erlangeri*

adulte

FAUCON LANIER

FAUCON PÈLERIN *Falco peregrinus.* Silhouette typique en vol: ailes pointues, larges à la base, queue rétrécie vers l'extrémité. Dessus d'un gris ardoise plus ou moins foncé, dessous blanchâtre à chamois, barré de noir; joues et menton blancs, larges moustaches noires très visibles, pattes jaunes. Juv.: dessus brun foncé, dessous jaune roussâtre avec taches foncées, pattes grises. Vol de chasse horizontal, rapides coups d'ailes, piqués impressionnants. Vol normal plus lent avec brèves glissades en plané. Voix «gigigigigi» clair; cri d'alarme «grè grè grè» (près du lieu de ponte). De la toundra aux semi-déserts; collines, montagnes, falaises côtières. Niche dans parois de rocher, sur vieux nids d'autres rapaces, bâtiments élevés. Hiverne: aussi estuaires et côtes plates. L 36-48, E 95-110 cm. 　　　　N: CH, F.

calidus 　　　 *brookei*

Ssp. *calidus* (toundra): la plus pâle. Ssp. méditerranéenne *brookei:* la plus foncée, souvent roussâtre dessous, parfois, taches rousses sur la nuque.

FAUCON DE BARBARIE *Falco pelegrinoides.* Plus petit, moins massif que le Faucon pèlerin (dont il pourrait n'être qu'une ssp), plus clair et plus roussâtre, ailes plus longues, queue plus arrondie. Vertex et nuque roux, une bande foncée au milieu du vertex (absente chez le F. lanier, p. 104), moustaches brun noirâtre. Dessous peu ou pas tacheté. Vol encore plus rapide que celui du F. pèlerin. Milieux secs, rocheux, désertiques. Niche sur falaises à l'intérieur des terres et sur les côtes. L 34-40, E 80-100 cm.

babylonicus

Ssp. *babylonicus* (E de l'Iran): bien plus pâle (couleurs paraissant délavées).

FAUCON CONCOLORE *Falco concolor.* Gris ardoisé sauf rémiges primaires noires (Faucon d'Eléonore: un peu plus grand, plus foncé, queue plus longue); Faucon kobez (p. 108): plus petit, cuisses rousses, ailes plus courtes (mâle). Cire et anneau oculaire jaunes, pattes jaunes, orange ou rouges. Juv. brun, tacheté, joues blanchâtres, dessous plus clair, fortement strié. En vol, queue arrondie (légèrement cunéiforme chez le F. d'Eléonore). Voix: comme celle du F. crécerelle (p. 108). Déserts avec collines rocheuses. L 33-36, E 85-110 cm.

F. concolore 　　　 F. d'Eléonore

FAUCON D'ÉLÉONORE *Falco eleonorae.* Taille intermédiaire entre les F. pèlerin et hobereau (p. 108), ailes et queue plus longues que chez ces 2 espèces. Plus fin que le Pèlerin. Coloration variable: 2 phases. Les oiseaux clairs ressemblent au F. hobereau mais sont plus gris brun dessus, plus roux dessous (fortement strié sauf gorge et joues blanches); moustaches bien marquées. Les oiseaux foncés sont gris ardoise sombre presque noir. Pattes jaunes, cire et anneaux oculaires jaunes ou bleuâtres. Sexes de taille presque identique. Juv.: queue barrée, dessous du corps fortement strié, dessous des ailes barré (en vol). Plane face au vent mais ne fait pas de vol sur place. Sociable, jusqu'à 50 oiseaux chassent ensemble mais espacés. Cris trisyllabiques. Falaises côtières, îles rocheuses. Niche en colonies à la fin de l'été; juv. nourris avec des oiseaux migrateurs. L 36-40, E 110-130 cm.

Cire, anneaux oculaires: jaunes (♂), ou gris bleu (♀)

FAUCONS

juv.

adulte

adulte

juv.

peregrinus

FAUCON PÈLERIN

adulte

adulte

ad.

adulte
foncé

adulte

juv.

juv.

juv.

ad.

adulte

adulte
gris

ad.

pelegrinoides

FAUCON DE
BARBARIE

FAUCON CONCOLORE

juv.

♂
clair

juv.

adulte
clair

♀
foncée

♂
foncé

2e année
clair

FAUCON D'ÉLÉONORE

FAUCON HOBEREAU *Falco subbuteo*. Evoque un petit F. pèlerin (p. 106) (silhouette, coloration de la tête) ou un Martinet noir géant (p. 218) (longues ailes étroites). Adulte: dessus gris ardoise foncé, sous-caudales et culottes rousses, dessous du corps blanchâtre, fortement tacheté de noir. Juv.: plumes du dessus liserées de roussâtre, dessous jaunâtre très tacheté. Vol rapide et agile. Cris plaintifs, souvent en longue série (tonalité différente des cris du F. crécerelle). Campagne cultivée avec bois, bosquets. L 30-36, E 82-92 cm. N: B, CH, F, L.

FAUCON ÉMERILLON *Falco columbarius*. ♂: taille d'une Grive draine (le plus petit rapace diurne de la région). Ailes plus étroites et plus pointues que le ♂ de l'Epervier (p. 92), de même taille. Queue plus courte que celle du F. crécerelle. ♂: dessus gris sauf primaires noires et queue barrée de noir au bout; ♀ plus grande, dessus brun foncé, barrée de brun et jaunâtre; dessous du corps jaunâtre fortement strié de brun noir chez les 2 sexes. Vol rapide, souvent au ras du sol; peut voler sur place. Collines, landes, toundra; en hiver, champs, marais, côtes. L 25-30, E 50-62 cm.

Ssp. *aesalon* (de la GB à la Russie): v. ci-dessus; ssp. *subaesalon* (Islande hiverne en GB) plus pâle et plus grande; ssp. *pallidus* (Sibérie, hiverne jusqu'à l'Irak), beaucoup plus pâle.

FAUCON CRÉCERELLE *Falco tinnunculus*. Le plus commun des faucons en Europe. Ailes et queue longues. Fait très souvent du vol sur place (comportement *typique*). ♂: tête, croupion et queue (terminée de noir), gris; rémiges brun noir; dos, couvertures alaires brun roux tacheté de noir; dessous chamois, tacheté. ♀ queue brun roux barrée de noir, dessus du corps brun roux fortement tacheté et barré (tête incluse). Juv.: généralement comme la ♀. V. Faucon crécerellette. Cris aigus, en série «ki ki ki». Campagne cultivée, falaises, carrières, villes (églises, tours), aussi en montagne (alpages) et bosquets. L 32-35, E 71-80 cm. N: B, CH, F, L.

Crécerelle d'Amérique *F. sparverius*. A, rare. Plus petit que le ♂ du F. émerillon. 3 barres noires verticales sur les joues. ♂: vertex roux et gris, ailes partiellement gris bleu, queue rousse. L 19-21, E 50-60 cm.

FAUCON CRÉCERELLETTE *Falco naumanni*. Ressemble au F. crécerelle. Différences: plus petit; ♂, dessus non tacheté, tête, queue, rémiges secondaires gris bleu, dessous beige rosé à peine tacheté; ♀/juv. également peu tachetés dessus. En nature, distinction avec ♀ et juv. du F. crécerelle difficile (dessous des ailes plus clair). Vol sur place bien moins fréquent. Niche en colonies: châteaux, falaises, ruines. L 29-32, E 58-72 cm. N: F.

FAUCON KOBEZ *Falco vespertinus*. Sociable, souvent en groupe. Vole sur place mais moins longuement que le F. crécerelle. Actif jusqu'au crépuscule. ♂: dessus foncé, primaires plus pâles, queue noire, sous-caudales et culottes rousses (v. F. hobereau); cire, pattes, base du bec, rouges. ♀: tête et dessous fauve orangé finement strié, dessus gris brunâtre barré de noir. Juv.: plus brun foncé dessus, dessous fortement strié. Steppes, campagne cultivée avec bosquets. Niche en colonie dans les colonies de Corbeaux freux, après le départ de ceux-ci. L 29-31, E 56-78 cm.

FAUCONS

juv.

adulte

adulte

adulte

juv.

1er été

FAUCON
HOBEREAU

♂

♀

♂

♀

aesalon

pallidus

aesalon

FAUCON
ÉMERILLON

♂

♂

♂

♂

♂

♀

aesalon

♂

♀

FAUCON CRÉCERELLE

FAUCON CRÉCERELLETTE

juv.

♂

im.

♂

♂

♀

juv.

♀

FAUCON KOBEZ

● LAGOPÈDES, Gélinotte: Phasianidae, Tetraoninae. Gallinacés trapus; ailes et queue courtes, petit bec; vol rapide mais pas soutenu. Diffèrent des faisans et perdrix (Phasianinae, pp. 114-120) par narines et pattes emplumées et absence d'éperons.

♀
En hiver, ♂: lores noirs
♂

LAGOPÈDE ALPIN *Lagopus mutus*. Montagnes, toundra, landes d'altitude. Avec le Lagopède des saules, le seul oiseau de la région qui soit presque tout blanc en hiver. 3 livrées annuelles: 1) été: dessus gris jaunâtre marbré de brun noir (♀ plus roussâtre), 2) automne: tacheté de blanc, dessus plus gris; 3) hiver: tout blanc sauf queue noire. En toutes saisons ailes presque toutes blanches, ventre blanc. Les 2 sexes ont, au-dessus de l'œil, une caroncule plus ou moins rouge et plus ou moins grande. Diffère de *L. lagopus* par: taille légèrement inférieure, bec moins fort, doigts plus emplumés, lores noirs en hiver (♂). Voix: «ouk ouk» rauques, «karr ikrikrikri krr» et bruits de rot (parades). Montagnes au-dessus de la limite des arbres (alpages). Ecosse: au-dessus de 600 m. L 34-36, E 54-60.   N: CH, F.

♀
En hiver, ♂: lores blancs
♂

LAGOPÈDE DES SAULES *Lagopus lagopus* ssp. *lagopus*. 3 livrées annuelles comme le Lagopède alpin: 1) été: brun roux (ailes et ventre blancs); 2) automne: tacheté de blanc; 3) hiver: blanc sauf queue noire. Différences avec *L. mutus*: v. celui-ci. Adulte: caroncule rouge au dessus de l'œil, souvent réduite chez la ♀. Cris «kok kok kok» forts et «gobak gobak». Toundra arctique avec bouleaux et saules, landes, tourbières. Vit à une altitude inférieure à celle de *L. mutus;* en hiver, aussi dans les champs. L 37-42 cm, E 55-66 cm.

Sur les côtes de Norvège, sujets intermédiaires avec le Lagopède d'Ecosse (GB, Irlande).

♂
♀
♂ hiver: caroncules rouges (absentes chez ♀ et juv.)

Lagopède d'Ecosse *L. l. scoticus*. Plumage brun roux tout au long de l'année, même en hiver. En vol, paraît très sombre (ailes uniformément brun roux), queue brun foncé. Voix et comportement: comme la ssp. nominale. Landes à bruyère, tourbières. Se nourrit essentiellement de callune (*Calluna*). En hiver, parfois dans les champs.

GÉLINOTTE DES BOIS *Tetrastes bonasia*. Oiseau forestier très discret. ♂ et ♀ ont une bande noire incomplète et un liseré blanc au bout de la queue grise; dessous blanchâtre fortement tacheté de noir et de roux. ♂: dessus gris, petites caroncules rouges au-dessus des yeux, menton et gorge noirs bordés de blanc, petite huppe. ♀: dessus plus brun, gorge grisâtre. Voix: sifflements très aigus, ressemblant à ceux d'un passereau. Cri d'alarme «pitt». Vole plus volontiers que les autres Tetraoninae, les ailes produisent un bruissement. Se perche sur les arbres. Forêts de feuillus et de résineux, pures ou non, avec abondance d'arbrisseaux et sous-arbrisseaux; montagnes, collines et plaines. L 35-37, E 48-54 cm.   N: B, CH, F, L.

Plusieurs ssp. dans la région. Celles du N sont plus grises, celles du S plus roussâtres.

LAGOPÈDES, GÉLINOTTE

H ♂

automne

en mue

♂ été

♀ été

parade nuptiale

automne

LAGOPÈDE ALPIN

mue printanière lente

en mue

été

juv.

adulte

♀ été

♀

♂ été

♂
nicheur

LAGOPÈDE DES SAULES

LAGOPÈDE
D'ÉCOSSE

ssp. nordiques
plus grises

♀

♂

GÉLINOTTE
DES BOIS

ssp. méridionales
plus rousses

Type de parade silencieuse : un ♂ saute, montrant le dessous des ailes blanc ; parade souvent en terrain accidenté.

Au printemps et en automne, les ♂ du Tétras lyre se rassemblent (souvent tous les jours) pour parader sur des «arènes» (leks). Ils déploient la queue, abaissent les ailes, bondissent sur place tout en roucoulant et lançant des chuintements bruyants ; caroncules rouges très développées au printemps.

TÉTRAS LYRE, COQ NOIR *Tetrao tetrix*. ♂ : bien plus petit que celui du Grand tétras. Le seul oiseau noir ayant une queue en forme de lyre ; petite barre alaire blanche et tache blanche à l'épaule, sous-caudales blanches. ♀, (poule) et juv. : plus petits, diffèrent des Lagopèdes (des saules et d'Ecosse) et de la poule du Grand tétras par la queue un peu fourchue et une étroite barre alaire pâle (peu marquée) ; plumage plus gris que les Lagopèdes ; pas de plastron roux (différence avec poule du Grand tétras). Vol : coups d'ailes bruyants alternant avec plané, les ailes incurvées vers le bas. Voix de la ♀ : «ko-kok» (comme le cri du Faisan de Colchide). Landes, prés-bois, clairières des forêts, alpages ; plaine et montagne. V. Rackelhahn ci-dessous. L 40-55, E 65-80 cm.   N : B, CH, F.

TÉTRAS DU CAUCASE *Tetrao mlokosiewiczi*. Plus petit que *T. tetrix*. ♂ : plumage noir teinté de vert (et non pas bleu noir), pas de barre alaire blanche, sous-caudales noires, rectrices tournées vers le bas et moins recourbées que chez *T. tetrix*. ♀/juv. : plus tachetés que la poule de *T. tetrix*, queue presque carrée. Cris de la ♀ comme ceux de la ♀ de *T. tetrix*. Vol bruyant. Parades nuptiales moins compliquées ; les ♂ bondissent, font bruire leurs ailes mais ne crient pas. Alpages, broussailles en montagne. L 38-52, E 58-62 cm.

GRAND TÉTRAS, GRAND COQ DE BRUYÈRE *Tetrao urogallus*. Le plus grand Gallinacé de la région. ♂ : noir, ailes brunes, poitrine noire à reflets bleu vert, tache blanche au poignet, longue queue arrondie noire, faiblement tachetée de blanc, taches blanches sur les flancs. ♀ : bien plus petite, dessus brun, plastron roux, ventre et flancs blancs fortement tachetés de brun roux, queue arrondie. Juv. : plus terne que la ♀. Inquiétés, ♂ et ♀ hérissent les plumes du menton. Vol bruyant : coups d'ailes alternant avec plané (ailes incurvées vers le bas). Se perche et se nourrit (en hiver) sur les arbres. Les ♂ paradent sur une arène (lek) et émettent un chant bizarre, succession de notes graves, bisyllabiques «telep telep», accélérées ensuite en trille suivi d'un «plop» (bruit de bouteille débouchée) et d'un grincement. Parade à terre ou sur un arbre. Forêts de résineux en montagne et en plaine (E de l'aire). L 60-87, E 87-125 cm.   N : CH, F.

Ssp. *aquitanicus* (Pyrénées, NO Espagne) et *rudolfi* (Carpathes) plus petites et plus sombres ; ssp. *taczanowskii* (S Russie) plus grande et plus claire.

Rackelhahn. Hybride rare entre *T. urogallus* et *T. tetrix*. Généralement mâle ; taille, forme de la queue intermédiaires entre les 2 espèces. *T. urogallus* peut aussi se croiser avec le Faisan de Colchide (p. 114).

TÉTRAS

♂ non N

♂

♀

TÉTRAS LYRE

♀

♂ N

♀

TÉTRAS DU CAUCASE

♂ N

♂

♀

sujet nordique à ventre blanc (parade)

♂

♀

♂ adulte

♂ im.

GRAND TÉTRAS

● FAISANS, PERDRIX, CAILLES, COLINS, FRANCOLINS, TÉTRAOGALLES : *Phasianidae : Phasianinae* (pp. 114-121). Pattes nues (v. Tetraoninae, p. 110), souvent pourvues d'éperons. Bec court, épais ; ailes courtes, arrondies. Vol bruyant, battu et plané (ailes rabattues). Plus ou moins sociables selon l'espèce. Faisans : très longue queue ; cailles : les plus petites.

FAISAN DE COLCHIDE *Phasianus colchicus*. Le seul faisan indigène dans la région. ♂ : plumage bigarré, très longue queue pointue, tête et cou généralement vert bouteille à reflets métalliques, grandes caroncules rouges sur les côtés de la tête. Poule/juv. : brun et beige très tachetés. Dérangé, s'envole verticalement et bruyamment. Cri du ♂ : «ko-kok» brusque. ♀ plus silencieuse. Dans son pays d'origine, vallées boisées en montagne, peuplements de tamaris, buissons, roselières. L 53-89, E 70-90 cm.   N : B, CH, F, L.

Gallinacés introduits. Plusieurs espèces originaires d'Asie et d'Amérique du Nord ont été introduites dans la région par les chasseurs et se sont acclimatées avec plus ou moins de succès.

Faisans de chasse. Plusieurs ssp. de *P. colchicus* ont été introduites en Europe occidentale depuis environ 900 ans : *colchicus* (Transcaucasie, Azerbaidjan) ; d'autres à collier blanc : *torquatus* (Chine), qui a le bas du dos et le croupion verts ; *principalis* (Transcaspie, Turkestan), jaunâtre ou roux orangé dessus avec un peu de blanc sur les couvertures alaires ; *mongolicus* (Turkestan), dessus cuivré à reflets verts, un peu de blanc sur les ailes, collier incomplet ; *formosanus* (Taïwan), croupion bleu. Ces ssp. se croisent et produisent un type sombre, le Faisan obscur, que l'on peut confondre avec une espèce différente, *P. versicolor*, du Japon, plus rarement introduite. Un autre type, le Faisan de Bohème, est chamois ou crème avec des taches noirâtres et la tête foncée. Vivent dans forêts avec clairières, lisières, prairies entrecoupées de haies, roselières ; se nourrissent souvent dans les champs. Elevés et lâchés pour la chasse.

F. vénéré

olin de Californie

Colin de Virginie

Faisan vénéré. *Syrmaticus reevesii*. La queue du ♂ atteint 2 m de long. Plumage roux orangé écaillé de noir. Cris : caquètements, sifflements. Forêts de plaine et collines. Autriche. L : 210 cm.   N : F (surtout moitié N).

Faisan de Lady Amherst. *Chrysolophus amherstiae*. ♀ : bec plus court, queue plus longue et plus fortement barrée que chez ♀ de *P. colchicus*. Cri plus aigu, plus grinçant ; bec et peau nue de la face gris bleu. Angleterre. L 60-120 cm.

Faisan doré. *C. pictus*. ♀ : diffère de celle de *C. amherstiae* par les pattes, le bec et la peau nue de la face jaunâtres. Voix comme *C. amherstiae*. Préfère courir que voler. Angleterre. L 60-115 cm.

Colin de Californie. *Callipepla californica*. ♂ : gris brun, fine huppe noire, recourbée en avant, gorge noire cerclée de blanc. Cri trisyllabique. L 25 cm.   N : F (Corse : moitié E ; champs, maquis).

Colin de Virginie. *Colinus virginianus*. Brun roussâtre. ♂ : large trait oculaire brun foncé, sourcil blanc, gorge blanche (chez la ♀, blanc remplacé par du beige). Cri fort, bisyllabique «bobouit». L 25 cm.   N : F (Centre, Landes).

FAISANS

FAISAN
DE COLCHIDE
♂

♀

mélanique
♂

Jv. : confusion possible avec
caille ou jeune perdrix.

Faisan de chasse
(à collier)
♂

♀

FAISAN DE LADY AMHERST
♂
(de + de
3 ans)

♀

1er été
♂

vieux ♂

FAISAN DORÉ

Perdrix. *Perdix* et *Alectoris*. Silhouette arrondie. Plumage gris et brun, sexes semblables mais ♂ un peu plus grands. *Alectoris* : se tiennent plus droites que la Perdrix grise, gorge blanchâtre, flancs fortement barrés, bec et pattes rouges, se perchent souvent sur rochers et autres points élevés (comportement rare chez *Perdix perdix*).

PERDRIX GRISE *Perdix perdix*. La plus répandue. Diffère des *Alectoris* par : grande tache brun foncé en forme de fer-à-cheval sur le ventre, joues et gorge roux orangé, flancs barrés de marron et de gris, pattes grises (adulte), bec verdâtre. En main, ♀ : plumes des épaules avec raie et 3 croisillons clairs, tache ventrale plus petite, parfois absente ; ♂ : scapulaires avec une raie claire médiane longitudinale. Cris perçants « ki-rouit, kirik » ; à l'envol, caquètement. Champs, prairies, landes, friches, dunes (plaine et collines). L 29-31, E 45-48 cm. N : B, CH, F, L.

Ssp. *hispaniensis* : Alpages au-dessus de 1800 m dans les Pyrénées et monts Cantabriques : taches plus noirâtres sur le dessus.

PERDRIX ROUGE *Alectoris rufa*. Diffère de la Perdrix grise et des autres *Alectoris* par les taches noires succédant au collier noir sous la gorge blanche. Vertex, nuque, dessus brun roux uni, queue rousse. Voix : cri à l'envol « tchouk tchouk ». Chant du ♂ : « pitchi-chi ». Lieux secs et pierreux mais aussi champs, prairies ; garrigues. L 32-34, E 47-50 cm. N : F.

Perdrix rochassière : hybride naturel avec *A. graeca* dans les Alpes où les 2 espèces cohabitent localement : sur les plumes des flancs, 2e barre foncée faible. Cri différent. Hybride d'*A. rufa* et *A. chukar* (fréquent en Angleterre), semblable.

PERDRIX BARTAVELLE *Alectoris graeca*. Dessus plus gris que chez *A. rufa*, pas de taches noires sous la ligne noire qui délimite la gorge ; plumes des flancs : 2 barres noires (1 chez la Perdrix rouge). Cri à l'envol « pitchi-i ». Chant du ♂ « tcher-tsi-vi-tchi ». En montagne : pentes rocailleuses, éboulis, alpages. L 32-35, E 46-53 cm. N : CH, F.

PERDRIX CHOUKAR *Alectoris chukar*. Diffère d'*A. graeca* par des détails : gorge crème (*chukar*), blanche (*graeca*) ; lores crème (*chukar*), noirs (*graeca*) ; esquisses de moustaches noires (*chukar*) (absentes chez *graeca*) ; parotiques marron jaunâtre (*chukar*), noires à bout roussâtre (*graeca*) ; plumes des flancs : en général les 2 barres noires de largeur égale (*chukar*), la plus interne 2 fois plus étroite (*graeca*). Même habitat que *A. graeca* et déserts. Introduite en Europe occidentale : v. ci-dessous (hybrides). L 32-34, E 47-52 cm.

Ssp. *cypriotes* (Chypre, Crète, E Bulgarie, S Turquie) et *sinaica* (dessus plus pâle) (de la Syrie au Sinaï). Illustrées

PERDRIX GAMBRA *Alectoris barbara*. De près, bien distincte des autres *Alectoris* : gorge et très larges sourcils gris, vertex marron, collier marron pointillé de blanc. Voix « kakelik » rapide ; caquètements comme *A. chukar*. Pentes rocailleuses, déserts, broussailles, lieux secs, bois clairs. L 32-34, E 46-49 cm. Manque en Corse, existe en Sardaigne et à Gibraltar.

Identification des jeunes *Alectoris* très difficile en nature. A 12-14 semaines, ressemblent aux adultes sauf pattes et bec rouge pâle, encore des plumes juvéniles sur ailes et poitrine.

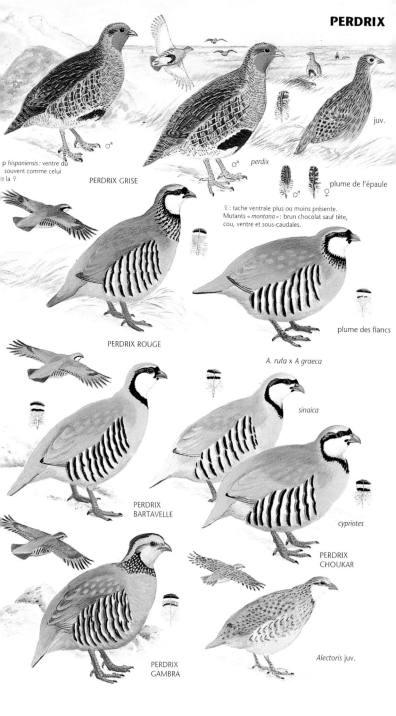

PERDRIX

juv.

p *hispaniensis* : ventre du
souvent comme celui
e la ♀

♂

perdix

♂

PERDRIX GRISE

♂ ♀

plume de l'épaule

♀ : tache ventrale plus ou moins présente.
Mutants « *montana* » : brun chocolat sauf tête,
cou, ventre et sous-caudales.

plume des flancs

PERDRIX ROUGE

A. rufa x *A graeca*

sinaica

PERDRIX
BARTAVELLE

cypriotes

PERDRIX
CHOUKAR

PERDRIX
GAMBRA

Alectoris juv.

TÉTRAOGALLE DU CAUCASE *Tetraogallus caucasicus*. Plus petit que l'espèce suivante. Bas de la nuque roux, plumage plus foncé ; de près, haut de la poitrine gris écaillé de noir, plumes des flancs bordées de roux. Comme *T. caspius*, monte les pentes en courant, les descend en planant. Voix : sifflements mélodieux, portant loin, cris flûtés. Entre 2300 et 3600 m : alpages, pentes rocailleuses jusqu'à la limite de la neige. Déterre les végétaux avec son bec très robuste. L 54-56, E 80-95 cm.

TÉTRAOGALLE DE PERSE *Tetraogallus caspius*. Diffère de *T. caucasicus* par le haut de la poitrine plus clair, marqué de taches noires circulaires et le ventre plus brun. Pas de teinte rousse sur la nuque, joues et gorge blanches, grandes moustaches noires. ♀ plus petite, plus terne, moins de blanc sur la tête. Juv. : encore plus terne. En vol, ailes grises et blanches (rémiges primaires noires au bout). Cri le plus fréquent ressemblant à celui d'un courlis ; l'oiseau le lance en rejetant la tête en arrière. Cri d'alarme « tchok tchok tchok » répété. En montagne : alpages, buissons, généralement au dessus de 1800-2000 m. Sociable. L 58-62, E 95-105 cm.

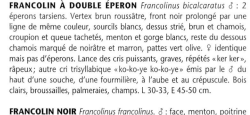

◄ **Francolin d'Erckel** *Francolinus erckelii*. Ethiopie. Introduit et acclimaté en Italie. Dessus gris verdâtre, vertex roux, front noir, gorge blanche le distinguent des autres Gallinacés gibier italiens. Pattes rouges. Le ♂ a 2 éperons sur les tarses (♀ : aucun). Broussailles sur les collines. L 38-43 cm.

Presque éteint.

FRANCOLIN À DOUBLE ÉPERON *Francolinus bicalcaratus* ♂ : 2 éperons tarsiens. Vertex brun roussâtre, front noir prolongé par une ligne de même couleur, sourcils blancs, dessus strié, brun et chamois, croupion et queue tachetés, menton et gorge blancs, reste du dessous chamois marqué de noirâtre et marron, pattes vert olive. ♀ identique mais pas d'éperons. Lance des cris puissants, graves, répétés « ker ker », râpeux ; autre cri trisyllabique « ko-ko-ye ko-ko-ye » émis par le ♂ du haut d'une souche, d'une fourmilière, à l'aube et au crépuscule. Bois clairs, broussailles, palmeraies, champs. L 30-33, E 45-50 cm.

Acclimaté en Italie. Jadis Espagne, Baléares, Grèce, Sardaigne, Sicile.

FRANCOLIN NOIR *Francolinus francolinus*. ♂ : face, menton, poitrine et ventre noirs, tache blanche sur les joues ; sous-caudales, collier, marron, flancs noirs tachetés de blanc. ♀ : tachetée de noir, nuque marron. Manifeste sa présence par ses cris puissants, grinçants, aigus « tche-tchiri, tchik, tchiri » ou « tchik tchik tchik kerayeh ». Prairies, champs, marais, broussailles (surtout tamaris). Jadis, nichait en Espagne (où il avait sans doute été introduit), Sardaigne, Sicile (disparu au XIXᵉ siècle). Récemment introduit en Italie (Toscane). L 33-36, E 50-55 cm.

TÉTRAOGALLES, FRANCOLINS

TÉTRAOGALLE
DU CAUCASE ♂

En nature, distinction des
sexes très difficile ; ♀ plus
petite et plus terne ; juv.
encore plus terne.

TÉTRAOGALLE
DE PERSE

♀

♂ ♀

FRANCOLIN
NOIR ♂

adulte

juv.

FRANCOLIN
À DOUBLE
ÉPERON

Vole bien mais fuit plutôt en courant entre les rochers ; généralement en couple.

PERDRIX DE HEY *Ammoperdix heyi*. Taille intermédiaire entre Caille et Perdrix grise (p. 116). Queue rousse. ♂ : dessous rose vineux teinté de gris, flancs fortement barrés de noir, marron et gris, tache blanche sur les parotiques, ligne frontale blanche, dos et ailes bruns, bec orange, pattes jaunes. ♀ : plus jaunâtre et plus grise, finement tachetée. En nature, semblable à celle de la Perdrix si-si. Cri bisyllabique, semblable au bruit de 2 pierres frottées. En vol, bruit de crécelle. Terrains rocheux, caillouteux avec végétation clairsemée, semi-déserts. L 22-25, E 39-41 cm.

Ssp. *nicolli* (NE Egypte) et *cholmleyi* (SE Egypte) : ♂ adulte sans ligne frontale blanche ; *nicolli* : plus rousse.

PERDRIX SI-SI *Ammoperdix griseogularis*. ♂ : gris brun, tête grise, large trait oculaire blanc surmonté d'une bande noire et limité dessous par une ligne noire ; flancs fortement barrés de 5-6 bandes noires et marron rosé sur fond gris. ♀ : semblable à celle d'*A. heyi*. Habitat comme *A. heyi*. Vol également bruyant. Cri bisyllabique, sifflé « si-si ». L 22-25, E 40-42 cm.

CAILLE DES BLÉS *Coturnix coturnix*. Le plus petit Gallinacé de la région et le seul migrateur. Dessus brun avec longues rayures jaunâtres ; sourcils blanchâtres. ♂ : menton blanc plus ou moins roussâtre, raie médiane brun noir remontant de chaque côté, collier blanc et noir au dessous, poitrine fauve striée de blanchâtre. ♀/juv. : poitrine tachetée de brun noir. Bec gris, pattes rosées. Juv. diffère de celui de la Perdrix grise (p. 116) par les stries jaunâtres sur la tête et l'absence de roux sur la queue ; du Turnix d'Andalousie (p. 122) par la poitrine plus pâle, les flancs striés (et non pas tachetés). En vol, le Râle de genêts (p. 122) a les ailes partiellement rousses et tient les pattes pendantes. V. aussi le Colin de Virginie (p. 114) plus roussâtre. On l'entend plus qu'on ne la voit. Chant du ♂ typique « pit-pipit » (traduit par « paye tes dettes »), suivi d'un grognement audible de près seulement. Dérangée, lance un « crui crui » ou « crouc crouc ». Campagne cultivée, prairies, champs, steppes, semi-déserts. Effectifs très variables d'une année à l'autre dans le NO de l'Europe. L 16-18, E 32-35 cm.   N : B, CH, F.

La Caille japonaise, *C. japonica*, est plus grande, plus trapue, ailes plus courtes. Cris « tchio-tchiar », « brrr ». A été introduite dans le SO de la France sans succès. Oiseau d'élevage. ♂ : pas de ligne noire sur le menton et la gorge (seulement sur les joues).

● PINTADES : *Numididae*. Silhouette lourde, queue courte, pattes robustes, ailes brèves. Vol bruyant.

PINTADE DE NUMIDIE *Numida meleagris*. Facilement reconnaissable : tête nue portant un casque corné brun, caroncules et base du bec rouges, joues bleuâtres, plumage gris foncé finement marqué de très nombreuses petites taches blanches sauf cou violet foncé. Bruyante, remuante, lance des caquètements de poule. Vallons boisés. Oiseau terrestre qui dort dans les arbres. La ssp. d'Afrique occidentale *galeata* est la souche de la Pintade domestique. Iles du Cap Vert. Autrefois, nichait : Maroc (forêt de la Mamora). Aucune observation récente. L 60-65, E 95-100 cm.

PERDRIX, CAILLE, PINTADE

nicolli

♂ *heyi*

♀

juv.

PERDRIX DE HEY

Les juv. des 2 sexes sont généralement du type ♂ (ci-contre), mais certains sont du type ♀ comme chez *A. heyi*.

♀

PERDRIX SI-SI

♂

san de Colchide . (4 semaines)

♂ gorge rousse

♀

♀

CAILLE DES BLÉS

♂

Perdrix grise juv. (c. 4 semaines)

Les jeunes perdrix et faisans, capables de voler à 10-15 jours environ, peuvent être confondus avec une Caille mais ont une coloration différente sur tête et flancs.

adulte

juv. (12 semaines)

PINTADE DE NUMIDIE

● TURNIX (HÉMIPODES): *Turnicidae*. Oiseaux terrestres; allure de Caille, mais apparentés aux râles. Très discrets, furtifs, se tiennent à l'abri de la végétation. Dérangés, préfèrent fuir en courant (volent mal).

Disparu depuis longtemps: Sicile, Tunisie. Presque éteint: Algérie, Maroc. Très localisé: Espagne, Portugal.

TURNIX MUGISSANT *Turnix sylvatica*. Plus petit que la Caille (p. 120). Poitrine rousse, flancs tachetés de noir, bec assez long. ♀ plus grande et plus vivement colorée que le ♂. Juv.: rangées de taches blanches sur le dessus. Terrestre, discret. Il est très difficile de le faire sortir de la végétation où il zigzague. Présence souvent décelée par son cri grave, comparé à un mugissement lointain. Vol bruyant, bas; descend aussitôt et ne s'envole pas de nouveau. Prairies sèches, touffes de palmiers nains, broussailles, maquis. L 15-16, E 25-30 cm.

Caille

Turnix

A l'éclosion, les poussins du Turnix sont tout petits (1,8 g) mais très agiles. A 10 jours, ils volettent et achèvent leur croissance à 28 jours. Pas de doigt postérieur. Les Cailles (p. 120) pèsent 5-6 g à l'éclosion, volettent à 8 jours. Doigt postérieur présent.

● RÂLES, FOULQUES: *Rallidae*. Taille faible ou moyenne. Ailes et queue courtes, assez longues pattes, grands doigts. Marchent ou nagent de façon saccadée, queue souvent animée de battements, en vol, pattes pendantes. Les espèces de la région (sauf le Râle de genêts) vivent dans les marais, étangs, rivières bordées d'une épaisse végétation (roselières, etc.). Poule d'eau et foulques (p. 126) très aquatiques, autres espèces plus terrestres, discrètes, rarement visibles à découvert.

RÂLE DE GENÊTS *Crex crex*. On l'entend plus qu'on ne le voit. Chant typique ressemblant au bruit d'un doigt passé sur les dents d'un peigne. En vol, pattes pendantes, ailes rousses à la base. Prairies de fauche humides, non pâturées. En déclin général dans toute l'Europe en raison des modifications apportées aux techniques agricoles (remembrement, fauche plus précoce et plus rapide). L 27-30, E 46-53 cm.   N: B, CH, F.

Râle de genêts

Les poussins du Râle de genêts peuvent paraître perdus s'ils sont isolés, mais leurs parents ne sont pas loin; il ne faut pas les toucher.

Les jeunes râles ressemblent à de petits poulets couverts de duvet noir et ayant de grands doigts (duvet plus rare sur vertex rouge ou bleu (peau nue)). Ceux qui vivent dans les marais se cachent dans la végétation. Ils peuvent nager ou plonger en cas de danger mais leur duvet se mouille très vite et ils se refroidissent.

MAROUETTE DE CAROLINE *Porzana carolina*. Amérique du Nord. A. Diffère de la Marouette ponctuée (p. 124) par son bec plus épais, plus jaune, l'absence de taches blanches sur le cou et la poitrine, chez les adultes nicheurs, par le masque noir. En hiver, il y a encore un peu de noir sur la gorge. Juv.: pas de noir; diffère de celui de *Porzana porzana* par le vertex noir entouré de roux, les flancs moins barrés et les taches pectorales blanches moins nombreuses. Queue dressée, sous-caudales blanc-chamois. Voix: sifflement plaintif «ker-oui», hennissement descendant et «kik» perçant. L 20-23, E 35-40 cm.

Marouette rayée *P. marginalis*. Afrique. A, rare. Taille de la Marouette poussin (p. 124), bec plus gros. ♂: dessus brun olive strié de blanc, flancs plus clairs à peine barrés, sous-caudales d'un roux uni, pattes verdâtres. ♀ plus grise, juv. plus brun. L 18-21, B 36-39 cm.

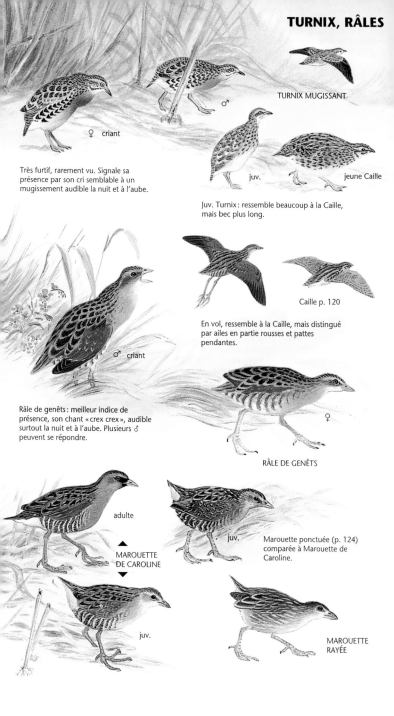

TURNIX, RÂLES

TURNIX MUGISSANT

♀ criant

Très furtif, rarement vu. Signale sa présence par son cri semblable à un mugissement audible la nuit et à l'aube.

juv.

jeune Caille

Juv. Turnix : ressemble beaucoup à la Caille, mais bec plus long.

Caille p. 120

En vol, ressemble à la Caille, mais distingué par ailes en partie rousses et pattes pendantes.

♂ criant

Râle de genêts : meilleur indice de présence, son chant « crex crex », audible surtout la nuit et à l'aube. Plusieurs ♂ peuvent se répondre.

♀

RÂLE DE GENÊTS

adulte

▲
MAROUETTE DE CAROLINE
▼

juv.

Marouette ponctuée (p. 124) comparée à Marouette de Caroline.

juv.

MAROUETTE RAYÉE

Voix des Marouettes
● **Marouette ponctuée :** chant « houitt » longuement répété, semblable au bruit d'un coup de fouet. Cri d'alarme « keck » bref.
● **Marouette poussin :** chant, série de « kouek » répétés sur un rythme de plus en plus rapide. Cri d'alarme « tiouk » perçant.
● **Marouette de Baillon :** chant en crécelle, semblable à celui de la Grenouille verte (durée : 2-3 secondes).
● **Râle d'eau :** cri fréquent « kruih » répété (semblable au cri d'un cochon excité), série finissant par un grognement.

MAROUETTE PONCTUÉE *Porzana porzana.* Plus petite que le Râle d'eau, plus furtive. Bec plus court, vert, jaune à la base, pattes vert olive, dessus tacheté de blanc, sous-caudales chamois, poitrine grise pointillée de blanc, flancs barrés de blanc. Plus grande que les Marouettes poussin et de Baillon, en diffère aussi par le dessous entièrement pointillé ou barré. En vol, bord d'attaque des ailes blanc (rémige primaire externe). Juv. : gorge blanchâtre, dessous gris brun, tacheté. Visible quand elle se nourrit sur la vase au bord de la végétation palustre. L 22-24, E 35-41 cm.　　　　　　　N : B, CH, F.

MAROUETTE POUSSIN *Porzana parva.* Bien plus petite que le Râle d'eau. Petit bec vert, flancs peu barrés, sous-caudales barrées de noir et de blanc. ♂ : face et dessous gris ardoisé uni. Diffère de *P. pusilla* (♂ et ♀) par : ailes et queue plus longues, dessus brun olive moins tacheté de blanc, rares taches blanches sur couvertures alaires, base du bec rouge, pattes d'un vert plus vif, barres des flancs moins étendues. ♀ : face et dessous chamois (et non pas gris). Distinction des jeunes de *P. porzana* et *P. pusilla* à peu près impossible en nature. Nage, plonge, marche sur les végétaux flottants. L 18-20, E 29-35 cm.　　　　　　　N : CH, F.

MAROUETTE DE BAILLON *Porzana pusilla.* La plus petite de la région. ♂ et ♀ diffèrent du ♂ de *P. parva* par : ailes plus courtes et plus arrondies, queue plus courte, dessus brun roussâtre plus foncé, couvertures alaires striées de blanc, barres des flancs plus étendues, bec entièrement vert, pattes vert olive terne. Juv. : bec brun, dessous plus fortement barré, face plus roussâtre, gorge moins blanche. L 17-18, E 28-29 cm.　　　　　　　N : CH, F.

RÂLE D'EAU *Rallus aquaticus.* Diffère de la Poule d'eau (plus grande (p. 126) par : flancs barrés de noir et de blanc, long bec mince, rouge, arqué, noir au bout (qui le distingue aussi de tous les autres râles et marouettes de la région), sous-caudales blanchâtres, pattes brun rosé. Juv. : dessous chamois pâle plus ou moins tacheté de brun, gorge blanche, sous-caudales blanchâtres ou jaunâtres, bec corne foncé, base de la m.i. rougeâtre ainsi que côtés de la m.s., pattes brunâtres. On l'entend plus qu'on ne le voit dans la végétation riveraine. Visible quand il se nourrit sur la vase au bord de l'eau, surtout en hiver. Queue agitée d'avant en arrière (mouvements saccadés, fréquents). Peut nager. L 23-28, E 38-45 cm.　　　　　　　N : B, CH, F, L

adulte

MAROUETTE PONCTUÉE
Vole peu dans la journée. Grimpe bien
sur les roseaux et autres végétaux.

juv.

M. poussin   M. de Baillon

juv.

MAROUETTE POUSSIN
Nage de façon saccadée comme
les autres marouettes.

♂

adulte   juv.

ssp. *pusilla* : trait oculaire brun roux

MAROUETTE DE BAILLON
Vole peu, pattes pendantes.
Très agile dans les fouillis végétaux.

1er hiver

1er hiver

adulte   juv.

RÂLE D'EAU
Vol irrégulier, pattes pendantes.

alleni
adulte

martinica
adulte

Taille, couleur du bec et des pattes distinguent les 2 talèves.

americana
atra
cristata

americana : bec barré de brun.
cristata : pas de bosses rouges en hiver.

Devenue rarissime en Espagne ; se raréfie au Maroc.

GALLINULE POULE D'EAU *Gallinula chloropus*. Plaque frontale rouge, bec rouge à pointe jaune, pattes vertes avec articulation rouge, bande blanche sur les flancs. En vol, pas de barre alaire ; queue relevée, constamment agitée d'avant en arrière, sous-caudales blanches sauf les centrales noires. Tous ces détails la distinguent de la Foulque (plus grande). Juv. plus brun olive que la Foulque jeune, bande latérale plus ou moins jaunâtre. Poussins noirs sauf tête rouge. Voix «krou» bref et fort, «kix» isolé ou en série. Vole bas, court sur l'eau avant de décoller, les pattes horizontales ou pendantes. Nage en remuant sans cesse la tête et la queue d'avant en arrière. Eaux douces, mares, étangs, rivières, marais, réservoirs (en ville aussi). Se nourrit souvent à terre dans les prairies voisines mais non loin de l'eau. L 32-35, E 50-55 cm. N : B, CH, F, L.

Talève d'Allen *Porphyrio alleni*. Afrique tropicale. A (région méditerranéenne surtout). Comme une petite Gallinule poule d'eau sauf plumage luisant, vert olive dessus, bleu foncé dessous, tête bleu noir ; bec et pattes rouges, plaque frontale bleu clair. Juv. : dessus brun, tacheté, dessous chamois, plaque frontale brune et grise. L 22-24, E 48-52 cm.

Talève violacée *Porphyrio martinica*. Amérique. A, rare. Plus grande que la Talève d'Allen. Pattes et bout du bec jaunes. Juv. : sous-caudales entièrement blanches, dessus plus vert olive. L 30-36 cm.

TALÈVE SULTANE (Poule sultane, Porphyrion bleu) *Porphyrio porphyrio*. Beaucoup plus grande que la Gallinule poule d'eau. Plumage bleu violet foncé. Longues pattes rouges, très gros bec et plaque frontale rouges. Juv. : tête et cou brun foncé, dessus brun et bleu, dessous gris ardoise, bec gris ou rouge. Voix, forts caquètements et gloussements, «tchouk tchouk» plus doux (cri de contact) Discrète si on la chasse, sinon, souvent visible à découvert. Hoche la queue, sous-caudales blanches. Vole comme la Gallinule poule d'eau. Marais, roselières, bords des eaux douces avec épaisse végétation palustre. Jadis beaucoup plus fréquente dans la région méditerranéenne. L 45-50, E 90-100 cm.

Ssp. madagascariensis (Egypte) : dos verdâtre ; ssp. *caspius* et *seistanicus* (Moyen-Orient) : tête et cou teintés de gris argenté.

FOULQUE MACROULE *Fulica atra*. Silhouette plus trapue que la plupart des canards. Le seul oiseau d'eau noir sauf bec et plaque frontale blancs et, en vol, liseré blanc aux bords antérieur et postérieur des ailes (secondaires), pattes gris à vert jaunâtre, doigts à palmures incomplètes. Juv. : cou et poitrine blanchâtres, dessus brun noirâtre, reste du dessous gris. Poussin : duvet noir, tête orange et bleue, bec rouge. Cris forts, aigus «kix kix». Grégaire en hiver (grandes troupes). Court sur l'eau pour s'envoler. Plonge plus souvent que la Gallinule poule d'eau. Querelleuse en période de reproduction (poursuites, batailles). Eaux douces (même en ville) avec végétation riveraine ; en hiver, estuaires, réservoirs. L 36-38, E 70-80 cm. N : B, CH, F, L.

Foulque d'Amérique *F. americana*. A, rare. Un peu plus petite. Sous-caudales blanches, bec blanc avec barre brune, plaque frontale blanche et marron (partie supérieure). L 31-37 cm.

FOULQUE CARONCULÉE *Fulica cristata*. Adulte : comme *F. atra* sauf : pas de blanc sur les ailes, bec et pattes bleuâtres, au printemps 2 petites bosses rouges sur le front, la couleur noire forme un angle obtus entre bec et plaque frontale (détails invisibles à distance). Tenir compte surtout de la distribution. Cri d'appel «hou hou». Juv. : brun, gorge pâle, dessous gris. Eaux douces avec végétation riveraine. L 38-42, E 75-85 cm.

POULES D'EAU, TALÈVES, FOULQUES

juv.

adulte

Poule d'eau et talèves
hochent la queue.

GALLINULE POULE D'EAU

1er hiver

adulte

TALEVE VIOLACEE

juv.

adulte

TALEVE D'ALLEN

juv.

porphyrio
adulte

madagascariensis
TALÈVE SULTANE

caspius
adulte

adulte

juv.

FOULQUE
MACROULE

adulte

FOULQUE D'AMÉRIQUE

FOULQUE
CARONCULÉE

juv.

adulte N

Grue cendrée
Cigogne noire
Bernache du Canada
Héron cendré

Grues : vol direct, puissant, assez lent ; ailes larges et longues ; tiennent cou et pattes tendus comme les cigognes (p. 52) et les oies (p. 56), mais contrairement aux hérons (p. 48). En migration, adoptent une formation en V ou en ligne.

● GRUES : *Gruidae*. Grands échassiers ; cou et pattes longs, queue assez brève, bec puissant, droit, plus court que celui des cigognes et des hérons. Adultes : gris ou blancs ; juv. /im. plus bruns. Voix forte. Parades nuptiales remarquables (danses). Sociables après la nidification. Terrains marécageux.

GRUE CENDRÉE *Grus grus*. Grise sauf tête, cou et extrémité des ailes noirs, large bande blanche sur les côtés du cou et les joues, vertex rouge (visible de près) ; au repos, queue cachée par les dernières rémiges secondaires (cubitales ou tertiaires) très allongées et incurvées. Juv. /im. plus ternes, tête et cou brunâtres. Diffère des hérons (p. 48) par : coloration de la tête et du cou, bec plus court, silhouette en vol. Cris audibles de loin « krou krou ». En vol migratoire troupes en V ou en lignes. Forêts marécageuses, marais, tourbières, toundra boisée. En hiver et aux escales : champs, réservoirs, grands étangs. En automne, concentrations des migratrices en plusieurs sites européens (ex. Hortobagy en Hongrie : jusqu'à 67000 ; lac du Der (Champagne) : 22000). L 110-120, E 220-245 cm.   N : F.

G. canadensis
G. grus
Les 2 au printemps. Grue du Canada plus petite.

Grue du Canada *G. canadensis*. A, rare. Tête et cou gris, peau nue, rouge, sur front et vertex, joues blanches. Juv. /im. : brun plus ou moins roussâtre. L 88-95, E 175-195 cm. La Grue antigone *G. antigone* (Asie), échappée de captivité, est plus grande ; tête et haut du cou nus, rouges, pattes rougeâtres. L 120-140 cm.

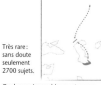

Très rare : sans doute seulement 2700 sujets.

Quelques oiseaux hivernent encore dans le S de la Mer Caspienne.

GRUE DE SIBÉRIE *Grus leucogeranus*. Entièrement blanche sauf bout des ailes noir (visible seulement en vol) ; rémiges secondaires blanches. Pattes, bec (plus court que celui de la Cigogne blanche, p. 52), peau nue de la face : rouges. La Grue blanche d'Amérique, *G. americana*, jamais signalée dans la région, a la face noire et le bec verdâtre. Juv. : tête emplumée, rousse ; im. roussâtre et blanc. Voix plus mélodieuse que celle de la Grue cendrée, mais analogue « krou krou ». Marais. Très localisée et très rare. L 120-140, E 230-260 cm.

GRUE DEMOISELLE *Anthropoides virgo*. Plus petite et plus gracieuse que la Grue cendrée. Distinction facile si bonnes conditions. Touffe de longues plumes blanches sur les joues, tête, cou, poitrine noirs (bavette en bas de la poitrine), rémiges ornementales moins recourbées mais très longues. Juv. : le noir remplacé par du gris, courtes touffes jugales grises. Voix comme celle de la Grue cendrée. Steppes, prairies en plaine et en montagne. L 90-100, E 165-185 cm.

GRUES

juv.

adulte

GRUE CENDRÉE

adulte

im.

juv.

GRUE DU CANADA

adulte

juv.

im.

GRUE DE SIBÉRIE

adulte

GRUE DEMOISELLE

● **OUTARDES** *Otididae*. Gros oiseaux marcheurs aux pattes robustes ; ailes larges : Mâles plus grands que les femelles ; juv. semblables à celles-ci. En vol, cou et pattes tendus comme cigognes et grues.

vieux ♂   ♂ 6 ans   ♂ 1 an   ♀   ♂ H

Mâle adulte : parade nuptiale.

Les ♂ d'Outarde barbue sont adultes à 6 ans et portent alors des plumes blanches qu'ils déploient en paradant. Ils sont toujours plus grands et plus lourds que les ♀. Juv. /im. ressemblent aux adultes non nicheurs.

OUTARDE BARBUE *Otis tarda*. L'un des plus grands oiseaux terrestres de la région. Ailes blanches et noires ; tête et cou gris ; dessus roux barré de noir, dessous blanc, pattes grises. ♂ nicheur : longues vibrisses blanches (moustaches), bande pectorale rousse. Cri d'alarme : aboiement. Steppes, grands champs. Se raréfie. L 75-105, E 190-260 cm.

OUTARDE CANEPETIÈRE *Tetrax tetrax*. La plus petite outarde de la région. Paraît entièrement brun jaunâtre quand elle est posée, mais en vol, ailes brun jaunâtre, noires et blanches ; dessous blanc. ♂ nicheur : joues grises, cou noir avec 2 bandes blanches. Voix : en vol, bref «dagh» ; cri pendant la parade nuptiale «ptrr», portant loin. En vol, battements d'ailes rapides. Discrète pendant la nidification. Plaines cultivées avec arbres et buissons dispersés, steppes caillouteuses ; en hiver, aérodromes (sociable à cette saison). L 40-45, E 105-115 cm.

N : F.

en parade

OUTARDE ARABE *Ardeotis arabs*. Dessus brun, ailes tachetées de blanc, cou gris, vertex noir et petite huppe occipitale, pattes jaunes. En vol, sur les ailes beaucoup moins de blanc que chez les autres outardes de la région. Voix : croassement grinçant, long sifflement. Semi-déserts (SE Maroc où elle est devenue rarissime) L 70-90, E 205-250 cm.

OUTARDE HOUBARA *Chlamydotis undulata* et **OUTARDE DE MACQUEEN** *C. macqueenii*. Reconnaissable à son cou jaunâtre, noir et blanc et à sa courte huppe pendante. Couchée, la couleur roussâtre pâle de son plumage la camoufle sur les sols sablonneux (homochromie). Préfère courir, mais vole assez vite (battements de faible amplitude ; ailes : plages noires et blanches moins remarquables que chez les 2 espèces précédentes). Crie très rarement. Plaines sèches, semi-déserts avec peu ou pas de broussailles. L 55-65, E 135-170 cm.

C. undulata à l'O du Sinaï
C. macqueenii à l'E du Sinaï

Ssp. *fuerteventurae* de l'Outarde Houbara (îles Canaries) : plus foncée ; a disparu sur Lanzarote ; subsiste sur Fuerteventura (champs de céréales, prairies).

OUTARDES

♂ H   ♂ ♂ inquiets   ♂ ♂ au repos   ♀ N

Ailes en grande partie blanches.

vieux ♂ N

OUTARDE BARBUE

poussin de 30 jours

H   ♂ H   ♀   vole comme un canard

♂ N

OUTARDE CANEPETIÈRE

fuerteventurae   ♂

♂

macqueenii

♂ plus grand que la ♀
(différence moins forte
que chez l'Outarde
barbue).

♂ plus grand; juv.
moins de noir sur
le cou

**OUTARDE
ARABE**

**OUTARDE
HOUBARA/DE
MACQUEEN**

● HUÎTRIERS *Haematopodidae*. Grands Limicoles. Long bec, cou assez bref, assez longues pattes, plumage noir et blanc. Sexes semblables. Sociables.

HUÎTRIER PIE *Haematopus ostralegus*. Diffère des autres Limicoles noirs et blancs par son long bec orange et ses pattes roses. En vol, large barre alaire blanche. Menton noir en été, blanc en hiver. Juv. : bout du bec foncé. Cris fréquents « klip klip » perçants ; « pic pic », pépiements pendant les parades collectives. Côtes. Niche localement dans les terres (vallées des cours d'eau, lacs salés, steppes sablonneuses). L 40-45, E 80-86 cm.   N : B, F.

Huîtrier des Canaries *H. meadewaldoi*. Entièrement noir sauf bande plus claire sous les ailes. Jadis : *graciosa* sur Fuerteventura, Lanzarote (Canaries) ; presque certainement éteinte actuellement. L 50 cm.

ETTES : *Recurvirostridae*. Echassiers noirs et blancs. Très longues pattes,

ÉCHASSE BLANCHE *Himantopus himantopus*. Battes roses démesurées (tarse : 12-16 cm) et long bec noir rectiligne la caractérisent. En vol, silhouette très allongée (pattes tendues en arrière). Dessus et dessous des ailes noirs. Vertex généralement noir (♂ été) ou blanc (♂ et ♀ hiver). ♀ : dessus brun noir. Juv. : brun foncé avec liserés clairs, cou et tête brunâtre-grisâtre. Cri d'alarme « kik kik kik ». Marais d'eau douce ou saumâtre, marais salants ; côtes et intérieur des terres. L 35-40, E 67-85 cm.   N : B, F.

AVOCETTE ÉLÉGANTE *Recurvirostra avosetta*. Ne peut pas être confondue. Bec noir, fin, recourbé vers le haut (elle le balance latéralement pour se nourrir dans l'eau), longues pattes grises. Jeunes partiellement bruns. Nage bien, bascule l'avant du corps dans l'eau. Cri fréquent « kluit » ; en vol, léger grognement ; forts jappements si œufs ou juv. ménacés. Marais d'eau douce ou saumâtre (côtes et intérieur des terres), estuaires. L 42-45, E 77-80 cm.   N : B, F.

● DROME : *Dromadidae*. Limicole tropical. Sexes semblables. Seul membre de sa famille.

DROME ARDÉOLE *Dromas ardeola*. Le bec épais, noir, adapté pour manger les crabes (nourriture principale) distingue cet oiseau des autres Limicoles noirs et blancs. Cou assez long, rentré dans les épaules au repos, tendu en vol. Juv. : dos gris, vertex et nuque striés de brun noir. Lagunes côtières, plages de sable ; estuaires (s'il y a des crabes). Jamais dans les terres. L 33-36, E 75-78 cm.

● RHYNCHÉES : *Rostratulidae*. Limicoles de taille moyenne, à long bec et allure de bécassines. Eaux douces des régions tropicales.

Marais d'eau douce avec roseaux, végétation dense. Se nourrit aussi dans les champs.

RHYNCHÉE PEINTE *Rostratula benghalensis*. Pattes plus longues que la Bécassine des marais (p. 152). ♀ : poitrine marron et noir, ventre blanc, bec légèrement incurvé, tour de l'œil blanc, bande chamois sur côtés du vertex noirâtre. ♂ : poitrine brune, tour de l'œil chamois. En vol : ailes arrondies avec grosses taches chamois circulaires, pattes pendantes. Cri en vol « kek », grave. L 23-26, E 50-55 cm.

HUÎTRIERS, ÉCHASSE, AVOCETTE

H

adulte

H

HUÎTRIER PIE

juv.

juv.

♀

adulte

♂

CHASSE
LANCHE

AVOCETTE
ÉLÉGANTE

adulte ♂

adulte

adulte

♀

adulte

juv.

♂

juv.

♀

RHYNCHÉE PEINTE

DROME ARDÉOLE

● ŒDICNÈMES : *Burhinidae*. Grands Limicoles terrestres. Grosse tête, bec épais, pattes jaunes (articulations renflées). Sexes semblables.

ŒDICNÈME CRIARD *Burhinus œdicnemus*. Brun clair strié, bec jaune à la base, noir au bout ; grands yeux jaunes, grosse tête ronde ; en vol 2 barres alaires blanchâtres, extrémité et bord de fuite noirs. Vol direct, lent. Voix : cris aigus et plaintifs, semblables à ceux du Courlis cendré, «cou-li», émis le soir le plus souvent. En automne, parfois en troupe. Friches sèches, garrigues. landes, champs cultivés, semi-déserts. L 40-44, E 77-85 cm. N : F.

Œdicnème criard

bec

Oedicnème du Sénégal

Ssp. *saharae* (AFN, Moyen-Orient, Grèce, signalé en Corse, autres îles méditerranéennes): plus pâle, plus jaunâtre ; aux Canaries : *insularum*, plus petite (dans l'E) et *distinctus* (dans l'O), plus foncées et plus striées.

ŒDICNÈME DU SÉNÉGAL *Burhinus senegalensis*. Plus petit que *B. œdicnemus*, bec plus long avec moins de jaune ; pas de barre blanche sur l'aile fermée (1 seule barre grise sur l'aile déployée). Voix semblable mais plus métallique ou nasale. Voisinage des cours d'eau ; parfois grands vergers et jardins. L 32-38, E 75-80 cm.

● COURVITES, GLARÉOLES : *Glareolidae*. Oiseaux terrestres ; bec incurvé ; semblent souvent se tenir sur la pointe des pieds et tendent le cou. Sexes semblables. Glaréoles: pattes courtes, en vol, allure d'hirondelles ou de sternes (longues ailes pointues, queue fourchue, petit bec). Se nourrissent d'insectes pris en vol.

Pluvian fluviatile *Pluvianus aegyptius*. Afrique. A, rare. Coloration unique : bandes noires et blanches sur la tête, bande pectorale noire, dessus en partie gris, ailes tricolores. Berges des cours d'eau. L 19-21, E 47-51 cm.

COURVITE ISABELLE *Cursorius cursor*. Svelte, plumage beige clair, extrémité et dessous des ailes noirs, bandeau oculaire noir, sourcil blanc, vertex gris. Juv. : dessus tacheté de brun. Bec plus long que celui des glaréoles. Préfère fuir en courant, s'arrête et repart. Voix «kouit» liquide, «crak crak» aigres. Déserts et semi-déserts. L 19-21, E 51-57 cm.

GLARÉOLE À COLLIER *Glareola pratincola*. En vol, croupion blanc, queue fourchue noire, dessous des ailes marron et noir, bord de fuite (secondaires) blanc, gorge et menton crème, mince collier noir, bec noir sauf base rouge. Juv. gorge blanchâtre, collier remplacé par de petites stries noirâtres. Bruyante quand elle chasse, en groupe, les insectes dans l'espace. Vol agile. Voix «kik kik kik kik» aigus. Parfois active au crépuscule. Steppes, savanes, vasières asséchées, bords nus des eaux douces. L 23-26, E 60-65 cm. N : F.

GLARÉOLE À AILES NOIRES *Glareola nordmanni*. Ressemble beaucoup à *G. pratincola* ; un peu plus foncée. Principale différence : dessous des ailes entièrement noir (visible surtout quand l'oiseau, posé, les relève), bord de fuite foncé ; un peu moins de rouge à la base du bec. L 25, E 60-68 cm.

ŒDICNÈMES,
COURVITE,
GLARÉOLES

saharae

adulte

♀ : barre alaire foncée
parfois moins visible.

adulte

adulte

adulte

**ŒDICNÈME
DU SÉNÉGAL**

ŒDICNÈME CRIARD

adulte

**PLUVIAN
FLUVIATILE**

adulte

adulte

COURVITE ISABELLE

juv.

adulte

juv.

adulte

adulte

adulte

adulte

N

juv.

N

juv.

adulte H

adulte H

**GLARÉOLE À
AILES NOIRES**

GLARÉOLE À COLLIER

● GRAVELOTS, PLUVIERS *Charadriidae*. Limicoles de taille moyenne ou petite. Bec court. Surtout terrestres. Sexes généralement semblables. Quand ils se nourrissent, courent sur quelques mètres, s'arrêtent, hochent la tête nerveusement comme s'ils écoutaient ou la dressent, contrairement aux Bécasseaux maubèche et variable (p. 144). Grégaires après la nidification. *Charadrius*: assez petits; dessus roussâtre ou brun grisâtre, marques blanches et noires fréquentes sur tête et poitrine. V. Pluvier doré (p. 140), Vanneaux (p. 142).

GRAVELOT MONGOL *Charadrius mongolus*. Diffère de *C. leschenaultii* (un peu plus grand) par: bec plus court, plus mince (mais chevauchement des dimensions), front plus droit, ligne blanche moins visible au dessus du bandeau oculaire noir; pattes foncées plus courtes, ne dépassant pas la queue en vol. Sexes semblables toute l'année. Assez silencieux en hiver mais peut s'envoler avec un cri bref, bisyllabique. Se nourrit en groupes plus denses, parfois avec *C. leschenaultii*. Rivages du Golfe Persique au passage et en hiver. A, rare ailleurs. L 19-21, E 45-58 cm.

N — Ssp. *mongolus*: bec plus court (distinction difficile) — H

Ssp. *atrifrons*: parfois taches blanches sur le front, hiverne dans la région. Ssp. *mongolus*, bec plus court, niche C Asie, peut-être A.

GRAVELOT DE LESCHENAULT *Charadrius leschenaultii*. Le plus grand *Charadrius* nicheur de la région. Reconnaissable surtout à son bec épais, noir, assez long (longueur supérieure à la distance base du bec-arrière de l'œil) (v. *C. mongolus*). Adulte en hiver et ♀ nicheuse: dessus gris brun, dessous blanc, barre alaire blanche, yeux paraissant assez grands, pattes généralement grises. ♂ nicheur: large bande pectorale rousse remontant sur la nuque, masque noir, front blanc. Voix, trille semblable à celui du Tournepierre (p. 162). Déserts, semi-déserts; en hiver, plages de sable, vasières, principalement sur les côtes. Se nourrit en troupe souvent assez lâches. L 22-25, E 53-60 cm.

N — Ssp. *columbinus*: bec plus petit — H

Ssp. *crassirostris* (E de la Caspienne): a le plus gros bec. Ssp. *columbinus* (O de la Caspienne): bec plus petit (v. *C. mongolus*).

PLUVIER ASIATIQUE *Charadrius asiaticus*. Plumage nuptial: diffère du Pluvier guignard (plus grand) par: poitrine rousse (et non pas grise) et sourcils blancs bien moins longs (en hiver aussi). Diffère des 2 espèces précédentes par une ligne noire au-dessous de la bande pectorale et l'absence de bandeau oculaire (masque) noir. En hiver: plus chamois que les autres *Charadrius*, sourcils plus visibles que ceux de *C. mongolus* et *C. leschenaultii*. Voix, pépiements doux, sifflements plus aigus, doubles ou triples. Prairies, semi-déserts; peu fréquent sur les côtes et près des eaux douces. L 18-20, E 55-61 cm.

fin d'H — Printemps: poitrine du ♂, parfois comme la ♀ — H

PLUVIER GUIGNARD *Charadrius morinellus*. Diffère des autres *Charadrius* surtout par ses longs et larges sourcils blancs qui se rejoignent en V sur la nuque, l'absence de barre alaire (en vol) et la coloration typique du dessous (en plumage nuptial): gorge blanche, ligne blanche entre le haut de la poitrine, gris, et le bas, roux; ventre noir, sous-caudales blanches. Voix variée. Cri en vol «pip pip pip» doux; cri d'alarme, trille «ouit-i-oui». Alpages, toundra; parfois dans les champs (escale en migration). En hiver, milieux continentaux semi-arides. L 20-22, E 57-64 cm.　　　　　　　　　　N: F.

♀ N

H

H

♂ N
atrifrons

H

GRAVELOT MONGOL

♀ N

H

juv.

GRAVELOT DE LESCHENAULT

♂ N

H

H

H

♂ N

♀ N

Peu farouche, souvent
perché sur une pierre,
une motte de terre.

PLUVIER ASIATIQUE

♀ N

♀ nicheuse ; ♂ nicheur
plus terne, moins de noir
sur le ventre.

N

H

juv.

H

PLUVIER GUIGNARD

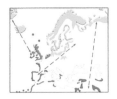

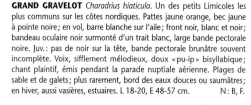

GRAND GRAVELOT *Charadrius hiaticula*. Un des petits Limicoles les plus communs sur les côtes nordiques. Pattes jaune orange, bec jaune à pointe noire; en vol, barre blanche sur l'aile; front noir, blanc et noir; bandeau oculaire noir surmonté d'un trait blanc, large bande pectorale noire. Juv.: pas de noir sur la tête, bande pectorale brunâtre souvent incomplète. Voix, sifflement mélodieux, doux «pu-ip» bisyllabique; chant plaintif, émis pendant la parade nuptiale aérienne. Plages de sable et de galets; plus rarement, bord des eaux douces ou saumâtres; en hiver, aussi vasières, estuaires. L 18-20, E 48-57 cm.   N: B, F.

Gravelot semipalmé *C. semipalmatus*. Amérique. A. Diffère de *C. hiaticula* par: taille un peu inférieure, bec plus court, pattes plus claires, étroit anneau oculaire jaune, surtout ses cris moins flûtés, plus perçants «ker oui»; en main, par les courtes palmures entre les doigts. L 17-19, E 43-52 cm.

PETIT GRAVELOT *Charadrius dubius*. Plus petit, plus svelte que *C. hiaticula*. Adulte: anneau oculaire jaune, bien net (v. *C. semipalmatus*); en vol pas de barre alaire blanche; tête assez petite, ligne blanche au dessus du haut du front noir, bec noir sauf base m. i. jaune, pattes jaune pâle ou rose chair. Juv.: anneau oculaire indistinct, front jaunâtre, pas de sourcils, bande pectorale souvent incomplète. Voix, cri monosyllabique «piu»; chant «pip pip pip» en trille. Bien moins grégaire que *C. hiaticula*. Bords des eaux douces (plages de sable, gravier). L 14-15, E 42-48 cm.   N: B, CH, F, L.

GRAVELOT À COLLIER INTERROMPU *Charadrius alexandrinus*. Plus pâle, plus trapu que les 2 précédents. Tête paraissant grosse, queue courte, bec et pattes (généralement) noirs, étroite barre alaire blanche (v. *C. dubius*). ♂ nicheur: vertex, occiput roussâtres, bandeau oculaire plus étroit, moins de noir sur le front, bande pectorale noire très incomplète. ♀ nicheuse, adulte H et juv.: vertex brun clair, pas de noir sur le front, les autres marques noires sont gris brun. Voix, cris plus faibles que ceux des 2 espèces précédentes «ouit ouit ouit», «prr-ip»; chant: trille. Plages de sable et gravier sur les côtes. L 15-17, E 42-45 cm.   N: B, F.

GRAVELOT PÂTRE *Charadrius pecuarius*. Le plus petit *Charadrius* de la région. Grosse tête, bec et pattes souvent plus clairs que chez *C. alexandrinus*; dessus: centre des plumes foncé. Diffère de *C. alexandrinus* ♂ par: vertex brun clair, nuque blanche, trait oculaire noir plus long, pas d'esquisse de bande pectorale noire, poitrine jaune roussâtre, tache noirâtre à l'épaule. Juv.: diffère de ceux des autres *Charadrius* par le dessus tacheté. Voix, «pipip» plaintif, clair. Bord des eaux douces et côtes marines, vasières. L 12-14, E 40-46 cm.

juv. de
C. pecuarius

Gravelot Kildir *C. vociferus*. Amérique. A. Reconnaissable à: grande taille, queue assez longue, 2 bandes pectorales noires, croupion roux, cri fort «kil-dir», sa préférence pour les prairies. L 23-26, E 59-63 cm.

138

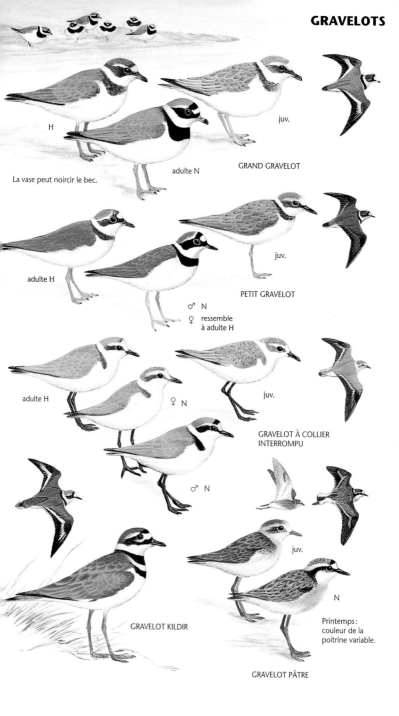

GRAVELOTS

H

La vase peut noircir le bec.

adulte N

juv.

GRAND GRAVELOT

adulte H

juv.

PETIT GRAVELOT

♂ N
♀ ressemble
  à adulte H

adulte H

♀ N

juv.

**GRAVELOT À COLLIER
INTERROMPU**

♂ N

GRAVELOT KILDIR

juv.

N

GRAVELOT PÂTRE

Printemps :
couleur de la
poitrine variable.

Pluviers: *Pluvialis*. Limicoles de taille moyenne. Dessus gris ou jaune et tacheté de noir, dessous noir (♂ nicheur).

PLUVIER ARGENTÉ *Pluvialis squatarola*. En hiver : trapu, dessus gris brunâtre, croupion blanchâtre ; en vol, diffère du Pluvier doré et du Bécasseau maubèche, plus petit, au bec plus long (p. 144), par les couvertures axillaires noires. En été : face et dessous noir et blanc, dessus tacheté de noir et gris argenté. Voix, sifflement plaintif trisyllabique, rapide «tlieu-i» (note médiane plus basse). Se nourrit isolément (Pluvier doré en groupes compacts). Niche : toundra ; en migration : aussi bords des eaux douces ; en hiver : sur les côtes, vasières, plages de sable. L 27-30, E 71-83 cm.

PLUVIER DORÉ *Pluvialis apricaria*. Dessus brun noir tacheté de jaune doré, couvertures axillaires blanches. Voix sifflement plaintif «tlu» ; chant, trille de même tonalité. Très grégaire après la reproduction, vole et se nourrit en troupes compactes, souvent en compagnie du Vanneau huppé (p. 142) (diffère de celui-ci par ses ailes pointues). Landes, toundra ; en hiver, estuaires, vasières littorales et, secondairement champs à l'intérieur des terres. L 26-29, E 67-76 cm.

♀ N · nordique · ♂ N · ♂ N · intermédiaire · méridional · ♀ N · ♂ N

Pendant la reproduction, les oiseaux du nord ont une large bande blanche sur les bords du cou, de la poitrine, des flancs et du ventre (v. Pluvier argenté), qui contraste avec joues, gorge, poitrine et ventre noirs. Dans le sud, cette bande est teintée de jaunâtre, les joues sont brunâtres et les espaces noirs sont moins bien délimités et moins évidents.

Pluvier bronzé *Pluvialis dominica*. Amérique. A. Diffère de *P. apricaria* par : plus svelte, plus gris, pattes plus longues, ailes plus longues et plus étroites, bec un peu plus long, tête plus grosse et plus arrondie, sourcils plus larges, sous-alaires gris pâle ou gris brun. Voix, sifflement semblable à un cri de Vanneau «tii» et «tioi tiou» aigu comme le cri du Chevalier aboyeur. Généralement dans les terres. L 23-28, E 60-72 cm.

Pluvier fauve *Pluvialis fulva*. Est Asie, Alaska. A, rare. Un peu plus petit que *P. dominica*, bec et pattes plus longs, plumage plus coloré, plus jaune ; plumage hivernal plus contrasté (ressemble à un petit *P. apricaria* sauf nuque brune et sourcils jaunâtres). En nature, distinction avec *P. dominica* difficile sauf si l'on peut évaluer la longueur des ailes : chez *P. fulva* (2-)3(-4) extrémités de primaires dépassent le bout des tertiaires chez *P. dominica*, 4-(6). Voix semblable. Surtout sur les côtes. L 23-26 cm.

♂ N

juv.

♀ N

H

H

PLUVIER ARGENTÉ

H

juv.

H

N

H

juv.

PLUVIER DORÉ

H

H

juv.

juv.

PLUVIER BRONZÉ

PLUVIER
FAUVE

Vanneaux : groupe de grands Limicoles bien distincts. Extrémité des ailes noire, queue souvent blanche à la base et noire au bout. Assez bruyants surtout pendant la nidification.

VANNEAU HUPPÉ *Vanellus vanellus.* Le plus facilement reconnaissable à cause de sa huppe. Le plus largement répandu aussi. Paraît blanc et noir, mais à bon éclairage, dessus vert foncé, sous caudales rousses. En vol, ailes larges et arrondies ; gorge noire au printemps, blanche en hiver. Huppe visible de près. Cri le plus fréquent « piouit » avec variantes selon la situation. Parade nuptiale acrobatique durant laquelle les battements précipités des ailes produisent un bruit comparé à celui du van. En grandes troupes après la reproduction. Champs, prairies où l'herbe est courte, marais, landes, tourbières ; en hiver aussi près des eaux douces, estuaires, vasières et plages de sable du littoral. L 28-31, E 82-87 cm. N : B, CH, F, L.

Gorge tachetée

♀ N

VANNEAU ÉPERONNÉ *Hoplopterus spinosus.* Calotte, gorge, poitrine, primaires, noir contrastant avec les joues, la nuque et une grande partie des ailes, blanc. Dessus brun chamois, esquisse de huppe, queue noire, longues pattes grises, un petit éperon au poignet. Cri fréquent fort et perçant « didi douit » ; cri d'alarme aigu « zi-ziit-ziit » ou « tsak tsak ». Se tient souvent la tête rentrée dans les épaules. Vol assez lent. Plans d'eau douce ou saumâtre, lagunes, marais, estuaires. Grégaire après la reproduction. L 25-27, E 69-81 cm.

VANNEAU INDIEN *Hoplopterus indicus.* Reconnaissable à ses longues pattes jaunes et à la caroncule rouge située autour des yeux et devant. Calotte, nuque, gorge, poitrine, noires ; demi-collier et reste du dessous blancs ; extrémité de la queue noire avec liserés blancs ou gris brun. Cri perçant « didi dou it », répétition d'une seule note « dididi ». Vol lent. Pas très sociable. Milieux ouverts près des eaux douces ou saumâtres. L 32-35, E 80 cm.

VANNEAU À QUEUE BLANCHE *Vanellus leucurus.* Au repos, gris brun sauf menton, front et larges sourcils blancs, extrémité des ailes noire ; longues pattes jaunes. En vol : queue blanche, primaires noires, secondaires blanches, couvertures gris brun. Assez silencieux après la reproduction. Plusieurs cris comme ceux du Vanneau huppé. Se tient bien droit quand il est posé ; vol assez lent. Marais, lagunes peu profondes, rivières lentes. L 26-29, E 67-70 cm.

VANNEAU SOCIABLE *Vanellus gregarius.* Dessus gris brun. En plumage nuptial : vertex noir, front et sourcils blancs, trait oculaire noir permanent, poitrine grise, ventre brun foncé, joues chamois pâle ; pattes noires, rémiges primaires noires contrastant avec les secondaires blanches. Voix, sifflement bref, aigu ; cris aigres « rek rek rek ». Niche : steppes ; en hiver, milieux secs, ouverts, champs, bords des eaux douces. L 27-30, E 70-76 cm.

VANNEAUX

juv.

adulte H
VANNEAU HUPPÉ

♂ N

juv.

juv.

adulte N

VANNEAU
ÉPERONNÉ

adulte

VANNEAU
INDIEN

H

juv.

H

juv.

N

VANNEAU À
QUEUE BLANCHE

Plumage hivernal semblable,
certains oiseaux plus pâles
en plumage neuf.

N

VANNEAU
SOCIABLE

Hiver : poitrine
tachetée, ventre blanc.

● Scolopacidae (pp. 144-163). Bec et cou plus ou moins longs, grandes pattes. Cette famille comprend : bécasseaux, bécassines, bécasses, chevaliers, courlis et barges. La majorité nichent dans la toundra, les marais ; en hiver surtout sur les côtes.

Bécasseaux : *Calidris* (pp. 144-149). Les plus petits Scolopacidae. Bec assez long, cou et pattes assez courts. En vol, tous ont une barre blanche sur les ailes. Voix : dans les troupes, bavardage constant ; trilles et cris brefs.

BÉCASSEAU VARIABLE *Calidris alpina*. En hiver, le plus commun sur les côtes. Bec légèrement arqué, un peu plus long que la tête ; dessus gris brun, dessous grisâtre, côtés de la queue blancs ; cri en vol « trriir ». Au printemps : le seul bécasseau ayant le ventre noir. Chant, répétition du cri en vol (roulades). La plupart des ♀ plus grandes que les ♂, ventre moins noir, quelque peu mêlé de blanc. Juv. : côtés du bas de la poitrine tachetés. Niche : landes, toundra, marais côtiers ; l'hiver, en troupes sur les vasières littorales. L 16-20, E 38-43 cm.   N : B.

Ssp. nordique *alpina* : généralement plus grande, bec plus long, plus nettement incurvé que chez la ssp. méridionale *schinzii* et la ssp. groenlandaise, *arctica*.

BÉCASSEAU COCORLI *Calidris ferruginea*. Bec noir, plus long que la tête, un peu arqué ; croupion blanc, assez longues pattes noires. En plumage nuptial : dessus brun roux tacheté de noir, dessous rouge vif (seul le B. maubèche, plus grand, est semblable). En hiver : plus grand, plus élégant que le B. variable, trait oculaire plus évident, pattes plus longues, bec plus incurvé. Juv. : côtés de la poitrine jaunâtres striés de brun ; dessus, aspect écaillé. Cri en vol, doux « tchirip », moins dur que celui du B. variable. L 18-19, E 42-46 cm.

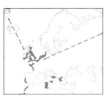

BÉCASSEAU MAUBÈCHE *Calidris canutus*. Le plus grand des *Calidris* fréquents dans la région. Trapu, bec droit. Hiver : gris, dessous blanc, queue et croupion entièrement gris clair (différence avec *C. alpina* et *C. alba*). Diffère du Pluvier argenté (p. 140), plus grand, par son bec plus long et ses axillaires blanches. Plumage nuptial roux (v. *C. ferruginea*, qui a le bec arqué). Juv. dos un peu plus brun, plus écaillé, dessous chamois clair à blanc grisâtre. Cri bas « khouit », « knout ». L'hiver, en troupes serrées. Tient la tête basse quand il se nourrit. Vasières. L 23-25, E 50 cm.

Bécasseau de l'Anadyr *C. tenuirostris*. E Asie. A, rarissime. Dessus plus foncé que *C. canutus* ; un peu plus grand, bec plus long, poitrine plus fortement tachetée contrastant avec ventre clair, sus-caudales blanches. L 26-28, E 62-66 cm.

BÉCASSEAU SANDERLING *Calidris alba*. Silhouette plus arrondie que celle du B. variable. Un peu plus grand, bec plus court que la tête, droit, barre alaire plus large. En hiver : bien plus clair que les autres Limicoles de même taille ; paraît tout blanc sauf tache noire à l'épaule. Plumage nuptial : dessus et poitrine roussâtres tachetés de noir, ventre blanc. Juv. : dessus tacheté de noir et de blanc. Voix : cri en vol « touic touic ». En hiver, presque toujours sur plages de sable où il marche rapidement juste au bord de l'eau ; dérangé, s'éloigne en courant plutôt qu'en volant. L 20-21, E 40-45 cm.

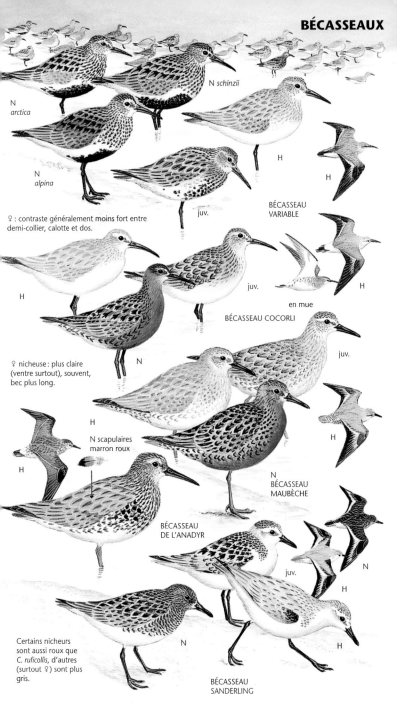

N *arctica*

N *schinzii*

N *alpina*

H

H

H

juv.

BÉCASSEAU
VARIABLE

♀ : contraste généralement moins fort entre
demi-collier, calotte et dos.

H

juv.

en mue

BÉCASSEAU COCORLI

♀ nicheuse : plus claire
(ventre surtout), souvent,
bec plus long.

N

juv.

H

H

N scapulaires
marron roux

H

BÉCASSEAU
MAUBÈCHE

BÉCASSEAU
DE L'ANADYR

N

juv.

H

N

H

Certains nicheurs
sont aussi roux que
C. ruficollis, d'autres
(surtout ♀) sont plus
gris.

N

BÉCASSEAU
SANDERLING

BÉCASSEAU DE TEMMINCK *Calidris temminckii.* Le moins typique des petits bécasseaux, le seul qui ait les rectrices externes toutes blanches. Pattes verdâtres ou jaunâtres, plus courtes que celles de *C. minuta,* plus trapu, pas de V clair sur le dos. Evoque un petit Chevalier guignette (p. 160): poitrine gris brun, ailes et queue assez longues. Plumages hivernal et estival peu différents; sourcils peu marqués. Juv.: comme l'adulte sauf dessus faiblement écaillé. Voix, cri perçant «pirrr»; s'élève rapidement quand on le dérange. Niche: toundra avec buissons; en migration, bords des eaux douces avec végétation, bassins de décantation. L 13-15, E 34-37 cm.

BÉCASSEAU MINUTE *Calidris minuta.* Un des plus petits Limicoles nicheurs. Evoque un petit B. variable (p. 144), sauf bec droit et noir, plus court que la tête; se nourrit plus activement. Plus svelte que *C. temminckii,* en diffère par: pattes noires, rectrices latérales grises. En été: dessus roux, côtés poitrine tachetés de roux et de noir, 2 lignes blanches (en V) sur le dos (aussi en hiver). En hiver: dessus gris brun, dessous blanc (généralement, faible bande pectorale incomplète). Juv.: comme l'adulte nicheur, V blanc sur le dos, poitrine souvent jaunâtre. Cri en vol «tit tiri» isolé ou un trille. L 12-14, E 34-37 cm. En migration, côtes basses, estuaires.

Bécasseau semipalmé *C. pusilla.* Amérique. A. Doigts partiellement palmés (invisible en nature). Plus gris, un peu plus grand que *C. minuta* en plumage hivernal et juvénile, milieu poitrine blanc, bec plus épais à la base, moins pointu; pattes foncées. Juv.: vertex plus foncé, sourcils blancs. Meilleur critère distinctif: cri doux «tchioup» ou «tchireup». V. *C. mauri.* Se nourrit comme un gravelot, de façon saccadée. L 13-15, E 34-37 cm.

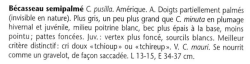

Bécasseau d'Alaska *C. mauri.* Amérique. A rare. Le plus grand des petits bécasseaux à pattes foncées. Le bec (surtout ♀) peut être plus long, plus étroit que celui de *C. pusilla* et ressemble davantage à celui de *C. alpina,* car souvent un peu arqué au bout. Doigts partiellement palmés. Hiver: comme un *C. pusilla* pâle, mais diffère par le bec, la faible bande pectorale, le cri typique, aigu «tchi-et». Juv.: plus terne que celui de *C. minuta,* V dorsal faible. Diffère de *C. pusilla* juv. par vertex plus pâle, sourcils moins nets, scapulaires supérieures bordées de roux. L 14-17, E 35-37 cm.

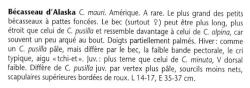

Bécasseau à longs doigts *C. subminuta.* Sibérie. A, rare. En hiver, diffère de *C. minutilla* (à pattes jaunes aussi) par: cou et pattes plus longs, attitude plus dressée, front sombre, sourcils plus nets, barre alaire plus étroite. Juv.: diffère de *C. minutilla* juv. par: sourcils élargis en avant des yeux, absence tache roussâtre distincte sur les parotiques. Cri «tchireup» doux (comme un cri de Moineau domestique). S'élève souvent brusquement. L 13-14, E 33-35 cm.

Bécasseau minuscule *C. minutilla.* Amérique du Nord. A, rare. Le plus petit bécasseau. Cou bref, face foncée, pattes jaune verdâtre (peuvent être salies par la vase) (v. *C. subminuta*); bec court, mince; souvent un V dorsal clair, poitrine très striée, bien séparée du ventre blanc. En vol, les doigts ne dépassent pas vraiment le bout de la queue (différence avec *C. subminuta*). Voix, «ouit» aigu, un bourdonnement. L 11-12, E 33-35 cm.

Bécasseau à cou roux *C. ruficollis.* Sibérie. A, rare. Le seul qui ait la tête entièrement rousse en plumage nuptial. Ressemble à *C. minuta,* l'hiver en diffère par: cris perçants «tchit» isolés, plumage un peu plus gris, ailes plus longues, bec plus court et plus épais, pattes un peu moins longues. Juv.: ressemble à celui de *C. minuta* sauf dos et côtés poitrine plus gris, pas de V dorsal clair, stries plus nettes sur la tête. L 13-16, E 35-38 cm.

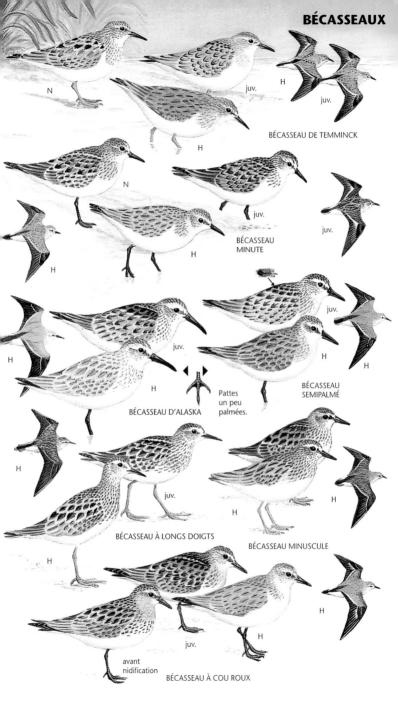

N

juv.

H

juv.

BÉCASSEAU DE TEMMINCK

N

juv.

H

juv.

BÉCASSEAU MINUTE

H

H

juv.

juv.

H

H

H

Pattes un peu palmées.

BÉCASSEAU SEMIPALMÉ

BÉCASSEAU D'ALASKA

H

juv.

BÉCASSEAU À LONGS DOIGTS

H

H

BÉCASSEAU MINUSCULE

H

juv.

H

H

avant nidification

BÉCASSEAU À COU ROUX

BÉCASSEAU VIOLET *Calidris maritima*. Plus grand que *C. alpina* (p. 144). Le seul petit Limicole des côtes rocheuses paraissant foncé dessus et ayant les pattes jaunes, la base du bec jaune. Trapu. Adulte nicheur et juv.: dessus brun noir à reflets violets (peu visibles) et liserés chamois. Voix «ouitt-ouit» bas, sifflé. En hiver: petits groupes sur côtes rocheuses, écueils couverts d'algues, brise-lames, souvent en compagnie de Tournepierres (p. 162). Peu farouche. L 20-22, E 42-46 cm.

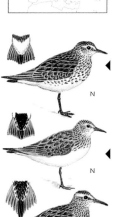

Bécasseau de Bonaparte *C. fuscicollis*. Amérique. A. Taille intermédiaire entre *C. alpina* (p. 144) et les petits bécasseaux (p. 146). Croupion blanc comme *C. ferruginea* (p. 144), mais, plus petit, bec plus court, pâle à la base et un peu arqué au bout, rémiges primaires plus longues dépassant nettement les tertiaires et la queue au repos; en vol, barre alaire moins visible, taches foncées des flancs allongées, sourcils pâles. Adulte N et juv.: dessus roussâtre; adulte H: plus foncé que *C. ferruginea*. Voix, «djit» aigu, bref. Bords des eaux douces. L 15-17, E 40-45 cm.

Bécasseau de Baird *C. bairdii*. Amérique. A. Silhouette et taille comme *C. fuscicollis*. En diffère par: croupion et milieu queue noirâtres, bec droit, noir même au bout. Adulte: scapulaires noires au milieu avec liserés clairs (aspect quadrillé). Juv.: dessus écaillé, chamois pâle. Adulte et juv.: bande pectorale striée, sourcils et anneaux oculaires pâles; en vol, faible barre alaire, ailes longues. Cri fréquent «ktttip» en trille. Bords des eaux douces, prairies. L 14-16, E 40-46 cm.

Bécasseau à queue pointue *C. acuminata*. Sibérie. A, rare. Diffère de *C. melanotos* par: flancs striés, pattes plus longues, bec un peu plus court; calotte roux foncé (surtout au printemps), larges sourcils blancs surtout en arrière des yeux. Juv.: vertex, dessus roussâtre et noir, poitrine chamois striée. Voix plus aiguë que celle de *C. melanotos*. Bords des eaux douces, prairies humides. L 17-20, E 42-48 cm.

Bécasseau tacheté *Calidris melanotos*. Amérique. A: le Limicole américain le plus fréquemment observé en Europe. Plus grand que *C. alpina* (p. 144), évoque une petite ♀ de Combattant varié (p. 150) en posture d'alerte. Reconnaissable surtout à la limite très nette entre la poitrine striée et le ventre blanc (v. *C. acuminata*), à ses pattes jaunâtres et à son bec assez court, un peu arqué, verdâtre ou jaunâtre à la base. Deux lignes ocre ou chamois sur le dos. Cri fréquent «prrp» aigre, isolé ou doublé. En Europe, surtout au bord des eaux douces, aussi estuaires, côtes, prairies humides. L 19-23, E 42-49 cm.

BÉCASSEAU FALCINELLE *Limicola falcinellus*. Plus petit et plus foncé que *C. alpina* (p. 144), bec arqué plus long assez épais, pattes plus courtes; larges sourcils blancs, au dessus un trait noir surmonté d'une ligne claire, vertex foncé (dessin typique); dessus du corps brun (gris en hiver) paraissant écaillé avec une ligne blanche de chaque côté, barre alaire souvent faible. Voix, en vol, trille bas «tchriik», «trett» perçant, chant nuptial: trille. Solitaire sauf en migration. Niche: tourbières humides. L 16-17, E 37-39 cm.

BÉCASSEAUX

H

juv.

H

BÉCASSEAU VIOLET

N

juv.

juv.

**BÉCASSEAU DE
BONAPARTE**

H

H

BÉCASSEAU DE BAIRD

H

N

juv.

N

**BÉCASSEAU À
QUEUE POINTUE**

juv.

H

**BÉCASSEAU
TACHETÉ**

bec vu par dessus

H

N

H

juv.

H

juv.

C. alpina
(v. p. 144)

H

BÉCASSEAU FALCINELLE

Au printemps, les ♂ du Combattant varié ont une collerette et des « oreillons » extraordinaires, de diverses couleurs ; ils se réunissent sur des « arènes » pour parader (batailles fictives). Plumage variable : combinaison de noir, blanc, roux, chamois, barrés et striés. Oreillons généralement d'une autre couleur que la collerette.

COMBATTANT VARIÉ *Philomachus pugnax*. En plumage nuptial, le ♂ ne peut être confondu. En hiver : taille du Chevalier gambette (p. 158). En diffère par : tête relativement plus petite, étroite barre alaire blanche, tache blanche ovale de chaque côté de la queue, dos écaillé, absence de blanc à l'arrière des ailes. Femelle et juv. plus petits, cou plus étroit que le ♂ en hiver, mais dessus nettement écaillé. Bec brun noirâtre (rouge, jaune ou brun chez ♂ au printemps), pattes gris verdâtre ou rouge orangé. Assez silencieux ; en vol, « tou-it », au printemps « ouk » bas. Marécages, prairies humides ; en hiver, souvent en petits groupes au bord des eaux douces et sur côtes basses. L ♂ 26-30, ♀ 20-24, E 48-58 cm. N : B, F.

Bartramie des champs *Bartramia longicauda*. Amérique. A. Taille du Combattant varié. Petite tête, bec foncé, court et mince, plumage brun, tacheté comme celui d'un courlis, allure de pluvier, cou assez long et mince, longue queue, grandes pattes jaunes. Cri « quip ip ip » sonore. Prairies rases, généralement loin de l'eau. L 26-28, E 64-68 cm.

Bécasseau rousset *Tryngites subruficollis*. Amérique. A, rare, mais régulier. Le seul petit Limicole qui ait toute la face inférieure (du menton aux sous-caudales) chamois. Evoque une petite ♀ de Combattant varié par sa tête ronde, son petit bec foncé, ses pattes jaunes ; pas de barre alaire blanche, pas de blanc sur les côtés de la queue mais, en vol, dessous des ailes blanc et noirâtre très visible. Voix, trille bas « prrit ». Prairies rases, souvent loin de l'eau (aussi à côté). L 18-20, E 43-47 cm.

Bécassin à bec court *Limnodromus griseus*. Amérique. A. Beaucoup plus rare que *L. scolopaceus* – très semblable – dont il diffère par : le cri en vol « tchou dou dou » mélodieux et les lignes chamois au milieu du centre brun foncé des ailes (juv. -im.) ; en hiver et de près, par le bec plus court, la couleur de la poitrine pas nettement délimitée de celle du ventre, les barres claires de la queue plus larges que les foncées. Surtout côtes marines. L 23-25, E 45-51 cm.

Bécassin à long bec *L. scolopaceus*. Amérique. A. Taille voisine de celle de *L. griseus*. Très long bec, bas du dos et croupion blancs, flancs barrés. En hiver, barres claires de la queue plus étroites que les foncées (détail peu sûr). Juv./im. (plus souvent observés en Europe) : pas de lignes claires au milieu des plumes des ailes (tertiaires, scapulaires, grandes couvertures). Cri en vol typique « kiik » aigu ou « kik kik kik ». Surtout au bord des eaux douces. L 24-26, E 46-52 cm.

150

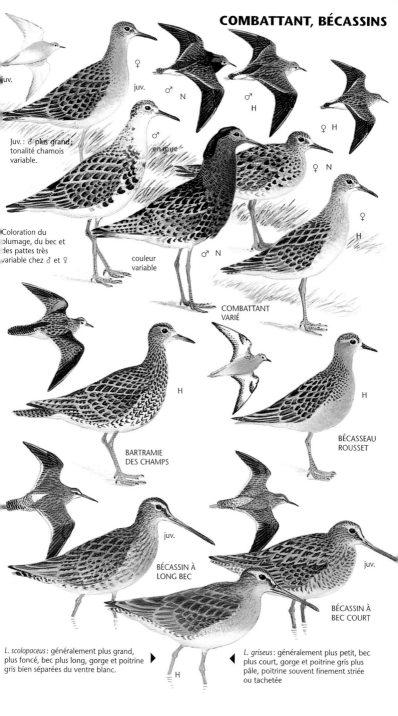

juv.

♀
juv.

♂
N

♂
H

♀ H

Juv. : ♂ plus grand ;
tonalité chamois
variable.

♂
en mue

♀
N

Coloration du
plumage, du bec et
des pattes très
variable chez ♂ et ♀

couleur
variable

♂ N

♀
H

COMBATTANT
VARIÉ

H

H

BARTRAMIE
DES CHAMPS

BÉCASSEAU
ROUSSET

juv.

BÉCASSIN À
LONG BEC

juv.

BÉCASSIN À
BEC COURT

L. scolopaceus : généralement plus grand,
plus foncé, bec plus long, gorge et poitrine
gris bien séparées du ventre blanc.

H

L. griseus : généralement plus petit, bec
plus court, gorge et poitrine gris plus
pâle, poitrine souvent finement striée
ou tachetée

● **BÉCASSINES**: *Gallinago*. Taille moyenne. Pattes assez courtes, très long bec, plumage brun roussâtre (ventre pâle), bandes claires sur la tête et sur le dos. Nichent dans marais, tourbières, prairies, landes; hivernent surtout près des eaux douces avec épaisse végétation riveraine, aussi dans des milieux plus secs.

BÉCASSINE DES MARAIS *Gallinago gallinago*. La plus commune des bécassines. Bec de 6-7 cm (dans la région, le plus long par rapport à la taille de l'oiseau). A l'envol, part rapidement en zigzag en lançant un cri rauque et fort «retsch», bord de fuite des ailes blanc; ces détails la distinguent des autres Limicoles. Se perche sur des pierres, piquets et lance des « tchiké tchiké » longuement répétés. Parade nuptiale aérienne du ♂: vol ondulé, en piqué à 45° étale les rectrices qui vibrent et produisent un «bêlement». En hiver, plusieurs oiseaux peuvent faire des évolutions aériennes. L 25-27, E 44-47 cm.   N : B, CH, F, L.

long

G. gallinago

court

G. stenura

Bécassine à queue pointue *G. stenura*. Diffère de *G. gallinago* par: envol moins zigzaguant, pattes dépassant plus la courte queue, pas de blanc au bout des ailes et en dessous. A terre, aspect différent, pas de bandes dorsales claires, bec un peu plus court et plus épais à la base, cris plus aigus. Plus souvent en milieu sec. Niche localement: NE Russie; migratrice rare: Moyen-Orient. L 25-27, E 44-47 cm.

BÉCASSINE DOUBLE *Gallinago media*. Un peu plus grande et plus massive que *G. gallinago*. En diffère par: bec un peu plus court, taches blanches sur couvertures alaires, coins de la queue nettement blancs, poitrine et flancs barrés, absence de lignes blanches évidentes sous les ailes, vol plus lent, plus lourd, plus direct, bec tenu presque horizontalement; généralement se pose plus vite que la plupart des Bécassines des marais. Silencieuse (peut émettre un croassement bas). Chante en chœur sur les sites de parade nuptiale (arènes). Davantage en terrain sec, surtout en hiver. L 27-29, E 47-50 cm.

BÉCASSINE SOURDE *Lymnocryptes minimus*. La plus petite bécassine. Bec court, 2 étroites bandes claires sur le vertex (3 chez *G. gallinago*), pas de blanc sur la queue. Préfère courir plutôt que s'envoler, part souvent au dernier moment. Vol assez lent, peu zigzaguant, se pose très tôt. Souvent silencieuse au départ ou cri faible. Parade nuptiale aérienne: comme *G. gallinago*, pique de temps à autre en émettant des cris comparés au bruit lointain d'un cheval au galop. Niche: marais, tourbières; en hiver, plus souvent en milieu sec que *G. gallinago*. L 17-19, E 38-42 cm.

BÉCASSE DES BOIS *Scolopax rusticola*. Dérangée, s'envole verticalement et se faufile rapidement dans le sous-bois. Longues ailes, bec pointé vers le bas. Croule: parade nuptiale aérienne du ♂ qui décrit un circuit au crépuscule et à l'aube (battements d'ailes irréguliers) en émettant 2 cris, un «pssip» aigu et une sorte de croassement. A terre, diffère de *Gallinago g.* par: taille supérieure, aspect plus lourd, plumage roux, bec plus court, poitrine barrée, bandes transversales foncées sur la tête. Forêts, bois, landes avec arbres dispersés. Se nourrit en terrain humide. De passage: aussi en milieu plus ouvert. L 33-35, E 56-60 cm.

N : B, CH, F, L.

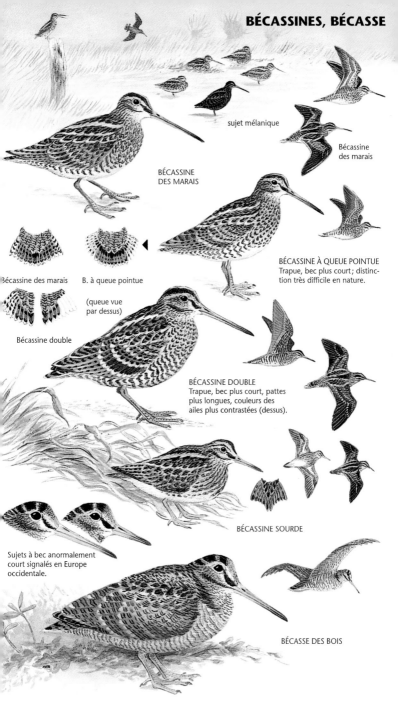

sujet mélanique

Bécassine
des marais

BÉCASSINE
DES MARAIS

BÉCASSINE À QUEUE POINTUE
Trapue, bec plus court; distinction très difficile en nature.

Bécassine des marais   B. à queue pointue

(queue vue
par dessus)

Bécassine double

BÉCASSINE DOUBLE
Trapue, bec plus court, pattes
plus longues, couleurs des
ailes plus contrastées (dessus).

BÉCASSINE SOURDE

Sujets à bec anormalement
court signalés en Europe
occidentale.

BÉCASSE DES BOIS

Barges : *Limosa.* Grands Limicoles différant des courlis (p. 156) par leur long bec légèrement retroussé, leurs cris très différents et leur plumage nuptial aux couleurs bien plus vives (roux).

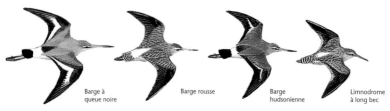

Barge à
queue noire

Barge rousse

Barge
hudsonienne

Limnodrome
à long bec

Les 3 barges présentes dans la région sont reconnaissables en vol à la présence ou l'absence de barres alaires blanches et au bout de la queue, noir ou barré. Les limnodromes qui leur ressemblent un peu (p. 150) sont plus petits et ont un étroit triangle gris ou blanc sur le croupion.

BARGE À QUEUE NOIRE *Limosa limosa.* En vol, large barre alaire blanche, queue blanche terminée de noir, ventre blanc (printemps) la distinguent immédiatement des courlis (p. 156) et de la Barge rousse (plus petite). Diffère aussi de celle-ci par : bec presque rectiligne, pattes plus longues, attitude plus dressée et, en hiver, dessus plus gris, plus uniforme. Cris en vol «touk» ou «kik» parfois doublé ; assez silencieuse sauf sur lieux de reproduction où elle lance des «ouika ouika ouika», «ouic ic ic» et des «piou» semblables au cri du Vanneau huppé. Chant «croui tou ou» répété. Prairies et landes humides, polders. En migration et en hiver, surtout plages de sable voisines, en grandes troupes. L 40-44, E 70-82 cm.   N : B, F.

Ssp. *islandica* (Islande) hiverne dans estuaires en GB et Irlande ; bec un peu plus court ; plumage nuptial roux un peu plus foncé.

Barge hudsonienne *L. haemastica.* Amérique. A, rare. Diffère de *L. limosa* par : pattes un peu plus courtes, cou plus bref, axillaires et sous-alaires noires, barre alaire blanche limitée à la partie interne (basale) de l'aile, bande blanche de la queue plus étroite. L 37-42 cm.

BARGE ROUSSE *Limosa lapponica.* Diffère de *L. limosa* par : taille un peu inférieure, pattes plus courtes dépassant à peine la queue (en vol), absence de blanc sur le dessus des ailes et de large bande noire sur la queue (celle-ci étroitement barrée). ♂ nicheur : dessous entièrement roux. En hiver, ressemble au Courlis corlieu (p. 156), mais bec très différent, un peu retroussé, pattes plus courtes, vertex sans bandes claires et foncées. Cris en vol «kiruc kiruc», «ouic ouic ouic». Vol direct, rapide. Les troupes en migration ou en hivernage font parfois des évolutions aériennes. Toundra ; en hiver, surtout estuaires, vasières. L 37-39, E 70-80 cm.

Chevalier semipalmé *Catoptrophorus semipalmatus.* Amérique. A, très rare. Taille et aspect intermédiaires entre barges et Chevalier aboyeur (p. 158). Ressemble à une barge sauf bec plus épais, plus court, rectiligne, plumage très tacheté, gris brun (gris et blanc en hiver), dessus et dessous des ailes blanc et noir, queue blanche sauf bout gris, pattes gris bleu. L 33-41 cm.

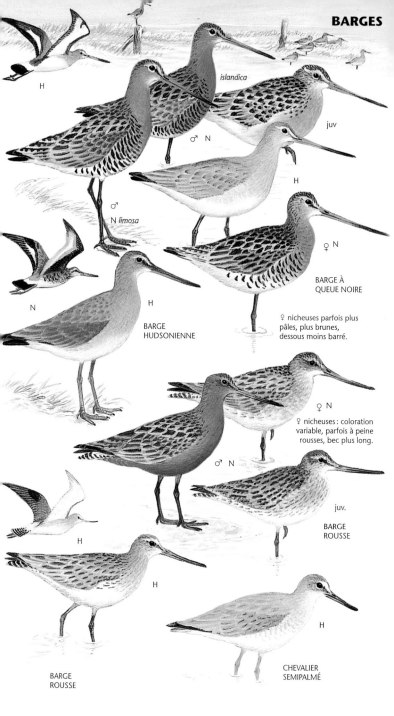

H

islandica

juv

♂ N

♂ N *limosa*

N

H

BARGE
HUDSONIENNE

♀ N

BARGE À
QUEUE NOIRE

♀ nicheuses parfois plus
pâles, plus brunes,
dessous moins barré.

♀ N

♀ nicheuses : coloration
variable, parfois à peine
rousses, bec plus long.

♂ N

juv.

BARGE
ROUSSE

H

H

BARGE
ROUSSE

CHEVALIER
SEMIPALMÉ

Courlis : *Numenius*. Grands Limicoles au plumage apparemment brun uni (croupion et bas du dos souvent blancs, visibles en vol). Reconnaissables à leur très long bec incurvé vers le bas ; longues pattes dépassant la queue en vol (distinction avec les mouettes et goélands im.) (pp. 166-179), qui, en vol, leur ressemblent un peu.

COURLIS CENDRÉ *Numenius arquata*. Dans la région, le plus grand Limicole. Brun avec croupion blanc ; taille très variable. Juv. : bec plus court (confusion possible avec *C. corlieu*), plumage plus chamois. Voix variée ; cri bien connu (auquel il doit son nom) «cour-li, cour-li» ; cri d'alarme «koui koui koui» ; chant mélodieux, émis en vol nuptial, commençant par des notes graves et accéléré en trille plus aigu. Vol assez lourd ressemblant à celui d'un goéland. Landes, tourbières, rieds, prairies humides ; l'hiver, en troupes sur les vasières littorales. L 50-60, E 80-100 cm.
N : B, CH, F.

Bartramie des champs   Courlis nain

Courlis nain *Numenius minutus*. Sibérie. A, rare. Taille du Pluvier doré. Croupion et dos uniformément bruns. Vertex rayé comme chez *N. phaeopus*, mais plumage plus chamois, bec bien plus court. Cri trisyllabique «hi kli kli». L 28-30, E 68-71 cm.

COURLIS À BEC GRÊLE *Numenius tenuirostris*. Ouest Sibérie. A, rarissime. Taille du Courlis corlieu mais vertex non rayé, dessous des ailes, bas-ventre et croupion plus blancs ; adulte : taches noires des flancs plus grandes, plus arrondies, extrémité du bec plus fine que chez *N. arquata* et *N. phaeopus*. Cri «cour-li» plus aigu et plus bref que celui de *N. arquata* ; cri d'alarme «kioi-i». En hiver, prairies littorales humides, en compagnie de *N. arquata*. L 36-41, E 80-92 cm.

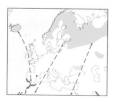

COURLIS CORLIEU *Numenius phaeopus*. Taille inférieure à celle des plus petits Courlis cendrés ; en diffère aussi par : battements d'ailes plus rapides, de près par le vertex rayé d'une bande jaunâtre et 2 bandes latérales foncées et sourcils blanchâtres très marqués. En hiver, la Barge rousse (p. 154) lui ressemble mais diffère par bec un peu retroussé. Plumage nuptial : dessous chamois très tacheté. Chant semblable à celui de *N. arquata* mais cri en vol très différent, trille flûté «hi-huhuhu-huhu» (le cri d'alarme du Courlis cendré peut lui ressembler). Toundra et landes des régions sub-arctiques et arctiques, en montagne plus au sud. De passage et en hiver, principalement sur les côtes. L 40-42, E 76-89 cm.

dessous des ailes foncé

alboaxillaris   *hudsonicus*

phaeopus

Ssp. *alboaxillaris* (S Oural) plus grande et plus pâle, rayures du vertex et taches des flancs moins distinctes ; croupion, ventre, dessous des ailes plus blancs (v. *N. tenuirostris*). Ssp. *hudsonicus* (Amérique du Nord), A, rare : dessous des ailes plus foncé, croupion et bas du dos gris brun comme le reste du dessus.

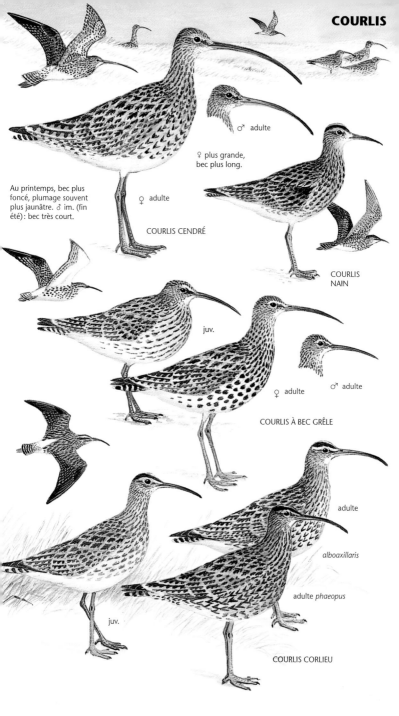

♂ adulte

♀ plus grande,
bec plus long.

Au printemps, bec plus
foncé, plumage souvent
plus jaunâtre. ♂ im. (fin
été) : bec très court.

♀ adulte

COURLIS CENDRÉ

**COURLIS
NAIN**

juv.

♀ adulte

♂ adulte

COURLIS À BEC GRÊLE

adulte

alboaxillaris

adulte *phaeopus*

juv.

COURLIS CORLIEU

Chevaliers: *Tringa.* (pp. 158-161). Limicoles de taille moyenne; bec et pattes assez longs. Pas très grégaires. En hiver, eaux douces, saumâtres ou salées peu profondes.

CHEVALIER ARLEQUIN *Tringa erythropus.* Plumage nuptial typique, noir ardoisé pointillé de blanc sauf dessous des ailes et triangle du croupion blancs; pattes rouge foncé. Diffère toujours des autres chevaliers par son long bec rouge à la base (m. i.), ses pattes rouge foncé. En hiver, diffère de *T. totanus* par: taille légèrement supérieure, absence de barre alaire, sourcils blancs en avant des yeux, dessous plus blanc, pattes plus longues (visible en vol). Diffère de *T. nebularia* par: taille inférieure, pattes rouges. Cris «tchou-it» ou «tou-vit» sonores, «tchik» répété. Forêts marécageuses, landes, toundra; en hiver, bords des eaux douces ou saumâtres. L 29-31, E 61-67 cm.

CHEVALIER GAMBETTE *Tringa totanus.* Le seul Limicole qui ait une large bande blanche à l'arrière des ailes; croupion blanc, dessus brun gris, dessous plus clair, tacheté, pas de sourcils, pattes rouge orangé, bec rouge orangé sauf pointe foncée. Bruyant. Divers cris forts, notamment «tiou-lou lou»; chant mélodieux «dli dli». Vol direct, battements d'ailes rapides; posé, hoche souvent la tête. Prairies humides, polders, marais côtiers, marais salants. En hiver, estuaires, vasières littorales. L 27-29, E 59-66 cm.   N: B, F.

CHEVALIER STAGNATILE *Tringa stagnatilis.* Aspect de petit Chevalier aboyeur, mais plus fin, bec rectiligne et mince, pattes plus longues (parfois jaunes) dépassant la queue. Plumage nuptial: dessus tacheté de foncé; en hiver, plus gris, face et front plus blancs, épaules noirâtres; blanc du croupion remontant plus loin sur le dos que chez le Chevalier Sylvain (p. 160). Cris semblables à ceux des autres chevaliers mais plus aigus, «tiou», «tchik». Bords des eaux douces marécageuses. L 22-24, E 55-59 cm.

Chevalier à pattes jaunes *T. flavipes.* Amérique du Nord. A. Plus petit que *T. totanus.* En diffère par: pattes jaunes, bec gris foncé, ailes sombres, du blanc seulement sur queue et croupion. Cri «tiou» unique ou double. Surtout bords des eaux douces. L 23-25, E 59-64 cm.

Chevalier criard *T. melanoleuca.* A, rare. Un peu plus grand que *F. flavipes* (envergure supérieure, bec plus long; distinction souvent difficile). Le blanc du croupion et de la queue ne remonte pas en pointe sur le dos, bec gris foncé un peu retroussé. Cri «tiou tiou tiou» sonore comme celui du Chevalier aboyeur. V. *T. flavipes.* L 29-31, E 70-74 cm.

T. melanoleuca a le vol plus puissant que celui de *T. flavipes.*

CHEVALIER ABOYEUR *Tringa nebularia.* Le plus grand chevalier nicheur de la région. Grand espace blanc triangulaire sur le croupion et le dos, bec gris noirâtre légèrement retroussé, pattes verdâtres; dessus gris, dessous blanc, tacheté. Cri typique, généralement émis quand on le dérange «tiou tiou tiou» flûté et sonore, parfois quadruple; cri d'alarme «kri kri» répété; chant flûté «tlou tlou...» répété. Marais, tourbières, landes, clairières marécageuses des forêts; en hiver, bords des eaux douces ou salées. L 30-33, E 68-70 cm.

158

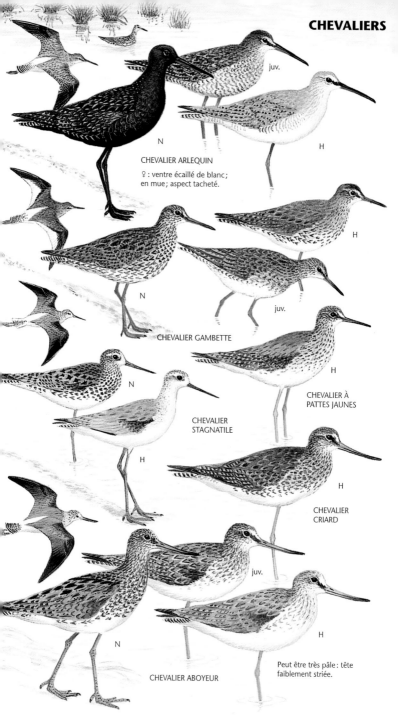

N

CHEVALIER ARLEQUIN

♀ : ventre écaillé de blanc ; en mue ; aspect tacheté.

juv.

H

H

juv.

N

CHEVALIER GAMBETTE

H

N

CHEVALIER STAGNATILE

H

CHEVALIER À PATTES JAUNES

H

CHEVALIER CRIARD

juv.

N

H

CHEVALIER ABOYEUR

Peut être très pâle : tête faiblement striée.

CHEVALIER SYLVAIN *Tringa glareola*. Diffère de *T. ochropus* par : taille inférieure, plus svelte, plus élégant, plus clair, cou et pattes un peu plus longs, croupion blanc moins évident, sourcils plus visibles, dessous des ailes grisâtre, pattes jaunes ou vert pâle dépassant davantage de la queue (en vol), dessus brun foncé tacheté de blanc. Dérangé, monte vite en s'envolant. Cri à l'envol « tiou-ou » plus mélodieux que celui de *T. nebularia*. Chant semblable à celui de *T. totanus*. Tourbières, bois, broussailles, en hiver, surtout près des eaux douces. L 19-21, E 56-57 cm.

CHEVALIER CUL-BLANC *Tringa ochropus*. Diffère de *T. glareola* par : taille supérieure, dessus très foncé (brun noirâtre) pointillé de blanc, contrastant avec le croupion blanc, dessus des ailes noirâtre, bout de la queue fortement barré, pattes vert foncé. Plus grand que le Chevalier guignette, cou plus bref et, en vol plané, ailes non arquées vers le bas. Dérangé, monte très vite en lançant des cris clairs « tuit tuit tuit » plus forts que ceux du Chevalier sylvain. Chant mélodieux. Forêts maréca- geuses ; niche dans un vieux nid d'une autre espèce ; en hiver, surtout près des eaux douces. L 21-24, E 57-61 cm.

Chevalier solitaire *T. solitaria*. Amérique du Nord. A, rare. Equivalent de *T. nebularia*. Taille intermédiaire entre *T. glareola* et *T. ochropus*. En diffère par : croupion noir et barres blanches sur les côtés de la queue ; distinct du 1er par le dessous des ailes foncé et le bec un peu plus long. Cris comme *T. ochropus* mais série moins précipitée. L 18-21, E 55-59 cm.

CHEVALIER BARGETTE *Tringa cinerea*. Le seul petit Limicole de la région qui ait le bec retroussé. En vol surtout, ressemble à un petit Chevalier gambette (p. 158), en diffère par : bec plus long, pattes jaunes plus courtes, 2 lignes dorsales noires, étroit triangle blanc à l'arrière des ailes. Cris « dududu » en trille ; cri d'alarme « tou-li », chant, sifflement mélodieux, trisyllabique. Quand elle se nourrit, balance le corps et hoche souvent la tête comme le Chevalier guignette. Niche en forêt près des eaux douces. En hiver, estuaires. L 22-24, E 57-59 cm.

CHEVALIER GUIGNETTE *Actitis hypoleucos*. Petite taille, pattes courtes. Diffère des autres chevaliers brun gris par : son vol saccadé au ras de l'eau (ailes arquées en vol plané) accompagné au départ d'un « ididididi » perçant ; généralement solitaire ; croupion et queue sombres. Vol nuptial circulaire (chant : répétition du cri). Posé, hoche constamment la queue et souvent aussi la tête. Se perche sur pierres, rochers. Rivières, cours inférieur des torrents, lacs, étangs, localement bord de mer ; en hiver, au bord des eaux douces. L 19-21, E 38-41 cm.   N : CH, F.

Chevalier grivelé *Actitis macularia*. Amérique du Nord. A. Equivalent du Chevalier guignette. Plumage nuptial : dessous blanc fortement tacheté de noir en hiver, dessus et côtés de la poitrine plus gris, plus uniformes, queue et barre alaire plus courtes, pattes et base du bec jaunes ; cri en vol « ouit ». Juv. : dessous non tacheté mais couvertures alaires fortement barrées, dessus gris brun. L 18-20, E 37-40 cm.

N H

CHEVALIER SYLVAIN

N H

CHEVALIER
CUL-BLANC

CHEVALIER
SOLITAIRE

Vole souvent au
ras de l'eau.

N juv.

CHEVALIER BARGETTE

N juv.

Guignette Grivelé

CHEVALIER GUIGNETTE

N juv.

CHEVALIER GRIVELÉ

H

Bécasseau échasse *Micropalama himantopus*. Amérique. A. Aspect de chevalier mais plumage de bécasseau. En hiver, ressemble à un grand Bécasseau cocorli (p. 144); en diffère par: pattes jaune vert plus longues dépassant nettement la queue (en vol), bec plus long incurvé seulement au bout, absence de barre alaire pâle, trait oculaire plus évident. Plumage nuptial: dessous strié et barré, parotiques rousses. Voix, trille doux; «you» comme chez *T. flavipes*. L 18-21, E 43-47 cm.

Se nourrit dans l'eau profonde.

Tournepierres: *Arenariinae*. Limicoles côtiers. Petit bec, pattes courtes, plumage bariolé. Migrateurs au long cours.

TOURNEPIERRE À COLLIER *Arenaria interpres*. Le seul petit Limicole à bec court qui paraisse noir et blanc au repos et en vol; courtes pattes orange. Plumage nuptial tricolore (roux, noir et blanc) caractéristique. Cris saccadés «kititit», «touk-e-touk», «ki-ou ki-ou». Niche: toundra littorale, îlots (Baltique). Au passage et en hiver, en petits groupes sur côtes rocheuses avec algues; retourne les petites pierres et les algues pour trouver sa nourriture; souvent en compagnie du Bécasseau violet (p. 148). Les sujets qui ne nichent pas passent souvent l'été au sud de l'aire de reproduction. L 22-24, E 50-57 cm.

Phalaropes: *Phalaropodinae*. Petits Limicoles aquatiques assez confiants. Gris et blancs en hiver, plus ou moins roux en plumage nuptial (♂ plus ternes et plus petits que les ♀). Doigts palmés indépendants. Vol faible. Sur l'eau, s'enfoncent peu, comme de petites mouettes et décrivent souvent des cercles en nageant, piquant leurs proies à la surface. Nichent: toundra avec petites mares. Pélagiques en hiver.

PHALAROPE À BEC LARGE *Phalaropus fulicarius*. Plumage nuptial: dessous roux foncé, joues blanches, vertex et front brun noir; en hiver dessus gris uni, dessous blanc. En toutes saisons, barre alaire blanche, bec plus gros que celui des autres phalaropes (au printemps, jaune à la base chez le ♂, à l'extrémité chez la ♀). Juv.: dessus brun, écaillé, poitrine et cou rosés. Cri «touit» faible. Vol plus lent que celui de *P. lobatus*. Hiverne en mer. L 20-22, E 40-44 cm.

PHALAROPE À BEC ÉTROIT *Phalaropus lobatus*. Le plus petit phalarope. Plumage nuptial: menton blanc, gorge rousse, tête et dessus gris foncé, bec noir très fin, paraissant plus long que celui de *P. fulicarius*. En hiver, diffère de celui-ci par: dos gris marqué de blanc (détail peu utile en mer où la distinction est souvent impossible), dessus des ailes plus foncé (barre alaire blanche plus évidente). Juv. comme celui de *P. fulicarius*. Cris «touic», «kerek kerek», grognement étrange avant l'envol. Hiverne en mer. L 18-19, E 32-41 cm.

Ressemble à un chevalier ventru.

Phalarope de Wilson *P. tricolor*. Amérique. A (presque chaque année). Pattes et bec plus longs que chez les 2 espèces précédentes. Allure évoquant celle du Chevalier à pattes jaunes (p. 158). Croupion blanc, long bec mince, pattes jaunes, pas de barre alaire. Plumage nuptial: longue bande noirâtre prolongeant le trait oculaire sur les côtés du cou (celui-ci est brun orangé devant). Nage moins que les autres phalaropes; en hiver, à terre où il marche et court bien. L 22-24, E 39-43 cm.

TOURNEPIERRE, PHALAROPES

N

H

H

N

♂

H

juv.

BÉCASSEAU ÉCHASSE

N

♂ N

♀ N

H

juv.

TOURNEPIERRE À COLLIER

♀ N

♂ N

H

juv.

H

PHALAROPE À BEC LARGE

♀ N

♂ N

H

juv.

H

PHALAROPE À BEC ÉTROIT

♂ N

♀ N

H

juv.

H

PHALAROPE DE WILSON

● LABBES : *Stercorariidae*. Oiseaux marins au bec légèrement crochu, différant des mouettes et goélands par leur coloration et leur parasitisme alimentaire : houspillent d'autres oiseaux pour leur faire dégorger leur proie et s'en emparer. Plumage des juv./im. variable comme celui des juv./im. des grands goélands (p. 178) mais barré sur le dessous ; liserés clairs sur plumes dorsales et rectrices ; taches blanches sur les ailes ; rectrices centrales dépassant les autres, ailes plus coudées. Landes, toundra ; en migration sur les côtes, en mer l'hiver. Egalement appelés skuas ou stercoraires.

GRAND LABBE *Catharacta skua*. Le plus grand et le plus lourd dans la région. Ressemble à un gros im. de Goéland argenté (p. 172), mais plus foncé, ailes et queue plus courtes, taches blanches sur et sous les ailes (plus petites chez juv./im., qui sont plus roux surtout dessous). Vol lourd mais très agile quand il poursuit d'autres oiseaux ; vol de type busard pendant la parade nuptiale (ailes relevées). Cris, en vol « kiouk kek » ; défend son nid en lançant des « touk touk » graves. L 53-58, E 132-140 cm.

Labbe de McCormick *C. maccormicki*. Mers du Sud. A, rare. Un peu plus petit et plus svelte, plus agile, bec moins épais, front moins droit, taches alaires blanches plus étroites, queue plus cunéiforme (rectrices centrales plus longues). Phase grise semblable à l'adulte de *C. skua*, phase foncée semblable au juv. de cette espèce. L 53, E 127 cm.

LABBE PARASITE *Stercorarius parasiticus*. Le plus fréquent des labbes dans la région, plus petit que *S. pomarinus* et *S. longicaudus*. Rectrices centrales pointues, dépassant les autres de 8-10 cm. Phase foncée plus commune dans le S de l'aire ; phase claire : joues, cou, dessous blanc crème ; des intermédiaires existent (p. ex. brun avec calotte noire, joues plus pâles ou brun avec un collier jaune) ; bec et pattes noirs. Juv./im. généralement plus foncés que les goélands im. ; juv. teinté de roux, bec foncé au bout. Vol gracieux, léger, évoquant celui d'un puffin. Sur les lieux de reproduction, cris graves « touk touk » et « kaou » plaintifs. L 41-46, E 110-125 cm.

LABBE POMARIN *Stercorarius pomarinus*. Diffère de *S. parasiticus* par : taille supérieure, silhouette plus lourde, ailes plus larges avec taches blanches plus évidentes. Adulte : rectrices centrales obtuses, tordues, dépassant les autres de 6-11 cm mais forme peu visible. La phase claire (bien plus fréquente que la phase foncée) a généralement une bande pectorale brunâtre ; intermédiaires roux. Juv./im. plus trapus, juv. moins roux que celui de *S. parasiticus*, bec plus épais, rectrices centrales obtuses. Vol moins léger que celui de *S. parasiticus*, ressemblant plus à celui de *C. skua*. Cris perçants « ouiteh-you » et autres cris semblables à ceux d'un goéland. L 46-51, E 125-138 cm.

LABBE À LONGUE QUEUE *Stercorarius longicaudus*. Le plus svelte des labbes mais plus long qu'eux (sauf *C. skua*) avec sa grande queue (rectrices centrales pointues atteignant 12-25 cm mais souvent cassées) ; dessous des ailes sans taches blanches (adulte seulement), ventre et sous-caudales gris brun clair, en général, pas de bande pectorale ; phase foncée seulement au Groenland. Juv./im. plus ou moins foncé avec des intermédiaires ; nuque claire, beaucoup moins de blanc sur les ailes que chez les autres labbes, pas de tons roux dans le plumage. Im., bec noir, juv. bec gris bleu, noir au bout. Vol très gracieux. Sur les lieux de reproduction, « kriii » aigu. L 48-58, E 105-117 cm.

LABBES

GRAND LABBE

adulte

adulte

juv.

LABBE DE
MC CORMICK

N foncé

juv.

N clair

N clair

LABBE PARASITE

N foncé

juv.

N clair

LABBE POMARIN

N clair

N

N

juv.

LABBE À LONGUE QUEUE

● MOUETTES ET GOÉLANDS : *Laridae, Larinae* (pp. 166-179). Oiseaux aquatiques (côtes, eaux douces). Sexes semblables. Longues ailes, pattes palmées. Plus grands et plus massifs que la plupart des sternes (pp. 180-185), ailes plus larges, moins pointues, pattes plus longues, queue généralement carrée. Aspect en vol et envergure pp. 176-179. Plongent rarement. En hiver, certaines grandes espèces ont la tête striée de gris brun. Juv./im. d'abord bruns avec bande caudale foncée, subterminale. Ceux des grandes espèces revêtent le plumage d'adulte à 3 ou 4 ans. Nombreuses espèces plus ou moins charognardes. Sociables, nichent en colonies bruyantes sur falaises ou à terre près de la mer ou dans les terres.

GOÉLAND D'AUDOUIN *Larus audouinii*. Taille intermédiaire entre Goélands argenté et cendré. Diffère des 2 par : ailes plus étroites (taches blanches de leur extrémité très petites, peu visibles en vol), cercle oculaire rouge, pattes vert foncé, bec tricolore (rouge avec bande noire et extrémité – un peu inclinée – jaune) mais paraissant noir de loin. Juv./im. brun clair, vertex et nuque gris brun, bec noir à base gris rosé. Voix « kiaou » rauque, « krik krik krik », cri d'alarme « gougougou ». Îles rocheuses, côtes plates ; en hiver, en mer ou plages de sable. L 48-52, E 115-140 cm.   N : F (Corse).

GOÉLAND RAILLEUR *Larus genei*. Extrémité antérieure des ailes blanche et noire comme la Mouette rieuse en hiver (p. 168). Diffère de celle-ci par : cou plus long, front moins droit, en hiver tache auriculaire foncée faible ou absente, bec plus long, incliné au bout, rouge corail à rouge foncé, paraissant alors noirâtre. Juv./im. bec et pattes jaune orangé. Cris moins aigus que ceux de *L. ridibundus*, « kaou kaou », rappelant la voix de la Sterne hansel. Lacs d'eau douce ou saumâtre, lagunes côtières ; hiverne surtout sur les côtes. L 42-44, E 100-110 cm.

N : F (Camargue)

1er H

2e H

2e H

1er H

GOÉLAND DE HEMPRICH *Larus hemprichii*. Taille du Goéland cendré. Tête brun noir, dos gris brun foncé, collier, queue, ventre blancs, iris brun, anneau oculaire rouge, bec long, jaunâtre, avec bande foncée et bout rouge un peu incliné, pattes gris vert à jaunâtre (v. *L. leucophthalmus*). 1re année : dos brun, bande pectorale brune, pattes claires comme *L. leucophthalmus* de 2e année. Juv. : pas de collier blanc, bec grisâtre, noir au bout. Cris semblables aux miaulements du Goéland argenté. Préfère se reposer sur des rochers, bouées et non pas sur l'eau. Prédateur et charognard, parasite alimentaire. L 42-45, E 105-118 cm.

GOÉLAND À IRIS BLANC *Larus leucophthalmus*. Un peu plus petit et plus svelte que *L. hemprichii*. Adulte : tête et gorge noires, anneau oculaire blanc, iris brun noir, poitrine grise, dessus gris foncé, bec rouge plus long et plus mince que chez *L. hemprichii*, extrémité noire, pattes jaunes. Juv. gris brun foncé, bec noir ; im. bec brun rouge ; 2e année ailes et dos brunâtres. Cris moins aigus que ceux de *L. hemprichii*. Mer Rouge, Golfe d'Aden. A : Méditerranée. L 39-43, E 100-115 cm.

GOÉLAND ICHTHYAÈTE *Larus ichthyaetus*. Le seul grand goéland ayant un capuchon noir en plumage nuptial. Anneau oculaire rouge foncé entouré de 2 croissants blancs. En hiver, évoque un grand Goéland argenté assez foncé, mais ailes plus longues et joues sombres. En toutes saisons, bec jaune avec base noire et pointe rouge, épais, un peu incliné au bout ; pattes jaune verdâtre. La forme du bec et les joues foncées distinguent l'im. de celui des autres espèces. Assez silencieux après la nidification ; croassements forts et aigres. Niche et passe au bords des eaux salées ou saumâtres. Hiverne sur les côtes. L 57-61, E 149-170 cm.

GOÉLANDS

juv.

adulte

adulte

GOÉLAND D'AUDOUIN

GOÉLAND RAILLEUR

printemps

GOÉLAND DE HEMPRICH

GOÉLAND À IRIS BLANC

adulte H

printemps

GOÉLAND ICHTHYAÈTE

MOUETTE RIEUSE *Larus ridibundus*. La plus petite des 2 espèces communes dans la région. Plumage nuptial : capuchon brun chocolat incomplet (seulement front, vertex, joues et menton). Plumage hivernal : tête blanche avec tache foncée derrière l'œil. Mis à part *L. genei* (p. 166), la seule espèce nicheuse de la région qui ait un triangle blanc sur le devant de l'aile (dessus) (extrémité noire sans taches blanches). Bec et pattes rouges. 1er hiver : ailes tachetées de brun. Beaucoup d'oiseaux de 1re année nichent sans avoir un capuchon bien développé. Cris aigres, variés, « krié » fréquent. Marais, étangs, lacs (îles), dunes ; en hiver, côtes, estuaires, réservoirs, champs, eaux douces, décharges, aérodromes, villes (NO de l'Europe). L 34-37, E 100-110 cm.   N : B, CH, F, L.

MOUETTE PYGMÉE *Larus minutus*. La plus petite mouette. Ailes assez arrondies, noirâtres dessous. Plumage nuptial : capuchon noir complet (englobe la nuque), pas de noir au bout des ailes, bec rouge foncé, pattes rouges. Juv. (dos brun) diffère de ceux des autres espèces nicheuses de la région par une barre alaire noirâtre en diagonale. Im. : dos gris ; diffère de celui de la Mouette rieuse (p. 174) par calotte et parotiques noirâtres. Cris « kek kek kek » perçants, assez aigus et « ka ka ka ». V. les guifettes (p. 186) qui, en plumage hivernal ont la queue grise peu échancrée, le dessous des ailes partiellement blanc et les épaules de cette couleur. Étangs, marais, tourbières ; en hiver et au passage, eaux douces et côtières. L 25-27, E 75-80 cm.

MOUETTE MÉLANOCÉPHALE *Larus melanocephalus*. Un peu plus massive que *L. ridibundus*. En diffère par (plumage nuptial) : capuchon noir complet. Diffère de *L. canus* par : taille inférieure, silhouette plus trapue, bec et pattes rouges, tête noire. Diffère de ces 2 espèces par : bout des ailes blanc et, en hiver, tache des joues plus étendue. Juv. : aspect quadrillé dessus ; im. 1re année : demi capuchon, partie centrale de l'aile plus claire et plus visible que chez *L. canus* ; 2e année : bout des ailes noir sans taches blanches. Cris plus aigus que ceux de *L. canus*, plus graves que ceux de *L. ridibundus*. Niche : marais, deltas, lagunes, côtes sablonneuses. En hiver, eaux côtières. L 36-38, E 92-100 cm.

N : B, F (Camargue).

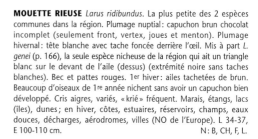

juv.

Mouette de Sabine

Mouette de Bonaparte *Larus philadelphia*. Amérique. A. Ressemble à une petite *L. ridibundus* mais capuchon complet noir grisâtre au printemps ; en hiver, il en reste la partie nuchale ; dessous des ailes blanc sauf au bout, bec noir plus fin. Im. : barre alaire en diagonale plus foncée. Battements d'ailes plus rapides, comme ceux d'une sterne. L 28-30, E 90-100 cm.

MOUETTE DE SABINE *Larus sabini*. La seule petite mouette de la région qui ait la queue fourchue (souvent peu visible) ; à tout âge l'avant des ailes (primaires) est noir, l'arrière blanc et les couvertures sont grises (v. im. de *Rissa tridactyla* p. 176). Adulte plumage nuptial : capuchon complet gris foncé, pattes grises, bec gris à pointe jaune. Juv. : tête, manteau, couvertures alaires gris brun, bout de la queue foncé. Cris râpeux, aigres, comme ceux de la Sterne arctique (p. 182) mais plus brefs. Toundra au bord des eaux douces et côtières ; pélagique en hiver. L 27-32, E 90-100 cm.

MOUETTES

1er H

H

N

N

H

MOUETTE RIEUSE

N

N

H

MOUETTE PYGMÉE

H

N

H

MOUETTE MÉLANOCÉPHALE

N

H

N

H

MOUETTE DE BONAPARTE
(v. p. 170)

H

N

N

H

MOUETTE DE SABINE

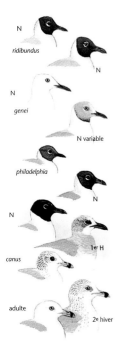

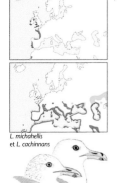

Mouette du Tibet *L. brunnicephalus*. C Asie. A, de plus en plus fréquente dans le SE de la région. Ressemble à *L. ridibundus* (p. 168) (un peu plus petite) avec laquelle elle s'associe souvent. En diffère par: grand espace blanc avant le bout de l'aile, tête d'un brun plus clair, bec plus fort, iris blanchâtre. L 41-46 cm.

Mouette à tête grise *L. cirrocephalus*. Afrique tropicale. A, rare dans le S de la région. Plumage nuptial: capuchon gris. En hiver: bec et pattes rouges comme *L. ridibundus*, plus petite; taches blanches au bout des ailes comme *L. canus* (p. 174), et *L. brunnicephalus*; front plus fuyant, dessous des ailes plus foncé que *L. ridibundus*. 1er hiver: tache foncée des joues parfois présente, sinon, diffère de *L. genei* (p. 166, même taille) par le dessus plus foncé. Vol: comme *L. ridibundus*. Suit les bateaux. L 39-42, E 100-115 cm.

Mouette de Franklin *L. pipixcan*. Amérique. A. Ailes plus larges que *L. ridibundus* (p. 168). Dessus gris plus foncé que *L. canus* (p. 174), ailes plus arrondies et plus courtes que *L. atricilla*; bout des ailes noir et blanc, bec mince, capuchon partiel (gris foncé en hiver) tour des yeux blanc, joues gris foncé en hiver. L 32-36 cm.

Mouette atricille *L. atricilla*. Amérique. A. Plus grande que *L. ridibundus* (p. 168). Plumage nuptial: capuchon complet, noirâtre, anneau oculaire blanc, brisé (présent le 1er hiver); en hiver, nuque et joues grises, dessus gris foncé, bout des ailes noir, bord de fuite blanc; bec épais, rouge à noir, un peu incliné, pattes brun rouge à noir. L 36-41, E 100-125 cm.

Goéland à bec cerclé *L. delawarensis*. Amérique. A, rare dans le NO de l'Europe. En hiver, ressemble à un grand *L. canus* (p. 174); en diffère par: pattes plus longues, dos plus clair, bord de fuite (secondaires) blanc plus étroit, plus rectangulaire, bec plus épais, jaune terne avec large bande noire près du bout. Evoque un très petit *L. argentatus* (p. 172) mais pattes jaune verdâtre, bec cerclé de noir et absence de tache rouge sur la m. i. Diffère de *L. canus* par l'iris jaunâtre et aussi par taches blanches du bout des ailes plus petites, très variables, parfois absentes, dessous des primaires foncé. Juv./im. de ces 2 espèces ont poitrine et flancs bien plus tachetés. Vol plus lent que celui de *L. canus*, plus léger que celui de *L. argentatus*. Voix ressemblant à celle de ce dernier mais plus aiguë. L 43-47, E 120-155 cm.

GOÉLAND LEUCOPHÉE *Larus michahellis*. S France et région méditerranéenne. Récemment séparé de *L. cachinnans*; ces deux espèces étaient précédemment considérées comme des ssp. de *L. argentatus*; *L. michahellis* en diffère par: pattes jaunes, yeux jaune grisâtre, anneau oculaire rouge vermillon, bec jaune plus épais avec tache rouge plus grande, dessus d'un gris plus foncé; en hiver: peu ou pas de stries sur la tête (elles sont plus pâles). Im.: primaires généralement entièrement foncées comme *L. fuscus* (p. 172). L 55-67 cm.　　N: CH, F.

GOÉLAND PONTIQUE *Larus cachinnans*. Mer Noire. Diffère de *L. michahellis* par un manteau gris plus pâle, un iris plus sombre, un bec plus mince aux mandibules plus parallèles, plus de blanc sur les primaires, plus haut sur pattes, tête blanche sans stries en hiver. Métissage avec *L. michahellis* dans les Balkans.

Ssp. *atlantis* de *L. michahellis* (Açores, Canaries), la plus petite et la plus foncée; en général, une seule petite tache blanche au bout de la primaire externe.

GOÉLAND D'ARMÉNIE *Larus armenicus*. Plus petit et un peu plus foncé que *L. cachinnans*, tête plus arrondie; en vol, cou plus bref, davantage de noir au bout des ailes. En été, bande noire subterminale sur le bec assez court et épais et petite tache rouge sur la m. i., iris foncé. Lacs de montagne. L 55-60 cm.

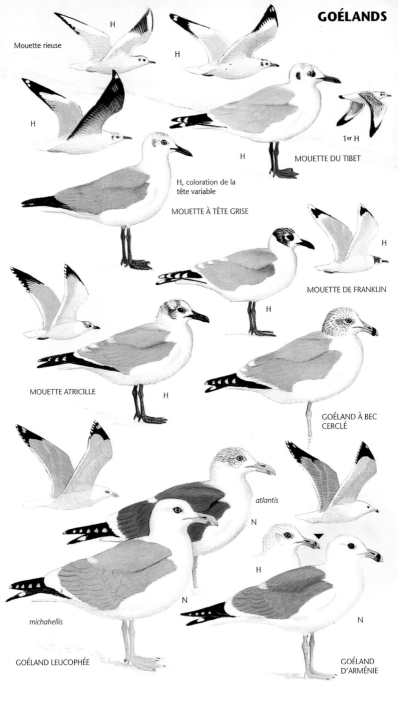

GOÉLANDS

Mouette rieuse

H

H

H

1er H

MOUETTE DU TIBET

H

H, coloration de la tête variable

MOUETTE À TÊTE GRISE

H

MOUETTE DE FRANKLIN

H

MOUETTE ATRICILLE

H

GOÉLAND À BEC CERCLÉ

atlantis

N

H

N

michahellis

N

GOÉLAND LEUCOPHÉE

GOÉLAND D'ARMÉNIE

GOÉLAND ARGENTÉ *Larus argentatus*. Dans la région, le plus commun des grands goélands. Taille (♂ les plus grands) et coloration du dessus variables (du gris clair au gris ardoise). En hiver, tête striée de gris. Iris jaune citron pâle, bec jaune avec tache rouge, pattes généralement roses (v. *L. canus*, plus petit). Les juv. ne peuvent être distingués de ceux de *L. fuscus*, cependant plus gris; juv. de *L. fuscus* plus marron et plus uni. Im. plus foncé, bec plus petit que celui de *Larus marinus*; à la différence de celui de *L. fuscus*, a les primaires internes plus pâles que les externes (espace clair). Cris variés, plaintifs, jappements, « ki-you », « ga ga ga » fort. Niche en colonies sur des falaises côtières ou en terrain plat près de la mer, sur des toits en terrasse. En hiver, côtes et intérieur des terres. L 52-67, E 138-155 cm.   N: B, F.

adulte H   2e H

Ssp. *argenteus* (Islande, GB, O Allemagne): dessus et ailes gris argenté; ssp. *argentatus*, un peu plus grande (Scandinavie), un peu plus foncée; ssp. *omissus* (E Baltique) a le dos le plus pâle et pattes jaunes comme certains *argentatus* en Norvège (v. *L. cachinnans* p. 170).

GOÉLAND BRUN *Larus fuscus* Taille voisine de celle du G. argenté mais généralement moins massif, dessus et ailes plus sombres, gris foncé à noir, pattes plus longues, ailes moins larges, bec moins épais, vol moins lourd, voix moins rude. Plus petit que le G. marin dont il diffère aussi par le bec plus mince, l'iris jaune très pâle, les pattes jaunes (toutefois, la plupart des im. et tous les juv. ont les pattes rosées). Même habitat que *L. argentatus* mais niche plus souvent en terrain plat. Des colonies mixtes existent. L 52-67, E 135-155 cm.   N: F.

y compris ssp. *heuglini*

Ssp. *graellsii*; et ssp. *intermedius* (NO Europe): dessus moins noir que chez *L. marinus*; ssp. *heuglini* (Russie arctique; peut-être ssp. de *L. argentatus*) encore plus pâle mais bout des ailes noir. Ssp. *fuscus* (Scandinavie): dos souvent aussi foncé que *L. marinus*, tête moins striée en hiver.

GOÉLAND MARIN *Larus marinus*. Le plus grand goéland de la région. Ressemble à un G. brun géant; en diffère en outre par: très gros bec, dessus presque noir, pattes toujours roses, iris généralement gris clair. Juv. plus pâle que celui de *L. fuscus* et de *L. argentatus*, dessus paraissant quadrillé. Voix plus grave que celle de *L. argentatus*; cri habituel « aouk ». Niche souvent isolément sur falaises, îlots rocheux; en hiver sur les côtes, parfois dans les terres. L 64-78, E 150-165 cm.   N: F.

GOÉLAND BOURGMESTRE *Larus hyperboreus*. Ressemble à un G. argenté géant. En diffère en outre par: dessus gris plus pâle, pas de noir au bout des ailes. Taille variable mais diffère toujours de *L. glaucoides* par: tête plus grosse, cou plus large, bec plus épais, ailes paraissant plus courtes (surtout au repos); adulte: anneau oculaire jaune. Juv./im.: plus pâles (couleur isabelle) que ceux de *L. argentatus*, *L. fuscus* et *L. marinus*. Bout du bec foncé bien distinct de la base plus claire. Voix comme *L. argentatus*. Niche: falaises et autres côtes rocheuses; rare dans les terres; en hiver, ports, côtes plates. L 62-68, E 150-165 cm.

GOÉLAND À AILES BLANCHES *Larus glaucoides*. Ressemble à un petit *L. hyperboreus*. Autres différences: plus svelte, tête plus bombée, bec plus court, ailes plus longues et plus étroites dépassant bien la queue au repos, pattes plus courtes. Adulte: étroit cercle oculaire rouge brique. Juv./im.: bout du bec foncé pas nettement distinct de la base plus claire (attention à *L. argentatus* en mue, qui a peu de noir au bout des ailes et sujets albinos – rares). Voix et habitat comme *L. hyperboreus*. Ssp. *kumlieni*: A. L 52-60, E 140-150 cm.

GOÉLANDS

Goéland leucophée

Goéland d'Arménie

GOÉLAND ARGENTÉ

juv.

fuscus

GOÉLAND BRUN

graellsii

GOÉLAND MARIN

juv.

juv.

G. à ailes blanches

G. bourgmestre

N

H

GOÉLAND BOURGMESTRE

N

H

GOÉLAND À AILES BLANCHES

GOÉLAND CENDRÉ *Larus canus*. Plus petit que le *G. leucophée* (p. 170), pattes vert jaune, bec semblable avec, en hiver, bande foncée près du bout (v. G. à bec cerclé, p. 170). Diffère de *L. ridibundus* (p. 168) en plumage hivernal par : couleur des pattes et du bec, absence de zone blanche à l'avant des ailes et le bout de celles-ci noir et blanc. V. aussi *L. melanocephalus* (p. 168) et *Rissa tridactyla*. Adulte en hiver : tête striée de gris brun comme *L. argentatus*. Juv./im. : un peu plus de blanc sur queue et dessous que juv. et im. de *L. argentatus*. Cri fréquent «ki-you», plus faible et plus aigu que chez *L. argentatus*, «ka ka kak» souvent émis par les troupes de migrateurs au printemps. Côtes rocheuses, plages de sable, gravier, îles, prairies, bords des eaux douces; en hiver, campagne cultivée, estuaires, côtes; localement dans les villes. L 40-42, E : 110-130 cm.   N : B, CH, F.

G. cendré H

Mouette tridactyle H

MOUETTE TRIDACTYLE *Rissa tridactyla*. Un peu plus petite que *L. canus*, aspect plus délicat, ailes plus étroites, plus pointues, sans taches blanches au bout, bec plus mince, très courtes pattes noires. En hiver, tête et cou gris pâle uni avec petit croissant foncé devant l'œil et tache sombre sur parotiques, tous deux d'étendue variable. Juv. : collier foncé, ailes très différentes (une bande noire à l'avant et une autre, en diagonale, du poignet à la base de l'aile). V. *L. minutus* (queue échancrée) et *L. sabini* (p. 168). Dans les colonies, cris perçants «kiti-ouek», cris plaintifs et «ouk ouk ouk» bas. Nid placé sur une corniche de falaise marine (localement sur dunes, cailloux ou rebords des fenêtres). En hiver, pélagique, suit souvent les bateaux, mais peut s'approcher des côtes. L 38-40, E 95-120 cm.   N : F

MOUETTE BLANCHE *Pagophila eburnea*. Dans la région, la seule mouette qui soit entièrement blanc pur (attention aux albinos d'autres espèces), même en hiver (pas de taches sur la tête). Trapue, ailes assez courtes, larges à la base; bec court, jaune (extrémité rouge), anneau oculaire vermillon, pattes courtes et noires. Im. plumage blanc tacheté de noir sur ailes, dos et flancs, unique dans la région, face grise, bec gris plus clair au bout. Cris aigres «krii krii», «kir», «kar», ressemblant à ceux de la Sterne arctique (p. 182). Niche sur falaises, rochers proches de la mer et hiverne surtout à proximité du bord de la glace du pack. L 40-43, E 108-120 cm.

1er H ▶

MOUETTE DE ROSS *Rhodostethia rosea*. Petite taille. Adulte nicheur : étroit collier noir, dessous et tête nuancés de rose, longue queue blanche en forme de coin, dessous des ailes gris, pas de noir à leur extrémité, petit bec rose, pattes rouges. En hiver : pas de collier, teinte rose estompée, tête, queue et dessous blanc crème, contrastant avec manteau et ailes gris pâle. Im. comme celui de *L. minutus* (p. 168), même dessin noir en W sur les ailes, triangle noir au bout de la queue mais celle-ci est cunéiforme. Cris aigus «kiou kiou». Niche dans la toundra boisée; hiverne sur les côtes de l'Arctique et en mer; accidentelle plus au S sur les côtes. L 38-40, E 90-100 cm.

Mouette pygmée 1er H

MOUETTES

Goéland cendré

N

GOÉLAND CENDRÉ

Goéland à bec cerclé p. 170

G. à bec cerclé p. 170

adulte H

N

MOUETTE TRIDACTYLE

juv.

adulte

adulte

MOUETTE BLANCHE

H

juv.

N

H

MOUETTE DE ROSS

GOÉLANDS ET MOUETTES (Larinae) en vol. En général, ces oiseaux ont des ailes plus larges et moins pointues que celles des sternes, un vol plus ou moins lourd et ils peuvent faire du vol à voile. La plupart piquent à la surface de l'eau pour prendre des aliments. La majorité des illustrations ci-après représentent des im. et juv. (adultes illustrés aux pp. précédentes).

Mouette de Sabine *Larus sabini*. Vol léger, gracieux un peu comme celui des sternes ou de la Mouette pygmée.

Mouette tridactyle *Rissa tridactyla*. Vol léger, gracieux comme celui de *L. canus*, coups d'ailes plus rapides, par temps calme, vol plus décidé par fort vent (aides coudées pendant les glissades en plané).

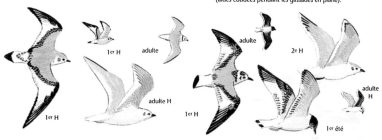

Mouette de Ross *Rhodostethia rosea*. Vol assez lent mais agile, comme celui de *L. minutus*, mais longues ailes pointues et coudées comme les sternes.

Mouette pygmée *Larus minutus*. Vol hésitant, gracieux, balancé; comme les guifettes, pique sa nourriture à la surface de l'eau. Ailes plus obtuses que celles de la plupart des autres mouettes.

Mouette atricille *Larus atricilla*. Vol léger comme celui de *L. ridibundus*, mais silhouette élancée à cause de la longueur des ailes.

Mouette de Franklin *Larus pipixcan*. Allure en vol presque délicate; vol parfois papillonnant; ailes plus arrondies que *L. ridibundus*.

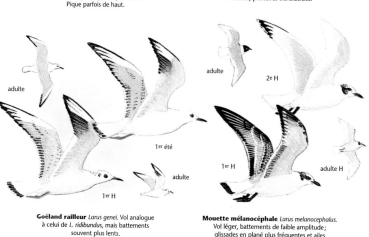

MOUETTES
en vol

Mouette rieuse. *Larus ridibundus.* Vol léger, puissant sur de longues distances, parfois plus hésitant et presque semblable à celui des sternes. Coups d'ailes plus rapides que *L. canus.* Pique parfois de haut.

Mouette de Bonaparte *Larus philadelphia.* Vol plus léger que *L. ridibundus,* plus semblable à celui d'une sterne, battements plus rapides. Adultes : vues par dessous, primaires translucides.

Goéland railleur *Larus genei.* Vol analogue à celui de *L. ridibundus,* mais battements souvent plus lents.

Mouette mélanocéphale *Larus melanocephalus.* Vol léger, battements de faible amplitude ; glissades en plané plus fréquentes et ailes moins coudées que *L. ridibundus.*

Mouette du Tibet *Larus brunnicephalus.* Vole comme la Mouette rieuse ; suit souvent les bateaux.

Mouette blanche *Pagophila eburnea.* Vol léger semblable à celui de *Rissa tridactyla* ; pattes souvent pendantes.

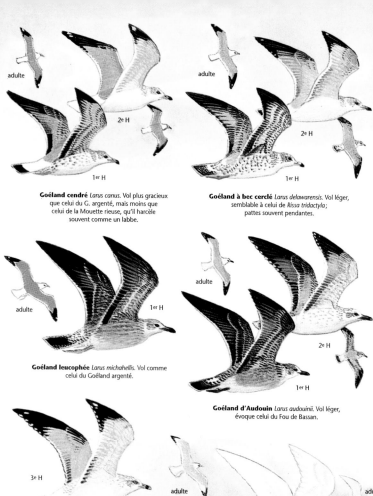

Goéland cendré *Larus canus.* Vol plus gracieux que celui du G. argenté, mais moins que celui de la Mouette rieuse, qu'il harcèle souvent comme un labbe.

Goéland à bec cerclé *Larus delawarensis.* Vol léger, semblable à celui de *Rissa tridactyla*; pattes souvent pendantes.

Goéland leucophée *Larus michahellis.* Vol comme celui du Goéland argenté.

Goéland d'Audouin *Larus audouinii.* Vol léger, évoque celui du Fou de Bassan.

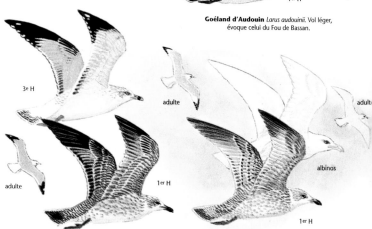

Goéland argenté *Larus argentatus.* Vol puissant, assez lent; plane souvent et fait du vol à voile.

Hybride *L. argentatus* x *L. hyperboreus.* Fréquent en Islande. Observé en GB.

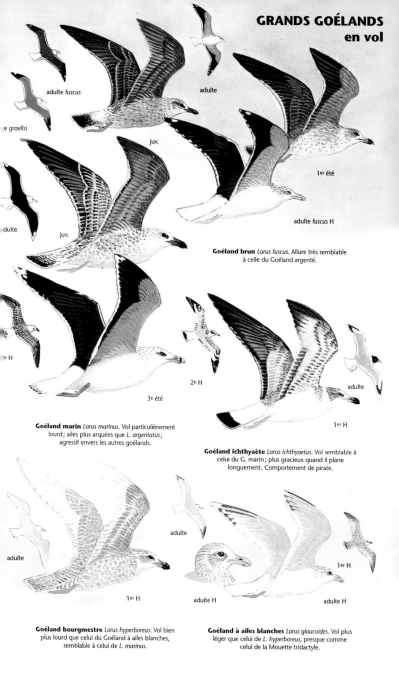

adulte *fuscus*

e *graelsi*

juv.

dulte

juv.

adulte

1er été

adulte *fuscus* H

Goéland brun *Larus fuscus*. Allure très semblable à celle du Goéland argenté.

e H

3e été

2e H

adulte

1er H

Goéland marin *Larus marinus*. Vol particulièrement lourd; ailes plus arquées que *L. argentatus*; agressif envers les autres goélands.

Goéland ichthyaète *Larus ichthyaetus*. Vol semblable à celui du G. marin; plus gracieux quand il plane longuement. Comportement de pirate.

adulte

1er H

adulte

1er H

adulte H

adulte H

Goéland bourgmestre *Larus hyperboreus*. Vol bien plus lourd que celui du Goéland à ailes blanches, semblable à celui de *L. marinus*.

Goéland à ailes blanches *Larus glaucoides*. Vol plus léger que celui de *L. hyperboreus*, presque comme celui de la Mouette tridactyle.

● STERNES : *Sterninae*. Les sternes ont de longues ailes, souvent coudées en vol, la queue échancrée, le bec mince et pointu, des pattes très courtes. Elles font du vol sur place, le bec tourné vers leur proie.

Sternes : *Sterna*. La plupart sont grises dessus, blanches dessous ; les adultes ont une calotte noire ; en plumage d'hiver le front devient blanc. Faire attention à la taille, à la couleur du bec et aux cris. Juv. : dessus tacheté de brun et de noirâtre. Battements d'ailes souvent plus amples que ceux des mouettes et goélands. Très bruyantes pendant la nidification. Nichent à terre sur bancs de sable, graviers, îles.

STERNE CASPIENNE *Sterna caspia*. La plus grande sterne. Diffère des goélands de même taille par : calotte noire, gros bec rouge, queue fourchue, courte, petites pattes noires. Diffère de la Sterne royale (un peu plus petite) par : bec plus épais, parfois foncé au bout (parfois jaune orangé en hiver), sa queue plus courte et (en vol) le dessous de l'extrémité des ailes foncé (zone plus grande). Plumage d'hiver : front et vertex striés. Juv./im. comme adulte en hiver avec en plus dos tacheté (moins chez l'im.) et queue tachetée de noirâtre au bout. Cris « ka-a », « ka-ou » rauques. Vol lourd comme celui d'un grand goéland. Niche au bord des eaux douces et salées ; en hiver, surtout près des côtes. L 47-54, E 130-145 cm.

H

En hiver, la calotte noire des sternes blanchit et le noir subsiste sur la nuque.

STERNE ROYALE *Sterna maxima*. Amérique et Mauritanie. A. La seconde par la taille dans la région. Moins massive que *S. caspia*. En diffère par : bec moins épais, entièrement rouge orangé, dessous du bout des ailes plus clair, queue plus longue, plumes de la nuque hérissées (petite huppe), avant même la fin de la reproduction, front blanc (non strié). V. *S. bergii* (bec jaune, front blanc, dessus plus foncé) et *S. bengalensis* (plus petite, bec jaune orangé, mêmes proportions). Cris plus aigus que ceux de *S. caspia* (alarme : « krit krit », etc). L 45-50, E 125-135 cm.

H

Calotte noire réduite en H ; bec busqué au bout.

STERNE HUPPÉE *Sterna bergii*. Plus svelte, un peu plus petite que *S. maxima*. L'adulte en diffère par : bec jaune, front blanc, dessus plus foncé, gris cendré ; en hiver par front et avant du vertex blancs (avant même la fin de la reproduction). Diffère de l'adulte de *S. bengalensis* par : taille supérieure, bec jaune (sauf en hiver), dessus plus foncé, front blanc plus large. Juv./im. : couvertures alaires plus foncées que chez ceux de *S. maxima*, primaires internes plus claires. V. aussi im. *S. bengalensis*. Cris « kek kek kek kek » aigres, « kro » rauque. L 46-49, E 125-130 cm.

STERNE VOYAGEUSE *Sterna bengalensis*. Bien plus petite, plus gracieuse que *S. maxima* et *S. bergii*, ailes plus courtes, queue relativement plus longue ; un peu plus petite que *S. sandvicensis* et *Gelochelidon nilotica* (p. 184). Diffère de toutes ces espèces par : bec mince, orange (adulte N), très étroit front blanc (plus large chez *S. bergii*) ; adulte hiver et im. : bec jaune. Im. : dessus des ailes bien plus clair que chez celui de *S. bergii*, plus svelte. V. *S. elegans*. L 35-37, E 92-105 cm.

bec droit ▶

H

N

H   bec plus long

Paraît très blanche en nature.

Sterne élégante *Sterna elegans*. E Pacifique. A, rare. Intermédiaire entre *S. maxima* et *S. bengalensis*. En diffère par : bec plus long, plus fin, incurvé, huppe plus hirsute que chez *S. bengalensis* ; en hiver par la couleur noire qui atteint et entoure l'œil. Cris plus aigres. L 43, E 86 cm.

STERNES

Chez les Sternes caspiennes de même âge, la coloration du dos et des ailes varie ; certaines ont le bec rouge avant les autres.

juv.

juv.

adulte

adulte N

STERNE CASPIENNE

hiver : calotte striée mais pas réduite.

adulte

adulte

juv.

STERNE ROYALE

En hiver, la huppe dressée paraît très touffue.

juv.

juv.

N

STERNE HUPPÉE

Dressée, la huppe modifie la physionomie.

juv.

adulte H

adulte N

STERNE VOYAGEUSE

STERNE DE DOUGALL *Sterna dougallii*. De même taille que *S. hirundo* et *S. paradisaea* mais paraît plus blanche; en diffère par: bec noir (sauf base rougeâtre en été), rectrices externes plus longues, dépassant largement les ailes au repos, voix («tchou-vit», «aar aar» râpeux). Diffère aussi de *S. paradisaea* par: bec et pattes plus longs, poitrine rosée au printemps (détail peu visible), moins de noir au bout des ailes. Juv.: diffère de ceux des 2 espèces par bec tout noir, pattes noires, dos très écaillé (taches brun noir) et de ceux de *S. hirundo* par: bande blanche complète au bord de fuite inférieur des ailes, tache de l'épaule et bord d'attaque beaucoup plus pâles. Niche: côtes et îles rocheuses; rare près des eaux douces, même en migration. L 33-38, E 72-80. N: E.

H H

calotte variable en plumage d'hiver, couleur du bec différente au printemps.

STERNE ARCTIQUE *Sterna paradisaea*. Diffère de *S. hirundo* par: bec entièrement rouge sang et plus court, pattes plus courtes, rectrices externes plus longues, cou et poitrine plus gris contrastant moins avec le dessous gris mais plus avec les joues blanches; primaires externes étroitement terminées de noir et extrémité des secondaires translucide. Type *portlandica* (v. *S. hirundo*). Juv. bec tout noir, dos moins barré que celui de *S. hirundo*, tache des scapulaires moins forte, bord d'attaque moins foncé, sur le dessus des ailes bord de fuite blanc, large, très visible. Cris plus aigus. Niche souvent à côté de *S. hirundo*. Toundra. En hiver, surtout pélagique. L 33-35, E 75-85 cm. N: B.

STERNE PIERREGARIN *Sterna hirundo*. La plus commune et la plus répandue dans la région. Diffère de *S. paradisaea* par: bec rouge vermillon plus long, noirâtre au bout (printemps) (noirâtre en hiver chez les 2 sp.), pattes plus longues, joues, cou, poitrine ventre blancs dessus gris clair, base des 4 primaires les plus internes translucide, coin noir au niveau des 5e et 6e primaires internes (toute l'année). Type *portlandica* (front blanc en période de reproduction moins fréquent que chez *S. paradisaea*). Juv.: base du bec rose chair pâle, pattes orange, front blanc, tête et dessus tachetés de brunâtre, tache de l'épaule et bord d'attaque noirs, bien marqués, bord de fuite foncé. Cris perçants «kiri kiri», «kri-er», «kikiki». Niche au bord des eaux douces et sur les côtes; en hiver, en mer et près des côtes. L 31-35, E 77-98 cm. N: B, CH, F.

H

S. hirundo

H

S. forsteri

Tache noire autour des yeux différente.

Sterne de Forster *S. forsteri*. Amérique. A. Aspect d'une petite Sterne caugek (p. 184). Diffère de *S. hirundo* par: primaires gris pâle, bord des rectrices centrales gris, queue plus longue, bec plus épais et plus orange; adulte H et im.: forte bande noire derrière l'œil. Cri typique «za-a-ap». L 33-36, E 73-82 cm.

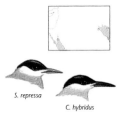

STERNE À JOUES BLANCHES *Sterna repressa*. Plumage uni d'un gris plus foncé que chez les autres sternes de taille analogue; joues blanches (contraste évident), bec rouge et noirâtre (rougeâtre en hiver). Hiver: dessous blanc, dessus et queue toujours gris assez foncé. Vol plus hésitant que celui de *S. hirundo*, évoquant celui de *Chlidonias hybrida* (p. 186), mais diffère de celle-ci par queue plus fourchue, bec plus long et plus mince. Voix comme *S. hirundo*. L 32-34, E 75-83 cm.

S. repressa

C. hybridus

juv.

juv.

1er H

N

N

H

STERNE DE DOUGALL

juv.

automne

juv.

N

STERNE ARCTIQUE

N

juv

juv.

1er été

N

STERNE
PIERREGARIN

juv.

H

N

N

STERNE DE FORSTER

H

juv.

H

N

N

STERNE À JOUES BLANCHES

STERNE NAINE *Sterna albifrons*. La plus petite dans la région. Caractères distinctifs : faible taille, front blanc (printemps), bec jaune à pointe noire, pattes jaune orangé, battements d'ailes rapides, assez raides, vole plus longuement sur place ; bec plus long, battements d'ailes plus fréquents que chez les guifettes (p. 186). Juv. : tête et dessus gris roussâtre pâle, tacheté, bec noirâtre à base jaune. Voix « kiri kiri kiri », « kit kit », trilles. Fleuves, côtes ; en migration, rare dans les terres. L 22-24, E 48-55 cm.   N : B, F.

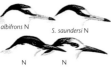

albifrons N   *S. saundersi* N

N   N

S. balaenarum pourrait venir sur les côtes marocaines.

Sterne de Saunders *Sterna saundersi*. Ressemble tellement à *S. albifrons* qu'il est souvent impossible de l'en distinguer ; considérée aussi comme une ssp. de cette dernière. Adulte N : 3 primaires externes noires (et non pas 2, grisâtres), moins de blanc au front et au-dessus des yeux, croupion et milieu de la queue plus gris, pieds bruns ou olive (peu visible). Golfe d'Arabie où elle vient seulement en été. L 23, E 52 cm.

N

Sterne bridée : tête sans changement (N et H) ; liserés clairs sur les ailes, dos gris.

STERNE BRIDÉE *Sterna anaethetus*. Dessus brun foncé sauf collier, front et sourcils blancs ainsi que côtés de la queue ; bec et pattes noirs. V. *S. fuscata*. En hiver : tête tachetée de blanc, trait oculaire faible, dessus un peu tacheté de blanc. Juv./im. : dessus tacheté de chamois. Vol gracieux, lent (mouvement de haut en bas à chaque battement), peut faire du vol à voile. Cri « kirk ». Côtes et pleine mer. L 30-32, E 77-81 cm.

Sterne fuligineuse *Sterna fuscata*. A, rare : Mer Rouge et, des Canaries à l'Europe occidentale. Plus grande et plus noire que la *S. bridée*, sans collier blanc ; pas de sourcils blancs, seul le vexille externe des rectrices est blanc. Im. : noir de suie, dessus tacheté de blanc. Vol plus direct que celui des petites sternes. Océans tropicaux. L 33-36, E 82-94 cm.

N   N

Sterne de Cayenne

STERNE CAUGEK *Sterna sandvicensis*. Bec noir à pointe jaune, cris assez aigres « kireh » ou « kir-ouit ». Diffère de *S. hirundo* (p. 182) par : taille supérieure, dessus plus blanc, huppe bien visible, bec, queue plus courte, voix, vol plus lourd, pattes noires (dessous des palmures jaune, plonge d'une plus grande hauteur). Diffère de *S. bengalensis* (p. 180) par : taille supérieure, bec, voix, front noir. V. *Sterna nilotica*. Juv./im. : tête (sauf front) noirâtre, tachetée de blanc, dos gris roussâtre barré de brun noir (ces marques se raréfient en été), bout de la queue foncé, bec noir. Côtes. Ssp. *eurygnatha* (Sterne de Cayenne) (Amérique du Sud) : A en Europe. L 36-41, E 95-105 cm.   N : F.

STERNE HANSEL *Sterna nilotica*. Ressemble quelque peu à une mouette (plus dressée). Bec court et noir, pattes assez longues. Diffère de *S. sandvicensis* (risque de confusion) par : bec, cou plus bref, ailes plus larges, vol plus lourd, croupion et queue gris (celle-ci moins échancrée), dessous des ailes plus foncé, bord de fuite supérieur des primaires foncé ; en H : tête presque blanche, un peu tachetée, sauf trait noir derrière l'œil. Juv./im. : vertex plus clair, blanc jaunâtre tacheté de noir, petite marque noirâtre aux parotiques. Cris typiques « ak ak », « kèkèkè », plus graves que ceux de la *S. caugek*. L 35-38, E 100-115 cm.   N : F

184

STERNES

H

N

juv.

N

STERNE NAINE

1er H

STERNE
DE SAUNDERS

juv.

N

STERNE BRIDÉE

N

H

juv.

1er H

adulte

STERNE FULIGINEUSE

N

1er H

H

juv.

H

STERNE CAUGEK

juv.

H

1er H

N

H

STERNE HANSEL

Guifettes : *Chlidonias.* Plus petites que les sternes (sauf la S. naine) ; en plumage d'hiver, dessus gris pâle, front blanc, dessous blanc, ailes assez larges, queue moins fourchue, bec plus petit, pattes rouges. V. aussi Mouette pygmée (p. 168). Vol gracieux, léger, descentes fréquentes pour capturer des proies sur l'eau ; plongent rarement. Eaux douces et saumâtres, étangs, marais ; l'hiver et en migration, souvent sur les côtes.

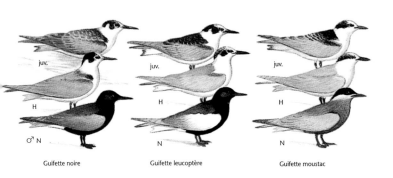

Guifette noire   Guifette leucoptère   Guifette moustac

GUIFETTE NOIRE *Chlidonias niger.* La plus répandue en Europe. Tête et corps entièrement noirs ou noir grisâtre sauf sous-caudales blanches, ailes gris ardoise dessus, gris plus clair dessous, bec noir, plus fin que celui des autres guifettes, pattes brun rougeâtre. Adulte en hiver et certains im. : petite tache noire sous l'épaule, poitrine blanche, bord d'attaque des rémiges secondaires foncé, dessous des ailes gris pâle, bord d'attaque foncé. Juv./im. semblables, mais dessus plus foncé. Crie peu. «ker ker», «kiik». Niche sur la végétation flottante des étangs en eau peu profonde. L 22-24, E 64-68 cm.   N : B, F.

GUIFETTE LEUCOPTÈRE *Chlidonias leucopterus.* Reconnaissable au contraste entre le dessus des ailes (bord d'attaque blanc) et le dessous (moitié antérieure noire, moitié postérieure blanche), queue blanche plus courte et moins fourchue que celle de *C. niger*. En diffère aussi par : bec plus court, plus épais, brun rouge, pattes plus longues, rouge plus vif, ailes un peu moins pointues. Adulte en hiver et im. : moins de noir sur la tête, pas de tache noire à l'épaule. V. Guifette moustac. Juv. : dos brun noir contrastant avec les ailes grises, le croupion et la nuque blancs. Voix plus rauque, «kerr» guttural. Niche dans prairies inondées, marais. Sur les côtes en hiver. L 20-23, E 63-67 cm.

GUIFETTE MOUSTAC *Chlidonias hybrida.* Adulte nicheur : calotte noire et joues blanches la font ressembler à une petite Sterne Pierre-Garin ou arctique, mais en diffère par : dessus d'un gris bien plus foncé, sous-caudales et couvertures sous-alaires blanches. Adulte en hiver et juv./im. : diffèrent de *C. niger* par : absence de tache noire à l'épaule, ailes entièrement claires, moins de noir sur la tête. Diffèrent de *C. leucopterus* par queue fourchue, croupion plus gris ; diffèrent aussi de ces deux sp. par bec plus long, plus épais et par collier clair peu évident. V. type *portlandica* de *S. hirundo* et *S. paradisaea.* Colonies très bruyantes. Cris plus forts et plus aigres que ceux de *C. niger.* L 23-25, E 74-78 cm.   N : F.

♂ bec long   ♀ bec court

en mue

1er H

N

en mue

H

juv.

Guifette noire. Adulte nicheur en vol :
contraste entre corps noir, sous-caudales
blanches et dessous des ailes gris. ♀ : dessus
et dessous plus gris. En hiver, queue et sous-
caudales gris pâle, reste du dessous blanc,
dessous des ailes gris pâle, bord d'attaque foncé
(chez les juv., forme un T avec le dos sombre).

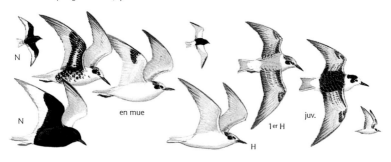

N

N

en mue

1er H

juv.

H

Guifette leucoptère. Adulte nicheur en vol :
contraste entre dessus des ailes gris (sauf bord
d'attaque blanc) et dessous noir et blanc.
Adulte en hiver et im. pas de tache foncée à
l'épaule, bord d'attaque (dessus) et croupion
blancs. Juv. : dos brun noir, ailes grises, croupion
et nuque blancs.

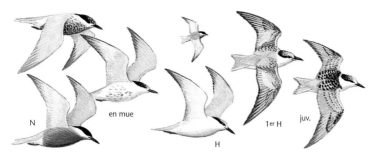

N

en mue

1er H

juv.

H

Guifette moustac. Vol plus lent et plus
direct que celui des 2 autres guifettes.
Adulte nicheur : couverture sous-alaires et
sous-caudales blanches. Adulte en hiver et im. :
plus pâles que *C. niger*. Juv. : dos gris tacheté de
brun noir.

● ALCIDÉS : *Alcidae*. Oiseaux noirs et blancs. Marins. Cou bref, queue courte, ailes assez étroites et courtes, pattes très à l'arrière du corps, d'où position verticale du corps au repos. Sexes semblables. Cris aigus, grognements «arrr», «karrr». Vol rapide, direct, vibré, à faible hauteur (pattes tendues en arrière). Excellents nageurs et plongeurs ; à terre, marchent très gauchement. Pélagiques en hiver.

Pingouin torda   Guillemot de Troïl   Guillemot de Brünnich

En vol, tous ont une étroite bande blanche sur le bord de fuite. Guillemots : arrière-train paraissant plus gris que chez Pingouin torda qui est plus blanc sur côtés du croupion.

PINGOUIN TORDA *Alca torda*. Bec aplati verticalement, presque rectangulaire, noir avec une ligne blanche, moins haut chez l'im. et bien plus petit chez le juv. Au printemps, tête et cou noirs sauf 1 ligne blanche du bec à l'œil (v. G. de Troïl). En hiver, adulte et im. ont gorge, bas des joues et côtés du cou blancs ; juv. : tête et cou brun foncé, émet un sifflement perçant. En vol, dos moins voûté que les guillemots, davantage de blanc sur côtés du croupion, queue plus longue. Sur l'eau, relève la queue. Niche en colonies lâches sur des falaises. Un seul œuf pondu dans une cavité. L 37-39, E 63-68 cm.   N : F.

GUILLEMOT DE TROÏL *Uria aalge*. Le plus commun des Alcidés dans la région. Bec droit, assez long, pointu, tout noir, plus court chez le juv. Adulte N : tête, cou, haut poitrine brun chocolat ou noir. Adulte H, juv./im. : gorge, côtés du cou, haut poitrine blancs. Forme «bridée» (plus fréquente dans N de l'aire) : cercle oculaire blanc et ligne blanche sur les joues en arrière de l'œil (chez les autres oiseaux, un sillon denteté à la place de cette ligne). (v. *Alca torda*). Juv. : sifflements perçants. En vol : v. *Alca torda*. Niche en colonies très denses sur d'étroites corniches de falaises marines. Un œuf piriforme, ce qui l'empêche de rouler quand il est incubé. L 38-41, E 64-70 cm. N : F.

Ssp. *hyperborea* (arctique) et *aalge* (nordique) : tête et dessus brun noirâtre mais d'un noir moins profond qu'*Alca torda*. Tête nuancée de brunâtre ; forme bridée plus fréquente. Ssp. *albionis* (méridional), tête et dessus brun chocolat foncé teinté de gris en hiver.

GUILLEMOT DE BRÜNNICH *Uria lomvia*. Ressemble beaucoup à *U. aalge*. Différences : plus noir, front plus droit, bec plus court et plus épais ; au printemps, une ligne blanchâtre sur la base de la m. s. (certains *U. aalge*, notamment sur l'île des Ours, ont une ligne blanche bien plus faible et l'oiseau qui tient un poisson dans son bec peut aussi créer une confusion). En hiver, dessus plus foncé, le noir de la tête descend bien au-dessous des yeux comme chez *Alca torda*. En vol : encore plus trapu que *U. aalge* et autant de blanc sur les côtés du croupion que *Alca torda*. Colonies moins denses. L 39-43, E 65-73 cm.

PINGOUIN ET GUILLEMOTS

PINGOUIN TORDA

H

1re N

N

bridé

N

hyperborea
N

bridé H

N

aalge N

1er été

aalge H

albionis N

GUILLEMOT DE TROÏL

H

N

1re N

N

GUILLEMOT DE
BRÜNNICH

L'identification des Alcidés en train de nager est difficile sauf si l'on peut apprécier les dimensions et la forme du bec (surtout chez les guillemots juv. dont le bec n'a pas les dimensions définitives). V. Mergule nain ci-dessous. Guillemot à miroir: le plus petit des guillemots.

MACAREUX MOINE *Fratercula arctica*. Le plus petit Alcidé nicheur au sud de l'Arctique. Au printemps, ne peut être confondu: bec très haut et très mince, bigarré de couleurs vives, commissures jaunes, cercle oculaire rouge vermillon et plaques cornées gris bleu autour de l'œil (aspect clownesque); grandes joues blanches, pattes orange. En vol, grosse tête noire et blanche, dessous des ailes foncé, pas de barre alaire. Adulte H: joues et gorge grises, bec plus petit, bien moins coloré, pas de plaques cornées près de l'œil. Im.: comme adulte H, bec encore plus petit, pattes rose jaunâtre; juv.: face gris foncé et noirâtre. Cris plaintifs «tchip tchip tchip». Niche en colonies dans des terriers sur des îles (terrain herbeux). Hiverne en mer. L 26-29, E 47-63 cm.

N: F.

GUILLEMOT À MIROIR *Cepphus grylle*. Adulte nicheur: le seul oiseau marin tout noir sauf une grande tache blanche sur l'aile; en hiver, face et dessous blancs, dessus barré de blanc et de noir (aspect unique). Bec noir, gosier et pattes rouges. Im.: comme l'adulte H sauf pattes brun rougeâtre et tache alaire barrée; juv.: dessus plus sombre que l'adulte, tache claire barrée. Voix, sifflements ou gémissements aigus. Le moins sociable des Alcidés de la région; niche en colonies très dispersées dans les crevasses des falaises ou des rochers, les éboulis côtiers. En hiver, surtout près des côtes. L 30-32, E 52-58 cm.

Ssp. *mandtii* (Jan Mayen, île des Ours, Spitzberg). Adulte: davantage de blanc dessous; juv.: dessus plus tacheté. Ssp. *islandicus* (Islande): bande brune sur la tache alaire blanche.

MERGULE NAIN *Alle alle*. Dans la région, le plus petit Alcidé et celui qui a le bec le plus court. Adulte N: tête et haut de la poitrine noirs. Juv. plus brun. Adulte H: gorge, côtés du cou, poitrine, blancs; im. plus brun. En vol, silhouette trapue, grosse tête, cou bref, dessous des ailes noirâtre sauf bord de fuite blanc. Les guillemots et Pingouins torda juv. ont un bec assez petit mais le dessous des ailes plus clair et moins de blanc sur les joues. Macareux juv.: tête plus grosse, joues grises, bord de fuite foncé. Falaises, pentes parsemées de rochers sur les côtes. Hiverne en mer. L 17-19, E 40-48 cm.

190

ALCIDÉS

1er H

retour de pêche

H

N

N

MACAREUX MOINE

juv.

juv.

H

En hiver, dessous
blanc tache alaire
blanche.

H

N

N

Plus foncé et plus
barré que l'adulte
en hiver.

islandicus
N

N

im.

N

Evoque le ♂ de
l'Eider de Steller
en éclipse.

GUILLEMOT À MIROIR

H

N

juv.

N

H

N

MERGULE NAIN

● GANGAS : *Pteroclididae*. Oiseaux terrestres au plumage finement tacheté mais de tonalité générale roussâtre, difficilement visibles dans les déserts. Au repos, ressemblent à des pigeons ou des perdrix à longue queue, en vol, plutôt à des perroquets dodus ou à des pigeons. Petite tête, cou assez bref, pattes courtes complètement emplumées sur la face antérieure. Au sol trottinent à petits pas, un peu comme des pigeons. Déserts, semi-déserts, milieux arides et savanes. Nichent à terre. Vol rapide, direct. Les troupes, bruyantes, font des évolutions rapides (comme les Pluviers dorés) et effectuent quotidiennement de longs déplacements (jusqu'à 80 km et autant pour le retour) le matin et parfois le soir en pleine chaleur pour aller boire (horaires précis variables selon les régions). Les ♂ trempent leurs plumes ventrales dans l'eau pour abreuver les jeunes.

GANGA TACHETÉ *Pterocles senegallus*. Taille moyenne, assez pâle. Queue très effilée, étroite bande noire au milieu du ventre. (v. *P. orientalis*, à queue courte et *P. exustus* à queue longue). Mâle: dessus roussâtre assez uniforme, bandeau oculaire et devant du cou gris bleu. Femelle: dessus et haut poitrine très tachetés (visible seulement de près). Tous 2 ont gorge et bas des joues jaune ocre. Diffère de *P. coronatus* (à queue courte) par: absence de marques noires sur la tête (visible de près seulement). Cris mélodieux bisyllabiques «kouito kouito», «ouakou ouakou» et, en vol, un cri bref, monosyllabique. Troupes peu importantes. En général, évite arbres et buissons. Dans la région, le plus «désertique» des gangas. L 30-35, E 53-65 cm.

juv.

GANGA COURONNÉ *Pterocles coronatus*. Petit. Queue courte. Pas de noir sur le ventre. Mâle: le seul ganga de la région qui ait le menton noir et le front blanc bordé de noir (pas chez ♂ im.), reste de la tête et du cou roussâtre pâle, gris bleu clair et jaune pâle; dessus assez uniforme. Femelle très finement barrée de noir dessus et dessous sauf bas des joues et gorge jaunes (v. ♀ de *P. orientalis* à queue courte et *P. exustus* à queue longue). De loin, confusion possible avec *P. senegallus* qui est plus grand, a une longue queue et le milieu du ventre noir. Cris plus aigus que ceux des autres gangas et de tonalité montante, trisyllabiques «cla tcha cla» ou «tcha tcha-garra». Vol très rapide. Boit parfois de l'eau saumâtre. Déserts pierreux en plaine et en montagne. L 27-29, E 52-63 cm.

Ssp. *vastitas* (Sinaï, Israël, Jordanie), plus foncée (surtout ♀ et juv., qui sont plus barrés dessous comme certaines populations sahariennes).

juv.

GANGA DE LICHTENSTEIN *Pterocles lichtensteinii*. Le plus petit ganga de la région. Taille de la Tourterelle des bois (p. 198). Queue courte. Paraît assez foncé (plumage étroitement barré de noir) sauf bandes jaunâtres sur les ailes et, chez le ♂, tête noire et blanche, poitrine ocre traversée et limitée par 2 bandes noires. ♀ : la seule qui soit aussi uniformément barrée dessus et dessous (v. ♀ de *P. coronatus* qui a la gorge jaune). Voix variée, sifflements dont un double «ouittou». Vole souvent en silence et échappe à l'observation car va boire généralement après le crépuscule et avant l'aube. Quand une troupe descend vers un point d'eau très encaissé, elle évoque un essaim de guêpes. Moins grégaire que les autres gangas. Déserts rocheux ou avec buissons. L 24-26, E 48-52 cm.

juv.

192

GANGAS

♀

♂

♀

♂

GANGA TACHETÉ

♂ *vastitas*

♀

♂

♂ *coronatus*

♂

GANGA COURONNÉ

♀

♂

♂

GANGA DE
LICHTENSTEIN

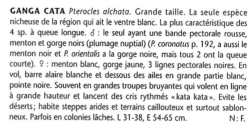

GANGA CATA *Pterocles alchata*. Grande taille. La seule espèce nicheuse de la région qui ait le ventre blanc. La plus caractéristique des 4 sp. à queue longue. ♂ : le seul ayant une bande pectorale rousse, menton et gorge noirs (plumage nuptial) (*P. coronatus* p. 192, a aussi le menton noir et *P. orientalis* a la gorge noire, mais tous 2 ont la queue courte). ♀ : menton blanc, gorge jaune, 3 lignes pectorales noires. En vol, barre alaire blanche et dessous des ailes en grande partie blanc, pointe noire. Souvent en grandes troupes bruyantes qui volent en ligne à grande hauteur et lancent des cris rythmés « kata kata ». Evite les déserts ; habite steppes arides et terrains cailouteux et surtout sablonneux. Parfois en colonies lâches. L 31-38, E 54-65 cm.   N : F.

juv.

GANGA UNIBANDE *Pterocles orientalis*. Grande espèce. Queue courte. Dans la région, le seul qui ait le ventre entièrement noir (*P. exustus*, à queue longue, a le ventre marron foncé) ; la seule espèce à queue courte qui ait du noir sur le ventre. En vol, partie antérieure des ailes blanche contrastant avec la partie postérieure noire (dessous). ♂ : gorge noire, tête gris pâle (menton brun orangé, ligne noire en bas de la poitrine, ailes orangées et grises). ♀ : bande jaunâtre entre la poitrine tachetée et le ventre noir. Voix assez rude « tchourourourour ». Evite les déserts nus. L 33-35, E 70-73 cm.

juv.

GANGA À VENTRE BRUN *Pterocles exustus*. Rectrices centrales très allongées, fines. Le seul ganga de la région qui ait le dessous des ailes entièrement noir. ♂ : le seul à longue queue ayant le ventre foncé, marron. Un peu plus petit que *P. orientalis* (à queue courte), qui a le dessous des ailes noir et blanc. Diffère de *P. senegallus* par la ligne pectorale noire, la tête jaune ocre, le dos gris et jaunâtre. ♀ : ventre foncé barré de chamois contrastant avec le bas de la poitrine ocre. (v. *P. lichtensteinii* à queue courte ; pas aussi tachetée que celle de *P. senegallus*). En très grandes troupes à l'abreuvoir. Déserts. Egypte seulement. L 31-33, E 48-51 cm.

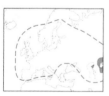
juv.

SYRRHAPTE PARADOXAL *Syrrhaptes paradoxus*. Le plus grand Ptéroclididé de la région et celui ayant la plus longue queue. Le seul à avoir sur chaque aile une rémige primaire allongée (10e) et le seul que l'on voit – à intervalles très irréguliers – au N de la région méditerranéenne. Ventre partiellement noir, bien visible en vol, contrastant avec le dessous des ailes (grisâtre et jaunâtre) et le reste du corps pâle ; ailes nettement arquées vers le bas, comme celles d'une perdrix ; battements bruyants. Voix, cris variés « tchak tchak », « kekerick... keki ». Bruyant. Semi-déserts, steppes, dunes, champs et autres milieux ouverts. Venant d'Asie centrale, apparaît dans le centre et l'ouest de l'Europe au cours d'invasions (irruptions). La plus grande eut lieu en 1888 et il n'y en a pas eu d'importante depuis 1908. L 30-41, E 63-78.

juv.

♂ N

♀

♂ H

GANGA CATA

♂

♀

♀

♂

♀

♂

GANGA À
VENTRE BRUN

♂

♀

♂

SYRRHAPTE
PARADOXAL

● PIGEONS et TOURTERELLES : *Columbidae.* (pp. 196-199). Les plus grandes espèces sont appelées pigeons, les plus petites tourterelles mais il n'y a aucune différence importante entre ces deux groupes. Les tons gris et bruns dominent dans le plumage. Les espèces du genre *Columba* ont, sur le cou, des plumes irisées vert rose. Tête assez petite, bec court, queue assez longue. Voix : roucoulements. Nichent sur un arbre, une falaise, un bâtiment.

Répartition du Biset sauvage
et du Pigeon domestique

PIGEON BISET *Columba livia*. Plus petit que le Ramier, queue plus courte, iris rouge ou orange, cercle oculaire jaune. Vol nuptial circulaire. Diffère du P. colombin par : croupion blanchâtre, 2 larges barres noires sur l'aile, sous-alaires blanches. Voix, roucoulements monotones semblables à ceux du Pigeon domestique. Falaises en moyenne montagne et au bord de la mer (îles, etc.) où de nombreux Pigeons domestiques se sont mêlés au Biset (Bisets purs disparus en France sauf en Corse). Niche dans un trou, sur une corniche. L 31-34, E 63-70 cm. N (sauvage) : F.

Ssp. *palaestinae* (Levant) et *gaddi* (Méditerranée orientale) plus pâles ; *chimperi* (Nil), croupion gris clair, plumage pâle ; *canariensis* (Canaries, Madère) plus foncée.

Pigeon domestique (vit à l'état libre aussi). Coloration très variée, allant du gris au noir, au blanc et au roussâtre. Certains n'ont pas les 2 barres noires sur les rémiges secondaires ; d'autres ressemblent à l'espèce ancestrale sauvage.

PIGEON COLOMBIN *Columba oenas*. Plus petit que le P. biset, plus sombre. Bout des ailes noir, leur face inférieure grise, 2 courtes barres alaires noires peu visibles, croupion gris comme le dos. Voix, roucoulement bisyllabique « cou-ou, cou-ou » accentué sur la 2e syllabe. Parade nuptiale aérienne, circulaire. Arboricole. Marche agilement sur les branches. Forêts, parcs, paysages boisés, falaises, plus rarement sur les côtes. Niche dans un trou d'arbre, de rocher ou un terrier de lapin. L 32-34, E 63-69 cm. N : B, CH, F, L.

Pigeon d'Eversmann *Columba eversmanni*. Sud Asie. A. Diffère de *C. livia* par : taille inférieure, queue plus courte, ailes plus longues, croupion blanc grisâtre, base des primaires plus pâle (ailes paraissant grises avec bord de fuite foncé), dessous des ailes plus blanc ; cercle oculaire jaune. L 29-31, E 60-62 cm.

PIGEON RAMIER, PALOMBE *Columba palumbus*. Reconnaissable à : grande taille, large bande blanche sur l'aile (très visible en vol), une tache blanche de chaque côté du cou (adulte). Juv. : sans tache blanche au cou, plumage plus terne. Chant, roucoulement rythmé « grou-ou-ou-- grou-ou-- ou-- grou ». Vol nuptial montant, puis l'oiseau fait claquer ses ailes et descend en plané. Envol bruyant. Paysages boisés, forêts, bois, haies, parcs (fréquent en ville, en Europe occidentale et centrale). En troupes en automne et en hiver. Niche dans un arbre, L 40-42, E 75-80 cm. N : B, CH, F, L.

PIGEON TROCAZ *Columba trocaz*. Plus foncé et un peu plus petit que le Ramier. Pas de taches blanches au cou ni de barre blanche sur l'aile ; côtés du cou gris argenté (peu visible). Voix semblable. Forêts de lauriers en montagne à Madère. L 35-37, E 72-76 cm.

PIGEON DE BOLLE *C. bollii*. Le plus petit des 3 pigeons des îles Canaries. Large bande grise au milieu de la queue noirâtre. Voix plus gutturale. Forêts à plus forte altitude. Canaries. L 35-37, E 65-68 cm.

PIGEON DES LAURIERS *Columba junoniae*. Ailes plus courtes et plus arrondies que celles de *C. livia* et *C. bollii*. Pas de blanc aux ailes et au cou. Queue plus claire, pâle au bout. Pentes boisées des montagnes. Canaries. L 37-38, E 64-67 cm.

PIGEONS

Pigeons bisets semi-domestiques (villes, villages, falaises).

PIGEON BISET

croupion blanc

croupion gris

PIGEON D'EVERSMANN

PIGEON COLOMBIN

PIGEON RAMIER

PIGEON DE BOLLE

PIGEON TROCAZ

PIGEON DES LAURIERS

TOURTERELLE MASQUÉE *Oena capensis*. Dans la région, la plus petite et celle qui a la queue la plus longue. En vol, reconnaissable à : longue queue gris-noir et dessous des ailes marron. ♂ : face, gorge, haut poitrine noirs. Roucoulement faible. Vol rapide et direct. Palmeraies, broussailles. L 26-28, E 28-33 cm.

Tourterelles du genre *Streptopelia*. Plus petites et plus sveltes que les pigeons (*Columba*), vol plus rapide, battements d'ailes intermittents. Vol nuptial : plané et claquements d'ailes. Caractère important : la coloration de la queue. Nichent dans arbres, buissons.

TOURTERELLE TURQUE *Streptopelia decaocto*. La plus grande et la plus pâle tourterelle sauvage de la région. Dessus beige clair sauf demi-collier noir (inexistant chez le juv.) et extrémité des ailes noirâtre ; queue (vue par dessous) : base noire, extrémité blanche. Chant, roucoulement monotone, plaintif « coucou-cou » (accent sur la 2ᵉ syllabe). En vol, ou excitée « schraiai » enroué. Vol plus lent que celui de *S. turtur*, moins saccadé, souvent un peu bruyant. Dans l'E, paysages avec buissons et arbres dispersés, palmeraies, oasis. S'est installée dans l'O (villes, villages) depuis 1950 ; devenue commensale de l'homme ; se perche sur antennes de TV, toits, câbles électriques. Parfois en grandes troupes. L 31-33, E 47-55 cm. N : B, CH, F, L.

Tourterelle rose et grise *S.* « *risoria* ». Oiseau de cage issu de la T. rieuse africaine (p. 371). S'échappe souvent, niche en liberté aux îles Canaries, peut-être ailleurs. Plus petite que *S. decaocto*, plumage plus crème, bout des ailes bien plus pâle, pas de ton gris bleu sur la queue. Voix très différente « cou-krr-ou ». L 29-30 cm.

TOURTERELLE DES BOIS *Streptopelia turtur*. Plus petite et plus foncée que *S. decaocto*. Dessus roux tacheté de noir, lignes noires et blanches sur côtés du cou. Vol rapide. A l'atterrissage, queue étalée, noirâtre sauf coins blancs (dessus et dessous). Juv. plus brun, pas de marques bicolores sur le cou. Chant monotone « tour tour… ». Forêts, bosquets, grosses haies, campagne cultivée, parcs, palmeraies, grands jardins boisés. Se nourrit souvent dans les champs. L 26-28, E 47-53 cm. N : B, CH, F, L.

Ssp. du désert *arenicola* (Baléares, Maghreb, Moyen-Orient) et *rufescens* (vallée du Nil) généralement plus pâles, moins de gris bleu sur la tête et de noir dessus.

TOURTERELLE ORIENTALE *S. orientalis*. C et E Asie. A, rare. Plus grande et plus foncée que *S. decaocto* et *S. turtur*. Diffère de cette dernière par : ailes plus tachetées, dos plus foncé, poitrine plus brune, 1-2 étroites barres alaires blanches et lignes noires et gris bleu sur le cou. Chant monotone « cou-cou-cacou ». L 33-35, E 53-60 cm.

S. turtur

S. orientalis

Si on la voit bien, la marque du cou est un caractère utile.

TOURTERELLE MAILLÉE *Streptopelia senegalensis*. Comme une petite T. orientale. En diffère par : taille, dessus non tacheté, avant de l'aile plus nettement gris bleu, absence de marques sur le cou ; petites taches noires sur le haut de la poitrine. Chant caractéristique, montant et descendant « o-couc-couc-ou-ou ». Commune dans villes, villages, oasis. L 25-27, E 40-45 cm.

TOURTERELLES

juv.

adulte

TOURTERELLE TURQUE

♀ ♂

juv.

♀

♂

TOURTERELLE MASQUÉE

juv.

adulte

rufescens

TOURTERELLE
DES BOIS

juv.

juv.

adulte

adulte

TOURTERELLE ORIENTALE

TOURTERELLE MAILLÉE

● PERRUCHES et PERROQUETS : *Psittacidae.* Cou bref, bec épais souvent avec une cire, m. s. très forte, crochue, recouvrant la m. i. Souvent bruyants. Exotiques. Plusieurs espèces introduites dans la région.

PERRUCHE À COLLIER *Psittacula krameri.* L'espèce la plus souvent acclimatée dans la région. Très longue queue, bec rouge, étroit collier rose sur côtés et arrière du cou. ♂ : gorge noire. V. Perruche Alexandre. Juv. : comme la ♀ sauf bec plus pâle, queue plus courte. Vol puissant, rapide, battements d'ailes intermittents ; en vol, lance constamment des cris stridents. En petits groupes dans les lieux boisés (villages, villes et leurs abords). Niche dans un trou. Originaire d'Afrique et d'Asie tropicales. L 38-42, E 42-48 cm.   N : B.

En Europe, la plupart des oiseaux sont des métis des ssp. *borealis* et *manillensis* (région indienne). En GB, *borealis* paraît dominante ; il y a peut-être des *krameri* (du Sénégal au S Soudan) en Egypte.

Perruche Alexandre *P. eupatria.* Ressemble à *P. krameri* mais plus grande, tache rouge à l'épaule, bec plus épais. Asie tropicale. Niche : Bushire (O Iran), Allemagne. L 53-58 cm.

Inséparable masqué *Agapornis personata.* Queue courte, tête brun noir, large collier jaune, bec rouge vif. Voix : bavardage. Niche dans des rochers. Originaire d'Afrique orientale. Iles Canaries. L 15 cm.

Inséparable à face rose *A. roseicollis.* Queue courte. Tête rose foncé sauf front rouge, croupion bleu, bec couleur corne. Bruyant, cris «schrik» aigus. Niche dans arbres ou rochers. SO Afrique. Introduit : Grande Canarie. Ne niche pas : Allemagne, Pays-Bas. L 16 cm.

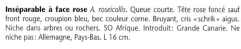

Perruche ondulée *Melopsittacus undulatus.* Australie. Tous les essais d'acclimatation de cet oiseau de cage très populaire, notamment en GB, ont échoué. Dessus jaune barré de noir, dessous vert, ailes et longue queue bleues ; coloration très variable chez les oiseaux de cage (blanc, vert, etc.). S'associe souvent au Moineau domestique (p. 334), et parfois aux guêpiers (p. 222). L 18 cm.

Perruche à tête noire *Nandayus nanday.* Amérique du Sud. Tête et queue noires, ligne jaune à la base du bec, cuisses rouges. Très bruyante. Niche : îles Canaries et aussi en liberté, Italie, Espagne. L 30 cm.

Conure veuve *Myopsitta monachus.* Amérique du Sud. Ailes bleues et vertes, front, gorge et poitrine gris, ventre vert jaunâtre. Vol rapide. Cris aigres. Se perche souvent sur les palmiers, antennes de TV. Niche : Italie, Espagne, îles Canaries, en liberté aussi en Belgique, Allemagne. L 29 cm.

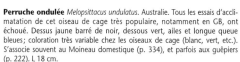

PERRUCHES

PERRUCHE À COLLIER

PERRUCHE ALEXANDRE

INSÉPARABLE MASQUÉ

adulte

INSÉPARABLE À FACE ROSE

adulte

juv.

juv.

Perruches ondulées

PERRUCHE À TÊTE NOIRE

CONURE VEUVE

PERRUCHE ONDULÉE

● COUCOUS : *Cuculidae*. Oiseaux assez sveltes, solitaires, arboricoles, de taille moyenne. Longue queue étagée, bec un peu incurvé. Les espèces des genres *Clamator* et *Cuculus*, parasites, pondent leurs œufs dans les nids d'autres oiseaux.

COUCOU-GEAI *Clamator glandarius*. Adulte typique : huppe, longue queue bordée de blanc, ailes tachetées de blanc, dessous couleur crème. Juv. : dessus de la tête noir, dessous chamois, extrémité des ailes marron roux (im. aussi). Voix forte, aigre «kria kria», jacassements ; cri d'alarme : croassement. Vol direct, puissant. Bois clairs, oliveraies, savanes, milieux avec arbres dispersés. Parasite les Corvidés, surtout la Pie bavarde. L 38-40, E 58-61 cm.　　　　　　N : F.

Surtout là où la Pie est fréquente.

COUCOU GRIS *Cuculus canorus*. Adulte : coloration évoquant celle d'un Épervier ♂ (p. 92) ; en diffère par : queue étagée, tachetée et terminée de blanc, ailes pointues, bec non crochu, voix. ♀ parfois rousse, barrée de noir. Juv. gris ou brun roux, tache blanche bien marquée sur la nuque, ailes assez arrondies. Chant très connu «coucou», parfois triple «coucoucou» ; la ♀ lance un gloussement aigu très différent, sonore ; tous deux émettent un «ha cha cha» audible de près. En vol, ailes à peine relevées au-dessus de l'horizontale mais rabattues à fond vers le bas. Habitats variés (plaine et montagne) : bois, campagne cultivée, prairies, toundra, dunes, grands parcs urbains, marais côtiers, roselières. Parasite de nombreux petits passereaux insectivores (Rouge-gorge, fauvettes, pouillots, rousserolles, Accenteur mouchet, etc.). L 32-34, E 55-60 cm.　　　　N : B, CH, F, L.

COUCOU ORIENTAL *Cuculus saturatus*. Un peu plus grand que le Coucou gris, ailes plus longues, dessus plus foncé ; sur le dessous, barres plus larges, noires, dessous des ailes chamois foncé, chant différent, évoquant celui de la Huppe «dou-dou, dou-dou» répété 6-8 fois et précédé par 4 notes identiques mais plus rapides. Discret, se tient dans la cime des arbres en période de reproduction. Forêts, surtout celles de pins et d'épicéas. Parasite surtout les pouillots (*Phylloscopus*). L 30-32, E 51-57 cm.

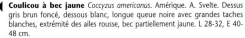

adulte

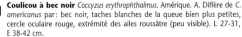

juv.

dessous de la queue adulte et juv.

Coulicou à bec jaune *Coccyzus americanus*. Amérique. A. Svelte. Dessus gris brun foncé, dessous blanc, longue queue noire avec grandes taches blanches, extrémité des ailes rousse, bec partiellement jaune. L 28-32, E 40-48 cm.

adulte

Coulicou à bec noir *Coccyzus erythrophthalmus*. Amérique. A. Diffère de *C. americanus* par : bec noir, taches blanches de la queue bien plus petites, cercle oculaire rouge, extrémité des ailes roussâtre (peu visible). L 27-31, E 38-42 cm.

juv.

COUCAL DU SÉNÉGAL *Centropus senegalensis*. Dans la région, le plus grand et le plus gros des coucous. Tête noire, bec épais, noir, longue queue noire, ailes rousses, dessous crème-chamois. Chant : roucoulements, gloussements descendants et montants. Discret, généralement dans les broussailles et à terre. Vol lent, assez malhabile. Marais, savanes, prairies, buissons, papyrus. L 40-42, E 50-55 cm.

COUCOUS

juv.

adulte

adulte

COUCOU-GEAI

COUCOU GRIS ♂

♀ phase rousse

COUCOU ORIENTAL ♂

♀

♀ phase rousse

COULICOU À BEC NOIR

COULICOU À BEC JAUNE

COUCAL DU SÉNÉGAL

● CHOUETTES et HIBOUX : *Strigidae*. (pp. 204-213). *Tytonidae* (Effraie des clochers). p. 212. Rapaces nocturnes (certains chassent aussi de jour). Longues ailes arrondies, courte queue, pattes généralement emplumées, grosse tête, grands yeux situés sur la face et entourés de disques de petites plumes qui cachent souvent la base du bec. Les hiboux ont des « aigrettes » qui ne sont pas des oreilles (celles-ci, sans pavillon, en arrière des yeux, sont cachées). Sexes semblables (sauf Harfang). Vol : grandes espèces, lent et direct ; petites espèces, plus rapide, ondulé. Posés, se tiennent dressés. Ne font pas de nid, œufs pondus dans arbres creux, nids d'autres oiseaux, trou de rocher, bâtiments ou à terre.

Se raréfie dans toute l'Europe. Introduite en Angleterre à la fin du XIXe siècle

CHEVÊCHE D'ATHÉNA *Athene noctua*. En partie diurne. Campagne cultivée. Vol nettement ondulé. S'est fortement raréfiée depuis quelques décennies. Diffère de la Chouette de Tengmalm par : habitat, plumage plus gris brun, tête plus plate, disques faciaux peu marqués. Voix « ouiou » fréquent (émis parfois de jour) ; cris « kikiki ». Juv. sifflements persistants, aigus. Se perche souvent sur toits, poteaux, arbres isolés. Hoche la tête et s'incline. Fait du vol sur place pour capturer des insectes. Vergers de plein vent avec gros arbres, vieux saules, carrières, palmeraies, semi-déserts, grosses haies. L 21-23, E 54-58 cm.   N : B, CH, F, L.

Coloration variable, sans relation apparente avec le climat ou l'environnement. Foncée, pâle ou rousse en Europe, très pâle du Sinaï à la Syrie, un peu plus foncée dans le S Irak, plus sombre en Afrique du Nord.

CHOUETTE BRAME *Athene brama*. A, rare dans S Irak. Niche : S Iran. Aire distincte de celle de la Chevêche d'Athéna. En diffère par : dessous barré, taches plus petites et plus blanches sur la tête. L 21-22 cm.

CHEVÊCHETTE D'EUROPE *Glaucidium passerinum*. La plus petite de la région. Tête assez petite, disques faciaux peu marqués. Redresse la queue comme le Troglodyte (p. 314) ou la balance latéralement. Chant « huhuhu » répété sur un rythme rapide. Cris « kiou » sifflés. Vol ondulé. Chasse petits passereaux et rongeurs au crépuscule. Active aussi de jour. Forêts de résineux : taïga, en Europe occidentale et centrale forêts de montagne. Pond dans un ancien nid de pic. L 16-17, E 34-36 cm.
                                                                          N : CH, F.

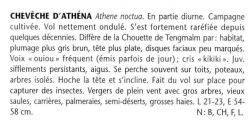

CHOUETTE DE TENGMALM *Aegolius funereus*. Franchement nocturne (sauf dans la zone arctique). Sylvestre. Diffère de la Chevêche d'Athéna par : plumage d'un brun plus franc, pattes plus emplumées, tête plus grosse, disques faciaux plus marqués, bordés de noir, larges sourcils blancs, expression différente, se tient plus droite, vit en forêt dans les régions froides (collines, montagnes, taïga). Juv. brun chocolat foncé, y compris les disques faciaux, mais sourcils blancs. Chant « ou pou pou pou » en phrase rapide, montant au début et plus forte à la fin. Pond souvent dans un trou de Pic noir, un nichoir. L 24-26, E 54-62 cm.   N : B, CH, F.

Vole souvent de jour sur de courtes distances. Succession de coups d'ailes et de glissades en plané (vol ondulé).

claire

foncée

Chypre
Levant

◀ CHEVÊCHE D'ATHÉNA. A terre, sautille comme un Rouge-gorge.

juv.

◀ CHEVÊCHETTE D'EUROPE. Active de jour. Vol ondulé comme celui d'un pic, avec glissades en plané.

juv.

CHOUETTE DE TENGMALM. Strictement nocturne. Se signale surtout par son chant nocturne.

Petit-duc de Bruce

phase grise

Petit-duc

Vole parfois de jour sur de brèves distances.
Vol moins fortement ondulé que celui de la
Chevêche d'Athéna.

phase brune

PETIT-DUC SCOPS Otus scops. Le plus petit hibou européen. Aigrettes pas toujours visibles, doigts nus, plumage gris brun finement tacheté et vermiculé de noir, roussâtre, blanchâtre, qui le dissimule parfaitement s'il est immobile. Inquiété, se dresse, le plumage collé contre le corps. Surtout nocturne, repéré par son chant monotone, mélodieux, audible de loin «tiou- tiou- tiou…» répété longuement à intervalles réguliers (ressemble à celui du Crapaud alyte mais portée très supérieure). Campagne cultivée, vergers, villes et villages, bois clairs, parcs, palmeraies. Mange surtout de gros insectes. L 19-20, E 53-63 cm.

N: CH, F.

Ssp. scops (Europe): coloration variable, du gris au brun roux; ssp. cyprius (Chypre): gris foncé fortement strié.

◀ **PETIT-DUC DE BRUCE** Otus brucei. Egypte et Moyen-Orient. Diffère du Petit-duc scops (très ressemblant et à peine plus petit) par: chant différent, plus doux, ressemblant plus à un roucoulement répété plus rapidement. Plumage gris brun ou teinté de jaunâtre, plus clair (jamais roussâtre) notamment sur le dessous moins strié. Même habitat que O. scops, Souvent aussi semi-déserts. L 20-21, E 54-64 cm.

GRAND-DUC D'EUROPE Bubo bubo. Un des plus grands Strigidés de la région. Massif, grandes aigrettes, gros yeux orange, plumage brun strié et barré de brun noir, gorge blanche, poitrine jaune brunâtre marquée de brun noir. Le jour, immobile, se confond avec les rochers. Chant «ou-ho» grave, portant loin. Cris: gloussements, jappements, «couec couec». Nocturne mais chasse aussi au crépuscule et à l'aube. En vol, ailes assez arrondies. Forêts de résineux et de feuillus avec falaises; collines rocheuses avec parois escarpées, dépotoirs, carrières, milieux désertiques, plaine ou montagne. Régime très varié (mammifères, oiseaux, reptiles, batraciens, poissons), super prédateur. L 60-75, E 160-188 cm.

N: B, CH, F, L.

Coloration et dimensions varient du N au S. Ssp. sibiricus (O Oural) la plus grande et la plus pâle; ssp. bubo (Europe) décrite ci-dessus; ssp. hispanus, plus petite; ssp. ascalaphus (AFN, Moyen-Orient) petite, queue courte, grandes pattes, parfois très pâle.

KÉTOUPA BRUN Ketupa zeylonensis. Plus petit que Bubo bubo, plumage plus roussâtre, dessous plus terne que chez Bubo bubo, aigrettes souvent horizontales, tête plus aplatie, iris jaune, pattes nues, encore plus nocturne. Chant, hululement grave «houp-ou-ou», accentué sur la 2e syllabe. Forêts, à proximité de l'eau; se nourrit surtout de poissons, crabes. Passe beaucoup de temps à terre; marche au bord des cours d'eau. L 54-57, E 145 cm.

HIBOUX

bubo

ascalaphus

sibiricus

◀ **GRAND-DUC D'EUROPE.** Ne peut être confondu si bonnes conditions d'observation. Très grande taille, longues aigrettes. Habitat particulier. Peut faire du vol à voile.

En vol, les ailes produisent un bruit léger mais perceptible.

◀ Se nourrit de poissons, crabes, batraciens, reptiles, oiseaux et rongeurs.

KÉTOUPA BRUN

Hibou des marais

Hibou du Cap

Hibou moyen-duc

Les Hiboux des marais et du Cap volent régulièrement de jour, le Hibou moyen-duc rarement (diffère du Hibou des marais par : battements d'ailes moins amples, tache noirâtre du poignet moins évidente, bord de fuite plus foncé (détail peu utile car presque invisible), ailes plus courtes). Le Hibou du Cap peut voler vers celui qui l'a dérangé, sans doute par curiosité.

aigrettes rabattues

HIBOU MOYEN-DUC *Asio otus*. Taille moyenne, aigrettes assez longues (invisibles en vol), silhouette plus svelte que celle de la Chouette hulotte et celle du Hibou des marais, face moins arrondie. En vol, diffère du Hibou des marais par : plumage moins clair, moins jaunâtre, ailes plus arrondies tenues plus horizontales en plané, espace d'un roussâtre plus vif à la base des primaires, pointe des ailes plus noire, queue moins fortement barrée. Diffère aussi de la Chouette hulotte par ses ailes plus longues, ses aigrettes et ses yeux jaune orangé. Hululement (chant) très différent de celui de la Hulotte « hou » assez grave, répété à intervalles brefs et réguliers. Les jeunes émettent des grincements. Forêts (surtout de résineux), bosquets ; en hiver, dortoirs dans des arbres. Niche souvent dans un ancien nid de Corneille. L 35-37, E 90-100 cm.   N : B, CH, F, L.

Faible variabilité géographique. Ssp. *canariensis* (Canaries) plus petite, ♂ comme ssp. *otus* (Europe, décrite ci-dessus), ♀ nettement plus foncée, plus striée dessous.

HIBOU DES MARAIS *Asio flammeus*. Souvent visible en plein jour quand il survole un marais. Iris jaune, aigrettes très courtes (à peu près invisibles), longues ailes, tache noire au poignet (dessus et dessous), extrémité des primaires noirâtre (dessous). V. Hibou moyen-duc et Chouette hulotte (p. 212). Vol battu assez lent, ressemblant à celui d'un busard, peut faire du vol à voile. Voix « hou hou hou hou » grave audible de loin, en vol, aboiements. Pendant le vol nuptial, claquements d'ailes précipités. Landes, rieds, friches, marais, dunes. L 37-39, E 95-110 cm. N : B, F.

HIBOU DU CAP *Asio capensis*. Seulement au Maghreb. Plus petit et plus foncé que *A. flammeus*. Dessus presque uniformément brun, poitrine brun foncé contrastant avec le ventre blanc crème faiblement strié, yeux bruns entourés de noir, contrastant avec disques faciaux blanchâtres, aigrettes rarement visibles. Juv. disques faciaux moins bien dessinés, dessous plus uniformément chamois. Voix, croassements répétés ou non, aboiements. Chasse au crépuscule, parfois de jour, souvent en petits groupes et examine le sol comme le Hibou des marais. L 29-31, E 82-99 cm.

Se raréfie au Maroc (destruction de son habitat).

HIBOUX

juv.

adulte

très courtes aigrettes

HIBOU MOYEN-DUC. Silhouette variable selon qu'il est paisible ou inquiet. Peut presque doubler de volume en gonflant son plumage. Rabattues, les aigrettes sont invisibles.

adulte

adulte

juv.

HIBOU DES MARAIS. De tous les hiboux, c'est celui qu'on voit le plus souvent de jour, mais chasse surtout le soir. Niche à terre.

aigrettes très courtes

adulte

HIBOU DU CAP

CHOUETTE ÉPERVIÈRE *Surnia ulula*. Silhouette de rapace diurne, évoque un ♂ d'Epervier (p. 92): ailes courtes, assez pointues, tête assez petite, longue queue, dessous du corps blanc avec barres foncées; se tient perchée bien en vue, le corps incliné; largement diurne. Cris «kikiki». Toutefois, se distingue par ses disques faciaux blancs bordés de noir. Vole bas, rapidement et souvent remonte pour se percher; fait du vol sur place. Taïga en plaine et en montagne, toundra boisée. L 36-39, E 74-81 cm.

Chouette épervière juv.: plumage gris, face noire.

HARFANG DES NEIGES
♀

1re année: comme la ♀ adulte; ♂ 1re année, plus pâle que la ♀ de 1re année.

HARFANG DES NEIGES (Chouette harfang) *Nyctea scandiaca*. Reconnaissable à: très forte taille, plumage en grande partie blanc, habitat. ♀ plus grande que le ♂, plus foncée (plumage fortement barré de brun foncé dessus et dessous). Silencieuse en dehors des sites de nidification. Dans le Grand Nord, le ♂ lance des aboiements forts, aigres, des hululements graves, la ♀ des aboiements plus aigus. En vol, plane souvent mais peut foncer quand il chasse. Très diurne. Craintif. Solitaire. Toundra et landes arctiques. Chasse surtout lemmings et oiseaux jusqu'au Lagopède (p. 110) et aux canards. Invasions au S et à l'O quand les lemmings se raréfient. L 55-66, E 142-166 cm.

CHOUETTE ÉPERVIÈRE. Se perche souvent bien en vue. Vole plus vite et plus agilement que les autres Strigidés au dessus des arbres.

CHOUETTE DE L'OURAL

CHOUETTE LAPONE

CHOUETTE LAPONE *Strix nebulosa*. La plus grande chouette de la région. Plumage gris, grosse tête très ronde, «barbiche» noire, petits yeux jaunes, cercles concentriques foncés sur les disques faciaux. En vol, grand espace clair sur les ailes (dessus) et large bande foncée au bout de la queue. V. Chouette de l'Oural (plus petite). Chant et cris ressemblent un peu à ceux de la Chouette hulotte (p. 212) mais hululements plus graves. Forêts de résineux (taïga); chasse souvent de jour, des mammifères et des oiseaux (lemmings, écureuils, rats musqués, mésanges, gélinotte, etc.). Pond souvent dans un vieux nid d'un autre oiseau. L 66-70, E 134-158 cm.

CHOUETTE DE L'OURAL *Strix uralensis*. Un peu plus petite que *S. nebulosa*. En diffère surtout par: plumage gris jaunâtre strié de brun foncé, disques faciaux gris et ocre, yeux brun foncé. Diffère des Hulottes très claires par: taille supérieure, queue plus longue pendante en vol, yeux relativement plus petits. Hululement rappelant celui du Hibou grand-duc que celui de la Hulotte «ke-ouic» plus aigre, aboiements «ou-o». Forêts mixtes (résineux et feuillus), taïga, hêtraies (Balkans), voisinage des villages. Chasse de jour, le soir ou la nuit des mammifères (jusqu'à l'écureuil) et des oiseaux (jusqu'à la gélinotte). L 60-62, E 124-134 cm.

CHOUETTE HULOTTE (CHAT-HUANT) *Strix aluco*. La plus commune des chouettes de taille moyenne dans la région. Essentiellement nocturne (aussi crépusculaire). Le jour, généralement repérable quand des passereaux la houspillent après l'avoir découverte dans un arbre. Diffère du Hibou moyen-duc par : iris brun foncé, pas d'aigrettes, grosse tête. Bien plus foncée que l'Effraie des clochers. Coloration allant du roussâtre au brun et au gris brun. Dessous strié. Juv. barré. Chant audible une grande partie de l'année «ou-ou, ouououou» en trémolo ; cris «ke-ouik». Forêts, bois, parcs, villages, villes, plaine et montagne. Régime très varié (surtout rongeurs et petits oiseaux). Pond dans un trou d'arbre, un vieux nid de Corneille, de rapace diurne. L 37-39, E 94-104 cm. N : B, CH, F, L.

◀ N'approchez pas des jeunes Hulottes encore incapables de voler et qui ont quitté le «nid» car les adultes peuvent attaquer et blesser l'homme qu'elles considèrent comme un prédateur.

Ssp. *aluco* (C Europe), plus grande, plus grise ; ssp. *siberiae* (Oural), gris plus pâle ; ssp. *sylvatica* (de GB à l'Iénisséi) plus petite, rousse ou grise ; ssp. *mauritanica* (Maghreb) plus grande et plus foncée, voix différente ; plus pâle en Irak.

Hulotte juv. sortie du «nid»

CHOUETTE DE BUTLER *Strix butleri*. Dessous si pâle qu'elle ressemble presque à une Effraie des clochers, mais aussi massive que la Chouette hulotte. De près, diffère de ces 2 sp. par : iris jaune orange, dessus de la queue très barré, doigts nus. Chant, hululement comportant 5 syllabes, rappelant plus un roucoulement que celui de la Hulotte. Très nocturne. Déserts et leurs abords, palmeraies, villages. Se perche sur rochers, poteaux. Aire différente de celle de la Hulotte. L 37-38, E 95-98 cm.

Distribution mal connue, mais observations plus fréquentes récemment.

● CHOUETTES EFFRAIES *Tytonidae*. Diffèrent des Strigidés par : disques faciaux en forme de cœur, pattes assez longues, yeux relativement petits.

EFFRAIE DES CLOCHERS *Tyto alba*. La plus pâle des chouettes de la région. Dessous blanc ou jaunâtre roussâtre avec quelques points foncés, dessus gris et jaune orangé pointillé de gris. Paraît toute blanche quand elle passe devant un réverbère ou des phares de voiture. Voix, chuintements, ronflements, cris aigres. Campagne cultivée avec bosquets, arbres dispersés. Chasse rongeurs, insectivores, petits oiseaux. Niche : greniers, granges, clochers. Presque cosmopolite. L 33-35, E 85-93 cm. N : B, CH, F, L.

Ssp. *guttata* (C, E, NO Europe en partie) : dessous jaune roussâtre, dessus fortement tacheté de gris ; en vol, diffère de la Chouette hulotte par : ailes plus longues, plus étroites ; posée, pattes plus longues, silhouette plus fine. Ssp. *alba* (de l'Ecosse au Maghreb) : dessous blanc. A Madère et sur les îles orientales des Canaries, plus petite et plus pâle ; au Moyen-Orient, plumage plus doré.

Les disques faciaux en forme de cœur sont typiques. Juv. à droite.

CHOUETTES

s' vatica gris

aluco rousse

CHOUETTE HULOTTE

mauritanica

CHOUETTE DE BUTLER

guttata

alba

EFFRAIE DES CLOCHERS. Des sujets à poitrine foncée existent dans les populations à poitrine blanche.

● ENGOULEVENTS : *Caprimulgidae*. Oiseaux nocturnes, visibles dans la journée seulement si on les dérange et qu'ils s'envolent. De jour, couchés à terre ou sur une branche (posés en long) ; très bien camouflés par leur plumage finement bigarré. Ailes et queue longues. Vol souple, très agile. Bec et pattes très petits, gros yeux. Sexes presque semblables.

ENGOULEVENT D'EUROPE *Caprimulgus europaeus*. Le plus répandu dans la région. Présence généralement décelée grâce à son chant, ronronnement fort, prolongé (plusieurs minutes), grave, avec brusques changements de tonalité, pouvant prendre fin par quelques sons espacés, rarement entendu plus de 45 à 60 minutes après le coucher du soleil. Diffère des jeunes Coucous gris par l'absence de tache blanche sur la nuque et par le dessous non barré. Tache blanche de chaque côté de la queue. ♂ : 3 taches blanches à l'extrémité de l'aile (rémiges primaires), tache blanche sur les rectrices externes. Cri, « ouic » (cri d'alarme) ; claquements d'ailes. Friches, garrigues, landes, bois clairs, lisières, plantations, clairières, coupes, semi-déserts. L 26-28, E 57-64 cm.   N : B, CH, F.

Ssp. *meridionalis* (S Europe, Asie Mineure, Maghreb), plus petite, un peu plus pâle ; ssp. *unwini* (E Irak) plus grise, encore plus pâle.

ENGOULEVENT À COLLIER ROUX *Caprimulgus ruficollis*. Le plus grand engoulevent de la région. Plus brun, un peu plus massif que *C. europaeus*, tête plus grosse, tache blanche de chaque côté de la gorge, collier roux, taches blanches des ailes et de la queue plus visibles (existent chez la ♀ mais plus petites), vol plus puissant, chant très différent « kotok kotok » en longue série (100-200 fois/minute). Milieux secs et ouverts, pinèdes claires, semi-déserts avec arbres et buissons dispersés. L 30-32, E 65-68 cm.

ENGOULEVENT DE NUBIE *Caprimulgus nubicus*. Le plus petit de la région. Dessus gris, dessous ocre ; petite tache blanche de chaque côté de la gorge, collier nuchal chamois clair, taches blanches sur les primaires et rectrices externes, ailes moins pointues que celles de *C. europaeus*, battements plus rapides, vol plus léger. Chant « cou-kou, chou-kou ». Tamaris, buissons épineux ou non, bords des déserts. S'abrite à l'ombre de rochers ou de buissons. L 21-22, E 46-53 cm.

ENGOULEVENT DU DÉSERT *Caprimulgus aegyptius*. Le plus pâle de la région. Plumage gris, chamois, assez uniforme, taches blanches sur les côtés de la gorge, pas de taches blanches sur les ailes ni la queue. Chant, série de « kour » ou « pour » souvent ralentie à la fin ; aussi « kre kre kre » en succession rapide, « toc toc toc ». Déserts, semi-déserts avec broussailles ou palmiers dispersés. L 24-26, E 58-68 cm.

Ssp. *aegyptius* (delta du Nil, Moyen-Orient) plus grisâtre ; ssp. *saharae* (AFN) très pâle, plus gris chamois rosé.

Engoulevent d'Amérique *Chordeiles minor*. Amérique. A. Un peu plus petit que *Caprimulgus europaeus*, ailes plus longues, plus pointues, queue un peu plus courte et échancrée, taches blanches sur les primaires (♂ et ♀) et, chez le ♂, aussi près du bout de la queue et sur la gorge ; dessus gris et noir. Cri en vol « paint » nasal, aigre. L 23-25. E 59-68 cm.

♀

♂

♂

♀

♂

♂

ENGOULEVENT
D'EUROPE

♂

♀

ENGOULEVENT
À COLLIER ROUX

♂

♀

ENGOULEVENT DE NUBIE

saharae

♂

♂

aegyptius

♂

♂

♀

ENGOULEVENT
D'AMÉRIQUE

● MARTINETS : *Apodidae*. Les plus aériens de tous les oiseaux. Parfaitement adaptés à un vol rapide et continu. Se nourrissent en volant. Longues ailes étroites et incurvées, queue courte généralement échancrée. Plumage brun foncé ou noirâtre ; sexes semblables.

La plupart des martinets ont un vol plus rapide et plus direct que celui des hirondelles (p. 238) ; battements d'ailes entrecoupés de glissades en plané. Allure différente de celle des hirondelles dont le vol est plus lent, plus souple. Certains martinets chassent à forte altitude matin et soir ; peuvent somnoler dans l'espace en planant. Par temps froid et humide chassent très bas à côté des hirondelles. Groupes bruyants.

Martinet pâle

Hirondelle de rochers

Martinet épineux *Hirundapus caudacutus*. E Asie. A, rare. Ailes assez larges, plumage à reflets verts ou pourpres, queue carrée, très courte, rachis nu à l'extrémité des rectrices. Front, gorge, sous-caudales et bas-ventre blancs (espace en forme de U). L 19-20, E 50-53 cm.

MARTINET DES MAISONS *Apus affinis*. Le plus petit de la région. Le seul ayant une courte queue carrée et un rectangle blanc sur le croupion (v. *A. caffer*, plus grand, croupion blanc plus étroit, queue fourchue). Juv. plus pâle, primaires internes blanches au bout. L'Hirondelle de fenêtre (de même taille) et l'Hirondelle rousseline (plus grande) (p. 240) ont queue fourchue, dessous plus clair, vol moins puissant. Voix, trilles aigus. Villes, parfois ravins en montagne. L 12, E 34-35 cm.

Niche : Afrique au S du Sahara. Depuis 1968, Maroc et S Espagne (mai-octobre, parfois sédentaire)

MARTINET CAFRE *Apus caffer*. Plus grand que *A. affinis*, queue très fourchue, croupion blanc plus étroit, plumage bleu noir (et non pas brun noir), couvertures sous-alaires noires contrastant avec rémiges brun gris (tous 2 ont la gorge blanchâtre). Plus foncé que l'Hirondelle de fenêtre (plus trapue) et l'H. rousseline (plus mince et allongée) (p. 240). (*A. horus*, le Martinet horus, qui niche au Soudan et puis au S a un croupion blanc plus grand, la queue moins fourchue). Juv. plus terne, les primaires internes ont le bout blanc. Moins bruyant que *A. affinis*, cris plus gutturaux. Vol comme *A. apus*. Pond dans vieux nids de l'Hirondelle rousseline et d'autres hirondelles. L 14, E 34-36 cm.

MARTINET À VENTRE BLANC (Martinet alpin) *Apus melba*. Le plus grand martinet de la région. Dessus brun, dessous blanc sauf bande pectorale brune (détail unique chez les martinets de la région). Vol rapide, direct, plus puissant que celui du M. noir (p. 218), battements d'ailes plus lents ; sa silhouette est de loin presque semblable à celle du Faucon hobereau (p. 108). En vol, les groupes émettent des trilles aigus, audibles de très loin (tonalité montante et descendante) « tirirrititi ». L 20-22, E 54-60 cm. N : CH, F.

juv. adulte

Juv. *A. melba* : liserés blanchâtres au bout des rémiges (invisible en nature), dessus du corps un peu plus foncé.

Oiseaux du S plus clairs, surtout ssp. *tuneti* (Maghreb – sauf N Maroc – et jusqu'au Levant) et *archeri* (de la Mer Morte au Sinaï).

Martinet de Sibérie *A. pacificus*. E Asie. A, rare. Plus grand et plus noir que *A. caffer* (un peu plus grand que *A. apus*), ailes plus étroites à l'extrémité, queue plus longue très fourchue, croupion blanc plus large ; de près, plumes du dessous du corps liserées de blanc. L 17-18, E 48-54 cm.

adulte

adulte

juv.

Hirondelle de fenêtre

Martinet

Attention aux martinets noirs (p. 218) partiellement albinos (croupion blanc) et à l'Hirondelle de fenêtre (p. 240).

MARTINET
ÉPINEUX

MARTINET
DES MAISONS

melba

MARTINET CAFRE

tuneti

MARTINET À
VENTRE BLANC

MARTINET DE SIBÉRIE

Leurs petites pattes étant très courtes, les martinets ne se posent pas à terre (sauf accidentellement) ni sur les arbres mais s'accrochent aux murs ou parois de rocher. Ils peuvent voler jour et nuit. Quand ils nichent, ils viennent se reposer au crépuscule.

Aux Canaries, cohabite avec
A. pallidus sauf sur Lanzarote
où il manque.

MARTINET UNICOLORE *Apus unicolor*. Toute l'année à Madère; aux Canaries, seulement pour nicher (quartiers d'hiver inconnus). Ressemble fortement à *A. apus* et à *A. pallidus*, quoique plus petit, plus gris brun et vol plus rapide; queue à peine fourchue, menton et gorge gris (peu visible). Par dessous, reconnaissable surtout à: primaires semi-translucides. Cris semblables à ceux de *A. apus*. L 14-15, E 38-39 cm.

MARTINET NOIR *Apus apus*. Diffère des hirondelles (pp. 238-241) de la région par: longues ailes en forme de faux, queue courte, plumage entièrement sombre, gorge blanchâtre (plus visible chez juv.). Vol rapide, impétueux, battu et plané. Groupes très bruyants (matin et soir), tournent autour des maisons. Cri habituel «sri» perçant. Se nourrit au-dessus des eaux douces, des agglomérations et de la campagne cultivée. Nid dans un trou de mur (parfois dans falaise ou trou d'arbre), généralement dans villes et villages. L 16-17, E 42-48 cm. N : B, CH, F, L.

Les ssp ne peuvent être distinguées en nature. *Pekinensis* (de passage en Iran) plus pâle, plus brune, tête et menton parfois pâles, presque blanc cassé; pourrait être confondu avec *A. pallidus*.

juv.   adulte

Juv. plus brun que l'adulte, tache blanchâtre de la gorge plus grande, liserés blanchâtres sur les plumes (corps, ailes, queue).

MARTINET PÂLE *Apus pallidus*. Ressemble beaucoup au M. noir, parfois plus clair et plus brun, faibles liserés clairs dessous, base des ailes plus pâle, contrastant avec les primaires et le dos foncés, tête plus claire, ailes un peu plus larges et moins pointues avec battements plus lents. Voix un peu plus grave. V. *A. unicolor* (plus petit). Cohabite souvent avec *A. apus* (distinction un peu moins difficile dans ce cas). Comportement comme celui de *A. apus*. L 16-17, E 42-48 cm.

N : CH, F.

Martinet ramoneur *Chaetura pelagica*. Amérique. A, rare. Ressemble à *A. affinis* (p. 216) qui a la même taille; en diffère par: croupion aussi foncé que le dos; diffère des autres martinets entièrement foncés de la région par sa très courte queue carrée (au bout, 2 très petites pointes invisibles). L 13, E 31 cm.

218

Les groupes de Martinets noirs et/ou Martinets pâles qui tournent en criant autour des maisons se composent d'adultes et de jeunes.

MARTINET UNICOLORE

apus

pekinensis

MARTINET NOIR

brehmorum

Hirondelles : pp. 238-241

MARTINET PÂLE

Ssp. *pallidus* (Moyen-Orient, Egypte) : la plus petite et la plus pâle ; ssp. *brehmorum* plus pâle, en AFN, aux Canaries et à Madère qu'en France et en Espagne ; ssp *illirycus* (E Adriatique), la plus grande et la plus foncée.

MARTINET RAMONEUR

● MARTINS-PÊCHEURS, MARTIN-CHASSEUR et ALCYON : *Alcedinidae*. Taille moyenne à grande. Oiseaux terrestres ou du bord des eaux. Grosse tête, long et fort bec pointu, cou bref, très petites pattes (1 doigt en arrière, 3 en avant, soudés à leur base). Sexes plus ou moins semblables. Vol rapide, direct (coups d'ailes précipités) ; ailes arrondies. Au repos, se tiennent dressés. Nichent dans des galeries.

MARTIN-PÊCHEUR D'EUROPE *Alcedo atthis*. Le plus petit et le seul martin-pêcheur largement répandu dans la région. Brillamment coloré : dessus bleu vert métallique, dessous roux, bec noir (m. i. rougeâtre chez la ♀), pattes rouges. queue très brève. Silhouette très trapue (en vol et posé). Pour pêcher des poissons, plonge du haut d'un perchoir ou après avoir volé sur place. Cris stridents, aigus «tit», «tik», «tihiti», lancés quand l'oiseau survole une rivière ou entre 2 plans d'eau. Solitaire. Chant, succession de sifflements. Eaux douces de plaine ; en hiver, aussi estuaires, côtes. Nid dans une galerie creusée dans un talus, une sablière, une berge élevée, pas toujours au bord de l'eau. L 16-17, E 24-26 cm. N : B, CH, F, L.

Ssp. atthis (région méditerranéenne, E Europe), menton plus blanc que ssp. *ispida* (N, O Europe), contrastant plus avec poitrine rousse.

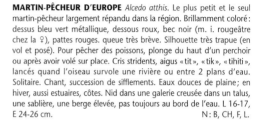

MARTIN-CHASSEUR DE SMYRNE *Halcyon smyrnensis*. Le plus grand Alcédinidé nicheur de la région. Coloration unique : menton, gorge et poitrine blancs, tête et reste du dessous, épaules, marron ; dos, ailes, queue bleu vif ; gros bec rouge. En vol, grand espace blanc au bout des ailes. Très bruyant ; sifflements forts et aigus «kililili» longuement répétés ; cri d'alarme en crécelle «tcheuk tcheuk tcheuk». Pêche des poissons, capture aussi de gros insectes et autres petits animaux. Terres cultivées, jardins en ville, clairières des forêts, bords des eaux douces, estuaires. L 26-28, E 40-43 cm.

ALCYON PIE *Ceryle rudis*. Blanc et noir, petite huppe occipitale, long bec noir, queue assez longue. ♂ : 2 bandes pectorales noires ; ♀ : une seule, pas toujours complète ; juv. : une bande grisâtre. Voix, cris aigus «kik kik», sifflements. Fait souvent du vol sur place avant de plonger pour pêcher ; pique aussi du haut d'un perchoir. Eaux douces et saumâtres, côtes, estuaires. Souvent en petits groupes. L 24-26, E 45-47 cm.

Martin-pêcheur d'Amérique *C. alcyon*. Amérique. A, rare. Plumage gris bleu dessus, plumes de la tête hérissées, bec noirâtre. ♂ : une bande pectorale grise ; ♀ : en plus, une bande rousse sur ventre et flancs. Voix, cris en crécelle, un peu comme ceux de la Grive draine. Vol puissant, coups d'ailes amples. L 28-35, E 47-52 cm.

● HUPPE : *Upupidae*. Une seule espèce. Niche dans des cavités.

HUPPE FASCIÉE *Upupa epops*. Ne peut être confondue. Long bec incurvé, huppe rousse terminée de noir, pliée ou relevée, plumage roussâtre plus ou moins rosé, ailes (arrondies) et queue noires et blanches. En vol, aspect de grand papillon. Chant grave, portant loin « houp houp houp » rapide, bien différent de celui du Coucou gris (p. 202) et de la Chouette hulotte (p. 212). Prairies, vergers, lisière des bois, parcs, localement vignobles, campagne cultivée avec haies, bosquets, steppes. L 26-28, E 42-46 cm. N : B, CH, F.

MARTINS-PÊCHEURS, HUPPE

juv.

adulte

MARTIN-PÊCHEUR
D'EUROPE. Bec noir;
m. i. rougeâtre (♀)

ALCYON PIE

♀

♂

adulte

juv.

MARTIN-CHASSEUR
DE SMYRNE

MARTIN-PÊCHEUR
D'AMÉRIQUE
♀

Vol hésitant comme
celui d'un papillon.

HUPPE FASCIÉE

● GUÊPIERS : *Meropidae*. Couleurs vives. Ailes et queue longues (adultes : rectrices centrales allongées). Bec assez long, légèrement incurvé. Oiseaux terrestres, sociables ; sexes semblables. Epient les insectes volants du haut d'un perchoir. Vol souple avec longues glissades en plané (ailes triangulaires) et accélérations pour capturer les proies. Reviennent au perchoir en décrivant une courbe gracieuse et frappent l'insecte avant de l'avaler. Milieux ouverts avec arbres, buissons, souvent près des cours d'eau. Nichent en colonies dans des galeries creusées dans sablières, talus ou le sol.

GUÊPIER D'EUROPE *Merops apiaster*. Le plus répandu dans la région. Coloration bigarrée et silhouette unique. Dessous bleu turquoise, dos marqué de vert après la reproduction, gorge jaune, tête, dos, ailes (en partie) roux marron, croupion jaune, trait oculaire et petit collier noirs, dessous des ailes marron clair, bord de fuite noir bien visible en vol. Juv. : plus terne, plus vert. Cri en vol fréquent, liquide « guilp guilp », « rup rup rup » bas, en roulade, etc. L 27-29, E 47-49 cm.　　　N : CH, F.

GUÊPIER DE PERSE *Merops persicus*. Plumage vert (teinté de bleu par usure), menton jaune, gorge rousse, front et joues bleus séparés par un trait oculaire noir, dessous des ailes roux (visible en vol) ; bec et rectrices centrales plus longs que chez *M. apiaster*. Cris plus aigus, moins forts que ceux de cette espèce (différence assez faible). V. ssp. *cyanophrys* de *M. orientalis* (plus petit). L. 27-31, E 46-49 cm.

Ssp. *persicus* (Egypte, Moyen-Orient) décrite ci-dessus ; ssp. *chrysocercus* (NO Afrique) : ailes un peu plus courtes, moins de blanc sur le front.

GUÊPIER D'ORIENT *Merops orientalis*. Le plus petit de la région. Plumage vert avec du bleu sur la tête, dessous des ailes chamois pâle ; la gorge, vert doré ou bleue, le distingue des deux autres espèces plus grandes qui peuvent paraître très vertes. Voix « tit tit », « tri tri tri » monotone, plus ou moins fort. L 22-25, E 39-30 cm.

Ssp. *cleopatra* (Egypte) : vert nuancé de doré, rectrices centrales très longues ; ssp. *cyanophrys* (Israël) teinte bleue plus étendue, gorge bleu vif, rectrices centrales plus courtes.

● ROLLIERS : *Coraciidae*. Robustes oiseaux très colorés. Parades nuptiales aériennes acrobatiques. Bec fort, un peu crochu, pattes assez courtes. Sexes plus ou moins semblables. Nichent dans des trous.

ROLLIER D'EUROPE *Coracias garrulus*. Evoque un petit Corvidé mais couleurs très vives. En vol, ailes en grande partie bleu vif (bords et extrémités noires, petites couvertures violettes comme le dessous des rémiges), dos marron, croupion violet, queue un peu fourchue. Adulte H et juv. plus ternes. Vol direct ressemblant à celui du Pigeon ramier (p. 196). Cris, « rack rack » secs, ressemblant à ceux de la Corneille noire. Milieux boisés avec haies, arbres dispersés, broussailles, paysages de parcs, vergers, rangées d'arbres, bois clairs avec vieux arbres. L 30-32, E 66-73 cm.　　　N : F.

ROLLIER INDIEN *Coracias benghalensis*. Diffère du précédent par : poitrine brun vineux avec stries claires, dos brun foncé, tête brun vineux et bleu, extrémité de la queue (carrée) entièrement foncée (bleue sur les côtés seulement). Voix, croassements, cris secs comme ceux d'un héron, « kiou kiou » saccadés et forts. L 32-34, E 65-74 cm.

GUÊPIERS, ROLLIERS

adulte

juv.

GUÊPIER
D'EUROPE

juv.

adulte

adulte

GUÊPIER DE PERSE

GUÊPIER D'ORIENT

adulte

juv.

adulte

adulte

adulte

adulte

juv.

ROLLIER D'EUROPE

ROLLIER INDIEN

● PICS : *Picidae*. Oiseaux terrestres adaptés à l'escalade des arbres. Se nourrissent d'insectes extraits de l'écorce ou du bois avec leur grande langue. Nichent dans des trous qu'ils creusent dans le bois avec leur bec puissant. Queue raide (sauf Torcol, p. 228) servant d'appui quand ils cessent de grimper. Les 4 doigts sont plus ou moins tournés en avant quand les pics grimpent ou forent le bois. Certains se nourrissent aussi à terre. Vol ondulé ; à terre, sautillent lourdement. Au printemps, la plupart tambourinent en frappant un grand nombre de fois à la suite avec leur bec une branche sèche qui résonne.

PIC NOIR *Dryocopus martius*. Le plus grand pic de la région et le plus facilement reconnaissable. Mâle tout noir sauf front et vertex rouge vif ; chez la ♀, noire aussi, seulement une petite tache rouge sur la nuque. Mouvements assez raides quand il est posé. Trajectoire du vol peu ou pas ondulée, mais coups d'ailes irréguliers. Voix, « klieu » (oiseau posé), « kru kru kru » (oiseau en vol), « ouic ouic ouic » (parade nuptiale). Tambourinage très fort et long (environ 2, 5 s.). Forêts de résineux, de feuillus et mixtes. Creuse souvent son nid dans un hêtre. L 45-57, E 64-68 cm. N : B, CH, F, L.

PIC CENDRÉ *Picus canus*. Plus petit que le Pic vert, plus terne. Tête et dessous gris, bec plus fin, moustaches noires. ♂ : front noir, partie antérieure du vertex rouge ; ♀ : pas de rouge, moustaches plus étroites. Juv. plus bruns, flancs barrés. Chant plus mélodieux, bien plus lent que celui du Pic vert, les dernières notes nettement séparées, audible en période de reproduction. Tambourine bien plus que le Pic vert (longueur : 1 à 2 s.). Bois, forêts riveraines, parcs. Se nourrit en partie à terre. L 25-26, E 38-40 cm. N : B, CH, F, L.

Pic cendré

Pic vert

Pic cendré : vol plus rapide, plus léger que celui du Pic vert, silhouette plus fine.

PIC VERT *Picus viridis*. A l'envol, reconnaissable à son croupion jaune vif contrastant avec le reste du plumage essentiellement vert et à ses cris « tieu tieu tieu ». Par sa coloration, diffère des autres pics sauf le Pic cendré et le Pic de Levaillant. ♂ et ♀ : calotte rouge, masque noir (moustache noire et rouge chez le ♂, noire chez la ♀). Juv. plus terne, très tacheté, moustache rougeâtre. Cris sonores, ressemblant à un rire. Tambourine très rarement. Chant : série de 12-20 cris. Bois de feuillus et mixtes, campagne cultivée avec arbres dispersés, parcs, prairies, gazons des jardins. Souvent à terre. L 31-33, E 40-42 cm. N : B, CH, F, L.

♀ *sharpei*

Ssp. ibérique *sharpei* (Pic de Sharpe) : joues grises, moustache plus fine, voix différente. ♂ : moustache rouge, sans noir.

P. vaillantii : montagnes de l'Atlas

PIC DE LEVAILLANT *Picus vaillantii*. Diffère du Pic vert par : face grise sans masque noir (comme la ssp. *sharpei* de *P. viridis*). ♂ et ♀ : moustache noire ; ♀ : seule la nuque est rouge. Voix semblable à celle du Pic vert ; tambourine plus souvent que celui-ci. Bois clairs en montagne. Se nourrit souvent à terre (fourmis). L 30-32, E 40-43 cm.

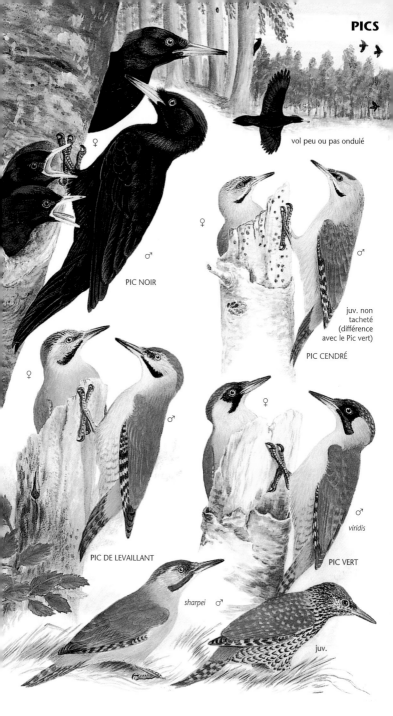

PICS

vol peu ou pas ondulé

♀

♂

PIC NOIR

♀

♂

juv. non
tacheté
(différence
avec le Pic vert)

PIC CENDRÉ

♀

♀

♂

PIC DE LEVAILLANT

♂
viridis

PIC VERT

sharpei ♂

juv.

PIC SYRIAQUE *Dendrocopos syriacus*. Adulte : diffère de *D. major* par : joues plus blanches, pas entièrement limitées par une barre noire (souvent peu visible), bas-ventre rose, flancs parfois faiblement striés. Juv. : moustache noire atteignant le bec ; diffère de celui de *D. major* par : légère bande pectorale rouge, flancs toujours striés. V. Pics mar et à dos blanc. Voix et tambourinage comme chez *D. major*, mais cris « kik » plus doux. Lieux boisés : vergers, allées d'arbres ; parcs, bosquets (dans l'aire du Pic syriaque, le Pic épeiche vit plutôt en forêt de montagne). L 22-23, E 34-39 cm.

Le Pic syriaque diffère aussi du Pic épeiche par ses rectrices externes qui ont très peu de blanc (parfois encore moins que sur le dessin ci-contre).

syriacus   major

PIC ÉPEICHE *Dendrocopos major*. Dans la région, le plus commun et le plus répandu des pics bigarrés. Grande tache blanche sur l'aile, sous-caudales rouges. Adulte : vertex noir, nuque rouge (♂) ou noire (♀). Juv. : calotte rouge, nuque noire (v. Pic mar). Vol très ondulé. Voix, cris forts « kik » répétés plus ou moins longuement. Tambourinage fréquent au printemps (10-15 coups, durée : c. 0,6 s.). Forêts de résineux, feuillus, mixtes, bosquets, parcs, vergers, grands jardins. L 22-23, E 34-39 cm.   N : B, CH, F, L.

thanneri

♂

♂

numidus

poelzami

♂

canariensis

Ssp. *major* (N Europe), ci-dessus ; *pinetorum* (C et O Europe) plus petite, un peu plus foncée ; *anglicus* (GB), *italiae* (Italie) et *hispanicus* encore plus foncées, joues nuancées de chamois ; *candidus* (Balkans) et *tenuirostris* (Crimée, Caucase), dessous blanc, blanc crème ou gris chamois ; *parroti* (Corse) et *harterti* (Sardaigne) un peu plus grandes ; *numidus* (Algérie, Tunisie), bande pectorale noire et rouge, bas-ventre et région anale rouges ; *mauritanus* semblable mais sans noir sur la poitrine ; *canariensis* (Ténérife) dessous crème chamois ; *thanneri* (Grande Canarie) dessous chamois grisâtre.

PIC MAR *Dendrocopos medius*. Un peu plus petit que le Pic épeiche. En diffère aussi par : vertex rouge chez ♂ et ♀ (chez celle-ci rouge moins vif), joues plus blanches car pas entièrement entourées de noir, moustache incomplète (n'atteint pas le bec), poitrine teintée de jaunâtre, striée, ventre plus rose que rouge. Diffère du Pic syriaque par : calotte rouge sans bordure noire, flancs plus fortement striés. Juv. semblable à l'adulte, plus terne dessus, dessous moins teinté de jaunâtre. Distinction avec *D. syriacus* nécessite beaucoup d'attention (v. cette espèce). Très remuant. Le chant ne peut être confondu : sorte de couinement plaintif comptant 5 à 20 cris émis assez lentement. Cris « kik » moins vifs que chez *D. major*. Tambourine peu. Forêts et bois de feuillus (chênaies) ; manque dans les peuplements purs de résineux. L 20-22, E 33-34 cm.   N : B, CH, F, L.

juv.

♀

femelles ci-dessous

♀ ♀

syriaque

♂

♀

PIC SYRIAQUE

épeiche

♀

juv. (face claire)

mar

♀

♂ major

juv. (face foncée)

à dos blanc (p. 228)

PIC ÉPEICHE

♂

épeichette (p. 228)

♂

PIC MAR

juv.

tridactyle (p. 228)

Préfère les forêts de feuillus où il y a
beaucoup d'arbres pourrissants.

PIC À DOS BLANC *Dendrocopos leucotos*. Le plus grand des pics bigarrés de la région. Cou et bec assez longs. Le seul ayant bas du dos et croupion blancs (ssp. *leucotos*). Pas de grande tache blanche sur les ailes, seulement barrées de noir et de blanc. ♂ (vertex rouge) diffère aussi de *D. medius* par coloration des joues semblable à celle du Pic syriaque (moustache complète). Juv.: couleur rouge (vertex, sous-caudales) assez pâle. Cris fréquents «kiouk» plus graves et moins secs que ceux du Pic épeiche. Tambourinage plus fort et plus long que celui de cette espèce (30-40 coups; 1,5 s.). Forêts (dans l'O et le S de l'aire, surtout en montagne). L. 24-26, E 38-40 cm.   N: F (Pyrénées).

Ssp. *lilfordi* (S Europe, Asie Mineure): stries des flancs plus nombreuses, rectrices externes plus barrées, croupion blanc barré de noir; ssp. *leucotos* (N Europe, Carpathes): ligne noire en arrière des parotiques moins nette ou absente, toujours absente chez *uralensis* (Oural).

PIC ÉPEICHETTE *Dendrocopos minor*. Le plus petit pic de la région (taille d'un moineau). Bec court, dessous strié, ailes barrées; vertex rouge (♂), blanchâtre (♀). La ♀ n'a aucune trace de rouge dans le plumage, occiput et nuque noirs. Juv.: partie antérieure du vertex rouge. Voix: toute l'année émet une série de cris (8-20) «kikikikiki...» assez aigus, isolée ou répétée. Tambourinage (printemps) plus faible que celui du Pic épeiche mais plus long et plus sourd (10-30 coups; 1-1, 5 s.). Observation difficile car se tient dans les arbres jusque sur les rameaux. Forêts de feuillus et mixtes, grosses haies, parcs, vergers, jardins, surtout en plaine. L 14-15, E 25-27 cm.   N: B, CH, F, L.

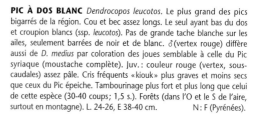

PIC TRIDACTYLE *Picoides tridactylus*. Paraît très foncé, noir et blanc. Dans la région, le seul pic qui ait 2 bandes noires sur les côtés de la tête, les ailes en grande partie noires, le croupion blanc (sauf *P. leucotos*). Pas de rouge dans le plumage. ♂: vertex partiellement jaune (souvent peu visible). Cris fréquents: «tuk» ou «ptuk» doux, audibles toute l'année. Tambourinage plus long que celui du Pic épeiche et plus fort (14-26 coups; 1, 3 s.). Forêts de résineux (mélèzes, épicéas); en montagne dans le S; dans le N, taïga, peuplements de bouleaux et de saules. L 21-22, E 32-35 cm.   N: CH, F.

Ssp. *alpinus* (C et SE Europe) plus foncée, dos blanc barré, flancs plus fortement barrés de noir.

Pic maculé *Sphyrapicus varius*. Amérique. A, rare. Dessus barré de noir et de blanc, menton rouge (♂), gorge noire, poitrine jaunâtre, grande tache alaire blanche, front et vertex rouges. L 22, E 32-34 cm.

TORCOL FOURMILIER *Jynx torquilla*. Ressemble plus à un passereau par sa coloration et son inaptitude à escalader les surfaces verticales. Migrateur. Plumage finement barré et tacheté de gris, brun, jaunâtre, ressemblant à celui de l'Engoulevent (p. 214). Bec faible, queue assez longue, rectrices molles à l'extrémité, longue bande dorsale brun foncé-noirâtre. Vol peu ondulé; souvent à terre où il sautille, la queue plus ou moins relevée. Ne tambourine pas. Chant nasillard, surtout au retour de la migration: série de 8-12-25 «couin couin couin...» ou «kékékéké». Bois de feuillus, vergers, grands jardins, parcs. Incapable de creuser le bois. Inquiété hérisse les plumes de la tête et la tourne en tous sens. Niche dans un ancien nid de pic. L 16-17, E 25-27 cm.   N: B, CH, F, L.

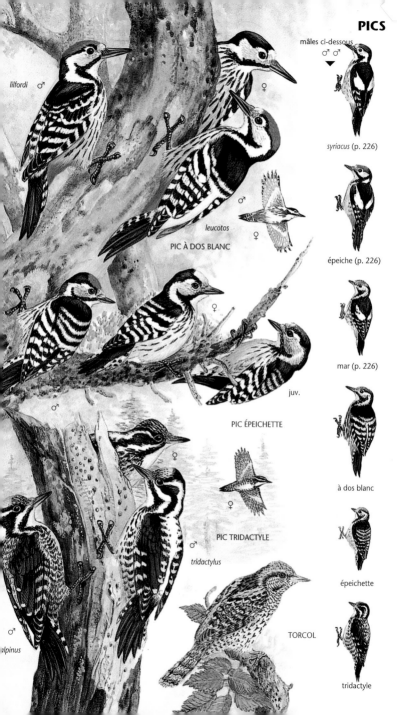

PICS

lilfordi ♂

mâles ci-dessous
♂ ♂
▼

syriacus (p. 226)

♀

leucotos
♂
♀

PIC À DOS BLANC

épeiche (p. 226)

♀

juv.

mar (p. 226)

PIC ÉPEICHETTE

♂

à dos blanc

♀

PIC TRIDACTYLE

tridactylus

♂

épeichette

♂

TORCOL

alpinus

tridactyle

● ALOUETTES : *Alaudidae* (pp. 230-237). Passereaux terrestres. Plumage de tonalité généralement brune, souvent plus foncé dans le N et plus pâle dans les régions désertiques. Sexes souvent semblables. Longue griffe postérieure. Chant mélodieux, émis en vol. Vol direct, un peu ondulé. Marchent et courent bien ; sautillent parfois. Souvent grégaires après la reproduction. Longueur et forme du bec, coloration des rectrices externes et voix importantes pour l'identification.

ALOUETTE LULU *Lullula arborea*. Plus petite qu'*Alauda arvensis* ; ailes et queue plus courtes (attention aux *A. arvensis* juv. à queue brève) ; sourcils crème bien marqués, se rejoignant sur la nuque, marque noire et crème au bord d'attaque des ailes, petites taches blanches au bout des rectrices (invisibles), rectrices externes foncées. Chant mélodieux, flûté, assez plaintif, émis en vol plus ou moins circulaire, parfois la nuit : phrase descendante « dulu dululu dulu... ». Cri en vol « uduli ». Landes, friches, prés-bois, vignobles, plaines, collines et contreforts des montagnes. L 15, E 27-30 cm. N : B, CH, F, L.

ALOUETTE DES CHAMPS *Alauda arvensis*. La plus largement répandue dans la région. Queue assez longue, nettement bordée de blanc, petite huppe parfois dressée, bord de fuite des ailes blanc (visible de près). Chant de longue durée, aigu, émis en vol ascendant, horizontal et descendant (piqué final silencieux) (s'élève jusqu'à 100 m environ). Cri à l'envol « trrrui », isolé ou doublé. En grandes troupes l'hiver. Champs cultivés, prairies, alpages, landes, aérodromes. L 18-19, E 30-36 cm. N : B, CH, F, L.

ALOUETTE GULGULE *Alauda gulgula*. Comme une petite Alouette des champs ; ailes et queue courtes, bec assez long, ailes roussâtres, les tertiaires égalent presque les primaires, rectrices externes chamois, souvent un point noirâtre de chaque côté du cou. Cris en vol « pzib » bourdonnants, « pioup » plus doux ; chant analogue à celui d'*A. arvensis*. L 16, E 26-30 cm.

COCHEVIS HUPPÉ *Galerida cristata*. Plus trapu qu'*Alauda arvensis*. Huppe pointue, presque toujours visible, ailes courtes et larges, fauve orangé dessous (en Europe), queue plus courte, rectrices externes roussâtres. Chant plus bref que celui d'*A. arvensis*, tonalité un peu plaintive, émis à terre, sur un perchoir ou en vol (courtes phrases successives). Cri en vol « ui-ui-u » liquide, montant (1re et 2e syllabes) puis descendant. L 17, E 29-38 cm. N : B, F.

Terrains pierreux ou sablonneux, semi-déserts, dunes, champs, terrains vagues en ville, bords des voies ferrées.

Environ 15 ssp. dans la région, certaines très pâles en AFN, p. ex. *arenicola* (Tunisie) ; *cinnamomina* (Liban) roux cannelle ; *macrorhyncha* (Sahara algérien) a le bec plus gros.

COCHEVIS DE THÉKLA *Galerida theklae*. Distinction avec *G. cristata* difficile sauf si les 2 sp. cohabitent. A peine plus petit, joues et gorge plus foncées, taches pectorales plus évidentes, plus arrondies ; en Europe, dessous des ailes gris, bec un peu plus court, 1re rémige primaire plus longue que les couvertures primaires (v. planche). Chant semblable émis en vol circulaire de parade ou, plus souvent que chez *G. cristata*, du haut d'un buisson ou d'un arbre. Cri en vol plus mélodieux, bi-quadri syllabique. L 16, E 28-32 cm. N : F.

Préfère les terrains accidentés avec des buissons ; montagnes ; évite les champs et les agglomérations.

Ssp. *theklae* (Espagne, Portugal) ci-dessus ; 4 ssp. nord-africaines de plus en plus grandes, ailes et bec plus longs, plus pâles et moins fortement striées du NO du Maroc à l'E et au S de l'Atlas en Algérie.

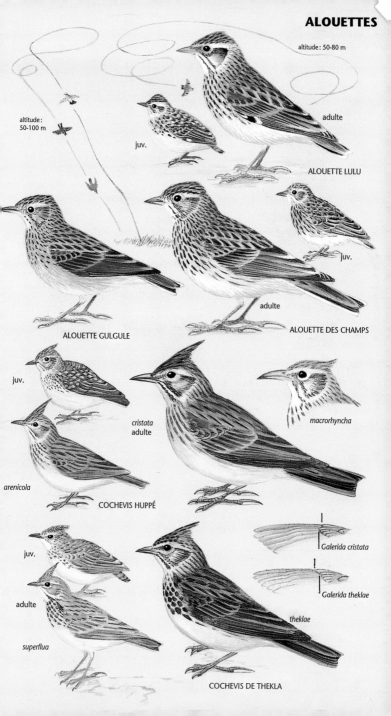

ALOUETTES

altitude : 50-80 m

altitude : 50-100 m

juv.

adulte

ALOUETTE LULU

juv.

adulte

ALOUETTE GULGULE

adulte

ALOUETTE DES CHAMPS

juv.

cristata adulte

macrorhyncha

arenicola

COCHEVIS HUPPÉ

Galerida cristata

Galerida theklae

juv.

adulte

superflua

theklae

COCHEVIS DE THEKLA

Tertiaires atteignant le bout de l'aile pliée chez *C. rufescens*, primaires plus longues.

A. de Dunn

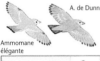

Ammomane élégante

alouette assez trapue

ALOUETTE CALANDRELLE *Calandrella brachydactyla*. Petite. Dessus roussâtre ou grisâtre avec stries foncées, dessous blanchâtre (côtés poitrine parfois faiblement striés avec souvent une petite tache noirâtre), calotte rousse, bec court semblable à celui d'un fringille (pp. 338 et suiv.). Chant mélodieux, phrases longuement répétées, émis en vol circulaire et ondulé ou à terre. Cris, pépiements de moineau et roulade brève. Steppes, milieux secs et sans arbres, champs, semi-déserts, dunes, friches caillouteuses. L 13-14, E 25-30 cm.   N : CH, F.

Plus grise et moins roussâtre de l'O à l'E de la région méditerranéenne ; ssp. *rubiginosa* (Maghreb) la plus rousse ; ssp. *artemisiana* (Asie Mineure, Caucase) la plus gris pâle.

ALOUETTE PISPOLETTE *Calandrella rufescens*. Ressemble fortement à *C. brachydactyla* ; en diffère par : poitrine bien striée (sauf exceptions), tertiaires bien plus courtes que les primaires, parotiques striées, pas de tache pectorale noirâtre. Chant plus mélodieux souvent précédé d'un cri « pritt » émis depuis le sol ou en vol ascendant, en spirale ou circulaire, sans ondulations. Terrains plus pierreux, moins herbeux, souvent sur le bord desséché des marais. L 13-14, E 24-32 cm.

Les 9 ssp. de la région sont plus ou moins rousses ou grises mais cette variation n'est pas régulière d'O en E (ce n'est pas un cline).

AMMOMANE ÉLÉGANTE *Ammomanes cincturus*. Plus petite que *A. deserti*. En diffère par : bec plus court, tête de bruant, dessin foncé en T au bout de la queue (plus courte), bout des ailes noirâtre, pattes plus foncées. Chant faible, flûté, trisyllabique ; cris en vol comme ceux de *Calandrella brachydactyla*. Déserts peu rocheux avec quelque végétation ; souvent en groupe. L 15, E 25-29 cm.

ALOUETTE DE DUNN *Eremalauda dunni*. Niche localement : Jordanie, Israël, Sinaï. Diffère des ammomanes par son bec plus épais, blanchâtre et brun, sa tête plus colorée (moustaches et traits malaires foncés, tour des yeux blanchâtre, arrière des joues roussâtre pâle, vertex et dessus plus striés) ; en vol, côtés de la queue noirs. Chant analogue à celui d'*A. cincturus*. Cris « tchioup tchioup », « prrrp ». L 14, E 25-30 cm.

AMMOMANE ISABELLINE *Ammomanes deserti*. Trapue, ailes arrondies ; presque entièrement roussâtre ou grise selon la couleur dominante du milieu ambiant, sauf queue brun roussâtre et brune au milieu et sur les côtés, le reste gris brun foncé. Cris plaintifs « touit » ; chant mélodieux, fort « tou tou oui ». Vol assez lent et un peu descendant. Déserts, semi-déserts, terrains pierreux, parfois avec arbres dispersés. Peu sociable. L 16-17, E 27-30 cm.

Trois des 7-8 ssp. de la région sont illustrées et montrent la variabilité du plumage selon la couleur du sol. ssp. *annae* très foncée (déserts de lave noire en Jordanie).

▶ **SIRLI DE DUPONT** *Chersophila duponti*. Plumage brun à roux ; long bec incurvé ; sourcils clairs ainsi qu'une raie médiane sur le vertex. Discret, s'envole à regret, court très vite ; repéré surtout grâce à son chant émis (à grande hauteur) à l'aube et au crépuscule, différent de celui des autres alouettes. Cris, sifflements « hou-ih », montants, de tonalité nasale. Steppes herbeuses, champs, plaines et plateaux. L 18, E 26-31 cm.

Ssp. *duponti* (Péninsule ibérique, Maghreb) ci-dessus ; ssp. *margaritae* (Sud de l'Atlas, Algérie-Egypte) plus rousse.

chante en vol

ALOUETTES

artemisiana

coloration assez variable,
parfois très grisâtre

brachydactyla

ALOUETTE
CALANDRELLE

♂

♀ poitrine unie ou moins
tachetée que le ♂

rufescens

apetzii

ALOUETTE PISPOLETTE

AMMOMANE
ÉLÉGANTE

algeriensis

ALOUETTE DE DUNN

annae

payni

AMMOMANE
ISABELLINE

duponti

margaritae

SIRLI DE DUPONT

silhouette assez élancée quand il est
aux aguets; autrement, plutôt trapu.

ALOUETTE CALANDRE *Melanocorypha calandra*. Grande taille. Beaucoup plus massive que l'Alouette des champs. Grosse tête, sourcils larges chamois clair, ailes triangulaires paraissant noires dessous (bord de fuite blanc), 1 tache noire (variable) de chaque côté du cou, gros bec. V. A. monticole et ♀ d'A. nègre. Chant analogue à celui de l'A. des champs, comportant des cris «klitra» et des imitations d'autres oiseaux, émis en vol circulaire plus ou moins haut (battements d'ailes lents) ou même à terre. Steppes herbeuses avec buissons bas, terrains secs, champs cultivés. L 18-19, E 34-42 cm.   N: F.

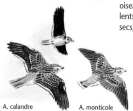

En vol, contraste entre les 2 faces des ailes; rectrices externes blanches (*M. bimaculata*: bord de fuite des ailes foncé, dessous plus pâle, bout de la queue blanc, rectrices externes chamois).

A. calandre   A. monticole

ALOUETTE MONTICOLE *Melanocorypha bimaculata*. Posée, ressemble beaucoup à A. calandre mais plus petite, ailes plus longues, plus roussâtre, taches foncées du cou plus petites, sourcils blancs, rectrices externes chamois, les autres blanches au bout (sauf aussi les 2 centrales). V. aussi ci-dessus. Chant et cris comme l'A. calandre. Niche plus haut en montagne, plus souvent dans les semi-déserts et en terrain plus dénudé. L 16-17, E 33-41 cm.

ALOUETTE NÈGRE *Melanocorypha yeltoniensis*. Grande. Mâle reconnaissable à son plumage nuptial noir avec liserés gris blanc ou chamois (plus brun en hiver). ♀ et juv.: couvertures sous-alaires foncées, pas de tache noire au cou ni de blanc sur les ailes. ♀: taches foncées sur bas poitrine et ventre. Chant analogue à celui de l'Alouette des champs mais phrases plus courtes, émis plus souvent à terre qu'en vol lent et circulaire. Cris en vol mal connus. Steppes, terrains salés; en hiver, milieux peu enneigés. L 19-20, E 34-41 cm.

ALOUETTE LEUCOPTÈRE *Melanocorypha leucoptera*. Diffère des autres alouettes à gros bec par la large bande blanche à l'arrière des ailes, contrastant avec la partie antérieure rousse et l'extrémité noire, le vertex, les parotiques roux chez le ♂ (plus clairs et plus striés chez la ♀) et les rectrices externes blanches. Chant analogue à celui de l'A. des champs (p. 230), émis en vol plus ou moins élevé ou d'un petit perchoir; cri en vol «oued» grêle. Steppes, semi-déserts. L 18, E 33-37 cm.

ALOUETTE DE CLOTBEY *Ramphocoris clotbey*. C'est l'alouette qui a le plus gros bec. Poitrine fortement tachetée de noir, joues noires et blanches, ailes gris brun roussâtre, noir et blanc, dessous des ailes noir, bord de fuite blanc. Chant gazouillé, peu harmonieux, émis en vol ou à terre. Cris variés «cou-i», «sri», «co-ep» (en vol). Court très vite et quand elle s'arrête, se dresse, la tête haute ou un peu rejetée en arrière. Niche: déserts (hamada: plateaux rocheux); en hiver, oueds herbeux, champs. L 17, E 36-40 cm.

ALOUETTES

ALOUETTE CALANDRE

ALOUETTE MONTICOLE
Plus petite, queue plus
courte, sourcils blancs.

♀

♂

♂ N

♂ H
ALOUETTE NÈGRE

ALOUETTE LEUCOPTÈRE

juv.

adulte

**ALOUETTE
DE CLOTBEY**

ALOUETTE HAUSSECOL *Eremophila alpestris*. De loin, ressemble aux autres alouettes ; dessus brun rosé avec traits foncés, queue noire (rectrices externes bordées de blanc). De près (adulte) : tête noire et jaune ; au printemps, le ♂ a de petites « cornes » noires. (v. *E. bilopha*). Cri fréquent « tsip » ou « tsiip » évoquant celui du Pipit maritime (p. 244) ou de la Bergeronnette printanière (p. 248) ; autre cri fin, descendant « si-di-oui ». Vol ondulé. Peut courir très vite. Niche : toundra, côtes rocheuses de l'Arctique ; en montagne, à l'étage alpin. Hiverne sur les côtes (souvent dunes) ou dans les champs proches, parfois avec Bruant des neiges et Bruant lapon (p. 360). L 14-17, E 30-35 cm.

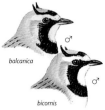

balcanica

♂

♂

bicornis

Ssp. nordique *flava* décrite ci-dessus ; ssp. *brandti* (S Russie) plus claire, plus grise, face blanche ; ssp. *atlas* (Atlas) brun plus clair sans tonalité rosée, « cornes » plus longues ; sspp. *balcanica* (Balkans), *penicillata* (Asie Mineure, Caucase) et *bicornis* (du Taurus à Israël) un peu plus grandes, jaune de la tête plus pâle, le noir des joues rejoint celui de la poitrine.

E. alpestris niche dans des milieux très différents de ceux occupés par *E. bilopha*.

ALOUETTE BILOPHE *Eremophila bilopha*. Plus petite, plus pâle, coloration plus uniforme que *E. alpestris*. Dessus chamois rosé, dessous blanc, tête noire et blanche, le noir des joues ne rejoint pas celui de la poitrine. Cri plus bisyllabique que celui d'*E. alpestris* ; chant moins fort, plus souvent émis en vol (sans piqué final). Déserts pierreux ou sablonneux, souvent nus. L 13-14, E 26-31 cm.

♂

♀

MOINELETTE À FRONT BLANC *Eremopterix nigriceps*. La plus petite alouette de la région. Bec court. Ressemble plus à un fringille qu'à une alouette mais ne sautille pas. ♂ : vertex et dessous noirs, front et joues blancs ; ♀ : roussâtre pâle, non striée ; diffère d'autres petits passereaux déserticoles par le dessous des ailes noir (visible en vol). Chant pépiements émis en vol nuptial qui prend fin par un plané, ailes relevées et une chute verticale ; dérangée, vole parfois en cercles. Plaines ouvertes et sèches, déserts de sable. L 10-11, E 20-22 cm.

Préfère les plaines, les terrains faiblement ondulés ; aussi : hauts plateaux et côtes.

SIRLI DU DÉSERT *Alaemon alaudipes*. Une des plus grandes alouettes, l'une des plus facilement reconnaissables. Ailes et pattes longues, long bec incurvé, ailes noires et blanches. Chant mélodieux caractéristique : plusieurs notes claires suivies d'un long sifflement descendant, émis à terre et pendant le vol nuptial (le ♂ monte tout droit et descend en spirale, ailes étendues, piqué final). V. Sirli de Dupont (p. 232). Court et se dresse quand il s'arrête. Déserts, semi-déserts, côtes sablonneuses. L 18-20, E 33-41 cm. Diffère du Sirli de Dupont par : taille supérieure, ailes tricolores dessus, plumage plus gris, moustaches noires.

ALOUETTES

juv.

H

flava

randti

atlas

penicillata

♂ alpestris

ALOUETTE HAUSSECOL

adulte 1re année

♀

juv.

♀

♂

♂

♀

ALOUETTE BILOPHE

♀

♂

MOINELETTE À FRONT BLANC

adulte

adulte

juv.

adulte

SIRLI DU DÉSERT

Les hirondelles s'assemblent souvent en troupe pour chasser au-dessus des eaux douces ou dans la campagne; avant le départ en migration, elles se réunissent sur les fils électriques.

● HIRONDELLES : *Hirundinidae*. Petits passereaux adaptés à un mode de vie aérien. Vol gracieux, assez rapide. Cou bref, longues ailes (relativement plus courtes que celles des martinets, p. 216), queue fourchue, petit bec s'ouvrant largement. Sexes semblables.

HIRONDELLE DE RIVAGE *Riparia riparia*. La plus petite hirondelle européenne. Dessus brun, dessous blanc avec une bande pectorale brune, queue légèrement fourchue. Cris secs, brefs, graves (différent de ceux des H. de cheminée et de fenêtre, p. 240). Chant, pépiement formé d'une série de cris «tchrrr». Vol battu, moins plané que celui des H. de rochers et isabelline. A proximité des eaux douces (lacs, étangs, fleuves, rivières). Niche en colonie dans des galeries creusées dans sablières, talus. L 12, E 27-29 cm.   N : B, CH, F, L.

Ssp. *shelleyi*, grisâtre (vallée du Nil), plus pâle, bande pectorale plus étroite; ssp. *diluta* (Transcaspie, cours inférieur de l'Oural) encore plus pâle, bande pectorale identique. Chez toutes les ssp., juv. comme l'adulte sauf liserés pâles sur les plumes (coloration moins uniforme).

HIRONDELLE PALUDICOLE *Riparia paludicola*. Diffère de *R. riparia* par : silhouette plus ramassée, taille légèrement inférieure, plumage plus terne, pas de bande pectorale nette (menton, gorge, poitrine brun clair), ventre blanchâtre. Diffère des H. de rochers et isabelline par l'absence de taches blanches sur les rectrices. Chant: pépiement; cri fréquent «soui-soui» aigu. Comportement et habitat comme l'Hirondelle de rivage. L 12, E 26-27 cm.

HIRONDELLE ISABELLINE *Ptyonoprogne fuligula*. Plus petite et plus grise que l'H. de rochers. Dessous des ailes et du corps plus pâles, gorge blanc terne. Diffère de *Riparia riparia* et de *R. paludicola* par les taches blanches des rectrices et de la 1re par l'absence de bande pectorale et son vol comportant plus de plané. Assez silencieuse; chant, pépiement liquide; cri sec «ouik». Déserts rocheux, gorges. Comportement semblable à celui de *P. rupestris*. L 12,5, E 28-30 cm.

Ssp. *perpallida* (S Irak) très pâle, gorge presque blanc pur; ssp. *obsoleta* (vallée du Nil, Sinaï) plus foncée; ssp. *presaharica* (Algérie, Maroc) encore plus sombre.

La seule hirondelle qui hiverne en Europe méridionale; migratrice dans le N de l'aire.

HIRONDELLE DE ROCHERS *Ptyonoprogne rupestris*. Diffère des 2 *Riparia* par : taille supérieure, plumage plus foncé, vol plus lent, plus plané, couvertures sous-alaires presque noires (et non pas brunâtres), gorge finement tachetée, absence de bande pectorale, absence de blanc sur le dessous du corps, queue à peine échancrée tachetée de blanc au bout. *P. fuligula*, plus petite, a la gorge blanche. Juv. un peu roussâtre. Chant et cris assez faibles; pépiements dont certains rappellent l'Hirondelle de fenêtre. Niche : falaises en montagne et parfois au bord de la mer, viaducs et autres constructions. L 14,5, E 32-34 cm.   N : CH, F.

238

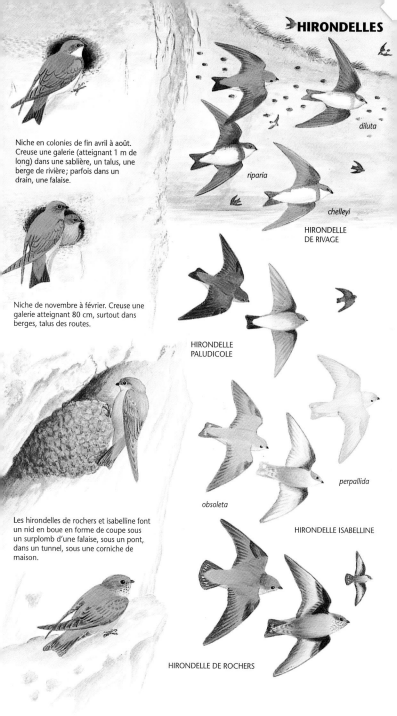

HIRONDELLES

Niche en colonies de fin avril à août. Creuse une galerie (atteignant 1 m de long) dans une sablière, un talus, une berge de rivière ; parfois dans un drain, une falaise.

diluta

riparia

chelleyi

HIRONDELLE DE RIVAGE

Niche de novembre à février. Creuse une galerie atteignant 80 cm, surtout dans berges, talus des routes.

HIRONDELLE PALUDICOLE

obsoleta

perpallida

HIRONDELLE ISABELLINE

Les hirondelles de rochers et isabelline font un nid en boue en forme de coupe sous un surplomb d'une falaise, sous un pont, dans un tunnel, sous une corniche de maison.

HIRONDELLE DE ROCHERS

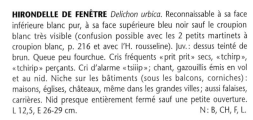

HIRONDELLE DE FENÊTRE *Delichon urbica*. Reconnaissable à sa face inférieure blanc pur, à sa face supérieure bleu noir sauf le croupion blanc très visible (confusion possible avec les 2 petits martinets à croupion blanc, p. 216 et avec l'H. rousseline). Juv.: dessus teinté de brun. Queue peu fourchue. Cris fréquents «prit prit» secs, «tchirp», «tchirip» perçants. Cri d'alarme «tsiiip»; chant, gazouillis émis en vol et au nid. Niche sur les bâtiments (sous les balcons, corniches): maisons, églises, châteaux, même dans les grandes villes; aussi falaises, carrières. Nid presque entièrement fermé sauf une petite ouverture. L 12,5, E 26-29 cm. N: B, CH, F, L.

HIRONDELLE ROUSSELINE *Hirundo daurica*. La seule hirondelle de la région qui ait la nuque et le croupion roux orangé. Diffère aussi de *H. rustica* par: absence de bande foncée sous la gorge et de taches blanches sur la queue, rectrices externes un peu plus courtes, plus larges et moins effilées, dessous faiblement strié, sous-caudales noires. Cri en vol «quitsch» étiré, fin. Chant moins mélodieux que celui d'*H. rustica*, mais cris semblables. Vol plus lent. Niche: falaises, ponts, bâtiments, souvent dans les villes. L 16-17, E 32-34 cm. N: F.

Hirondelle à front blanc *Hirundo pyrrhonota*. Amérique. A, très rare (seulement juv. jusqu'à présent). Ressemble à une petite H. rousseline; en diffère par: queue presque carrée, face et gorge rousses, tache foncée sur la gorge (absente ou faible chez le juv. plus terne). L 14 cm.

V. aussi
à droite,
p. 241.

HIRONDELLE RUSTIQUE (H. de cheminée) *Hirundo rustica*. La plus commune dans la région. Dessus bleu noir, front et gorge roux, bande bleu noir sous la gorge, reste du dessous blanc crème, queue tachetée de blanc au bout. Adulte: très longues rectrices externes (filets) (un peu plus courtes chez la ♀). Hybrides avec l'H. de fenêtre rares (bande pectorale incomplète, front foncé, croupion chamois, sous-caudales blanches, queue plus courte, sans taches). Cri fréquent «sivit sivit»; cri d'alarme «svit»; chant, gazouillis mélodieux assez bref. Campagne cultivée, villages, bords des villes. N: B, CH, F, L.

Sspp. *transitiva* (Levant) et *savignii* (Egypte) un peu plus grandes, dessous plus roux chez *transitiva* et surtout chez *savignii*. (ces oiseaux paraissent très sombres).

H. de cheminée juv.: rectrices latérales plus courtes, plus larges, roux du front et de la gorge plus pâle, bande pectorale gris noirâtre.

Hybrides H. de cheminée x H. de fenêtre: très rares; ressemblent à l'une ou à l'autre. Type *H. rustica*: gorge et sous-caudales nuancées de roussâtre, croupion blanchâtre, tarses un peu emplumés.

240

HIRONDELLES

Nid en forme de demi-sphère avec une petite ouverture à la partie supérieure.

HIRONDELLE DE FENÊTRE

juv.

Nid allongé, ouverture au ras du «plafond» auquel il est fixé.

HIRONDELLE À FRONT BLANC

queue vue par-dessus

♂   ♀   «filets» plus courts

♂

rustica

♂

HIRONDELLE RUSTIQUE

savignii

transitiva

♂

Nid en coupe largement ouverte, en boue et herbes sèches, collé sur un rebord, une poutre à l'intérieur d'un bâtiment.

● PIPITS, BERGERONNETTES : *Motacillidae*. Petits passereaux svveltes ; queue assez ou très longue, bec mince. Les bergeronnettes hochent la queue verticalement. Sexes semblables. Pipits (*Anthus*), pp. 242-247, bergeronnettes (*Motacilla*) pp. 248-251.

Pipits (*Anthus*) : plumage brun, dessous plus clair, poitrine généralement tachetée, queue plus courte que celle des bergeronnettes. Comportement ressemblant à celui des alouettes (aux pattes et queue plus courtes), parades nuptiales aériennes ; à terre, marchent et courent ; assez remuants. Distinction des espèces assez difficile.

PIPIT DES ARBRES *Anthus trivialis*. Ressemble fortement au P. farlouse. Paraît un peu plus robuste ; poitrine crème un peu roussâtre, stries plus grandes et moins nombreuses, bec rosé à la base, griffe postérieure plus courte (généralement invisible en nature), dessus brun un peu jaunâtre. Au printemps, reconnaissable à son habitat, son comportement et sa voix. Se perche souvent sur les arbres. Chante en s'élançant et descend en vol plané, les ailes relevées et lançant des «tsia tsia tsia» sonores, typiques. Cri «tzii» assez fin. Bois clairs, clairières, landes boisées, coupes. L 15, E 25-27 cm.   N : B, CH, F, L.

PIPIT FARLOUSE *Anthus pratensis*. Le plus répandu dans les milieux ouverts. Dessus brun nuancé d'olive, dessous crème, stries de la poitrine aussi fines que celles des flancs, base du bec jaunâtre, griffe postérieure plus longue que chez le Pipit des arbres. Pattes de couleur variable (comme chez le Pipit des arbres : du brun pâle au jaune et au rosé). Diffère surtout d'*A. trivialis* par l'habitat, les cris, le chant et sa présence en hiver. Pour chanter, part du sol. Chant prenant fin par un trille descendant (pas de «tsia tsia tsia») ; cri habituel «psit psit» plus doux que celui du P. maritime. Prairies humides, landes, tourbières, alpages, toundra, dunes (milieux sans arbres en général). Au passage et en hiver, bord des eaux douces, marais, estuaires, prairies, souvent en petits groupes. L 14,5, E 22-25 cm   N : P, CH, F, L.

PIPIT À GORGE ROUSSE *Anthus cervinus*. L'adulte nicheur ne peut être confondu : face, gorge, poitrine chamois rosé (moins rose chez la ♀). Diffère du P. farlouse par : dessus plus foncé, flancs et croupion rayés. Adulte en hiver : 2 barres dorsales claires, dessous fortement strié paraissant très foncé ; longue griffe postérieure. Cris plus aigus que ceux du P. des arbres, plus longs «psiii» ; chant plus long et plus mélodieux que celui du P. farlouse (part du sol et monte souvent plus haut). Toundra, côtes de l'Arctique. L 15, E 25-27 cm.

PIPIT À DOS OLIVE *Anthus hodgsoni*. Dos olive peu ou pas strié, sourcils très marqués (chamois orangé en avant des yeux, blancs en arrière), un point blanc et un point noir sur les joues, poitrine fortement tachetée, ventre blanc. Chant semblable à celui du P. des arbres ; cri «tiz» rappelant celui du Pipit à gorge rousse, «tsii». Hoche la queue plus fortement que les autres pipits. Taïga. Se perche sur les arbres. L 14,5, E 24-27 cm.

PIPIT DE LA PETCHORA *Anthus gustavi*. Deux lignes claires sur le dos teinté de roussâtre, vertex et croupion fortement striés (v. *A. cervinus*), ventre blanc, rectrices externes chamois. Cris «tsip» plus graves que ceux du P. farlouse, sonores, généralement répétés 2-3 fois. Le chant nuptial comporte un trille (analogue à celui du Pouillot siffleur) et un gazouillis bas. Toundra boisée, lisière de la taïga. A en Europe occidentale. Furtif ; il est difficile de le faire s'envoler. L 14, E 23-25 cm.

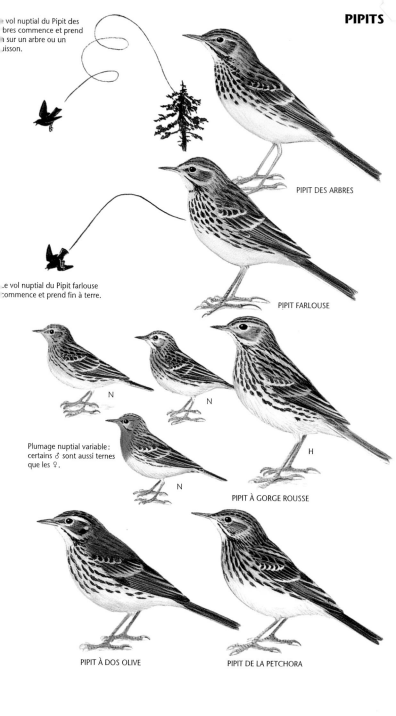

Le vol nuptial du Pipit des
arbres commence et prend
fin sur un arbre ou un
buisson.

PIPIT DES ARBRES

Le vol nuptial du Pipit farlouse
commence et prend fin à terre.

PIPIT FARLOUSE

N

N

Plumage nuptial variable :
certains ♂ sont aussi ternes
que les ♀.

N

H

PIPIT À GORGE ROUSSE

PIPIT À DOS OLIVE

PIPIT DE LA PETCHORA

Le seul passereau européen qui hiverne au N de son aire de reproduction.

A. spinoletta : poitrine de couleur variable : souvent jaunâtre et un peu striée dans les Pyrénées, etc.

Au printemps, le Pipit spioncelle se nourrit souvent sur les plaques de neige, prenant des insectes et des graines transportés par le vent, parfois sur de très grandes distances (Sahara).

PIPIT SPIONCELLE Anthus spinoletta. Comme chez le Pipit maritime, pattes très foncées en hiver. Au printemps : dessus gris brun, peu ou pas rayé, sourcils bien marqués, blanchâtres, rectrices externes blanches, poitrine teintée de rose et peu ou pas striée, tête grise, pattes brun rosé, ventre blanc pur. En hiver, dessus brun (pas aussi sombre que chez le P. maritime), dessous blanchâtre avec stries foncées sur flancs et poitrine. Chant plus fort et plus mélodieux que celui du P. farlouse ; cri aigu « hist » isolé ou répété. Alpages avec ou sans buissons jusqu'à 2500 m. En hiver, vallées, bords des cours d'eau. L 17, E 23-28 cm.   N : CH, F.

Ssp. spinoletta (C & S Europe), ci-dessus ; ssp. coutellii (Turquie, Caucase), la plus petite, plus pâle, plus nettement striée dessus, plus chamois dessous.

Pipit farlousane Anthus rubescens. Diffère du P. maritime par : pattes généralement plus pâles, rectrices externes plus blanches, stries de la poitrine et des flancs plus nettes, sourcils plus chamois, dessous souvent chamois roussâtre. Ssp. japonicus (décrite ci-dessus), E Asie, visiteur régulier au Moyen-Orient ; ssp. rubescens (Amérique du Nord) A, rare en automne (Europe occidentale), plus petite, pattes foncées, dessous plus chamois, moins strié. L 17 cm.

PIPIT MARITIME Anthus petrosus. Plus grand, plus gris et plus foncé que le P. des arbres et le P. farlouse dont il diffère par : pattes et bec foncés, rectrices externes grisâtres (et non pas blanches) qui le séparent aussi du P. à gorge rousse et du P. spioncelle. Au printemps, diffère de ce dernier par : dessus brun gris olive, dessous entièrement strié de brun olive, sourcils peu marqués, dessous des ailes gris assez foncé (presque blanc chez A. spinoletta). Chant comme celui du P. farlouse (l'oiseau part du sol ou d'un rocher et y revient). Cri fréquent « fist » plus bas que celui du P. farlouse, rarement répété 3 fois. Côtes rocheuses, mais peut aller dans les terres sur les îles où A. pratensis n'existe pas. En hiver, côtes. L 17, E 23-28 cm. N : F.

Ssp. petrosus (GB, Irlande, O France) ci-dessus ; ssp. littoralis (DK, Scandinavie, NO Russie) identique en automne mais au printemps, gorge et poitrine (souvent moins striée) rosées, dessus plus foncé, moins olive ; ssp. meinertzhageni (Féroés, Shetlands, Orcades), distinction difficile.

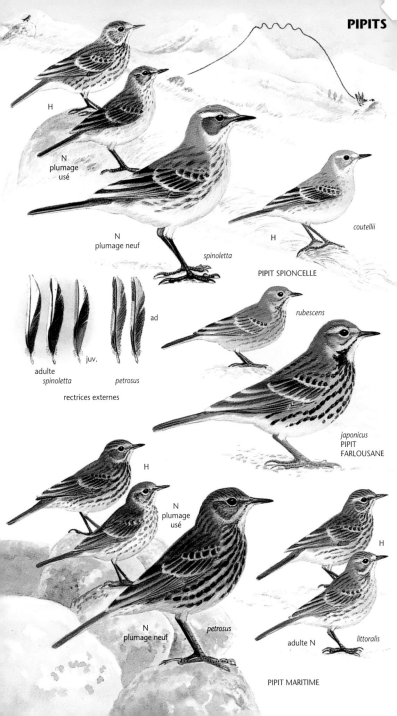

H

N
plumage
usé

N
plumage
neuf

spinoletta

H

coutellii

PIPIT SPIONCELLE

ad

juv.

adulte
spinoletta

petrosus

rectrices externes

rubescens

japonicus
**PIPIT
FARLOUSANE**

H

N
plumage
usé

N
plumage
neuf

petrosus

H

adulte N

littoralis

PIPIT MARITIME

PIPIT DE BERTHELOT *Anthus berthelotii*. Le plus petit dans la région. Sourcils très clairs. Aspect et comportement semblables à ceux de *A. petrosus* et *A. campestris* (qui a la queue plus longue). Plumage parfois teinté de rougeâtre par certains sols. Chante du haut d'un perchoir: répétition de «tsi rii» plaintifs. Aux Canaries: dans tous les milieux, du niveau de la mer au sommet des montagnes; à Madère, seulement en montagne. L 14, E 21-23 cm.

PIPIT ROUSSELINE *Anthus campestris*. Silhouette plus élancée que celle des autres pipits. Dessus clair, ocre, faiblement strié, tête très claire, dessous plus pâle que chez tous les autres grands pipits, blanc jaunâtre faiblement strié sur côtés de la poitrine, moyennes couvertures alaires brun noir très visibles, contrastant avec le reste de l'aile, sourcils crème, lores foncés, longues pattes jaunâtres à brun clair, bec assez long, queue largement bordée de blanc (Pipit de Richard plus strié, un peu plus grand, pattes plus longues, plumage plus foncé; v. aussi P. de Godlewski). Juv. très strié comme celui du P. de Richard, mais lores plus foncés. Chant «tsiului» répété en vol nuptial descendant. Cris variés, plus doux que ceux du P. de Richard, «tsouit» comme la Bergeronnette printanière et «tchireup» de Moineau domestique. V. Pipit à long bec. Terrains secs, sablonneux, steppes, dunes, landes, garrigues. Au passage, champs. L 16,5, E 25-28 cm. N: B, CH, F, L.

PIPIT À LONG BEC *Anthus similis*. Un peu plus grand et plus gris que *A. campestris*, se tient plus dressé. Dessus et poitrine faiblement striés, sourcils plus étroits mais plus nets, bec un peu plus long, plus épais et plus clair, queue plus foncée (rectrices externes plus chamois mais variant du blanchâtre au rosé), ventre chamois plus ou moins foncé, pattes plus courtes, plus rosées. Juv. plus strié. Chant mélodieux émis à terre ou dans l'espace. Cris ressemblant à ceux du P. rousseline «tcheup», «tcheoui». Syrie, Liban, Israël. Pentes rocheuses en montagne, souvent avec buissons épars, plus bas en hiver. L 17-19 cm.

28-32 mm

15 mm

Pipit de Richard

Pipit de Richard *Anthus richardi*. Un des plus grands pipits de la région. Dessus brun fortement strié de noir, poitrine et flancs chamois, lores pâles, larges sourcils crème, large trait malaire brun noir, queue assez longue, grandes pattes brun jaunâtre ou rosé, griffe du doigt postérieur exceptionnellement longue (*A. godlewskii* lui ressemble beaucoup; v. aussi *A. campestris*). Cri aigre, fort «schrip». Allure de petite grive (tête dressée); fait souvent du vol sur place avant d'atterrir. Sibérie. Visiteur d'automne chaque année jusqu'en Europe occidentale. En automne, prairies, terrains humides avec végétation herbacée relativement haute. L 18, E 29-33 cm.

24-28 mm

13 mm

Pipit de Godlewski

Pipit de Godlewski *Anthus godlewskii*. Sibérie. A, rare: NO Europe. Diffère du P. de Richard (très semblable) par: taille inférieure, bord blanc plus large sur les rectrices externes, dessous plus clair, queue plus courte, pattes jaunes, couleurs de la tête moins contrastées, milieu brun noir des couvertures moyennes (liserées de blanchâtre) plus anguleux (détails nécessitant une observation très attentive). Cris secs «dzip», «psiou» précédé de «tchoup». Allure (marche) pas aussi raide que celle du P. de Richard. Chez les juv. d'*A. campestris*, à peine plus petits, taches du dessus en forme de croissant et disposées en lignes (taches allongées et disposées irrégulièrement chez *A. godlewskii*). L 17, E 28-30 cm.

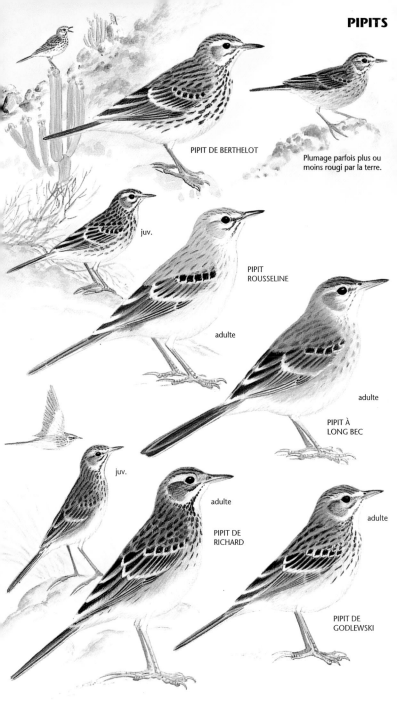

PIPITS

PIPIT DE BERTHELOT

Plumage parfois plus ou moins rougi par la terre.

juv.

PIPIT ROUSSELINE

adulte

adulte

PIPIT À LONG BEC

juv.

adulte

PIPIT DE RICHARD

adulte

PIPIT DE GODLEWSKI

Bergeronnettes ou hochequeues *Motacilla*. Queue plus longue que celle des pipits (pp. 242-247); plumage comportant des tons gris, blancs, noirs, jaunes; rectrices externes blanches. Hochent la queue de haut en bas presque continuellement. Vol très ondulé. Marchent à petits pas rapides et courent. Certaines espèces sont grégaires après la saison de reproduction.

Yarrellii généralement sédentaire, mais certaines vont au S jusqu'au Maroc.

BERGERONNETTE GRISE *Motacilla alba*. Seul petit passereau de sa taille qui ait une longue queue. Plumage nuptial très contrasté (moins chez la ♀). Tête noire et blanche, poitrine noire, queue noire et blanche, dos, manteau et croupion gris. En hiver, gorge blanche, collier pectoral noirâtre. Cri en vol « tsisik » aigu, sec ; « tchiki » ; chant, gazouillis comportant des cris, émis à terre ou sur un perchoir. De la toundra aux semi-déserts, paysages ouverts, souvent – mais pas toujours – près de l'eau, villages. Dortoirs en hiver. L 18, E 25-30 cm. N : B, CH, F, L.

Ssp. *yarrellii* Bergeronnette de Yarrell (GB, Irlande, côtes d'Europe occidentale): dos et croupion noirs (♂), noirâtres (♀). La couleur du croupion est le seul détail sûr qui le distingue de la ssp. *alba*. Autres ssp.: v. p. 250.   N : F.

Niche rarement loin de l'eau courante.

BERGERONNETTE DES RUISSEAUX *Motacilla cinerea*. Dans la région, la plus grande bergeronnette, celle qui a la plus longue queue. Dessus gris cendré, barre alaire blanche, croupion jaune verdâtre, dessous y compris les sous-caudales jaune (jaune vif chez le ♂ en plumage nuptial qui a gorge blanche, moustaches et sourcils blancs). Juv.: jaune très pâle dessous, poitrine tachetée. Cris plus secs que ceux de *M. alba*, souvent isolés « tit »; Chant aigu « tsi ti tititi ». Niche près des torrents, ruisseaux et petites rivières, biefs des moulins. Plaine et montagne. En hiver, bord de l'eau même en ville. L 18-19, E 25-27 cm.   N : B, CH, F, L.

Ssp. *canariensis* (5 îles occidentales des Canaries): dessous jaune très vif, dessus verdâtre; sspp. *schmitzi* (Madère) et *patricia* (Açores) plus foncées, sourcils blancs seulement derrière les yeux.

BERGERONNETTE PRINTANIÈRE *Motacilla flava*. Queue plus courte que chez *M. alba* et *M. cinerea*. Dessous entièrement jaune, dessus vert jaunâtre ou brun verdâtre. Cri en vol « tsouip » différent de celui des autres espèces. Chant bref « tsip tsip tsip » émis en vol ou du haut d'un perchoir. Prairies humides ou sèches, souvent en compagnie du bétail, marais, polders; au passage : champs, bord de l'eau. L 17, E 23-27 cm. N : B, CH, F, L.

Nombreuses ssp. dont on peut distinguer les mâles en plumage nuptial par la coloration de la tête: v. p. 251. Bergeronnette flavéole *Motacilla flava flavissima*.   N : (B), F.

BERGERONNETTE CITRINE *Motacilla citreola*. Mâle adulte nicheur: tête (sauf nuque) et dessous jaune vif, nuque et manteau noirs, dos et croupion gris ardoise, ailes et queue presque noirs, double barre alaire blanche. Mâle H/♀ nicheur: tête et dessus gris, dessous jaune plus pâle, nuque moins foncée. Juv. /im.: gris clair, front chamois pâle et (à la différence de *M. flava* im.) anneau clair complet autour des parotiques. Queue, pattes et bec plus longs que chez *M. flava*; allure et comportement ressemblent à *M. cinerea* (hoche davantage la queue). Cri en vol « drrip » évoquant un peu celui du Pipit des arbres (p. 242). Toundra, marais; généralement près des eaux douces. L 17, E 24-27 cm.

BERGERONNETTES

juv.

♀ H

♂ H

♂ N

BERGERONNETTE GRISE
(sspp. v. p. 250)

juv.

♂ H

♂ N

BERGERONNETTE DES RUISSEAUX
(v. aussi p. 250)

juv.

phase claire

H

♀ H

♂ *flava* N

BERGERONNETTE PRINTANIÈRE
(sspp. v. p. 251)

juv.

♀ H

BERGERONNETTE CITRINE   ♂ N

BERGERONNETTES

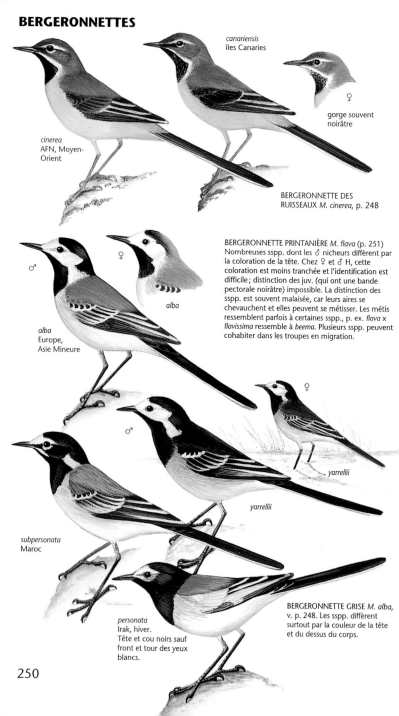

canariensis
îles Canaries

♀

gorge souvent
noirâtre

cinerea
AFN, Moyen-
Orient

BERGERONNETTE DES
RUISSEAUX *M. cinerea*, p. 248

♂

♀

alba

alba
Europe,
Asie Mineure

BERGERONNETTE PRINTANIÈRE *M. flava* (p. 251)
Nombreuses sspp. dont les ♂ nicheurs diffèrent par
la coloration de la tête. Chez ♀ et ♂ H, cette
coloration est moins tranchée et l'identification est
difficile ; distinction des juv. (qui ont une bande
pectorale noirâtre) impossible. La distinction des
sspp. est souvent malaisée, car leurs aires se
chevauchent et elles peuvent se métisser. Les métis
ressemblent parfois à certaines sspp., p. ex. *flava* x
flavissima ressemble à *beema*. Plusieurs sspp. peuvent
cohabiter dans les troupes en migration.

♀

♂

yarrellii

yarrellii

subpersonata
Maroc

personata
Irak, hiver.
Tête et cou noirs sauf
front et tour des yeux
blancs.

BERGERONNETTE GRISE *M. alba*,
v. p. 248. Les sspp. diffèrent
surtout par la couleur de la tête
et du dessus du corps.

BERGERONNETTES

lutea
Basse
Volga

♂ H

♂ N

♀ N

flavissima
GB, côtes NO Europe

♂ N

beema
Ukraine

♂ H

♂ N variante

♂ N

flava x *feldegg*

♂ N

thunbergi
Scandinavie,
N Russie

♂ N

flava
S Scandinavie,
C Europe

♂ H

iberiae
Péninsule ibérique, SO France,
Maghreb

♂ N

pygmaea
Egypte

♂ H

♂ N

cinereocapilla x *iberiae*
S France

feldegg
Balkans, Mer Noire,
Moyen-Orient

♂ H

cinereocapilla
Italie, Balkans

BERGERONNETTE
PRINTANIÈRE
Motacilla flava

● JASEURS : *Bombycillidae*. Bec assez court et épais. Les 2 espèces décrites ci-dessous ne sont peut-être pas étroitement apparentées (*Hypocolius* parfois placé dans une famille à part).

Broussailles des semi-déserts, champs, jardins, palmeraies (dattiers, etc.)

HYPOCOLIUS GRIS *Hypocolius ampelinus*. Evoque une Pie-grièche grise svelte, mais bec non crochu, queue plus longue et non étagée (mais agitée comme celle d'une pie-grièche). Dessus gris bleu, dessous gris et isabelle, joues noires (♂), bande noire au bout de la queue, primaires noires avec bout blanc. ♀/juv. : gris crème pâle. Vol direct, rectiligne ; se perche dans les arbres et buissons où il se cache mais lance parfois un sifflement « piou » ressemblant à celui de la Buse variable ; en vol, « couii » faible. L 23, E 28-30 cm.

JASEUR BORÉAL *Bombycilla garrulus*. Brun rosé. Sur les ailes, plaquettes rouges et jaunes d'aspect cireux, bande jaune au bout de la courte queue, huppe. Adulte : menton noir. Par son allure, évoque un étourneau, mais vol plus lent, croupion gris, sous-caudales marron roux. Chant, variation sur le cri habituel, trille assez aigu « sirrrr ». Taïga. Durant ses invasions périodiques, fréquente souvent les arbustes porteurs de baies dans parcs et jardins (sorbiers, aubépines). L 18, E 32-35 cm.

● BULBULS : *Pycnonotidae*. Oiseaux des tropiques de l'Ancien Monde. Sexes semblables. Queue assez longue, ailes et pattes courtes. Souvent près de l'homme.

BULBUL À JOUES BLANCHES *Pycnonotus leucogenys*. Les joues blanches contrastant avec le reste de la tête noir et l'extrémité de la queue tachetée de blanc distinguent l'espèce de *P. xanthopygos* un peu plus grand. Juv. : tête plus brune. Bruyant. Commun dans les jardins des villes et villages, vergers, palmeraies, milieux ouverts avec buissons, semi-déserts, oueds. L 18, E 25-28 cm.

Habitat comme celui du Bulbul à joues blanches.

BULBUL D'ARABIE *Pycnonotus xanthopygos*. Diffère de *P. leucogenys* par : taille supérieure, tête et queue uniformément noires, cercle oculaire blanc. Les 2 espèces ont le bas-ventre jaune. Bruyant. Répertoire varié, comportant des imitations et un chant flûté, monotone. Jardins des villes et villages, vergers, palmeraies, broussailles. L 19, E 26-31 cm.

Des jardins citadins aux oueds du désert.

BULBUL DES JARDINS *Pycnonotus barbatus*. Ressemble fortement au B. d'Arabie. En diffère par : bas-ventre blanc, absence de cercle oculaire blanc. Chant flûté, varié, phrases détachées. Villes, villages, jardins, vergers, palmeraies, broussailles. L 19, E 26-31 cm.

Préfère les buissons sempervirents.

BULBUL À VENTRE ROUGE *Pycnonotus cafer*. Espèce asiatique largement répandue, qui niche maintenant au Koweït. Brun foncé, gorge noire, croupion blanc, queue noire tachetée de blanc au bout, tête pointue. Le seul bulbul de la région qui ait le bas-ventre rouge. Bruyant comme les autres bulbuls. Jardins, vergers, buissons. L 20 cm.

HYPOCOLIUS
GRIS

juv.

adulte

JASEUR BORÉAL

BULBUL À
JOUES BLANCHES

BULBUL
D'ARABIE

BULBUL À
VENTRE ROUGE

BULBUL DES JARDINS

● ACCENTEURS : *Prunellidae*. Petits oiseaux terrestres ressemblant à des moineaux mais en différant par : bec fin d'insectivore et flancs striés. Généralement solitaires. A terre, sautillent ou marchent comme s'ils se traînaient, entrouvrant souvent les ailes. La plupart vivent en montagne.

Pentes des hautes montagnes, milieux rocheux ; plus bas en hiver.

ACCENTEUR ALPIN *Prunella collaris*. Le plus grand dans la région. Plus vivement coloré que l'A. mouchet. Menton et gorge blancs pointillés de noir, 2 barres blanches encadrant les grandes couvertures noires, flancs fortement rayés de marron, rectrices terminées de blanc ou de beige. Agite souvent la queue comme un traquet. Chant plus long que celui de l'A. mouchet, ressemblant à celui de l'Alouette des champs ; cri fréquent « trruirip » et cri de moineau « tcheurrp ». Alpages, éboulis, marais, en montagne (jusqu'à plus de 3000 m). L 18, E 30-32 cm.   N : CH, F.

Buissons, surtout genévriers en haute montagne.

ACCENTEUR DE RADDE *Prunella ocularis*. Un peu plus grand que l'A. mouchet, plus clair. Vertex et joues foncés, séparés par les sourcils blancs, poitrine crème, striée, séparant la gorge et le ventre blancs. Discret. Repéré par son chant gazouillé et ses cris aigus, fréquents ; voix semblable à celle de l'A. mouchet. Broussailles en montagne ; plus bas en hiver. L 15,5, E 22-23 cm.

Taïga (résineux, bouleaux, sorbiers, saules) dans le N de l'Oural.

ACCENTEUR MONTANELLE *Prunella montanella*. Diffère de l'A. de Radde par : taille inférieure, dessous plus roux et moins strié, plus uniforme, sourcils crème à chamois. Discret. Chant rappelant celui de l'A. mouchet mais plus fort ; cri fréquent « dididi » faible. Taïga, nord de l'Oural. A, rare au S et à l'O. L 14,5, E 21-22 cm.

Bouleaux de l'étage subalpin (Oural). Hiverne au S, peut-être annuel en Israël. A, rare à l'O.

ACCENTEUR À GORGE NOIRE *Prunella atrogularis*. Dans la région, le seul accenteur qui ait la gorge noire (tachetée de chamois en plumage hivernal neuf). Diffère aussi de l'A. de Radde, un peu plus grand, par les sourcils crème à chamois, la poitrine chamois vif, non tachetée. Diffère de l'A. montanelle par le dessus plus strié et plus clair. Discret. Taillis de bouleaux. Chant évoquant celui des A. mouchet et montanelle. Entre autres cris, un « zizizizi » doux. L 15, E 21-22 cm.

ACCENTEUR MOUCHET *Prunella modularis*. Dans la région, le seul accenteur largement répandu. Souvent confondu avec le Moineau domestique (p. 334), en diffère par : silhouette plus fine, comportement plus discret, tête et poitrine grises, flancs striés, bec mince, chant bref, aigu, montant et descendant, souvent émis du haut d'un perchoir. Cri fréquent « tsit » perçant, aigu, trahissant la présence de ce petit oiseau au plumage modeste et qui passe souvent inaperçu. Démarche traînante, sautille. Buissons, broussailles, jardins, parcs, haies, bois, plantations de résineux, plaine et montagne. En Europe occidentale, commun dans les jardins de banlieue. L 14,5, E 19-21 cm.
N : B, CH, F, L.

Ssp. *hebridensis* (Irlande, O Ecosse) plus foncée, fortement striée ; *occidentalis* (Angleterre, Pays de Galles, E Ecosse) intermédiaire avec la ssp. nominale *modularis* (partie de l'Europe continentale) ; *obscura* (Crimée à Transcaucasie) plus brune, moins grise, poitrine tachetée.

ACCENTEURS

juv.

adulte

ACCENTEUR ALPIN

ACCENTEUR DE RADDE

ACCENTEUR
MONTANELLE

ACCENTEUR À
GORGE NOIRE

adulte

juv.

juv.

adulte

1er hiver et ♀ souvent plus bruns,
mais variable individuellement. Très
terne en plumage usé.

ACCENTEUR MOUCHET

● GRIVES, TRAQUETS et ALLIÉS : *Turdidae*. Vaste famille réunissant plusieurs des meilleurs chanteurs européens. Petites espèces: traquets, rossignols, rouge-gorge, rouges-queues (pp. 256-271); grandes espèces: grives et merles (pp. 272-279). Tous sont insectivores et frugivores. Ils courent ou sautillent.

ROSSIGNOL PROGNÉ *Luscinia luscinia*. Ressemble beaucoup au Rossignol philomèle. En diffère par: poitrine plus foncée et faiblement tachetée, chant, répartition, ailes plus pointues, queue un peu plus longue, de près et à bon éclairage d'un brun olive plus sombre, croupion et queue moins roux. Distinction des juv. impossible en nature. Chant plus fort, variable, plus lent, généralement sans le crescendo typique du R. philomèle; cris semblables ou plus secs, plus aigus. Là où les 2 sp. cohabitent, fréquente les fourrés humides, le bord des eaux, le R. philomèle occupant des milieux plus secs. L 16,5, E 24-26 cm.

ROSSIGNOL PHILOMÈLE *Luscinia megarhynchos*. Dessus brun roux uni, un peu plus vif sur la queue; dessous gris brun clair. Sexes semblables (v. R. progné). Juv.: ressemble à un juv. Rouge-gorge mais plus grand, queue rousse, dessous plus clair, tacheté (queue moins rousse que celle du juv. Rouge-queue à front blanc). Allure de Rouge-gorge quand il fuit dans la végétation. Chante jour et nuit; chant puissant, mélodieux, avec répétition de notes et crescendo flûté, comportant aussi des sons gutturaux moins harmonieux (variable selon l'individu). Chante généralement caché dans les buissons, parfois à découvert. Forêts de feuillus, fourrés, parcs, haies. L 16,5, E 23-26 cm.

N: B, CH, F, L.

IRANIE À GORGE BLANCHE *Irania gutturalis*. ♂: dessus gris bleu, dessous roux, sourcils, gorge et bas-ventre blancs, joues noires, queue noire assez large, croupion gris noir. ♀ bien plus pâle, tête et dessus gris brun, dessous roussâtre pâle; juv. tacheté. Chante en vol et étale souvent la queue quand il descend. Chant rappelant celui des rossignols, mais plus bref. Cri fréquent «tiric» de type bergeronnette et «tec» comme les rossignols. Broussailles des ravins et autres lieux rocheux. Se cache dans les buissons ou se perche sur les rochers, la queue souvent relevée. L 16,5, E 27-30 cm.

AGROBATE ROUX *Cercotrichas galactotes*. Allure de merle. Reconnaissable à sa longue queue étagée, rousse, terminée de noir et de blanc, souvent déployée et relevée. Longues pattes. Dessus brun roussâtre, dessous blanc chamois, sourcils crème. Chant varié, mélodieux, formé de courtes phrases distinctes, émis du haut d'un perchoir ou en vol descendant et papillonnant. Cri fréquent «tek tek» sec. Broussailles, oasis, semi-déserts (lit des oueds), jardins, vergers, vignobles, palmeraies, oliveraies. L 15, E 22-27 cm.

Ssp. *galactotes* (Péninsule ibérique, AFN, Israël), dessus roux; ssp. *syriacus* (Balkans, Turquie), brun grisâtre, rousse seulement sur croupion et queue.

Agrobate podobé *C. podobe*. A: Israël (venu d'Arabie) et Algérie (du S du Sahara). Entièrement noir, sauf large extrémité blanche des longues rectrices étagées, ailes partiellement roux pâle. L 18, E 23-28 cm.

ROSSIGNOLS

adulte

adulte

ROSSIGNOL PROGNÉ

ROSSIGNOL PHILOMÈLE

Les 2 rossignols se croisent là où leurs aires se recouvrent. Hybrides: aspect intermédiaire, chant ressemblant plus à celui du Rossignol progné.

♀

♂ N

♀

juv.

IRANIE À GORGE BLANCHE

galactotes

syriacus

AGROBATE ROUX

ROBIN À FLANCS ROUX *Tarsiger cyanurus*. ♂ nicheur: tête, dessus, queue bleu foncé (teinté d'olive en hiver), contrastant avec gorge blanche, poitrine grisâtre et flancs roux. ♀/im.: dessus brun olive sauf le croupion et la queue, cercle oculaire blanc. Juv. tacheté, seul le dessus de la queue est bleu. Chant mélodieux, répétitif. Cri fréquent « tic tic » (comme le Rougegorge), « piip ». Forêts de résineux et mixtes. L 14, E 21-24 cm.

ROUGEGORGE FAMILIER *Erithacus rubecula*. L'un des oiseaux européens les plus connus. Front et plastron roux orangé, ventre blanchâtre, dessus brun olive. Juv. tacheté comme celui du Rossignol philomèle. Migrateur partiel. Parfois très familier. Chant très varié, très aigu, fin, mélodieux, audible une très grande partie de l'année. Cris les plus fréquents « tic ti », « tsi » soupiré. Forêts, haies, broussailles, parcs, jardins boisés. Fréquent dans les jardins de banlieue en Europe occidentale. Plaine et montagne. L 14, E 20-22 cm.　　N: B, CH, F, L.

Ssp. *superbus* (Grande Canarie, Ténérife) plus foncée dessus, roux plus foncé ; dans l'O des Canaries, comme en Europe ; les oiseaux de l'extrême est de la région sont plus pâles.

CALLIOPE SIBÉRIENNE *Luscinia calliope*. Aspect de Rougegorge mais un peu plus massive. ♂: sourcils et trait malaire blancs, menton et gorge rouges, dessus brun. ♀/im.: sourcils chamois, menton et gorge généralement blancs. Juv. tacheté. Chant fort, mélodieux, analogue à celui d'un rossignol, comportant souvent des imitations. Cris fréquents « tiouit tiouit » sifflé, « tcheurrr » en crécelle. Redresse souvent la queue comme la Gorge-bleue. Fourrés de la taïga, fonds de vallées humides. A, rare à l'O de l'Oural. L 14-15, E 22-26 cm.

GORGEBLEUE À MIROIR *Luscinia svecica*. Allure de Rougegorge. Discrète. Les 2 sexes ont à la base de la queue rousse, des sourcils chamois clair et gris et une bande pectorale noire. ♂ adulte nicheur: menton et gorge bleu vif avec un « miroir » blanc ou roux et une 2e bande pectorale rousse. ♂ adulte en hiver et ♂ im.: gorge bleuâtre sans tache blanche ; juv. tacheté, base de la queue rousse. Chant fort, varié, comportant des imitations, des « ting ting » métalliques et des notes semblables à celles du Rossignol philomèle. Cris fréquents « touit », « tac tac ». Fourrés, buissons au bord de l'eau (fossés, rivières, marais), toundra. L 14, E 20-27 cm.　　N: B, CH, F.

variation de *magna*　　♂ N　　♂ N　　svecica　　♂ H　　1er H ♀　　magna　　♂ N

Ssp. *svecica* (Scandinavie, N Russie), « miroir » roux ; ssp. *pallidogularis* (à l'E de la Volga), miroir roux triangulaire ou en forme de barre ; *cyanecula* (C et S Europe), miroir blanc ; ssp. *magna* (Caucase, E Turquie), la plus grande, miroir blanc petit ou absent.

ROUGEGORGE, GORGEBLEUE

♀

juv.

**ROBIN
À FLANCS ROUX**

♀

superbus

adulte

juv.

ROUGEGORGE FAMILIER

Inquiété, le Rougegorge se fait tout mince; au repos
ou en hiver, il gonfle son plumage.

♂

♀

juv.

CALLIOPE SIBÉRIENNE
Certaines ♀ ont un peu de rouge sur la gorge.
♂ 1er H comme ♀, mais gorge rouge.

cyanecula

♂ N

♀

juv.

♂ H

GORGEBLEUE À MIROIR
Juste après la mue (février-mars), bleu souvent
nuancé de gris; certains ♂ (1er été) ont peu de bleu.

TRAQUET À QUEUE NOIRE *Cercomela melanura*. Dans la région, le seul traquet qui soit presque uniformément gris; ailes plus foncées, croupion et queue noirs (♀ et juv. du Rougequeue noir ont la queue rousse); sexes semblables. Juv. gris brunâtre, non tacheté. Abaisse et étale constamment la queue et entrouvre les ailes. Chant, gazouillis agréable mais faible et assez monotone; cri fréquent «tcher-ou». Collines rocailleuses, semi-déserts. L 14, E 23-27 cm.

Tariers: *Saxicola*. Petits, silhouette de Rouge-gorge. Se perchent bien en vue, dressés, agitent la queue et les ailes spasmodiquement. Cris secs. Juv. comme la ♀ mais tacheté.

Uniquement à Fuerteventura (éteint sur Alegranza).

TARIER DES CANARIES *Saxicola dacotiae*. Intermédiaire entre les 2 sp. suivantes. ♂: tête et queue foncées comme le Tarier pâtre mais le reste pâle comme le Tarier des prés (sourcils et gorge blancs, poitrine roux clair). ♀: plus terne. Chant (parfois en vol) et cris principaux ressemblent à ceux du Tarier pâtre. Milieux rocheux avec végétation clairsemée, pentes des vallons très encaissés. Seulement sur les îles Canaries. L 12,5, E 19-20 cm.

TARIER PÂTRE *Saxicola torquata*. ♂ facilement reconnaissable: dessus noirâtre, tête, menton, gorge noirs, poitrine rousse, côtés du cou blancs, tache blanche sur l'aile, croupion blanc strié de noir; en hiver, le noir devient brunâtre; ♀ nicheuse: noir remplacé par du brun plus rayé. La ♀ diffère de celle du Tarier des prés par: absence de sourcils blancs, pas de blanc sur les côtés de la queue. Chant émis en vol nuptial ou perché: courtes phrases de notes grincées et sifflées. Cri d'alarme «ouis-tra tra». Landes, friches, haies, broussailles, talus des routes, voies ferrées, souvent sur les fils électriques, campagne cultivée. L 12,5, E 18-21 cm.   N: B, CH, F, L.

Ssp. *maura* et *stejnegeri* (A, en Europe occidentale), croupion blanc non rayé, blanc à la base de la queue et sourcils blancs comme chez *S. rubetra*, axillaires noires; sspp. *armenica* et *variegata* (de passage, Moyen-Orient, hiverne: NO Afrique) ont beaucoup de blanc sur le croupion, les épaules et côtés du cou; *variegata* très pâle, blanc à la base de la queue aussi. Ces sspp. orientales pourraient former une espèce à part, *S. maura*, le Tarier pâtre de Sibérie.

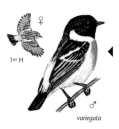

1er H

variegata

Tarier pie *Saxicola caprata*. A, rare en Irak. Plus svelte que les autres *Saxicola* de la région, queue plus longue. ♂ noir sauf croupion, bas-ventre et taches alaires blancs; ♀ et juv. (tachetés de gris brun) ont le croupion roux, les sous-caudales blanchâtres et la queue brun foncé. V. ♀ et juv. du Rougequeue noir (queue rousse) et ♀, et juv. de *Cercomelas melanura* (queue noire). Cri fréquent «tcheuk» répété et un cri trisyllabique «tchek tchek hi». L 13,5, E 21-22 cm.

TARIER DES PRÉS *Saxicola rubetra*. Migrateur. Le ♂ diffère de celui du Tarier pâtre (en grande partie sédentaire) par: plumage plus clair, sourcils blanchâtres très nets, taches blanches à la base de la queue, gorge et poitrine orangées; toutefois, certains Tariers pâtres (v. ci-contre) ont aussi sourcils et base de la queue blancs. ♀ semblable mais plus terne. Tous 2 ont une tache blanche sur les ailes, bien visible en vol. Chant semblable à celui du Tarier pâtre, cris moins secs «tec tec». Prairies plus ou moins humides, friches, landes, en plaine et en montagne (jusqu'à 2000 m dans Alpes) et Caucase. L 12,5, E 21-24 cm.   N: B, CH, F, L.

juv.

adulte

TRAQUET À
QUEUE NOIRE

TARIER
DES CANARIES

♀

juv.

♂ H

rubicola

♂ N

hibernans

♂ N

armenica

TARIER PÂTRE ssp. *rubicola* (Europe, AFN): poitrine roux orangé, croupion
roussâtre, rayé, axillaires chamois pâle; ssp. *hibernans* (GB, Irlande, côtes
du Portugal), plus foncée, roux plus intense.

♀

H

♂

♀

TARIER PIE

♂ N

Rougequeues: *Phoenicurus*. Petits passereaux à queue rousse (chez les 2 sexes et à tout âge), souvent agitée de tremblements. Juv. comme la ♀ mais moins tacheté. Comportement voisin de celui des tariers.

ROUGEQUEUE NOIR (titys) *Phoenicurus ochruros*. ♂ nicheur: noir, sauf queue rousse et espace blanchâtre sur les ailes (♂ jeune et ♂ adulte en hiver plus gris). ♀ et juv. (faiblement tacheté): gris brun plus foncé que chez *P. phoenicurus*, surtout dessous. Chant: brève phrase évoquant un bruit de verre écrasé; cris «tsit», «tec tec». En montagne, falaises et rochers; plaine et collines, villages, villes. L 14,5, E 23-26 cm.   N: B, CH, F, L.

Cette ssp. est
très variable,

♂ N

phoenicuroides

semirufus

aterrimus

♂ N   ♂ N   ♂ N

ochruros

♂ nicheur: ssp. *aterrimus* (S Péninsule ibérique) plus noire, tache alaire plus blanche que chez ssp. *gibraltariensis* (Europe; ci-dessus); ssp. *ochruros* (Caucase) variable (dessous parfois roux); ssp. *phoenicuroides* (NE Iran) dessous marron bien séparé de la poitrine noire; ssp. *semirufus* (Levant) semblable mais plus noire dessus.

ROUGEQUEUE (Rubiette) DE MOUSSIER *Phoenicurus moussieri*. Le plus petit rouge-queue de la région, endémique au Maghreb, où il est bien plus répandu que *P. phoenicurus*. ♂ différant de ce dernier par: vertex et dessus noirs, front, nuque et sourcils blancs, tache alaire blanche, dessous entièrement roux. ♀ dessous plus roussâtre que les autres *Phoenicurus*. Chant phrase brève évoquant celle de l'Accenteur mouchet; cri fréquent «ouit», souvent suivi d'un «trr-rr» en crécelle. Forêts dégradées, broussailles, collines rocailleuses. L 12, E 18-20 cm.

ROUGEQUEUE À FRONT BLANC («Rossignol» de muraille) *Phoenicurus phoenicurus*. ♂ nicheur: haut du front blanc, dessus gris, base du front, joues, menton, gorge, noirs, poitrine, croupion et queue roux. ♀, ♂ en hiver et juv. (tacheté) plus bruns et plus ternes. ♀ et juv. plus clairs et dessous plus roussâtre que ceux de *P. ochruros*. Chant, phrase mélancolique, scandée, comportant parfois des imitations, variable (commence par une longue note suivie de 2 plus brèves et un gazouillis); cri habituel «uit», «uit-tec tec». Parcs, jardins boisés, lisière des forêts ou peuplements clairs, vergers, allées d'arbres. L 14, E 20-24 cm.   N: B, CH, F, L.

ROUGEQUEUE DE GÜLDENSTÄDT *Phoenicurus erythrogaster*. Le plus grand rouge-queue de la région. ♂: vertex, occiput et nuque blancs, large bande alaire blanche (bien visible en vol nuptial), dos, ailes, gorge, poitrine, noirs, croupion, ventre et queue marron roux. ♀, juv. comme ceux de *P. phoenicurus*. Agite la queue. Chant sifflement évoquant le chant du Merle noir; cris «tec tec», «lik». Pentes rocheuses des montagnes; en hiver, descend au niveau des arbres. L 18, E 28-30 cm.

Rougequeue d'Eversmann *P. erythronotus*. Visiteur d'hiver au Moyen-Orient. Plus grand que *P. phoenicurus*. ♂ N: gorge, poitrine, dos, croupion roussâtres, vertex, nuque gris clair, 2 taches blanches sur chaque aile, queue rousse. ♀ comme celle de *P. phoenicurus* mais avec 2 faibles barres blanchâtres sur les ailes. Relève la queue. Cris assez aigres. L 16, E 25-27 cm.

ROUGEQUEUES

ROUGEQUEUE
NOIR

gibraltariensis

juv. ♂

♀

♂ N

ROUGEQUEUE DE MOUSSIER

♂

♂ N

♂

♀

♀

♂ H

♀

♂ N

samamisicus

ROUGEQUEUE À FRONT BLANC, ssp. *samamisicus* (Grèce,
Turquie) ressemble à ssp. *semirufus* (Levant) de *P. ochruros*
mais a une tache alaire blanche très visible.

juv.

♂

♀

♀

♀

♂ N

ROUGEQUEUE
DE GÜLDENSTÄDT

♀

♂ H

♂ N

ROUGEQUEUE D'EVERSMANN

Traquets: *Oenanthe.* Petits passereaux des milieux ouverts. Pour leur identification faire attention à la couleur du croupion (généralement blanc) et de la queue (souvent blanche avec un dessin noir en T renversé au bout). Identification des ♂ généralement facile, contrairement à celle des ♀ et im. qui se ressemblent beaucoup. Juv. tachetés. Chant bref, émis en vol ou d'un perchoir. Hochent la tête, font des révérences, relèvent la queue ou entrouvrent les ailes. Vol rapide.

TRAQUET MOTTEUX *Oenanthe oenanthe.* Le seul à nicher dans toute l'Europe, même le N et le NO. ♂ nicheur: calotte et dos gris, masque noir, menton, gorge, poitrine chamois rosé, ailes noires, croupion blanc très visible; ♂ en hiver: plus brun avec masque noir. ♀, im. et juv. (tachetés): plus bruns, croupion blanc, queue noire et blanche. Cri fréquent «tchak tchak», «ouit tchk tchk». Toundra, éboulis, pelouses (prairies rases), friches, alpages; sur les côtes, plateaux et en montagne. En migration: champs labourés, chaumes. L 14, 5, E 26-32 cm. N: B, CH, F, L.

♂ N

Ssp. *leucorhoa* (Groenland), de passage en Europe occ.: plus grande, couleurs plus vives. Distinction des autres sspp. impossible en nature. V. Traquet isabelle. Ssp. *seebohmi* (N Afrique): ♂ et certaines ♀ plus pâles, face, gorge et dessous des ailes noirs.

TRAQUET OREILLARD *Oenanthe hispanica.* ♂ nicheur: vertex chamois-crème (plus foncé en hiver), dos et dessous semblables (sauf front et sourcils blancs), ailes noires dessus et dessous, masque noir, gorge noire (type stapazin) ou blanche (type oreillard), croupion et queue comme *O. œnanthe.* ♀ comme celle d'*O. œnanthe* (gorge noire ou blanche), ailes et masque plus noirs, sourcils généralement plus faibles. Chant aigu, motifs courts; cris assez aigres. Pentes rocheuses, steppes, lieux arides avec broussailles. L 14, 5, E 25-27 cm.

♂ N   ♀ 1er H

♀ N

♀ N

♀

♀ N

♀ N

melanoleuca (orientale)

hispanica ♀

♀

Variations individuelles (surtout couleur de la gorge) considérables chez les sspp. occidentale (*hispanica*) et orientale (*melanoleuca*), généralement plus pâle, souvent presque blanche avec noir plus étendu sur joues et gorge. V. *O. pleschanka* (p. 266) très semblable.

TRAQUET ISABELLE *Oenanthe isabellina.* Dans la région, c'est l'espèce qui a les plus longues pattes, le plumage le plus pâle et le plus uniforme. Diffère de la ♀ du Traquet motteux du Groenland (*O. œnanthe*) par: bec plus long, ailes plus pâles, bande terminale noire de la queue plus large, ligne verticale du T très courte. Sexes semblables sauf lores plus foncés chez le ♂. Se tient souvent dressé. Chant sonore comportant des imitations, parfois émis en vol, cris fréquents «douit» et «ouit-ouit» plus aigu. Steppes, semi-déserts, terrains vagues et coteaux pierreux. L 16, 5, E 37-31 cm.

TRAQUETS

oenanthe

♂ H

seebohmi

♂

♀

♀

♂ N

Coloration de la poitrine variable. ♂ 1er H plus terne, plus brun, ressemble à une ♀ adulte nicheuse.

♂ N

leucorhoa

TRAQUET MOTTEUX.
Certains ♂ très pâles,
certaines ♀ presque aussi
colorées que les ♂ ternes,
surtout en AFN.

♂

♂ W

♂ H

♂ H

♂ H

♂ N

♂ 1er H

♂ N

melanoleuca

hispanica

hispanica
la forme à gorge
noire existe chez
les 2 sexes

sexes semblables
TRAQUET ISABELLE

hispanica à
gorge blanche

TRAQUET OREILLARD

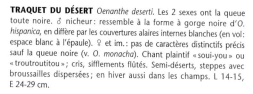

TRAQUET DU DÉSERT Oenanthe deserti. Les 2 sexes ont la queue toute noire. ♂ nicheur : ressemble à la forme à gorge noire d'O. hispanica, en diffère par les couvertures alaires internes blanches (en vol : espace blanc à l'épaule). ♀ et im. : pas de caractères distinctifs précis sauf la queue noire (v. O. monacha). Chant plaintif « soui-you » ou « troutroutitou » ; cris, sifflements flûtés. Semi-déserts, steppes avec broussailles dispersées ; en hiver aussi dans les champs. L 14-15, E 24-29 cm.

Ssp. homochroa (N Afrique) brun rosé ; ssp. deserti (Levant) ci-dessus ; ssp. atrogularis (Caucase, Iran) plus foncée, plus de blanc sur les ailes. Visiteur : Palestine, Egypte. A : Europe occidentale.

♂ N

TRAQUET DEUIL Oenanthe lugens. ♂ et ♀ : noir et blanc, sous-caudales chamois ; en vol, espace clair sur les ailes. Diffère des formes orientales à gorge blanche ou noire d'O. hispanica (p. 264) par : dessus, ailes et cou noirs. V. aussi O. finschii, O. moesta et O. pleschanka (p. 268). Une phase noire (N Jordanie, S Syrie) qui a seulement le bas-ventre blanc, ressemble à O. picata (p. 270). Chant variable, bref, répétitif ou plus long et gazouillé, cri fréquent « tchout tchout ». Oueds, collines rocailleuses, semi-déserts. L 14, 5, E 26-27 cm.

Ssp. halophila (NO Afrique) : espace clair des ailes estompé ; ♀ et im. : dessus (et parfois aussi la gorge) gris.

♂ N

TRAQUET DE CHYPRE Oenanthe cypriaca. Adulte nicheur : ressemble à O. pleschanka dont il était une ssp. auparavant. ♂ et ♀ ne peuvent guère être distingués en nature (♀ : vertex plus gris, dessus plus brun). Juste après la mue en automne, les 2 sexes ont poitrine et ventre chamois roussâtre bien plus foncés que O. pleschanka. Chant ressemblant à celui d'une cigale « biz biz... ». Milieux ouverts, rocheux avec broussailles, collines, petites falaises, champs, jardins. Niche seulement à Chypre (visiteur d'été). L 13-14 cm.

♂ N

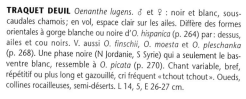

TRAQUET PIE Oenanthe pleschanka. ♂ : diffère d'O. lugens par : sous-caudales blanches, poitrine, ventre, croupion plus ou moins teintés de chamois (v. O. finschii p. 268). Ressemble beaucoup à la forme à gorge noire d'O. hispanica (queue et comportement identiques) mais en diffère par le dessus noir. ♀ et im. comme ♀ d'O. œnanthe (p. 264) sauf sous-alaires noires ; ressemblent encore plus à ♀ d'O. hispanica, mais généralement d'un chamois plus pâle dessous. Chant variable, comportant des imitations et rappelant parfois celui d'O. hispanica et celui du Rouge-queue à front blanc (p. 262), cri fréquent « tzak ». Milieux ouverts et rocailleux avec buissons ; collines, petites falaises, champs et même jardins. L 14, 5, E 25-27 cm.

Traquet oreillard
(p. 264)

plumage
neuf

plumage
usé
♀

♂ N

♂ H

TRAQUET DU DÉSERT

orme ♂
noire
. *O. picata*
. 270

♂ N *lugens*
♀ semblable

♀ N
halophila

♂ H

TRAQUET DEUIL

♂ 1er H ▶

♂
sexes souvent
semblables

♀ N

TRAQUET DE CHYPRE

1er H

♂

♂ N

♂ H

♀ N

♀ N

TRAQUET PIE

TRAQUET DE FINSCH *Oenanthe finschii*. ♂ : diffère d'*O. lugens* et d'*O. pleschanka* (p. 266) par: dessus de la tête et du corps blanc ou chamois très pâle, ailes noires. Diffère de la forme à gorge claire d'*O. hispanica* (p. 264) par le noir des ailes qui rejoint celui du cou. ♂ H, ♀, im.: coloration moins contrastée, mais gorge et joues généralement noirâtres et dessus gris argenté, ce qui les distingue surtout des ♀ (plus chamois) d'*O. œnanthe* (p. 264) et *O. pleschanka* (p. 266). Chant, gazouillis aigu avec cris aigres monosyllabiques. Discret, peu abondant. Collines rocailleuses, semi-déserts, abords des champs. L 14, E 25-27 cm.

TRAQUET À TÊTE GRISE *Oenanthe moesta*. Nettement plus grand que le seul autre traquet à croupion roux, *O. xanthoprymna*. En diffère aussi par: croupion et base de la queue d'un roux plus pâle, vertex, nuque, ailes plus clairs, barre alaire pâle. Diffère des autres traquets à tête claire par croupion roux, queue toute noire, ailes plus claires. ♀ et im.: vertex roux et queue toute noire les distinguent des autres traquets semblables. Chant nuptial: succession de phrases émises par le ♂ et la ♀ (duo), cri fréquent «prrt» sec. Abords des déserts avec végétation clairsemée. L 16, E 25-29 cm.

TRAQUET À QUEUE ROUSSE *Oenanthe xanthoprymna*. Avec *O. moesta*, le seul traquet de la région qui ait le croupion roux. ♂ : vertex et nuque gris pâle, côtés de la base de la queue roux. ♀: ressemble au ♂ ou a la gorge claire et le croupion un peu moins roux. Juv. non tacheté. Chant voisin de celui d'*O. finschii*, cri «trr, trr». Pentes rocailleuses des collines et montagnes; l'hiver, dans les semi-déserts. L 14, 5, E 26-27 cm.

Ssp. *xanthoprymna*, ♂ (E Turquie): gorge et face noires, côtés base de la queue blancs; ssp. *chrysopygia* ♂ (O Iran): gorge et face brunes, côtés base de la queue roux; toutes les ♀ comme ♀ de *chrysopygia* sauf certaines de *xanthoprymna* qui ont la gorge pâle (il y a des intermédiaires).

♂ adulte

♂ adulte

ouest

est

O. monacha

O. leucopyga

O. pleschanka

O. lugens

TRAQUET À CAPUCHON *Oenanthe monacha*. Un des plus grands traquets. ♂ noir et blanc: vertex, nuque, ventre, croupion blancs; le seul qui ait les rectrices externes blanches jusqu'à l'extrémité (sauf *O. leucopyga* p. 270, beaucoup plus noir). V. aussi *O. lugens* (forme typique) (p. 266). La coloration de la queue est le meilleur caractère distinctif des ♀ et im. très pâles. Vol léger, papillonnant. Chant gazouillis mélodieux, faible, cri fréquent «tzak» aigre. Ravins et oueds nus dans les déserts, parfois près de l'homme. L 17, E 29-30 cm.

♀ gorge foncée

♀ gorge pâle

♂ N

TRAQUET
DE FINSCH

♀

♂ nicheur en
plumage neuf

♂

TRAQUET À
TÊTE GRISE

♀ v. texte

♂

sexes
semblables

chrysopygia

xanthoprymna

TRAQUET À QUEUE ROUSSE
Les sspp. diffèrent surtout par la couleur de la queue :
très peu de blanc chez la ssp. occidentale, rousse et noire
chez celle de l'est. Tous les juv. comme les ♀ de l'est.

♀

♂ N

♂
1er automne

TRAQUET À CAPUCHON

TRAQUET VARIABLE *Oenanthe picata*. Ressemble fortement à *O. alboniger* (plus grand). ♂ en diffère par : tête plus petite, posture moins dressée, plus de noir sur la gorge, blanc remontant davantage sur le croupion (contour carré et non pas arrondi), sous-caudales chamois, rémiges claires contrastant avec les couvertures sous-alaires noires. ♀ : noir remplacé par du brun, blanc plus terne et teinté de chamois. Iran : niche dans le N. Rare visiteur d'hiver dans le SO. L 15 cm.

TRAQUET DE HUME *Oenanthe alboniger*. Grande espèce noire et blanche. Avec *O. picata* (plus petit), le seul de la région qui ait le dessus entièrement noir (sauf le blanc du croupion qui remonte sur le dos) et le dessous blanc (sauf menton et gorge). Sexes semblables. Chant fort, assez mélodieux, appel fréquent : sifflement de 3-4 syllabes, cri d'alarme « tchak » aigre. Collines rocailleuses à végétation clairsemée. L 17, E 29-30 cm.

TRAQUET À TÊTE BLANCHE *Oenanthe leucopyga*. Le seul traquet de la région qui soit tout noir sauf vertex et croupion, sous-caudales et une grande partie de la queue qui sont blancs. Sexes semblables. Im. (et certains adultes nicheurs) vertex noir, mais diffèrent d'*O. leucura* (plus grand) par l'extrémité blanche des rectrices externes à peine tachetée de noir. Chant fort, assez mélodieux, cri fréquent « trip trip ». Déserts rocheux ; près des maisons dans les oasis. L 17, E 26-32 cm.

TRAQUET RIEUR *Oenanthe leucura*. Le plus grand traquet de la région. Tête assez grosse. Noir sauf croupion, sous-caudales et queue (partiellement) blancs. V. *O. leucopyga*. ♀ noire teintée de brun. Chant mélodieux, flûté, cri fréquent « tlui tlui tlui ». Falaises, ravins, paysages rocheux, arides, côtes rocheuses, montagnes. L 18, E 26-29 cm.   N : F.

MONTICOLE DE ROCHE *Monticola saxatilis*. ♂ nicheur facilement reconnaissable : tête, menton, gorge et dos bleu gris contrastant fortement avec le dessous et la courte queue roux, bas du dos blanc (visible surtout en vol). ♂ en hiver, ♀, juv. : bruns, tachetés et barrés, gorge pâle mais queue rousse. Furtif, repéré surtout grâce à sa voix. Chant en vol flûté, comportant des strophes distinctes, cri d'alarme « tchak tchak ». Rochers, ruines, carrières, éboulis. A l'O seulement en montagne maintenant (versants ensoleillés). L 18, 5, E 33-37 cm.   N : CH, F.

MONTICOLE BLEU *Monticola solitarius*. ♂ : dans la région, le seul passereau entièrement bleu gris sombre, ailes et queue plus foncées. Selon l'éclairage, peut paraître aussi noir que le Merle (p. 272). ♀ gris brun foncé nuancé de bleu dessus, dessous chamois « écaillé » de brun gris ; diffère de celle du Monticole de roche par la queue brun noir (et non pas rousse). Chant flûté, fort, analogue à celui du Merle noir, cris « uit uit » comme la Sittelle, « tcheuk tcheuk » et « tsiii » aigu. Montagnes, falaises, côtes rocheuses, ruines, villages, villes où il remplace souvent le Merle noir. L 20, E 33-37 cm.   N : CH, F.

♀ et

picata

♂ N

TRAQUET VARIABLE

TRAQUET
DE HUME

sexes semblables

juv. et ♀

♂

certaines ♀
similaires

♀

♂

TRAQUET À TÊTE
BLANCHE

TRAQUET
RIEUR

♂ automne

MONTICOLE DE ROCHE

♂ N

♀

♂ N

MONTICOLE
BLEU

Merles et grives : *Turdus*. Passereaux de taille moyenne. Bec robuste en relation avec un régime varié (mollusques, lombrics, fruits, insectes). Queue assez longue. Juv. tachetés. Chant généralement fort, mélodieux, émis du haut d'un perchoir. Nid dans arbre ou buisson.

azorensis

♀ foncée, bec souvent
de couleur vive

MERLE NOIR *Turdus merula*. L'un des oiseaux les plus communs en Europe. Queue plus longue que celle des autres *Turdus*. ♂ adulte noir sauf bec et cercle oculaire jaune orange. L'Etourneau (p. 330), plus petit, a le plumage foncé irisé et tacheté, le bec d'un jaune plus pâle au printemps, il marche en hochant la tête et ne sautille pas, en vol il a des ailes nettement triangulaires et une queue courte. ♀, im. du Merle noir : dessous roussâtre moins nettement tacheté que chez les grives, dessus brun plus ou moins foncé, gorge grise, bec brun. Chant mélodieux, flûté, fort, très varié, sans répétitions (v. Grives draine et musicienne p. 274), cris fréquents « tac tac » ou « douc douc » plus sourd, d'alarme, « kix kix kix » longuement répété le soir avant de dormir ou pour houspiller un prédateur. Vol direct; relève la queue et l'étale en atterrissant; sautille et court. Très familier dans les parcs urbains. Forêts, bosquets, haies, parcs, jardins. A l'O, commun dans les villes. Nid de mousse, garni de terre et tapissé d'herbes sèches. L 24-25, E 34-38 cm. N : B, CH, F, L.

Les ♀ des sspp. *mauretanicus* (Maghreb), *cabrerae* (O des Canaries, Madère) et *azorensis* (Açores) sont plus petites et plus foncées, celles de *mauretanicus* sont aussi plus grises.

MERLE À PLASTRON *Turdus torquatus*. ♂ adulte printemps: diffère du Merle noir par son plastron blanc, dessous « écaillé », les liserés clairs des rémiges peuvent éclaircir l'aile (certains Merles noirs, albinos, peuvent avoir la gorge blanche). ♀ : plus brune, plus « écaillée », plastron plus terne et plus étroit. Juv.; dessous plus nettement tacheté que celui du Merle noir. Chant flûté, motifs courts (2-3 notes) répétés 2-3 fois, cris « tac tac » très secs. Etages montagnard et subalpin; à basse altitude, landes, tourbières avec rochers, arbres dispersés. L 23-24, E 38-42 cm.

N : B, CH, F.

Ssp. *alpestris* (C et S Europe) plus pâle, liserés clairs plus visibles sur ailes et corps; ssp. *amicorum* (du Caucase à la Transcaspie) liserés pâles encore plus visibles.

alpestris hiver

Niche de plus en plus vers l'Ouest.

GRIVE LITORNE *Turdus pilaris*. ♂ diffère des autres grives de la région par: tête et croupion gris, dos et ailes marron, queue presque noire. ♀ semblable mais plus terne. Poitrine orangée et ventre blanc tachetés. Juv. plus terne que l'adulte, seul le croupion est gris, dessus tacheté de blanchâtre, sourcils et joues blanc crème. Adulte: dessous des ailes blanc comme chez la Grive draine, mais en diffère par ses couleurs plus vives, plus contrastées. Cri fréquent, caractéristique « tia tia »; chant, mélange de cris aigus, sifflements, émis du haut d'un perchoir ou en vol. Forêts de résineux et feuillus, bosquets, vergers, bords de la toundra; jardins et parcs des villes en Scandinavie; l'hiver, campagne cultivée. Niche en petites colonies. L 25, S, E 39-42 cm. N : B, CH, F, L.

MERLES ET GRIVES

♂

♀

♂
1er H

juv.

MERLE NOIR

torquatus

♂

♀

♂
1er H

juv.

MERLE À PLASTRON

alpestris

♂

sexes similaires,
♀ plus terne

GRIVE LITORNE

Les grives se nourrissent en troupes mixtes quand l'hiver est rude. Elles mangent des pommes tombées, des fruits d'aubépine, etc.

GRIVE MAUVIS *Turdus iliacus*. La plus petite des trois grives communes dans la région. Plus sombre et plus fine que la Grive musicienne. Reconnaissable à ses larges et longs sourcils blancs ou crème, ses flancs et couvertures sous-alaires roux; poitrine striée, bas-ventre et sous-caudales blancs. Sexes semblables. Juv. roux moins vif. Chant, répétition de 4-5 notes flûtées, souvent mêlé de gazouillis. A la fin de l'hiver, émis en chœur par les troupes de migratrices. Cri fréquent, aigu, «tsii», fin (souvent émis la nuit par les migratrices). Vol plus rapide que celui de la Grive musicienne. Forêts (surtout de bouleaux), clairières avec buissons. Scandinavie et Islande: parcs et jardins des villes. En hiver, bois et souvent prairies. L 21, E 33-34 cm.

GRIVE MUSICIENNE *Turdus philomelos*. La plus commune des grives de la région. Sexes semblables. Juv. dessus tacheté de chamois. Diffère de la Grive draine par: taille inférieure, absence de blanc sur la queue; de la Mauvis (plus petite) par: flancs chamois, sourcils peu marqués; de la ♀ de Merle noir (p. 272) par: taches pectorales bien plus nettes sur le dessous chamois et blanc. Diffère de ces 3 espèces et de la Litorne par les sous-alaires orangées. Chant sonore, reconnaissable à la répétition de phrases stéréotypées «filip filip filip», séparées par des intervalles. Cri à l'envol «tsi» bref, cri d'alarme «gik gik gik» répété, plus aigu que celui du Merle noir. Vol plus direct que celui de la Draine. Sautille et court. Bois, plantations de résineux, haies, broussailles, vergers, parcs, jardins boisés, plaine et montagne. Nid: mousse, coupe nue en terre et bois pourri lissés. L 23, E 33-36 cm.   N: B, CH, F, L.

Ssp. *philomelos* (Europe) dessus brun; ssp. *clarkei* (GB, Irlande, côtes d'Europe occidentale) dessus brun chaud; ssp. *hebridensis* (Hébrides externes, Skye) brun plus foncé.

GRIVE DRAINE *Turdus viscivorus*. La plus grande grive dans la majeure partie de la région. Dessus brun grisâtre, dessous, taches plus grandes que chez la Grive musicienne, couvertures sous-alaires blanches (v. Grive litorne, p. 272), extrémité des rectrices blanche. Sexes semblables. Juv.: taches claires dessus. Chant puissant, tonalité plaintive, phrases courtes séparées par des intervalles assez longs (chante dès février), cri fréquent en vol «drai drai», bien différent de celui des autres grives nicheuses dans la région. (v. Grive dorée, p. 276). Forêts, friches boisées, parcs (en ville ou à la campagne), peupleraies, vergers; surtout en montagne dans le S de l'aire; en hiver, prairies. C'est la «Grive du gui». Moins sociable que les autres grives. Nid comme celui du Merle noir (p. 272). L 27, E 42-47 cm.   N: B, CH, F, L.

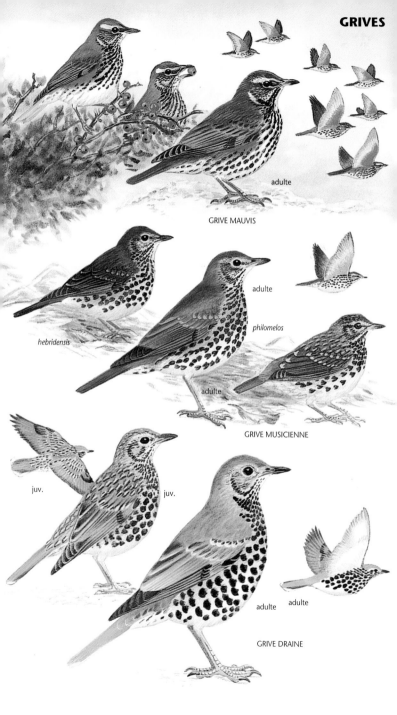

GRIVE MAUVIS

adulte

hebridensis

GRIVE MUSICIENNE

adulte

philomelos

adulte

adulte

juv.

juv.

GRIVE DRAINE

adulte

adulte

GRIVE À
GORGE ROUSSE

1er H ♂

1er H ♂

♂ N

GRIVE À
GORGE NOIRE

♀

GRIVE DORÉE

GRIVE À GORGE NOIRE *Turdus ruficollis atrogularis.* La ssp. occidentale. V. Grive à gorge rousse p. 277. ♂: dessus gris brun foncé, gorge et haut poitrine noirs, ventre blanc. ♀ plus brune, gorge blanche, poitrine tachetée de brun noir. Tous 2 ont les couvertures sous-alaires rousses. Chant évoquant celui de la Grive musicienne (p. 274), cris semblables à ceux de la Grive mauvis «sii» et cris sourds comme ceux du Merle noir. Taïga, bois clairs, broussailles dispersées à l'étage subalpin. L 24-25, E 37-40 cm.

GRIVE DORÉE *Zoothera dauma.* Grande espèce comme la Grive draine (p. 274). En diffère par: tête et bec plus gros, queue plus brève, plumage brun doré avec croissants noirs dessus et dessous, vol ondulé; sur le dessous des ailes, 2 bandes blanches et une bande noire. Chant flûté, sifflé, cri en crécelle comme chez la Grive draine, «tzi» aigu, un sifflement comme le cri du Bouvreuil pivoine. Surtout à terre dans les bois denses. Court mais ne sautille pas. L 27, E 44-47 cm.

Grive à gorge rousse *T. ruficollis ruficollis*. Ssp. orientale (v. ssp. occidentale p. 276). Sibérie. A. ♂: gorge, poitrine, joues, sourcils, côtés de la queue, roux; reste du plumage gris brunâtre. ♀ plus terne. Chant simple, évoquant celui de la Grive musicienne (p. 274), cri fréquent «siii» comme la Grive mauvis et gloussements de Merle noir plus doux. Taïga, bois clairs, broussailles épaisses à l'étage subalpin. L 24-25, E 37-40 cm.

Grive de Naumann *T. naumanni*. Sibérie. A. Reconnaissable au croupion et aux ailes roux, aux larges sourcils clairs, queue plus ou moins rousse selon la ssp.; ♀ plus terne et plus brune que le ♂; im. comme l'adulte mais aspect écaillé dessus. En Sibérie, vit dans les forêts claires, sur les lisières et dans les broussailles proches des cours d'eau (*naumanni*); *eunomus* fréquente la taïga clairsemée et localement les 2 ont le même habitat. Cri: v. ssp. *eunomus*. L 23, E 36-39 cm.

Ssp. *eunomus*. Grive à ailes rousses. N Sibérie. Celle qu'on a le plus de chances de voir dans le N de la région. Adulte: parotiques brun foncé, sourcils blanc crème, bande pectorale brun noir, ailes rousses, croupion roux, queue brun noir, dos et dessous tachetés de noir. Cri fréquent «tchii» fort et répété, cri d'alarme «tchak», «shrii» aigu. Métissage assez fréquent avec *T. naumanni naumanni*.

Ssp. *naumanni*. Grive de Naumann. SE Sibérie. Celle qu'on voit le plus souvent dans le S de la région. ♂ adulte: poitrine, croupion roux, queue rousse et brune, ailes plus brunes, dessous tacheté de roux, dessus gris brun à gris olive tacheté de marron. ♀ un peu plus terne. Cris semblables à ceux de *T. naumanni eunomus*. Métissage fréquent avec cette dernière.

Grive obscure *Turdus obscurus*. Sibérie. A. Assez petite. Allure, vol et taille la font ressembler à la Grive mauvis (p. 274). ♂ adulte en diffère par : tête et gorge grises, croissant blanc sous l'œil, poitrine et dessous roux non tachetés, couvertures sous-alaires grises. ♀ tête plus brune, gorge et joues plus claires. im. comme la ♀ mais avec une barre alaire pâle. Cris « zip zip » fins comme un pipit, « tcheuk tcheuk » doux. L 23, E 36-38 cm.

Merle d'Amérique *Turdus migratorius*. Amérique du Nord. A. Taille du Merle noir (p. 272). Dessus gris foncé (♂ tête presque noire), dessous rouge brique, menton et gorge blancs striés de noir, bas-ventre et sous-caudales blancs, queue blanche aux coins, larges cercles oculaires blancs incomplets. Cris semblables à ceux du Merle noir « kix kix kix », « pit pit » plus doux. L 25, E 35-39 cm.

Grive dorée p. 276

Grive de Sibérie *Zoothera sibirica*. Sibérie. A. Larges sourcils (blancs chez le ♂, blanc chamois chez la ♀); sous les ailes, 2 barres blanches et 1 barre noire, comme chez *Zoothera dauma* qui est beaucoup plus grande et dont le corps a une coloration très différente. ♂ gris foncé, tête presque noire, liserés plus clairs notamment sur les flancs (aspect écaillé), pattes jaunes. dessus brun comme la Grive musicienne (p. 274), dessous chamois ou blanchâtre avec croissants brun olive. Cris « zit » fins et rauques. L 22, E 34-36 cm.

1er H/été

Rossignol philomèle
p. 256

Catharus. Petites grives nord-américaines accidentelles. Dessous tacheté. Ressemblent à la Grive musicienne (p. 274). Discrètes, se tiennent généralement dans les broussailles.

◀ **Grive (Grivette) solitaire** *C. guttatus*. La plus petite, à peine plus grande que le Rossignol phimomèle. Croupion et queue roux contrastant avec tête et dessus brun olive ou brun grisâtre, bord des rémiges primaires roux, poitrine tachetée de brun noir, flancs chamois, anneau oculaire chamois. Redresse la queue et l'abaisse lentement. Cris, «tcheuc tcheuc» bas, «touc touc touc» «payé» râpeux. L 17, E 25-28 cm.

◀ **Grive (Grivette) fauve** *C. fuscescens*. Ressemble fortement aux Rossignols philomèle et progné (p. 256) mais un peu plus grande. Dessus brun roux, dessous chamois clair faiblement tacheté de gris brun. En diffère par : silhouette plus massive, faible barre alaire, trait malaire brun foncé. Cri fréquent «fiou», un peu comme celui de la Grive à dos olive. L 18, E 28-31 cm.

◀ **Grive (Grivette) à dos olive** *C. ustulatus*. Comme chez la Grive à joues grises, dessus uniformément brun olive grisâtre, dessous chamois ou jaunâtre, flancs plus gris, tachetés de brun noir. Ressemble à une petite Grive musicienne (p. 274). Diffère de *C. minimus* par : dessus brun, anneau oculaire plus net, chamois-jaunâtre comme les joues. Cris «ouit», en vol, bref «hip». L 18, E 27-30 cm.

◀ **Grive (Grivette) à joues grises** *C. minimus*. Dessus un peu plus gris que *C. ustulatus* qui a la même taille. En diffère par : joues grises, poitrine moins teintée de chamois, anneau oculaire indistinct. Cri fréquent «coui-é» descendant, assez aigu, différent du cri de *C. ustulatus* mais rappelant celui de *C. fuscescens*. Ssp. *bicknelli* (peut-être espèce distincte) : queue nuancée de roux, bec noirâtre, plus jaune à la base et sur la m. i. L 18, E 28-32 cm.

◀ **Grive (Grivette) des bois** *Hylocichla mustelina*. Plus petite que la Grive musicienne (p. 274). Plus grande que les *Catharus*. Tête rousse, dos et ailes brun roux, dessous blanc avec grosses taches noires arrondies, croupion et queue bruns, large anneau oculaire blanchâtre. Cri d'alarme «pit pit pit» rapide. L 20, E 30-34 cm.

● **FAUVETTES** (au sens large): *Sylviidae*. Petits passereaux insectivores, migrateurs pour la plupart. Sexes généralement semblables; juv. comme l'adulte. Vol assez rapide. La voix est généralement l'un des meilleurs caractères distinctifs. Fréquentent des milieux où la végétation est dense (buissons, roseaux, arbres, hautes herbes). Nichent à faible hauteur.

Locustelles: *Locustella*. Plumage brun, queue large, étagée, longues couvertures sous-caudales. Chant ressemblant à celui d'un insecte, généralement émis d'un buisson, parfois à découvert. Très furtives, se déplacent dans la végétation épaisse des marais, fourrés, où elles peuvent courir rapidement comme des souris.

LOCUSTELLE TACHETÉE *Locustella naevia*. La plus largement répandue dans la région. Dessus brun olive avec stries foncées (plus faibles au croupion, parfois plus visibles), sourcils indistincts, dessous blanc-chamois, strié sur les sous-caudales, plus faiblement ailleurs, pattes rosées. Chant monotone, de longue durée, aigu, portant loin, ressemblant à celui d'un insecte (stridulation) ou au bruit d'un moulinet de canne à pêche (24-31 notes/seconde). Cri principal «tchit» bref. Buissons des rieds, anciennes coupes forestières, friches, landes, milieux secs ou un peu humides. L 14, E 15-19 cm. N: B, CH, F, L.

LOCUSTELLE LUSCINIOïDE *Locustella luscinioides*. Moins furtive que la L. tachetée, plus grande, dessus d'un brun plus chaud sans stries, dessous plus clair sauf flancs chamois (évoque une Rousserolle effarvatte, p. 282). Ssp. orientale *fusca*: brun moins chaud, poitrine tachetée. Chant bourdonnant, plus fort, rythme plus rapide (46-50 notes/seconde), plus grave, séquences plus brèves, rappelant davantage celui d'une sauterelle. Cris «pouitt», «tsik». Marais, roselières; surtout milieux humides. L 14, E 19-22 cm. N: B, CH, F.

LOCUSTELLE FLUVIATILE *Locustella fluviatilis*. Dessus brun terreux non rayé, poitrine tachetée (comme la ssp. *fusca* de *L. luscinioides*), extrémité blanchâtre des longues sous-caudales caractéristique. Chant bien plus bref que celui des 2 sp. précédentes, plus rythmé, avec alternance de motifs lents et rapides «derr-derr, derr-derr» rappelant celui d'une sauterelle, souvent émis du haut d'un buisson. Cri principal assez aigre. Marais avec buissons, bords des eaux douces, bois, ronciers, parcs urbains. L 13, E 19-22 cm.

Locustelle de Pallas *L. certhiola*. Sibérie. A. Diffère de *L. naevia* par: taille inférieure, queue plus courte, comportement plus furtif, plumage plus brun roux (croupion surtout), vertex et dos plus fortement striés de noirâtre, sourcils pâles bien nets, rectrices brunes avec taches brun noir subterminales et extrémité grisâtre. Im. dessous plus jaunâtre, poitrine tachetée. Cri perçant «tchi-tchirr». L 11, E 16-19 cm.

LOCUSTELLE LANCÉOLÉE *Locustella lanceolata*. La plus petite locustelle de la région. Diffère en outre de *L. naevia* par: dessus plus foncé, plus fortement strié, gorge et sourcils (faibles) blanchâtres, poitrine et flancs fortement striés. Chant analogue à celui de *L. naevia* mais plus aigu, comportant des notes sifflées ou en crécelle, souvent émis en haut d'un buisson. Cris comme ceux de *L. certhiola* mais plus forts. L 11,5 cm.

Locustelle fasciée *L. fasciolata*. Sibérie. A, rare. La plus grande locustelle. Dessus brun terne uni, larges sourcils grisâtres, sous-caudales chamois. Cris «ruti-ruti» forts. L 18, E 21-24 cm.

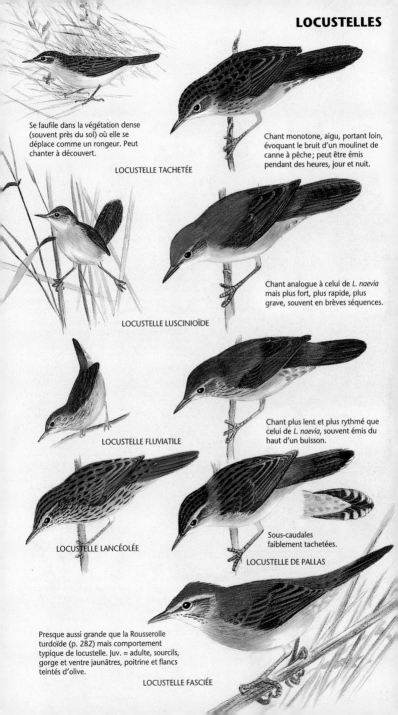

LOCUSTELLES

Se faufile dans la végétation dense (souvent près du sol) où elle se déplace comme un rongeur. Peut chanter à découvert.

LOCUSTELLE TACHETÉE

Chant monotone, aigu, portant loin, évoquant le bruit d'un moulinet de canne à pêche ; peut être émis pendant des heures, jour et nuit.

Chant analogue à celui de *L. naevia* mais plus fort, plus rapide, plus grave, souvent en brèves séquences.

LOCUSTELLE LUSCINIOÏDE

LOCUSTELLE FLUVIATILE

Chant plus lent et plus rythmé que celui de *L. naevia*, souvent émis du haut d'un buisson.

LOCUSTELLE LANCÉOLÉE

Sous-caudales faiblement tachetées.

LOCUSTELLE DE PALLAS

Presque aussi grande que la Rousserolle turdoïde (p. 282) mais comportement typique de locustelle. Juv. = adulte, sourcils, gorge et ventre jaunâtres, poitrine et flancs teintés d'olive.

LOCUSTELLE FASCIÉE

Rousserolles et phragmites *Acrocephalus*. Dessus brun, dessous chamois ou blanchâtre, gorge blanchâtre, queue arrondie. Cris en crécelle, assez semblables, mais chants distincts, formés de motifs répétés. Oiseaux furtifs. Végétation épaisse des marais, étangs.

ROUSSEROLLE EFFARVATTE *Acrocephalus scirpaceus*. Diffère de *A. palustris* et *A. dumetorum* par: dessus plus roussâtre (surtout croupion et chez le juv.), alula brun foncé. Chant monotone fondé sur un motif répété avec variantes «tchru tchru tchru tcha tcha», «tchiru tchiru tchiru», comportant souvent des imitations, généralement dépourvu de cris aigus. Roselières des étangs, bords des rivières avec végétation palustre. L 12,5 E 17-21 cm.   N: B, CH, F, L.

ROUSSEROLLE VERDEROLLE *Acrocephalus palustris*. Distinction avec *A. scirpaceus* et *A. dumetorum* très difficile sauf par le chant. Adulte: dessus plus brun olive, gorge plus blanche, pattes plus roses; de tout près, sur l'aile fermée, extrémités pâles des primaires régulièrement espacées. Chant typique, moins monotone que celui d'*A. scirpaceus*, comportant des notes aigres et de *nombreuses* imitations d'autres oiseaux (trilles, sifflements, etc.). Végétation herbacée dense, champs de céréales, souvent près des eaux douces, plaine et montagne (jusqu'à 2000 m: Alpes). L 12,5 E 18-21 cm.   N: B, CH, F, L.

ROUSSEROLLE ISABELLE *Acrocephalus agricola*. Ailes courtes, queue assez longue, plumage souvent plus roux que celui des autres petits *Acrocephalus* de la région. Larges sourcils crème surmontés d'une ligne noirâtre, plus larges en arrière des yeux, rappelant ceux du Phragmite des joncs (p. 284). Chant comportant des imitations mais sans notes aigres. Broussailles, épaisse végétation palustre (marais, bords des eaux douces). L 12,5 E 15-17,5 cm.

ROUSSEROLLE DES BUISSONS *Acrocephalus dumetorum*. Plus grise que *A. palustris*, dessus plus uni (rémiges plus liserés clairs), sourcils plus clairs en avant des yeux, bec plus long, pattes plus foncées, ailes plus courtes et plus arrondies. Chant plus lent, avec plus de répétitions que celui d'*A. palustris*, mais aussi avec des imitations. Motifs typiques «lo-li-lia», «tiec tiec»; chante jour et nuit; cri caractéristique «tchac tchec (tchec)». Habitat semblable à celui d'*A. palustris*, surtout broussailles et grandes plantes herbacées. L 12,5 E 17-19 cm.

ROUSSEROLLE TURDOÏDE *Acrocephalus arundinaceus*. La plus grande rousserolle européenne, évoque une Rousserolle effarvatte géante. Dessus brun roussâtre, lores noirâtres, sourcils chamois plus évidents, bec robuste. Chant puissant, audible de loin, répétition de quelques motifs «kare kare kare kit kit iu iu iu»; cris «tchac» aigre, croassements. Roselières des étangs et du bord des rivières. L 19, E 25-29 cm.   N: B, CH, F, L.

Ssp. *orientalis* (Chine) (probablement espèce distincte). Plus petite, gorge striée. A: Israël.

ROUSSEROLLE D'IRAK *Acrocephalus griseldis*. Bec aussi long que celui d'*A. arundinaceus*, mais beaucoup plus fin. Sourcils blanchâtres, queue foncée, pattes grisâtres. Chant et cris rappelant ceux d'*A. scirpaceus*. Marais en Irak. L 19 cm.

ROUSSEROLLE STENTOR *Acrocephalus stentoreus*. Diffère d'*A. arundinaceus* par: plumage plus brun olive dessus, croupion moins roussâtre, bec plus long et plus fin, sourcils blanchâtres peu évidents, ailes plus arrondies, queue plus longue et plus arrondie, chant plus aigu, plus mélodieux, moins rauque, motif fréquent «ro-do-pi-kiss»; cris «tchar», «tcheur». Roselières et autres grands végétaux herbacés des marais. L 18-20, E 21-24 cm.

ROUSSEROLLES

Niche rarement loin des roseaux (phragmitaies)

Chante souvent en haut des roseaux, parfois la nuit.

ROUSSEROLLE EFFARVATTE

ROUSSEROLLE VERDEROLLE

Chante plus souvent bien en vue que la R. effarvatte et plus souvent la nuit.

Beaucoup moins souvent dans les roselières que *A. scirpaceus*.

ROUSSEROLLE ISABELLE

ROUSSEROLLE D'IRAK

ROUSSEROLLE DES BUISSONS

Rousserolle à gros bec p. 372

ROUSSEROLLE TURDOÏDE

ROUSSEROLLE STENTOR

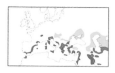

LUSCINIOLE À MOUSTACHES *Acrocephalus melanopogon*. Distinction avec le Phragmite des joncs malaisée sauf comportement et voix. En diffère par: dessus un peu plus foncé avec stries plus sombres, vertex brun noirâtre, sourcils blancs très larges derrière les yeux, joues plus foncées contrastant davantage avec la gorge blanche, dessous du corps plus blanc. Relève souvent la queue. Juv.: vertex encore plus foncé. Chant mélodieux avec séquences flûtées. Cris «t-rrt» doux, «tchouc» plus fort. Marécages. L 13, E 15-16,5 cm. N: F.

PHRAGMITE AQUATIQUE *Acrocephalus paludicola*. Diffère de *A. schoenobaenus* et *A. melanopogon* par: dessus plus chamois jaunâtre, fortement strié (2 raies dorsales jaunâtres parallèles), raie médiane du vertex et très larges sourcils crème (v. juv. *A. schoenobaenus*), croupion finement strié, queue moins large, presque pointue (détail typique), pattes roses. Chant comportant davantage de phrases distinctes que celui d'*A. schoenobaenus*, cris semblables à ceux de ce dernier. Prairies humides avec joncs, marais. L 13, E 16-19,5 cm.

PHRAGMITE DES JONCS *Acrocephalus schoenobaenus*. Bien plus commun que *A. paludicola* et *A. melanopogon*. Vertex foncé avec 2 larges bandes noires surmontant les larges sourcils crème (plus chamois chez le juv.), dessus brun jaunâtre avec étroites stries brun foncé, croupion roussâtre non strié, joues entourées de blanc (au-dessous), face inférieure blanc crème, pattes brun clair. Juv. dessous jaunâtre. Chant comportant des sons mélodieux et aigres ainsi que des imitations en succession rapide. Cris en crécelle «kerrr», «tsek» Broussailles, roselières, rarement loin de l'eau. L 13, E 17-21 cm. N: B, CH, F, L.

BOUSCARLE DE CETTI *Cettia cetti*. Trapue, furtive. Dessus brun roux uniforme, dessous blanc grisâtre, étroits sourcils blanc grisâtre, ailes courtes et arrondies souvent entrouvertes; redresse la queue. Chant caractéristique: émis dans l'épaisse végétation riveraine des eaux douces et des marais, brusque, phrase courte assez forte «tcheoui tcheoui tcheoui-oui oui oui» ou «tipi tipi, pitipit pitipit»; cris «touic» «touit», «tché», crécelle. Bords des eaux douces. L 14, E 15-19 cm. N: B, CH, F, L.

CISTICOLE DES JONCS *Cisticola juncidis*. Petite espèce reconnaissable à: vertex et dos brun strié de brun noir, croupion roussâtre uni, gorge blanchâtre, poitrine chamois, ailes courtes et arrondies, queue courte terminée de noir et liserée de blanc. Furtive mais bien visible durant sa parade aérienne accompagnée d'un chant typique «tip tip tip tip...» (à chaque cri, l'oiseau monte un peu et redescend ensuite légèrement), cri «tiou». Marais, prairies sèches, petits aérodromes, bords des eaux douces et saumâtres, champs de céréales. L 10, E 12-14,5 cm. N: B, CH, L.

DROMOÏQUE DU DÉSERT *Scotocerca inquieta*. Dessus plus pâle, plus jaunâtre et moins strié que chez *Prinia gracilis*, poitrine blanc crème teinté de fauve rosé sur les côtés, trait oculaire foncé, sourcils isabelle, vertex rayé, queue sans cesse agitée (généralement relevée), moins étagée, plus foncée, plus courte et non barrée. Chant, sifflement aigu «pso-i» ou «psii-you»; cri «pip-pip-pip» rapide. Semi-déserts. Souvent à terre. L 10, E 14 cm.

Ssp. *inquieta* (Moyen-Orient); ssp. *saharae* (NO Afrique) plus pâle, non striée.

PRINIA GRACILE *Prinia gracilis*. Petit oiseau aux ailes courtes. Dessus brun strié de brun noir, dessous uni, crème, vagues sourcils clairs, longue queue étagée, barrée de noir avec liseré blanc au bout, souvent redressée et déployée, parfois balancée latéralement. Chant aigu «zer-ouit» répété; cri «brpp» répété; durant la parade aérienne, triple bruit d'ailes. Broussailles, semi-déserts, palmeraies, champs, jardins; rarement à terre. L 10, E 13,5 cm.

PHRAGMITES, BOUSCARLE

Surtout dans les roseaux, massettes, tamaris ; Phragmite aquatique dans carex et iris des marais.

LUSCINIOLE À MOUSTACHES

PHRAGMITE AQUATIQUE

chant brusque

PHRAGMITE DES JONCS

BOUSCARLE DE CETTI

CISTICOLE DES JONCS

saharae

inquieta

PRINIA GRACILE

♀

♂

DROMOÏQUE DU DÉSERT

Hypolaïs *Hippolais*. Plumage non tacheté. Diffèrent des rousserolles (p. 282) par les sous-caudales plus courtes, des pouillots (p. 294) et de la Fauvette des jardins (p. 288) par le bec plus long. Iris rose. Im. souvent plus gris. Plumes du vertex souvent hérissées. Chant varié comportant souvent des imitations chez certaines espèces.

H. Pallida et H. opaca

HYPOLAÏS PÂLE *Hippolais pallida*. Europe de l'E, Moyen-Orient. Silhouette et ailes courtes comme chez *H. polyglotta*. En diffère par : tête plus aplatie, bec plus long, plumage gris brun clair dessus, blanchâtre dessous, les rectrices externes bordées de blanchâtre. V. Rousserolle verderolle (p. 282), qui a des sous-caudales plus longues et *H. caligata*. Chant assez grave, comportant des imitations, des répétitions. Cris secs « tac tac » généralement émis tout en agitant la queue. Fourrés, semi-déserts, champs, jardins, parcs urbains. L 12-14, E 18-21 cm.

HYPOLAÏS OBSCURE *Hippolais opaca*. Espagne, NO Afrique. Récemment séparée d'*H. pallida*, laquelle est plus petite, plus pâle, a le bec et la queue plus courts, ressemble à *H. rama* et peut s'hybrider avec elle là où les aires se chevauchent.

HYPOLAÏS BOTTÉE *Hippolais caligata*. Evoque un pouillot (v. p. 294) par sa faible taille et sa silhouette ; sinon, ressemble à *H. pallida* mais bec petit, pattes plus claires, dessus brun chamois, sourcils plus longs et plus évidents, rectrices externes bordées de blanc. Chant plus rapide, plus long, sans répétitions ni imitations. Cris répétés « tchec tchec tchec ». Broussailles, jardins. L 11, 5-13, E 18-21 cm.

HYPOLAÏS RAMA *Hippolais rama*. Sud C Asie. A. Récemment séparée d'*H. caligata*. Ressemble fort à *H. pallida* et souvent ne peut être distinguée sans un examen attentif de la tête et du bec (v. ci-dessus). Non illustrée.

HYPOLAÏS D'UPCHER *Hippolais languida*. Diffère d'*H. pallida* par : taille un peu supérieure, ailes plus brunes, sourcils plus longs, queue plus longue, brun foncé bordée et terminée de blanc, constamment balancée comme celle des pies-grièches (pp. 316-319). V. aussi *H. olivetorum*. Chant plus mélodieux que celui d'*H. pallida*, évoquant celui de la Fauvette grisette (p. 288) ; cri « tcheuk ». Collines avec buissons, jardins. Se pose sur les rochers. L 14-15, E 20-23 cm.

HYPOLAÏS DES OLIVIERS *Hippolais olivetorum*. La plus grande hypolaïs. Dessus gris teinté d'olive, lores blanchâtres, grand bec (m. i. jaunâtre), pattes gris bleu foncé ou gris olive, vertex anguleux, rectrices externes bordées et terminées de blanc, espace blanchâtre sur l'aile (bord des secondaires) (en période de nidification). Chant plus lent, plus grave, plus mélodieux avec moins de répétitions que celui d'*H. pallida* ; cris « touc touc ». Broussailles, bois clairs, oliveraies, vignobles. L 14-16,5, E 24-26 cm.

Ne niche pas ailleurs, hiverne en Afrique.

HYPOLAÏS POLYGLOTTE *Hippolais polyglotta*. Ressemble beaucoup à *H. icterina* ; en diffère par : taille un peu inférieure, queue plus courte, ailes plus arrondies, plus courtes, sans espace clair, n'atteignant pas le bout des couvertures sus-caudales. Chant pas très sonore, rapide, plus mélodieux, varié, comportant des imitations et notamment un bavardage semblable au pépiement du Moineau domestique (séquence typique) ; comporte aussi un « tit tit » et un « ouit » comme chez *H. icterina*. Taillis épais au bord des bois, bosquets, fourrés denses. L 13, E 18-20 cm. N : B, CH, F, L.

En expansion vers le nord.

HYPOLAÏS ICTÉRINE *Hippolais icterina*. Dessus brun verdâtre, dessous jaune ; im. et certains adultes plus gris ; gosier orange vif. Diffère d'*H. polyglotta* par : queue plus longue, ailes plus longues et plus pointues, atteignant le bout des sus-caudales, espace jaunâtre sur les ailes pliées (rémiges secondaires). Chant typique, fort, avec répétition de motifs, comportant des sons mélodieux et d'autres plus aigres ainsi que des imitations. Séquence fréquente « te te oui- te te oui » ; « tac tac » de Fauvette à tête noire, « uit » de Pouillot véloce, etc. Parcs, jardins, vergers, bords des rivières, lisières de bois, haies. L 13-15, E 21-24 cm. N : B, CH, F, L.

HYPOLAÏS

HYPOLAÏS
PÂLE

adulte, plumage usé

adulte N

HYPOLAÏS
OBSCURE

HYPOLAÏS
BOTTÉE

HYPOLAÏS
D'UPCHER

HYPOLAÏS
DES OLIVIERS

adulte automne

adulte gris
automne

HYPOLAÏS
POLYGLOTTE

printemps

adulte
automne

printemps   HYPOLAÏS ICTÉRINE

adulte gris
automne

Fauvettes: *Sylvia.* Mâles généralement plus colorés que les ♀. Chant généralement caractéristique, mais cris d'alarme («tac tac») communs à nombre d'espèces. Fréquentent surtout les buissons, broussailles, garrigues, maquis, parcs, jardins, landes, aussi forêts.

FAUVETTE DES JARDINS *Sylvia borin.* Bec assez court et épais. (v. *Hippolais* p. 286). Plumage terne sans détail particulier (pas de sourcils, etc.), brun uni dessus, chamois blanchâtre dessous, ventre blanc, pattes gris brun. Juv. chamois plus vif, nuance roussâtre sur les ailes. Se tient cachée dans les buissons. Repérée surtout à son chant assez mélodieux mais monotone, assez bas, plus long que celui de *S. atricapilla*, sans «forte» final. Forêts de feuillus, jeunes peuplements, plantations non éclaircies, parcs. L 14, E 20-24 cm.   N: B, CH, F, L.

FAUVETTE GRISETTE *Sylvia communis.* ♂ tête grise (brune chez la ♀), ailes partiellement marron roux, gorge blanche, poitrine rosée, rectrices externes blanches, plumes du vertex souvent hérissées. Juv. comme la ♀, gorge plus terne. Chant précipité, bref, émis en vol vertical au-dessus des buissons où l'oiseau plonge aussitôt après. Cris «tac tac», «ouet ouet». Gros buissons et haies dans la campagne cultivée, broussailles, fourrés des grandes coupes forestières (habitat provisoire). L 14, E 19-23 cm.   N: B, CH, F, L.

FAUVETTE BABILLARDE *Sylvia curruca.* Dessus beaucoup plus gris que *S. communis*, dessous blanc grisâtre, joues gris foncé, pas de ton roux sur les ailes (sauf chez la ssp. *blythi*, de Sibérie, qui est blanche dessous), gorge blanche, pattes grises. Juv. un peu moins gris. Très furtive. Chante dans les fourrés, buissons. Chant d'abord doux puis assez fort avec une note répétée en crécelle; cris «tac tac». Haies, broussailles, bosquets, parcs, cimetières boisés, plantations de résineux, en plaine et en montagne jusqu'à plus de 2000 m. L 13,5, E 17-20 cm.   N: B, CH, F, L.

FAUVETTE ÉPERVIÈRE *Sylvia nisoria.* Grande fauvette. Queue assez longue. ♂: gris avec dessous blanchâtre barré horizontalement de gris, iris jaune, 2 barres alaires blanches, queue bordée et terminée de blanc; ♀ plus brune, moins fortement barrée. En hiver, tous deux ont les flancs faiblement barrés. Juv. non barré, ressemble à une grande Fauvette des jardins grisâtre à longue queue, front plus droit, yeux foncés. V. im. de *S. hortensis* (p. 290). Chant semblable à celui de la F. des jardins mais séquences plus brèves entrecoupées de cris aigres et forts «tcharr tcharr tcharr». Émis du haut d'un perchoir ou en vol nuptial. Broussailles, haies, lisières des bois. L 15, E 23-27 cm.   N: CH.

FAUVETTE À TÊTE NOIRE *Sylvia atricapilla.* Dessus gris brun. Facilement reconnaissable à la couleur du vertex, noir (♂), roux (♀) ou brun (juv.), brun noirâtre chez le ♂ im. Dessous gris pâle. Silhouette très différente de celle des Mésanges nonnette et boréale (p. 308). Chant aigu, très vif, mélodieux, flûté, fort, comprenant d'abord un bavardage assez doux qui s'amplifie et prend fin par un «forte» typique. Émis dans les buissons ou du haut d'un perchoir. Cri le plus fréquent «tac tac». Bois, parcs, jardins avec buissons épais. L 14, E 20-23 cm.   N: B, CH, F, L.

juv.

adulte

♀

♂

FAUVETTE DES JARDINS
Ssp. *woodwardi* (Sibérie occ.) plus
grise en dessous, moins brunâtre.

FAUVETTE GRISETTE

plumage
neuf

curruca

althaea

minula

blythi

FAUVETTE BABILLARDE
Ssp. *althaea* (SO Asie) bien plus foncée, joues noires, bec plus épais; *minula*
(visiteur d'hiver venant d'Iran) plus pâle, tache foncée des joues plus petite
ou absente, bec plus fin; toutes 2 souvent considérées comme des espèces
distinctes.

juv.

vol nuptial

♀

♂

adulte

juv. ♂

FAUVETTE ÉPERVIÈRE

Confusion possible avec petite pie-grièche
(p. 316) mais bec très différent, queue bien
plus courte, etc.

♂ mélanique

FAUVETTE À TÊTE NOIRE

FAUVETTE MÉLANOCÉPHALE *Sylvia melanocephala*. La plus commune des fauvettes méditerranéennes. ♂ adulte : tête noire jusqu'au dessous des yeux, cercle oculaire rouge, iris brun-rouge, menton et gorge blancs, dessus gris, rectrices externes blanches. ♀, juv. bruns, tête brun gris. V. *S. hortensis*, *S. mystacea* et *S. rueppelli*. Chant plus mélodieux que celui de la F. grisette (p. 288), comportant des cris en crécelle, émis en vol nuptial ou dans un buisson. Très remuante. Broussailles, maquis, parcs, jardins ; localement en ville. L 13,5, E 15-18 cm.   N : F.

FAUVETTE DE MÉNÉTRIES *Sylvia mystacea*. Diffère de *S. melanocephala* par : anneau oculaire jaune pâle, rosé ou brun, moustache blanche sous la joue noire, dessous rose ou rose vineux. Voix, comportement semblables à *S. melanocephala*, mais chant moins mélodieux avec davantage de séquences de crécelle. Perchée, agite la queue en tous sens. Broussailles, fourrés de tamaris le long des cours d'eau, vergers, jardins. L 13,5, E 15-19 cm.

FAUVETTE DE CHYPRE *Sylvia melanothorax*. ♂ : diffère de *S. melanocephala* par : gorge, poitrine et flancs gris fortement marqués de croissants noirs, moustaches blanches entre la gorge et les joues noires. ♀ et juv. plus bruns, marques plus faibles, moins nombreuses. Pattes brun jaunâtre. Voix et comportement comme *S. melanocephala*. Broussailles, maquis. L 13,5, E 15-18 cm.

FAUVETTE DE RÜPPELL *Sylvia rueppelli*. ♂ : seule fauvette de la région ayant menton et gorge entièrement noirs et larges moustaches blanches. ♀, im., juv. : plus pâles, gris et bruns, gorge blanchâtre plus ou moins striée de noir, moustaches blanchâtres. ♂ et ♀ : iris marron à rouge orange, pattes brun rouge, rectrices externes blanches. Chant semblable à celui de *S. melanocephala* entrecoupé de cris en crécelle ; peut être émis en vol nuptial. Broussailles, maquis sur collines rocailleuses. L 14, E 18-21 cm.

FAUVETTE D'ARABIE *Sylvia leucomelaena*. Diffère de *S. hortensis* (plus grande) par : iris foncé (brun), anneau oculaire blanchâtre, occiput noir, blanc des rectrices externes peu visible (rectrices internes : extrémité de la face interne blanche visible quand l'oiseau fait tourner sa queue étagée). Chant, gazouillis assez fort comportant des sons mélodieux et d'autres bien plus aigres. Cris, brève crécelle, «tchak tchak». L 14,5, E 18-20 cm.

FAUVETTE ORPHÉE *Sylvia hortensis*. Grande espèce. ♂ nicheur : front, vertex, joues noirs, nuque grise comme le dessus, iris blanc jaunâtre, menton et gorge blancs, poitrine chamois rosé, queue carrée, rectrices externes blanches (v. F. d'Arabie). ♂ en hiver, ♀, im. : plus ternes ; im., queue plus courte que chez celui de *S. nisoria*. Chant mélodieux, gazouillé, comportant des répétitions (surtout dans l'O), mais sans notes discordantes. Cri d'alarme en crécelle «trrrr». Maquis, haies avec arbres, vergers, oliveraies, lisières de forêts. L 15, E 20-25 cm. N : CH, F.

FAUVETTES

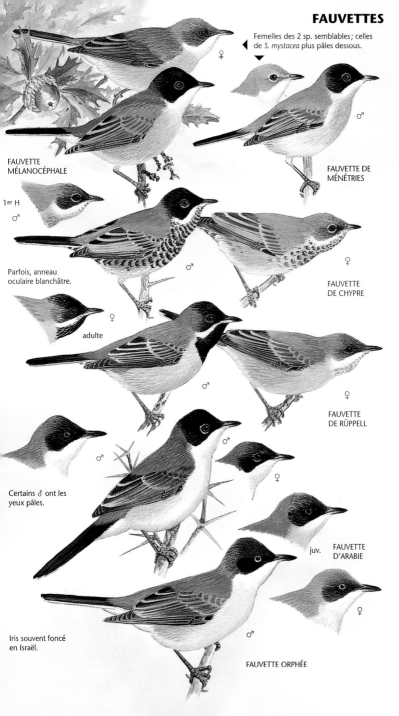

Femelles des 2 sp. semblables; celles de *S. mystacea* plus pâles dessous.

FAUVETTE
MÉLANOCÉPHALE

FAUVETTE DE
MÉNÉTRIES

1er H
♂

Parfois, anneau
oculaire blanchâtre.

FAUVETTE
DE CHYPRE

adulte

FAUVETTE
DE RÜPPELL

Certains ♂ ont les
yeux pâles.

juv.

FAUVETTE
D'ARABIE

Iris souvent foncé
en Israël.

FAUVETTE ORPHÉE

FAUVETTE SARDE *Sylvia sarda.* ♂ : plumage gris ardoisé ; de loin, ressemble à une F. pitchou presque toute noire. ♀ plus brune dessus, dessous gris brun rosé. Iris jaune à rouge, anneau oculaire rouge. Ssp. *balearica* (Baléares) plus pâle. Juv. plus gris et plus pâle dessus, dessous plus blanc que celui de *S. undata*. Chant plus rapide et plus doux que celui de *S. undata* ; cris « treck » isolés ou en série. Maquis, broussailles. L 12, E 13-17 cm. N : F.

FAUVETTE PITCHOU *Sylvia undata.* Très furtive. En général, visible sous forme d'un petit oiseau à longue queue qui plonge dans un fourré. Tête gris ardoise, dessus gris brun foncé, dessous brun vineux foncé (menton et gorge pointillés de blanc), longue queue souvent dressée, étagée, bordée de blanc, pattes jaunâtres à brunâtres. ♀ plus terne que le ♂ ; juv. dessous plus chamois. V. *S. deserticola* et *S. sarda.* Chant très bref, rapide, émis en vol nuptial ou sur un perchoir. Cri d'alarme en crécelle « tra tra tra ». Broussailles épaisses, landes d'ajoncs au bord de la mer et dans les terres, maquis. L 12,5, E 13-18 cm. N : F.

Aire de répartition

Aire de nidification
et (en grande partie)
d'hivernage

FAUVETTE DE L'ATLAS *Sylvia deserticola.* ♂ : diffère de ceux de *S. sarda* et *S. undata* plus foncés par : ailes rousses, fine moustache blanche, cercle oculaire blanchâtre (diffère aussi de *S. sarda* par le dessous brun vineux). ♀ bien plus pâle. Chant semblable à celui de *S. undata* ; cri différent « tchit » ou « tchi-it » perçant. Bois clairs, broussailles. En hiver, aussi dans le désert. L 12, E 13-17 cm.

Répartition : niche aussi sur Îles du
Cap Vert

FAUVETTE À LUNETTES *Sylvia conspicillata.* Ressemble à une petite F. grisette mais en diffère par : front, lores et dessous des yeux noirâtres, gorge plus blanche ; diffère de la F. passerinette par : absence de moustaches, gorge blanche, ailes marron roux, poitrine pâle (rosée). Diffère de ces 2 sp. par anneau oculaire blanchâtre et pattes jaunâtres. ♀, im., juv. : plus clairs, mais ailes marron roux (confusion possible avec *S. cantillans* car certains im. ont peu de roux). Chant mélodieux analogue à celui de la F. grisette, souvent émis en vol nuptial. Cris « tac tac » en crécelle, « kirrr ». Milieux secs avec végétation ligneuse basse, garrigues. L 11-13, E 14-17 cm. N : F.

FAUVETTE PASSERINETTE *Sylvia cantillans.* ♂ : ressemble à *S. undata.* En diffère par : dessus et dessous plus clairs, moustaches blanches très visibles. ♀ : les moustaches blanches assez marquées la distinguent de celles de *S. curruca* et *S. conspicillata*, menton et gorge chamois rosé. Chant analogue à celui de *S. melanocephala* mais plus mélodieux, sans notes aigres, souvent émis en vol nuptial. Cris « tec tec » isolés ou en série (crécelle). Broussailles, garrigues. L 12-13, E 15-19 cm. N : F.

FAUVETTE NAINE *Sylvia nana.* Dans la région, la plus petite et la plus pâle. Plumage chamois grisâtre à chamois jaunâtre, croupion et sus-caudales roussâtres, queue brune et rousse (rectrices externes blanches), iris et pattes jaune pâle, bec : m. i. jaune. Sexes semblables. Chant simple, harmonieux, évoquant un tintement de clochette ; cris, bruit de crécelle et « tchi tchi tchi tchi » aigu. Buissons dispersés des déserts, semi-déserts, sur les collines arides. L 11,5, E 14-18 cm.

Ssp. *nana* (SO Asie) grisâtre ; ssp. *deserti* (NO Afrique), dessus chamois Jaunâtre, queue moins foncée.

FAUVETTES

FAUVETTE
SARDE

♂

♀

juv.

FAUVETTE
PITCHOU

♂

♀

juv.

FAUVETTE DE
L'ATLAS

♀

1er H

♂

FAUVETTE
À LUNETTES

♀

1er H

♂

FAUVETTE
PASSERINETTE

2e année

♂

♀

2e année

♂ N

FAUVETTE
NAINE

nana

deserti

Pouillots: *Phylloscopus*. Petits passereaux. Sexes semblables. Plumage aux tons grisâtres, jaunâtres ou verdâtres. Les hypolaïs (p. 286) sont plus grandes. Identification visuelle difficile, mais la voix est un bon critère. Remuants. Entrouvrent souvent leur queue échancrée.

POUILLOT BORÉAL *Phylloscopus borealis*. Un peu plus grand que le P. fitis (p. 296). En diffère aussi par: barre alaire crème (en automne, une 2e barre perceptible chez certains sujets), trait oculaire foncé, sourcils crème plus marqués, relevés en arrière, n'atteignant souvent pas la base du bec, gorge et dessous blanchâtres, bec foncé, pattes claires. *P. trochiloides t.* lui ressemble beaucoup et s'en distingue par la voix. V. aussi *P. trochiloides nitidus* plus vert et plus jaune. Chant, trille bourdonnant, bref, généralement précédé d'un «tzic» sec. Cris «tsoui-ip», «tzic», «drrt» en crécelle. Taïga, broussailles (zones arctique et subarctique). L 12, E 16-22 cm.

POUILLOT DU CAUCASE *Phylloscopus trochiloides nitidus*. Ressemble à un petit P. siffleur (p. 296). Sourcils et dessous jaunes, mais dessus d'un vert olive plus terne, une petite barre alaire jaune (v. *P. trochiloides t.* qui est plus gris dessus, crème à blanchâtre dessous, sourcils crème atteignant la base du bec). V. aussi *Vermivora peregrina* (p. 366): barre alaire moins visible, trait oculaire fort, plus marqué. Chant sonore comportant 5 notes, rappelant celles de la Bouscarle de Cetti, suivies de 4-5 autres évoquant la Mésange noire. Cris «tchi-oui», «tchiri-rip». Forêts de montagne. L 11, E 15-21 cm.

POUILLOT VERDÂTRE *Phylloscopus trochiloides trochiloides*. Diffère du P. véloce (p. 296) par l'étroite barre alaire crème (parfois trace d'une seconde; v. ssp. orientales du P. véloce), les sourcils plus évidents et le dessous plus clair. Ressemble beaucoup à *P. borealis* (un peu plus grand), en diffère par: sourcils généralement plus longs et plus larges avant l'œil et plus courts en arrière, les pattes foncées. Chant, gazouillis rapide, aigu, ressemblant au trille du Troglodyte, souvent précédé d'un «tiss-yip» répété. Bois clairs, lisières des forêts. L 11, E 15-21 cm.

POUILLOT À PATTES SOMBRES Ssp. *plumbeitarsus* (E Sibérie). A, très rare. 2 barres alaires, dessus plus vert et plus foncé, dessous plus blanc presque sans trace de jaune, ailes et queue un peu plus courtes, le bord externe et l'extrémité des tertiaires ne sont pas crème, contrairement à ce que l'on constate chez *P. inornatus*, p. 298.

P. bonelli et P. orientalis

POUILLOT DE BONELLI *Phylloscopus bonelli*. Dessus brun gris, dessous blanc crème, rémiges et rectrices liserées de vert jaunâtre, croupion vert jaunâtre, sourcils crème peu marqués, pas de barre alaire ni de trait oculaire, pattes brun rougeâtre, bord externe des primaires liseré de jaune. Ces détails le séparent du P. fitis (p. 296) de même taille. Chant: trille court et sec; cri typique bisyllabique «klu-ip». Bois, souvent de pins ou de chênes-lièges, friches boisées, milieux secs. L 11,5, E 16-20 cm.   N: (B), CH, F.

POUILLOT ORIENTAL *Phylloscopus orientalis*. SE Europe, Moyen-Orient. Ressemble beaucoup à un P. véloce gris (p. 296). Voix différente de *P. bonelli*: cri plus bref et plus dur, «tsiup», chant plus faible et moins sonore.

POUILLOTS

automne

été

POUILLOT DU CAUCASE (*nitidus*)

automne

été

POUILLOT BORÉAL

automne

été

POUILLOT VERDÂTRE (*trochiloides*)

automne

POUILLOT À PATTES SOMBRES (*plumbeitarsus*)

1er automne *bonelli*   POUILLOT DE BONELLI

bonelli

orientalis

POUILLOT ORIENTAL

Pouillot véloce (p. 296)

POUILLOT SIFFLEUR *Phylloscopus sibilatrix*. Le plus grand pouillot nicheur dans la région. Sourcils, gorge et haut poitrine jaunes, ventre blanc, dessus vert olive, bord postérieur des rémiges primaires jaune. Diffère des Hypolaïs ictérine et polyglotte (p. 286) par : bec plus court, ventre blanc, pattes rose orangé. Chant caractéristique comprenant 2 parties : un trille assez long et une « plainte » descendante « tiu tiu tiu tiu... ». Cri « ouit » doux. Forêts, notamment chênaies-hêtraies (futaies). L 12,5, E 19-24 cm. N : B, CH, F, L.

POUILLOT MODESTE *Phylloscopus neglectus*. Le plus petit pouillot. Comme un Roitelet huppé (p. 300). Brun olive terne, bec mince, pattes foncées, queue courte, dessous blanchâtre, absence de tons verts et jaunes, sourcils faibles. Chant bref, de type chardonneret « toudla toudla » parfois émis en vol ; cris « gyour » aigre, « tchic ». Très remuant. Broussailles basses en montagne. L 8,5, E 13-16 cm.

POUILLOT MONTAGNARD *Phylloscopus sindianus*. Ressemble fortement à la ssp. *tristis* du P. véloce et pourrait, d'ailleurs, être une ssp. de celui-ci. Dessus brun, dessous blanc argenté sans ton verdâtre ou jaune (sauf sous l'aile), parfois une barre alaire pâle. Chant : a plus de timbre que celui du P. véloce mais est plus faible, intervalle entre les notes plus longs, moins régulier. Cris « touit », « tis-yip ». Forêts de montagne, buissons de l'étage subalpin. L 11, E 15-21 cm.

POUILLOT VÉLOCE *Phylloscopus collybita*. Avec le P. fitis, l'un des deux pouillots les plus communs dans la région. Dessus brun olive, dessous crème sauf flancs teintés de jaune, pattes brun noirâtre. Diffère du P. fitis par : pattes plus sombres, front plus droit, silhouette plus arrondie, projection des primaires plus courte, sourcils moins marqués, surtout, chant très différent « tsip tsap tsip tsap... » entrecoupé de « trec trec » audibles de près ; cri habituel « uit » monosyllabique. Forêts de feuillus et mixtes, parcs, haies, plaine et montagne. Espèce commune. L 11, E 15-21 cm. N : B, CH, F, L.

Sspp. *abietinus* à *tristis* (du N Europe à Extrême-Orient, C Asie) : rare en automne dans l'O. Dessus brun gris clair, dessous blanc crème, sourcils crème (certains bruns dessus, blancs dessous, jaunes sous le poignet ; certains ont de faibles barres alaires, surtout en automne ; v. *P. sindianus*, *P. trochiloides*, p. 294). Bec et pattes noirs. Cri particulier « sourd » « soui-ou ».

POUILLOT IBÉRIQUE *Phylloscopus ibericus*. Péninsule ibérique, SO France. Plus verte dessus, plus jaune dessous, chant différent de *P. collybita*. Non illustré.

POUILLOT DES CANARIES *Phylloscopus canariensis*. Canaries. Sspp. *canariensis* et *exsul*, foncées dessus, dessous chamois fauve, chant différent de *P. collybita*.

POUILLOT FITIS *Phylloscopus trochilus*. Le plus commun des pouillots dans le N de l'Europe. Dessus brun verdâtre, dessous blanc jaunâtre (surtout chez les juv.), pattes généralement brun rougeâtre mais parfois foncées (critère pas sûr), sourcils plus marqués que chez le P. véloce, projection des primaires plus longue (visible de très près seulement), front plus fuyant, bec plus clair à la base ; pas de barre alaire. Chant typique (le meilleur critère de distinction avec le P. véloce) : phrase descendante avec notes de plus en plus rapprochées. Crie moins souvent que le P. véloce, cri bisyllabique « u-it ». Bois de feuillus et mixtes, taillis, plantations forestières, tourbières boisées. L 11, E 17-22 cm. N : B, CH, F, L.

Ssp. *acredula* (N Europe, O Sibérie) : dessus brun gris, dessous blanc crème, presque pas de tons verts ou jaunes.

POUILLOTS

terne

Chant du P. siffleur

vif

POUILLOT
SIFFLEUR

POUILLOT
MODESTE

POUILLOT
MONTAGNARD

adulte H

collybita
été

tristis
été

exsul

juv.

POUILLOT
VÉLOCE

canariensis

POUILLOT
DES CANARIES

juv.

trochilus été

POUILLOT FITIS

Le P. fitis (p. 296) a lui aussi les pattes claires, mais tête et bec plus petits que chez le P. de Schwarz.

Pouillot de Schwarz *Phylloscopus schwarzi*. Assez grand, longues pattes, tête brune, dessus brun olive, dessous blanc gris, longs et larges sourcils chamois avant l'œil et crème derrière, surmontés d'une ligne foncée, trait oculaire foncé, sous-caudales roussâtres, pattes jaunâtres ou rose chair. Im. dessus souvent teinté de vert, dessous jaune. Bec plus fort, plus court que celui du P. brun, m. i. rose orangé. Cris « touit » sifflé, fin, « tuc », « sok » plus secs. Asie. A. Furtif dans végétation basse. L 12, E 16-20 cm.

Pouillot brun *P. fuscatus*. Sibérie. A. Diffère de *P. schwarzi* par : taille inférieure, dessus brun plus foncé, dessous plus gris, sous-caudales généralement chamois, sourcils plus étroits, plus courts, plus chamois, moins évidents, bec plus mince, m. i. orangée (base), pattes plus courtes. Diffère des sspp. orientales du P. véloce (p. 296) par : sourcils plus marqués, pattes claires, base du bec pâle. Cris « tac tac », « tsek tsek ». L 11, E 20 cm.

Pouillot de Pallas *P. proregulus*. Sibérie. A. Très petit. Dessus vert jaunâtre, larges sourcils jaunes, ligne jaune au milieu du vertex, croupion jaune, 2 barres alaires jaunes très visibles quand l'oiseau fait du vol sur place pour capturer des insectes, tertiaires liserées et terminées de blanc. V. roitelets (p. 300). Cris doux, assez aigus « zwit », « ouisp ». L 9, E 12-16 cm.

POUILLOT À GRANDS SOURCILS *Phylloscopus inornatus*. Sibérie. A. Longs sourcils blanc crème atteignant la nuque, 2 barres alaires blanchâtres, tertiaires bordées et terminées de blanc crème, dessus vert olive pâle (v. *P. proregulus*, plus petit). En automne, certains sujets de *P. Humei* qui n'ont pas encore mué, ont seulement 1 barre alaire. Cri trisyllabique typique « tsi-uit ». En automne, se montre régulièrement jusqu'en Europe occidentale (GB, France, Allemagne, Scandinavie). L 10, E 15-20 cm.

Dans la région, niche seulement sur le versant O de l'Oural.

Pouillot de Hume *P. humei*. C Asie. A. Plus gris, moins jaunâtre, barres alaires moins évidentes que chez *P. inornatus*. Bec et pattes brun foncé. Cri plus proche de *P. collybita*.

Paruline à ailes dorées

Paruline obscure

Paruline jaune

Parulines : *Parulidae*. Amérique. (v. p. 366). Plusieurs sp. signalées de plus en plus souvent sur les côtes d'Europe occidentale, ressemblent à certains pouillots, notamment la Paruline obscure *Vermivora peregrina* (p. 366), la Paruline à ailes dorées *V. chrysoptera* et la Paruline jaune *Dendroica petechia* (p. 373).

POUILLOTS

sujet jaunâtre

Le Pouillot boréal (p. 294) a une petite barre alaire.

sujet plus gris

POUILLOT DE SCHWARZ

POUILLOT BRUN

tristis H

Les sspp. orientales du P. véloce (p. 296) ressemblent beaucoup au P. brun (p. 298).

POUILLOT DE HUME

POUILLOT DE PALLAS

humei

plumage neuf

POUILLOT À GRANDS SOURCILS

inornatus

Roitelet triple-bandeau (p. 300): ailes et tête différentes (sourcils blancs) des P. à grands sourcils et de Pallas.

♀

Roitelet triple-bandeau

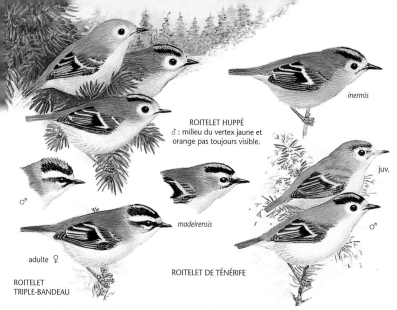

ROITELET HUPPÉ
♂ : milieu du vertex jaune et
orange pas toujours visible.

inermis

juv.

♂

madeirensis

ROITELET DE TÉNÉRIFE

adulte ♀

ROITELET
TRIPLE-BANDEAU

Roitelets : *Regulus*. Les plus petits oiseaux nicheurs d'Europe. Bec fin. Très remuants. Observation souvent difficile pour cette raison.

ROITELET HUPPÉ *Regulus regulus*. Dessus vert olive clair, dessous blanchâtre nuancé de chamois. ♂ : marque jaune et orange sur le vertex (jaune chez la ♀) bordée de noir, espace noir en arrière de la 2e barre alaire blanchâtre. V. *R. ignicapilla*. Voix très aiguë. Chant : phrase montante et descendante, plus forte à la fin. Cri fréquent « zi zi zi ». Forêts de résineux, groupes de résineux dans parcs, grands jardins (épicéas, etc). En hiver, aussi dans les forêts de feuillus. L 9, E 13-15 cm. N : B, CH, F, L.

Ssp. : 3 aux Açores : *inermis* (5 îles) : dessus et dessous plus foncés ; *azoricus* (San Miguel) plus foncée dessus, plus jaune dessous ; *sanctae-mariae* (Santa-Maria) plus pâle dessus, blanchâtre dessous.

ROITELET DE TÉNÉRIFE *Regulus teneriffae*. Diffère du R. huppé par : bec plus long, ailes plus courtes, plumage un peu plus foncé (précédemment considéré comme une ssp. de *R. regulus*) et surtout, bandes noires encadrant le vertex réunies sur le front et plus larges. Diffère de *R. ignicapilla* par l'absence de sourcils blancs. Bruyères arborescentes, forêts de lauriers. L 9 cm.

Ssp. *madeirensis* (Madère) : intermédiaire entre *R. teneriffae* et *R. ignicapillus*. Sourcils plus courts.

ROITELET TRIPLE-BANDEAU *Regulus ignicapilla*. Diffère du R. huppé par : larges sourcils blancs, trait oculaire noir, marque couleur bronze sur le côté du cou, dessous plus blanc, chant différent (phrase uniforme, monotone, un peu montante), cris moins aigus. Forêts de résineux, mixtes ou de feuillus, parcs. Plaine et montagne. Moins résistant au froid que le Roitelet huppé. L 9, E 13-16 cm. N : B, CH, F, L.

300

♂ non nicheur

♂ N

♂ N

SOUIMANGA
ASIATIQUE

♂ non nicheur

SOUIMANGA
PYGMÉE

♂ N

Plumes jaunes ou orange
visibles pendant les parades
nuptiales.

♀

SOUIMANGA
DE PALESTINE

● SOUIMANGAS: *Nectariniidae*. Vivent uniquement dans l'Ancien Monde. Equivalents des colibris américains. Plumage brillamment coloré. Visitent les fleurs, prélèvent le nectar en faisant du vol sur place; bec généralement long et incurvé.

SOUIMANGA PYGMÉE *Anthreptes platurus*. Diffère du Souimanga de Palestine par: bec plus court, très longue queue du ♂ nicheur (⅓ de la longueur totale), plumage tricolore, vert vif, violet et jaune. ♂ non nicheur, ♀ et juv.: queue courte, dessus gris, dessous jaune (♂: gorge parfois noirâtre). Voix, habitat: comme le Souimanga de Palestine. L 10-15, E 15-18 cm.

Souilanga asiatique *Nectarinia asiatica*. Bec un peu plus court et moins incurvé que celui de *N. osea*. ♂: plumage noir métallique à reflets verts, parfois une étroite bande pectorale rousse; ♀ dessous jaune pâle. Broussailles, forêts sèches, jardins. S Iran. L 10 cm.

SOUIMANGA DE PALESTINE *Nectarinia osea*. ♂ nicheur: paraît noirâtre; en réalité, tête, dos, poitrine bleu foncé métallique (vertex et dos peuvent sembler verts), sur les côtés de la poitrine, touffes de plumes jaunes ou orange visibles pendant les parades nuptiales. Adulte non nicheur et juv.: vert olive, sourcils pâles, queue vert foncé. Chant, trille aigu, gazouillé; cris «toui», «tchiou», répétés. Broussailles, oueds, prairies sèches, jardins. L 11,5, E 14-16 cm.

● GOBEMOUCHES : *Muscicapidae*. Petits passereaux spécialisés dans la chasse aux insectes. Bec aplati, assez large, pattes courtes. Partent d'un perchoir auquel ils reviennent. Rarement à terre sauf pour capturer un insecte. Cris «tsic tsic, tec tec, pitt» etc. Nid dans un trou d'arbre, de mur.

GOBEMOUCHE GRIS *Muscicapa striata*. Dessus brun gris, dessous blanchâtre avec fines stries foncées sur gorge, poitrine, flancs. Front et vertex striés. Sexes semblables. Juv. aspect écaillé, dessus tacheté de blanchâtre. Chant monotone, faible, formé de quelques notes aiguës; cri fréquent «tsi» ou «sit» sec. Se tient bien droit sur son perchoir; soulève rapidement les ailes quand il y revient. Forêts de feuillus, campagne cultivée, bosquets, parcs, allées d'arbres, cimetières boisés, villes. Plaine et montagne. L 14, E 23-25 cm.   N: B, CH, F, L.

GOBEMOUCHE NAIN *Ficedula parva*. Le plus petit dans la région. ♂ plumage nuptial : tête grise, menton, gorge et poitrine orangés, dessus brun gris; ♀ dessous chamois, tête brune. Les 2 sexes ont de grands yeux, des anneaux oculaires blanchâtres, la queue noirâtre sauf les côtés de la base blancs, bien visibles car celle-ci est souvent relevée. Bien plus discret que les autres gobe-mouches, échappe facilement aux regards. Chant variable, sonore, aigu, évoquant parfois celui du Pouillot fitis. Cris «tchic» perçant, «tuli», crécelle de type Troglodyte. Forêts de feuillus (hêtraies notamment), parcs, souvent au voisinage de l'eau. L 11,5, E 18-21 cm.

GOBEMOUCHE NOIR *Ficedula hypoleuca*. ♂ nicheur : petite tache blanche au front, reste du dessus noir, dessous blanc, grand espace blanc sur les ailes, queue noire et blanche. ♂ en automne, ♀, juv. : dessus gris brun, dessous blanchâtre nuancé de brun à la poitrine (le ♂ a un peu de blanc au front). Chant émis du haut d'un perchoir, ressemblant à celui du Rougequeue à front blanc (p. 262). Cris «pitt pitt» perçants. Forêts de feuillus, résineux (pins) et mixtes, vergers, allées d'arbres, parcs. ♂ des sspp. *speculigera* (Maghreb) et *iberiae* (Péninsule ibérique) ressemblent à *F. semitorquata* mais sans demi-collier blanc. L 13, E 21-23 cm.

N: B, CH, F, L.

GOBEMOUCHE À DEMI COLLIER *Ficedula semitorquata*. ♂ nicheur : collier blanc incomplet (intermédiaire entre *F. hypoleuca* et *F. albicollis*), tache blanche du front très petite, bande grise sur le croupion, un peu plus de blanc sur l'aile que chez *F. albicollis*. Mâle automne, ♀, juv., im. : ressemblent plus à *F. albicollis* qu'à *F. hypoleuca*, pas de demi-collier. Voix et habitat comme *F. albicollis*, dont il n'est peut-être qu'une ssp. L 13, E 23-24 cm.

GOBEMOUCHE À COLLIER *Ficedula albicollis*. ♂ nicheur : diffère de *F. hypoleuca* et de *F. semitorquata* par collier blanc complet, de *F. hypoleuca* par croupion blanchâtre, davantage de blanc sur le front et les ailes. ♂ automne, ♀ adulte, im. : tête et dos brun gris, moins de blanc sur les ailes, collier presque disparu. Différences avec les plumages correspondants de *F. hypoleuca* assez faibles. Chant bref, scandé; cris «hip hip». Forêts de feuillus (chênes, hêtres), parcs. L 12,5, E 22-24 cm.   N : CH, F.

GOBEMOUCHES

Juv. comme la ♀ ; ♂ 1re année : peut nicher sans avoir la gorge orangée.

juv.

adulte

GOBEMOUCHE GRIS

♀

♂

GOBEMOUCHE NAIN

Plumage nuptial du ♂ (gorge orangée) tout au plus à 2 ou 3 ans seulement.

juv.

♀

♂ H

♂ 1er H

♂ N

GOBEMOUCHE NOIR
Mâles nicheurs plus noirs en Europe occidentale qu'en Europe orientale. Ceux d'AFN ont plus de blanc au front ; intermédiaires en Espagne et au Portugal.

♀

♀

♂ N

♂ N

GOBEMOUCHE À DEMI-COLLIER

GOBEMOUCHE À COLLIER

● CRATÉROPES : *Timaliidae*. Les 4 espèces présentes dans la région ont un plumage brunâtre (plus pâle dessous) semblable chez les 2 sexes et la plupart des juv., une très longue queue étagée. Bec légèrement incurvé et pattes robustes. Volent mal (ailes courtes, arrondies). Très remuants, se déplacent en groupes dans arbres, buissons ou à terre. Mouvements saccadés. En vol, se suivent souvent à la manière des Mésanges à longue queue (p. 306). Bruyants. Chant assez fort, mélodieux, prenant fin brusquement.

CRATÉROPE FAUVE *Turdoides fulvus*. Le seul en AFN. Dessus brun roussâtre, dessous cannelle rosé sauf gorge blanche, longue queue brun clair. Bec un peu incurvé, pattes brun clair teinté de gris ou vert. Chant : une demi-douzaine de notes sifflées « piou » ; cris, trilles doux, « pip ». Broussailles, acacias ; déserts, semi-déserts, oasis. L 25, E 27-30 cm.

CRATÉROPE ÉCAILLÉ *Turdoides squamiceps*. Entièrement brun terreux, vertex strié de noirâtre, plumes du front raides, écailleuses, gorge blanchâtre légèrement striée. Isolé des autres cratéropes de la région. Très sociable ; le soir, les membres des groupes tournent autour d'un buisson en sautillant, relevant la queue et la balançant latéralement et se suivent ainsi, après quoi ils s'envolent dans un fourré et font une toilette bruyante. Très curieux, examine les objets qui lui paraissent suspects et donne un coup de bec s'il s'agit d'un animal vivant plus petit que lui ou moins agile. Chant long trille sifflé « tssi tssi trrr » ; cris « psiou », « psip » fins. Oueds, palmeraies, broussailles sèches, arbres isolés. L 26-29, E 31-33 cm.

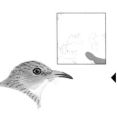

CRATÉROPE DE L'INDE *Turdoides caudatus*. Brun terreux nuancé de roussâtre dessus, plus pâle et strié dessous, pattes jaunâtres. Juv. fortes stries foncées et taches claires. V. *T. altirostris*. A terre, sautille ou trottine comme un rongeur, agitant parfois nerveusement les ailes et la queue. En vol, les membres des groupes émettent un « ouitch ouitch ouitch ri-ri-ri » bas ; cri d'alarme perçant ressemblant à celui d'une perdrix. Milieux secs, avec buissons, champs, jardins. L 23, E 23-25 cm.

CRATÉROPE D'IRAK *Turdoides altirostris*. Le plus petit cratérope de la région. Diffère de *T. caudatus* par : dessous non strié, poitrine chamois roussâtre, pattes brunes, bec plus court, plus épais. Juv. plus pâle dessus que celui de *T. caudatus*, joues et dessous (non striés) chamois crème, sauf menton et région anale blancs. Voix inconnue. Roselières, fourrés au bord des cours d'eau, palmeraies, champs. L 22, E 21-24 cm.

Léiothrix jaune *Leiothrix lutea*. Oiseau de cage très connu, importé en grand nombre d'Extrême-Orient. S'échappe souvent et niche en liberté sur Grande Canarie et Ténérife (Canaries). Gorge jaune vif, poitrine rouge, ailes noires, orange, rouges et jaunes (jaunes chez la ♀), bec rouge. L 15 cm.

CRATÉROPES

CRATÉROPE FAUVE
sexes semblables

Parade nuptiale

♂

CRATÉROPE ÉCAILLÉ

CRATÉROPE DE L'INDE

CRATÉROPE D'IRAK

LÉIOTHRIX JAUNE

● PANURES : *Panurinae* (sous-famille des Timaliidae). Ressemblent superficiellement aux «mésanges» à longue queue (*Aegithalidae*).

En France, niche surtout sur les côtes.

PANURE À MOUSTACHES *Panurus biarmicus*. Petit oiseau à grande queue. Plumage roux dessus. ♂ : tête grise, lores et très grandes moustaches noirs, gorge blanche, dessous crème et fauve, sous-caudales noires. ♂ et ♀ : iris et bec jaunes, pattes noires, barres alaires noires et blanches. ♀ : sans moustaches, tête brun jaunâtre. Juv. plumage brun chamois sauf milieu du dos noir et ailes en partie noires, ♂ bec jaune et lores noirs. Cri fréquent «ping ping» métallique, «tsit tsit». Vol faible, ondulé. Grandes roselières des lacs et étangs. L 16,5, E 16-18 cm.   N : B, CH, F.

● «MÉSANGES» À LONGUE QUEUE : *Aegithalidae*. Petits oiseaux. Bec très court, longue queue étagée, correspondant à plus de la moitié de la longueur totale.

«MÉSANGE» À LONGUE QUEUE *Aegithalos caudatus*. Facilement reconnaissable. Plumage noir, blanc et rose, très longue queue noire et blanche ; tête blanche dans N et E Europe ; dans l'O, larges sourcils noirs, dans le S, sourcils et manteau gris. Cris fréquents «sisisi», «tsirup», «tsirrr». Forêts de feuillus et mixtes, haies, parcs, jardins. Après la reproduction vit en petites bandes ; souvent avec d'autres mésanges en hiver. Nid ovoïde, fermé, en mousse, toiles d'araignées, couvert de lichens et rembourré de très nombreuses plumes (plus d'un millier). L 14, E 16-19 cm.   N : B, CH, F, L.

Vol faible, d'arbre en arbre, ondulé.

Ssp. *caudatus* (N et E Europe) : tête toute blanche, dessous plus blanc, plus de blanc aux secondaires que chez la ssp. *rosaceus* (GB) ; ssp. *europaeus* (O Europe) sourcils noirs s'élargissant en arrière ; ssp. *taiti* (Péninsule ibérique) plus foncée, sourcils plus larges ; du S DK par le N de l'Allemagne, le S de la Pologne au N de la Roumanie, intermédiaires entre *caudatus* et *europaeus* ; ssp. *macedonicus* (Balkans, Grèce) comme *rosaceus*, mais rose plus pâle dessous ; sspp. *irbii* (S Péninsule ibérique), *italiae* (Italie), plus grande et *major* (Caucase) : manteau et dos gris ; ssp. *siculus* (Sicile) semblable, sauf sourcils plus bruns ; ssp. *tyrrhenicus* (Corse) haut du dos noir, le bas gris ; sspp. *tephronotus* (Asie Mineure) et *alpina* (NO Iran) vertex chamois, tache noirâtre sur la gorge ; ssp. *passekii* (NO Iran) plus pâle, vertex blanc, pas de noir sur la gorge.

● RÉMIZ : *Remizidae*. Allure de mésange (p. 308), mais bec un peu plus long et plus fin. Oiseaux actifs, acrobates.

En expansion vers le N et l'O, mais encore sporadique à la limite de l'aire ; invasions irrégulières au delà (niche quelques années seulement).

RÉMIZ PENDULINE *Remiz pendulinus*. ♂ : dos roux, tête grise avec masque noir, gorge blanche, dessous chamois blanchâtre, marqué de roux sur les flancs. ♀ : plus pâle, plus brune, masque plus petit. Juv. : plus pâle, plus terne, sans masque noir. Cris «tsii» fins, «tsi tsi tsi» ; chant : gazouillis. Marais, canaux, étangs, rivières, fossés avec saules, peupliers. Nid fermé, accroché au bout d'une branche pendante. L 11, E 16-17 cm.   N : CH, F.

Ssp. *pendulinus* (Europe jusqu'à la Volga, Turquie) décrite ci-dessus ; ssp. *menzbieri* (Asie Mineure, Levant) plus petite ; ssp. *caspius* (Caucase, plaines de la Volga) vertex marron rejoignant parfois le dos roux.

« MÉSANGES »

♂

♀

juv. ♂

juv. ♀

Posture typique dans les roseaux.

PANURE À MOUSTACHES
Certaines ♀ adultes ont une bande dorsale noire.

juv.

caudatus
N et E Europe

rosaceus
Iles Britanniques

europaeus
Europe centrale

irbii
Espagne, Portugal, Corse

major
Caucase

tephronotus
Asie Mineure

passekii

« MÉSANGE » À LONGUE QUEUE

menzbieri

♂

♀

♂

caspius

juv.

pendulinus

RÉMIZ PENDULINE

● **MÉSANGES** : *Paridae*. Petits oiseaux insectivores remuants, acrobates. Sexes semblables. En hiver, certaines sp. s'associent temporairement avec la «Mésange» à longue queue (p. 306), la Sittelle (p. 312) ou les grimpereaux (p. 314). Nichent dans un trou, un nichoir. Au nid, certaines se défendent en soufflant.

MÉSANGE HUPPÉE *Parus cristatus*. La seule qui ait une huppe, dressée, noire et blanche. Pas de barre alaire. Joues blanches, trait noir en arrière de l'œil, collier, menton et gorge noirs, dos brun gris, dessous blanchâtre. Cris «gurr», «sisi gurrr» servant aussi de chant. Forêts de résineux, mixtes ou de feuillus, parcs, plaine et montagne. L 11,5, E 17-20 cm.

N : B, CH, F, L.

MÉSANGE LAPONE *Parus cinctus*. Ressemble à une grande Mésange nonnette ou boréale. En diffère par : noir de la gorge plus étendu et pas nettement délimité, dessus de la tête brun foncé, dos brun nuancé de roussâtre, joues, dessous blanc terne, flancs roussâtres. Chant «tchi tchi-urr» répété ; cris «tchi-err», «tcheuf tcheuf». Forêts de résineux et de bouleaux. L 13,5, E 19-21 cm.

MÉSANGE NONNETTE *Parus palustris*. Diffère de la Mésange boréale surtout par la voix ; autres différences : calotte noir brillant, tache noire du menton plus petite, absence de zone claire sur l'aile pliée (détail non utilisable à lui seul), arrière des joues brunâtre, tête paraissant plus petite. Juv. : calotte noir mat. Cri typique «pitiou» «pistié» ; chant «diep diep diep diep diep». Forêts de feuillus, parcs, jardins, fourrés, haies, vergers. L 11,5, E 18-19 cm.

N : B, CH, F, L.

MÉSANGE BORÉALE *Parus montanus*. Diffère de la Mésange nonnette par : tête pointue et plus grosse, calotte noir mat, arrière des joues blanc, tache noire du menton plus grande, zone pâle sur l'aile pliée. Cri typique «tsi tsi tsi» aigus, suivis ou non de «dé dé dé» bas. Deux formes : Mésange des saules, en plaine (broussailles, bois humides), Mésange alpestre, en montagne (forêts des étages montagnard et subalpin, mixtes et résineux). L 11,5, E 17-20 cm. N : B, CH, F, L.

Ssp. *borealis* (N Europe) un peu plus grande et plus grise, joues blanches ; ssp. *kleinschmidti* (Angleterre) flancs plus chamois que *P. palustris*, surtout en hiver.

MÉSANGE LUGUBRE *Parus lugubris*. Equivalent méridional de la Mésange lapone. Ressemble à *P. palustris* et à *P. montanus*. En diffère par : taille supérieure, calotte noire, bavette noire beaucoup plus étendue, bec plus épais. Allure ressemblant à celle de la Mésange charbonnière (p. 310). Cri typique évoquant celui d'un moineau quand il est répété «tcheurrr» ; chant grave, répétition de notes peu mélodieuses «psieu psieu». Forêts de feuillus et mixtes, haies, vergers, montagne et plaine. Moins sociable que la plupart des autres mésanges. L 14, E 21-23 cm.

Ssp. *lugubris* (Balkans, Grèce) décrite ci-dessus ; ssp. *anatoliae* (Asie Mineure, Moyen-Orient), calotte et gorge plus noires ; ssp. *hyrcanus* (N Iran), poitrine, ventre et flancs teintés de roux.

MÉSANGE
HUPPÉE

MÉSANGE
LAPONE

En Laponie, la Mésange
boréale est toujours pâle et
plus grise que la Mésange
lapone (flancs non roussâtres).

MÉSANGE
NONNETTE

Chant typique en crécelle
« diep diep diep diep »

montanus

leonbergi

borealis

MÉSANGE BORÉALE

2 types de chant : 1) « piu piu piu »
rappelant le chant du Pouillot siffleur ;
2) gazouillis évoquant le chant de la
Fauvette des jardins (moins fréquent).

lugubris

MÉSANGE
LUGUBRE

Fauvette à tête
noire (p. 288)

MÉSANGE NOIRE *Parus ater*. Reconnaissable à sa tête noire, sauf les joues blanches et une grande tache blanche, bien visible, sur la nuque (juv.: le blanc est teinté de jaune); dessus, ailes et queue gris, 2 petites barres alaires blanches, dessous blanchâtre. Chant scandé, typique, alerte «titiu titiu titiu» ou «tuti tuti tuti»; cris aigus. Surtout forêts de résineux, forêts mixtes et même parfois forêts de feuillus, groupes de résineux dans parcs, grands jardins, plaine et montagne jusqu'à 2000 m environ. L 11,5, E 17-21 cm. N: B, CH, F, L.

Ssp. *ater* (Europe), dessus gris ardoise; ssp. *britannicus* (GB), dessus gris olive; ssp. *hibernicus* (Irlande), joues et nuque jaunâtres; ssp. *atlas* (Maroc), dans forêts de chênes verts (pas dans les résineux).

MÉSANGE CHARBONNIÈRE *Parus major*. Grande espèce, facilement reconnaissable: tête noire, joues blanches, nuque jaune-vert pâle, gorge noire prolongée en bande atteignant le ventre, poitrine et ventre jaunes, dos vert, ailes grises et noires avec barre blanche. Juv. noir brunâtre, joues jaunâtres. Répertoire vocal très varié. Chant scandé au printemps «titiu-titiu», «sisisisisisi», longuement répétés; cris «tsi tsi» «ti-tuit». Commune: bois de feuillus et mixtes, parcs, jardins, vergers, oliveraies, en plaine et en montagne jusqu'à 2000 m. L 14, E 22-25 cm. N: B, CH, F, L.

Ssp. *aphrodite* (S Grèce, Crète, Chypre, Baléares), plus pâle; ssp. *excelsus* (Maghreb), jaune plus vif.

MÉSANGE AZURÉE *Parus cyanus*. En Russie, s'hybride avec la Mésange bleue, qu'elle remplace en Asie. Tête blanche sauf nuque bleue; bleu limité au dos, aux ailes et à la queue, 2 bandes alaires blanches, queue assez longue. Juv.: plus gris, surtout sur la tête. Cri typique semblable à celui de la «Mésange» à longue queue «tsirup». Broussailles, bois de bouleaux, souvent près de l'eau. L 13, E 19-21 cm.

Hybrides *P. cyanus* x *P. caeruleus*. Diffèrent de la 1re par le bleu du vertex et du cou, moins de blanc sur ailes et queue. La plupart des Mésanges azurées signalées en Europe occidentale sont probablement des hybrides, ainsi que «*P. pleskei*».

MÉSANGE BLEUE *Parus caeruleus*. La seule mésange de la région qui soit essentiellement bleue et jaune. Vertex bleu vif, dos vert, ailes et queue bleu clair, joues blanches entourées de noir, dessous jaune avec ligne noirâtre plus ou moins dessinée. Juv.: joues jaunes, vertex brun verdâtre. Chant «tii-tri-rrr» descendant; cris plus aigus que ceux de *P. major* «tsi tsi tsit», etc. Commune: forêts de feuillus et mixtes, vergers, jardins, parcs, oliveraies, palmeraies. L'hiver, aussi dans les roselières. Plaine et basse montagne. L 11,5, E 17-20 cm. N: B, CH, F, L.

Plus pâle sur les îles méditerranéennes; la plus pâle et la plus petite sur les monts Zagros (Iran). Canaries et Maghreb: tête plus foncée, dessus gris, gris bleu ou vert olive, bec un peu plus long et plus fin. Canaries: ssp. *palmensis* (La Palma): ventre blanc; ssp. *ombriosus* (Hierro): dos vert olive; ssp. *teneriffae* (îles centrales): presque pas de blanc sur les ailes; ssp. *ultramarinus* (AFN): dos bleu plus foncé. Aux Canaries, se nourrit sur le tronc des arbres comme un grimpereau.

MÉSANGES

adulte   *atlas*
          Maroc   juv.   adulte

                                                          ater
                                                          Europe

adulte   adulte   adulte

                                                          MÉSANGE
ledouci   NOIRE
Tunisie   *cypriotis*   *hibernicus*
            Chypre   Irlande

                      juv.

                                                        ♀

adulte   ♂
                                adulte
aphrodite   ♂
Majorqu   Chypre   adulte

                                               MÉSANGE
                                               CHARBONNIÈRE

                              juv.

adulte

                                                        adulte

            MÉSANGE   *caeruleus*
            AZURÉE   Europe

                    adulte
                              ombriosus   MÉSANGE
                              O Canaries   BLEUE

        adulte

persicus   *degener*   *teneriffae*   *ultramarinus*
SO Iran   E Canaries   C Canaries   Maghreb
            adulte   adulte   adulte

● SITTELLES : *Sittidae*. Passereaux trapus ; queue courte, sexes généralement semblables. Très actives, les meilleurs oiseaux grimpeurs : se déplacent en tous sens sur les arbres. Se nourrissent d'invertébrés, graines, fruits secs et coincent les plus durs dans une fente d'écorce (ou de pierre) pour les ouvrir à coup de bec. Nid dans un trou. (entrée généralement maçonnée).

SITTELLE DE KRÜPER *Sitta krueperi*. Vertex noir, nuque grise, sourcils blancs, dessus gris, dessous blanchâtre sauf tache pectorale rousse. Cris isolés « pouit » ; « schwoui » aigre, « pip pip pip ». Très active. Se nourrit comme une mésange sur les branches des résineux. L 12,5, E 21-23 cm.

Distribution mondiale de l'espèce.

Petite Kabylie, Algérie.

SITTELLE KABYLE *Sitta ledanti*. Découverte à 2000 m en 1975. Un peu plus grande que la Sittelle corse, bec plus long, nuque grise, dessous blanc teinté de chamois rosé. ♀ : trait oculaire moins marqué, vertex noir ou gris. Série de 7-8 cris flûtés, forts ; autre cri plus nasal évoquant la voix du Geai. Forêts de résineux et chênes. L 12, E 21-22 cm.

Forêts de résineux en Corse.

SITTELLE CORSE *Sitta whiteheadi*. Plus petite que *S. europaea*. ♂ : dessus de la tête noir (gris chez la ♀), trait oculaire noir, sourcil blanc, dessous blanchâtre. Cris moins précipités que ceux de *S. europaea* « ui-ui-ui ». Nid dans un pin laricio mort. L 12, E 21-22 cm.

N : F (uniquement en Corse).

SITTELLE TORCHEPOT *Sitta europaea*. La plus commune et la plus répandue des sittelles de la région. Escalade les arbres avec agilité. Bec robuste, droit, dessus gris bleuté, trait oculaire noir, dessous variant du blanc (N) à l'orangé roussâtre (S et O), flancs brun marron. Juv. plus terne. Cris forts « tsit » « tui » ; chant printanier « pui pui puipui ». A la différence de la S. des rochers, vit uniquement dans les lieux boisés : forêts de feuillus et mixtes, parcs, grands jardins. Rare ou absente dans les forêts pures de résineux. L 14, E 23-27 cm. N : B, CH, F, L.

Ssp. *europaea* (Scandinavie, N Russie) : dessous blanc ; ssp. *homeyeri* (région balte) : dessous crème ; ssp. *caesia* (C Europe) : dessous chamois foncé ssp. *caucasica* (Caucase) : comme *caesia* ; ssps. *britannica* (GB), *hispanica* (Péninsule ibérique, Maghreb) et *levantina* (Turquie, Palestine) : dessous chamois pâle.

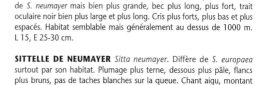

Montagnes au-dessus de 1000 m.

SITTELLE DES ROCHERS *Sitta tephronota*. Comme la ssp. *tschitscherini* de *S. neumayer* mais bien plus grande, bec plus long, plus fort, trait oculaire noir bien plus large et plus long. Cris plus forts, plus bas et plus espacés. Habitat semblable mais généralement au dessus de 1000 m. L 15, E 25-30 cm.

SITTELLE DE NEUMAYER *Sitta neumayer*. Diffère de *S. europaea* surtout par son habitat. Plumage plus terne, dessous plus pâle, flancs plus bruns, pas de taches blanches sur la queue. Chant aigu, montant et descendant, évoquant celui du Pipit des arbres (p. 242). Bruyante. Cris semblables à ceux de *S. europaea* ou à ceux du Geai. Falaises à l'intérieur des terres, ravins, collines rocailleuses. Nid dans un trou de rocher. L 14, E 23-25 cm.

Ssp. *tschitscherini* (Iran, Irak) : dessus parfois gris, trait oculaire noir presque inexistant.

SITTELLES

SITTELL KABYLE

SITTELLE DE KRÜPER

♂

♀

SITTELLE TORCHEPOT

Nord

SITTELLE DES
ROCHERS

monts Zagros

SITTELLE DE
NEUMAYER

● TICHODROMADIDAE : **TICHODROME ÉCHELETTE** *Tichodroma muraria.* Coloration unique en Europe : plumage gris sauf gorge blanche, larges ailes brun noir et en grande partie rose carmin avec des taches blanches sur 4 rémiges primaires, courte queue noire (coins blancs), bec mince et incurvé. Gorge blanche en hiver. Juv. comme l'adulte en hiver. Chant, phrase montante ressemblant à celle d'un grimpereau. Discret. Escalade les parois de rochers en entrouvrant les ailes ; vol papillonnant. Falaises des montagnes ; en été jusqu'à la limite des neiges éternelles, en hiver, vallées et plaines (sur murailles des églises, châteaux). L 16,5, E 27-32 cm.   N : CH, F.

● GRIMPEREAUX : *Certhiidae.* Les seuls petits passereaux grimpeurs. Plumage brun et blanc. Bec mince et incurvé. Escaladent les branches et troncs des arbres.

GRIMPEREAU DES BOIS *Certhia familiaris.* Dessus brun tacheté de blanc sauf croupion roussâtre, dessous blanc, flancs chamois chez la ssp. *britannica.* Cris « sri sri » aigus. Chant ressemblant à celui du Pouillot fitis ou de la Mésange bleue (phrase aiguë, descendante, plus longue que celle du G. des jardins). La voix est le seul critère sûr permettant de distinguer les deux espèces (de petites différences existent dans la coloration des ailes). Grimpe parfois sur les murs. Forêts de résineux (surtout épicéas, sapins) et mixtes, surtout en montagne dans le S. En GB, aussi forêts de feuillus, parcs, jardins. L 12,5, E 18-21 cm.   N : B, CH, F, L.

GRIMPEREAU DES JARDINS *Certhia brachydactyla.* Diffère de *C. familiaris* surtout par son chant plus fort, phrase plus courte, stéréotypée « titi-tiroiti » sonore, « tu-tii, tu-tii » etc. Ventre et flancs teintés de fauve à gris brunâtre. Forêts de feuillus et mixtes, en plaine, parcs, jardins, oliveraies ; forêts de résineux en montagne (jusque vers 1800 m) dans la région méditerranéenne. L 12,5, E 17-20 cm.   N : B, CH, F, L.

● TROGLODYTES : *Troglodytidae.* Petits oiseaux trapus, queue courte. Sexes semblables.

TROGLODYTE MIGNON *Troglodytes troglodytes.* Dans la région, le plus petit oiseau brun roux rayé de brun noir ; dessous beige. Courte queue souvent dressée à la verticale et remuée quand l'oiseau chante. Silhouette arrondie. Vol bas. Chant très puissant, phrase stéréotypée, émise une grande partie de l'année ; cri fréquent « trrr » en crécelle, prolongé si l'oiseau est inquiet. Lieux boisés (sauf exceptions) : forêts de résineux et de feuillus, bosquets, broussailles, haies, parcs, jardins, plantations, cimetières. Localement, falaises côtières, landes. Très remuant. Vit le plus souvent au ras du sol. Nid ovoïde (feuilles, mousse). L 9, E 13-17 cm.   N : B, CH, F, L.

● CINCLES : *Cinclidae.* Les seuls passereaux réellement aquatiques : peuvent nager, plonger et marcher au fond de l'eau. Trapus, queue courte.

CINCLE PLONGEUR *Cinclus cinclus.* Ne peut être confondu. Grand plastron blanc, dessus gris ardoise foncé, ventre brun roussâtre ou noir. Sexes semblables. Perché sur un rocher au milieu de l'eau, fait des révérences. Vol rasant. Juv. gris brun dessous, blanchâtre dessous (tacheté). Chant rappelant celui du Troglodyte ; cris brefs « zit zit ». Vit au bord des torrents, ruisseaux et rivières aux eaux propres, rapides, bien oxygénées. Surtout en montagne maintenant. Très gros nid de mousse sous un pont, près d'un moulin, etc. L 18, B 26-30 cm.   N : B, CH, F, L.

Ventre noir dans le N et le SO Europe, roux foncé en Europe centrale, GB, mais grande variabilité.

TICHODROME ÉCHELETTE
En montagne jusqu'au dessus de la limite des arbres; hiverne plus bas (vallées et plaines).

GRIMPEREAU DES BOIS

Islande

Shetlands

Baléares/Maghreb

TROGLODYTE MIGNON
Plusieurs sspp. sur les îles : ex. *islandicus* (Islande), *zetlandicus* (Shetlands), *kabylorum* (plus pâle, Baléares, Espagne, Maghreb).

GRIMPEREAU DES JARDINS

adulte

juv.

adulte N Europe

GB et Europe (C)

SO Europe

CINCLE PLONGEUR
Niche au bord des cours d'eau rapides; en hiver, aussi sur les rivières plus lentes.

● PIE-GRIÈCHES : *Laniidae*. Passereaux carnivores. Bec crochu. Ont l'habitude d'empaler leurs proies sur des épines. Queue assez longue, arrondie ou étagée. Vol ondulé. Les *Lanius* émettent des cris grinçants «tchek tchek» peu sonores; chant faible, comportant des imitations. Epient leurs proies (gros insectes, petits vertébrés) du haut d'un perchoir ou en vol sur place. Lisières des bois, broussailles, haies, vergers, oliveraies, bords des routes.

TCHAGRA À TÊTE NOIRE *Tchagra senegala*. Reconnaissable à : ailes rousses, croupion gris, queue noire terminée de blanc, vertex noir, sourcil blanc et trait oculaire noir, gorge blanche, dessous gris. Assez furtif. Chant : série de cris plaintifs, sifflés, d'abord rapides, parfois émis en vol. Cri d'alarme, trille sec. Parade nuptiale évoquant celle du Pigeon ramier : s'élève en vol battu jusqu'à 60-70 m de haut et redescend en plané ou en spirale jusqu'à un buisson. Broussailles denses. L 22, E 22-26 cm.

PIE-GRIÈCHE GRISE *Lanius excubitor*. La plus grande pie-grièche de la région. Dans le N de l'Europe, le seul oiseau de taille moyenne, noir, blanc et gris, qui se perche bien en vue sur un buisson, un câble électrique, etc. Front blanc et gris, sourcil blanc, large trait oculaire noir, une tache alaire blanche, petites couvertures alaires grises (v. *L. minor* qui a : front noir, pas de sourcil blanc, dessus des ailes noir avec tache blanche). Dans le NO de l'Europe uniquement, ♀ et im. : faibles barres grises sur la poitrine. Juv. brunâtre. Cri perçant «kir kir» en roulade. L 24, E 30-34 cm.   N : B, CH, F, L.

meridionalis   algeriensis   elegans   aucherii   homeyeri

minor

Ssp. *homeyeri* (Bulgarie à l'Oural) : dessous, front, sourcils plus blancs, barre alaire très large.

PIE-GRIÈCHE MÉRIDIONALE *Lanius meridionalis*. Récemment élevée au rang d'espèce. Sourcil faible ou nul selon les sspp. *Meridionalis* (S France, Péninsule ibérique) et *algeriensis* (Maghreb) : plus foncées, étroite barre alaire, la 2e a le dessous gris et la 1re gris teinté de rose; *elegans* (NE Afrique) plus pâle, trait oculaire étroit, large barre alaire; *aucheri* (Syrie, Irak, Iran), dessous grisâtre, trait oculaire plus large, barre alaire plus étroite.

PIE-GRIÈCHE DES STEPPES *Lanius pallidirostris*. Récemment élevée au rang d'espèce. Région de la Caspienne. Lores et bec pâles, dessous rose pâle, pas de gris sur le dessous des ailes.

◀ **PIE-GRIÈCHE À POITRINE ROSE** *Lanius minor*. Nettement plus petite que *L. excubitor*. Larges traits oculaires, front et avant du vertex noirs (parfois grisâtres chez ♀ et absents chez im.), pas de sourcils blancs, gorge blanche, poitrine rosée, dessus des ailes noir (tache blanche très visible). Ailes relativement plus longues, queue plus courte, bec plus court, épais. Juv. brun jaunâtre pâle. Vol moins ondulé que celui de *L. excubitor*; fait plus souvent du vol sur place; plus dressée sur son perchoir. L 20, E 32-34 cm.   N : F (devenue très rare).

PIES-GRIÈCHES

TCHAGRA À TÊTE NOIRE
Furtif, reste caché. Repéré par son chant.
Sautille comme une grive.

Les *Lanius* se perchent
souvent bien en vue
sur une branche, un
câble électrique.

PIE-GRIÈCHE
DES STEPPES

PIE-GRIÈCHE
GRISE

juv.

excubitor

juv.

♀
masque étroit,
souvent tacheté

♂ N

PIE-GRIÈCHE À
POITRINE ROSE

PIE-GRIÈCHE ISABELLE *Lanius isabellinus*. Dessus grisâtre, dessous blanc rosé, croupion et queue roux, bande noire en arrière de l'œil. Diffère de ♀/im. de *L. collurio* par : queue plus longue, petite barre alaire blanche (bien visible chez le ♂), bandeau oculaire plus brun chez ♀/im. Im. : dessus non barré (différence avec l'im. de *L. collurio*). L 18, E 25-28 cm. V. aussi *L. cristatus* (Sibérie), A, rare. : un peu plus grande, bec plus gros, queue rousse plus étagée.

De passage irrégulier, rare en hiver.

♂ avec miroir alaire

♂ pâle

♂ pâle

♂ foncé

♂

♂ fonce

♀ à queue rousse

phoenicuroides

isabellinus

Certains ♂ de *L. collurio* ont une petite tache alaire blanche (miroir); coloration de la ♀ variable.

Sspp. migratrices ou accidentelles : *phoenicuroides*, la plus fréquente dans la région ; *isabellinus* plus pâle, plus gris jaunâtre dessus, plus crème dessous, bandeau oculaire brunâtre, tache alaire souvent absente ; *speculigerus* intermédiaire entre les 2 précédentes ; il y a aussi des intermédiaires là où *L. isabellinus* et *L. collurio* cohabitent.

PIE-GRIÈCHE ÉCORCHEUR *Lanius collurio*. ♂ aisément reconnaissable : tête et croupion gris, large bandeau oculaire noir, dos marron roux, ailes marron roux et brun, menton blanc, poitrine rosée, queue noire bordée de blanc. ♀/im. juv., dessus brun, dessous crème couvert de fins croissants grisâtres, queue brune ou roussâtre (juv. : dessus avec croissants foncés). V. *L. isabellinus*. V. aussi juv. *Lanius senator* plus pâle. Perchée, balance la queue latéralement et verticalement. Cris grinçants ou secs. Broussailles, haies, campagne cultivée. L 17-18, E 24-27 cm.

M : B, CH, F, L.

PIE-GRIÈCHE À TÊTE ROUSSE *Lanius senator*. ♂ reconnaissable à vertex et nuque marron roux, masque noir (front, bandeau oculaire) lores blancs, dessous blanc, dos noir, ailes noires avec tache blanche, épaules blanches, croupion grisâtre, queue noire et blanche. ♀ semblable mais plus terne. Juv. ressemble à celui de *L. collurio* mais bien plus pâle, gris chamois écaillé, épaules et croupion plus pâles, tache alaire blanchâtre. Chant plus mélodieux que celui des autres *Lanius*; pépiements de type moineau et autres cris. L 17, E 26-28 cm.

N : (B), CH, F, L. En forte régression.

Ssp. *badius* (îles de Méditerranée occidentale) : pas de tache alaire blanche ; ssp. *niloticus* (de Chypre à l'Iran) : tiers basal des rectrices blanc.

PIE-GRIÈCHE MASQUÉE *Lanius nubicus*. En vol, ressemble à *L. senator* sauf dessus de la tête noir et blanc et croupion noir. Posée : front et sourcils blancs, vertex, nuque, trait oculaire, dos, croupion et queue noirs, dessous blanc sauf flancs roussâtres. ♀ plus grise ; juv. ressemble beaucoup à celui de *L. senator* sauf queue plus longue, plus étroite, dessus brun clair écaillé. Chant grinçant, rappelant celui d'*Hippolais icterina* et *H. olivetorum* (p. 286), cri fréquent « kir kir kir », aigre, perçant. L 17-18, E 24-26,5 cm.

PIES-GRIÈCHES

juv.

♀

juv.

adulte

♀

♂

♂

PIE-GRIÈCHE ISABELLE

PIE-GRIÈCHE ÉCORCHEUR

juv.

juv.

♂

♂

badius

niloticus

senator

♂

♂

♀

juv.

juv.

♂

**PIE-GRIÈCHE À
TÊTE ROUSSE**

♂

♂

**PIE-GRIÈCHE
MASQUÉE**

● CORBEAUX : *Corvidae*. Grands passereaux souvent grégaires. Comportement très évolué. Ne chantent pas. Bec généralement robuste. Sexes semblables. Les juv. ressemblent aux adultes. Nid sur arbre, corniche de rocher, dans un trou, etc.

CASSE-NOIX MOUCHETÉ *Nucifraga caryocatactes*. Plumage brun chocolat tacheté de blanc sur dos et dessous, croupion noir, queue noire (coins blancs), sous-caudales blanches. Emet une sorte de gazouillis en sourdine. Cris nasillards « kré kré kré » portant loin. Croassements. Cri d'alarme en trille. Vol semblable à celui du Geai (battements d'ailes irréguliers). Se perche souvent à la cime d'un arbre. Forêts de résineux en montagne, taïga. Se nourrit des graines du pin arole (*Pinus cembra*), surtout dans les Alpes, et aussi de noisettes (Scandinavie, N Russie). En fait des provisions (cachées) et les utilise en hiver. L 32, E 52-58 cm.   N : B, CH, F.

GEAI DES CHÊNES *Garrulus glandarius*. Corps brun rosé, croupion blanc très visible en vol, ailes noires, brunes, blanches et bleues, queue noire, moustaches noires ; vertex (plumes noires et blanches, dressées en huppe arrondie si l'oiseau est excité). Généralement repéré à ses cris « rei rei » « retch retch » peu harmonieux, sonores. Imite d'autres oiseaux (Buse). Au printemps, gloussements, cris bizarres des oiseaux qui circulent en petits groupes (parades collectives). Vol assez faible, peu ondulé. A terre, sautille. Solitaire ou en petits groupes. Forêts de feuillus et de résineux, parcs, vergers, plaine et montagne jusqu'à 1400 m environ. En automne, fait des « provisions » de glands. L 34, E 52-58 cm.   N : B, CH, F, L.

Ssp. *glaszneri* (Chypre) plus foncée, bec plus petit, front roussâtre. Forêts de pins et de chênes.

Ssp *brandtii* (C Oural) dos gris, tête rousse ; ssp. *severtzovii* (N Russie) intermédiaire entre *brandtii* et *glandarius*.

Ssp *krynicki* (îles de la mer Egée, N Asie Mineure, Caucase) vertex noir, front blanchâtre, parotiques rosées.

MÉSANGEAI IMITATEUR *Perisoreus infaustus*. Allure du Geai mais queue plus longue, bec moins épais, plumage gris brun, tête brun noir, croupion, couvertures alaires et côtés de la queue roux vif très visible en vol. Voix : imite de petits passereaux. Cris « tchair » aigre, « kouk kouk », « ouisk-i ». Taïga (surtout peuplements d'épicéas). Se déplace à l'extrémité des branches pour manger les graines des cônes ; également sur les bouleaux. En hiver, très familier près des villes et villages. L 30, 5, E 40-46 cm.

GEAI TERRESTRE DE PLESKE *Podoces pleskei*. Evoque une Huppe (p. 220) à queue courte et sans huppe. Plumage chamois sauf ailes noires et blanches et queue noire. Adulte : tache pectorale noire. Cris « pii pii pii ». steppes. semi-déserts. Oiseau terrestre. L 24 cm.

GEAIS

Ssp. *macrorhynchos* (Sibérie) : bec plus mince.
A intervalles irréguliers, les 2 sspp. font des
invasions en Europe occidentale.

CASSE-NOIX
MOUCHETÉ

glandarius

hibernicus

Ssp. *glandarius* (Scandinavie, C
Europe) brun rosé, vertex strié.

Ssp. *hibernicus* (Irlande, C Ecosse)
un peu plus rousse, dos moins gris.

GEAI DES
CHÊNES

whitakeri

atricapillus

cervicalis

minor

Ssp. *atricapillus* (S Turquie, Moyen-Orient)
vertex noir, front blanc, parotiques
blanchâtres.

Ssp. *cervicalis* (NE Algérie, N Tunisie) calotte noire, parotiques
blanches ; ssp. *minor* (Atlas) assez foncée, parotiques rosées,
dos gris ; ssp. *whitakeri* (N Maroc, NO Algérie) tour
des yeux blanchâtre.

juv.

adulte

MÉSANGEAI IMITATEUR

GEAI
TERRESTRE
DE PLESKE

PIE BAVARDE *Pica pica*. Facilement reconnaissable à son plumage bicolore et à sa longue queue. Tête, dos, poitrine noirs, ailes noires (à reflets bleu vert) et blanches, épaules, ventre et flancs blancs, croupion blanc, gris ou noir, queue étagée, noire à reflets verts et pourpres. Juv. queue bien plus courte. Bavardage en subsong rare. Cris : jacassements bruyants «tchak tchak tchak» rapides et répétés. Vol peu soutenu, plus faible que celui des corbeaux. A terre, marche et sautille. Queue souvent relevée et agitée. En petits groupes pendant les parades nuptiales. Dortoirs de quelques dizaines d'oiseaux. Campagne cultivée avec haies, bosquets, vergers, parcs, grands jardins même en ville. Jusqu'au bord de la toundra et des semi-déserts. Gros nid avec toit. L 48, E 52-60 cm.　　　　　　　　　　　　　　　　N : B, CH, F, L.

Ssp. *mauretanica* (N Afrique) plus petite, très longue queue, reflets plus bronzés, bleus derrière les yeux, croupion noir, espace nu derrière l'œil. Sociable, en groupe (jusqu'à 25). Pourrait être considérée comme une espèce distincte.

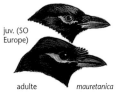

juv. (SO Europe)

adulte　　　　　　mauretanica

PIE BLEUE *Cyanopica cyanus*. Ne peut être confondue : capuchon noir, ailes bleues (noirâtres au bout), longue queue étagée bleue, gorge blanche, reste du dessous et dos gris brun. Grégaire, bruyante, lance constamment des «zriii» montants. Vol et comportement semblables à ceux de la Pie bavarde. Bois clairs, vergers, oliveraies, grands jardins, campagne cultivée avec arbres dispersés. L 34, E 38-40 cm.

CRAVE À BEC ROUGE *Pyrrhocorax pyrrhocorax*. Seul oiseau terrestre de la région ayant le bec rouge et les pattes rouges (rouge orangé chez le juv.), ce qui le distingue du Chocard à bec jaune qui a le bec plus court, de la Corneille noire (bec noir) et du Choucas (plus petit, nuque grise) (p. 324). Queue carrée au bout, ailes larges, rémiges primaires très séparées. Subsong rare ressemblant au bavardage de l'Etourneau. Cri fréquent «kior». Vol beaucoup plus léger que celui des autres Corvidés noirs, fait des acrobaties : piqués, vrilles. En vol plané, rémiges primaires très écartées. Marche et sautille. Peu grégaire. En montagne et localement au bord de la mer (falaises dans les 2 cas). Niche dans une crevasse de rocher, une grotte marine. L 39-40, E 73-90 cm.
　　　　　　　　　　　　　　　　　　　　　　　　　　　　N : CH, F.

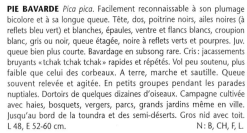

juv.

1er H

Crave

adulte　　　　　　adulte　　　　adulte　　　　　juv.　　　　　1er H　　　　adulte

Chocard à bec jaune

CHOCARD À BEC JAUNE *Pyrrhocorax graculus*. Petit corbeau à bec jaune et pattes rouges. Diffère du Crave par : vertex plus arrondi, bec plus court, moins de reflets dans le plumage, en vol, ailes plus étroites, queue plus arrondie, rémiges primaires moins séparées ; plus sociable. Juv. bec jaune, pattes noirâtres (différences avec le juv. du Crave). Vol léger. Cris différents de ceux du Crave : sifflements aigus «tchiri», souvent émis par les groupes, «tchioup». Niche en colonies dans les falaises. En montagne jusqu'à la limite des neiges éternelles. L 38, E 75-85 cm.　　　　　　　　　　　　　　　　　　　　　N : CH, F.

mauretanica

pica

PIE BAVARDE

juv.

PIE BLEUE

adulte

CRAVE À BEC ROUGE

CHOCARD À BEC JAUNE

CORBEAU FREUX *Corvus frugilegus*. Adulte entièrement noir. Diffère de la Corneille noire par: peau nue, grise, à la base du bec (adulte), plumes du ventre et du haut des pattes pendantes, vertex plus pointu, comportement très grégaire toute l'année, au printemps, niche en colonies, cris plus graves et moins variés. Diffère du Choucas par: taille supérieure, pas de gris sur la nuque, iris foncé. V. Corneille noire et Grand corbeau (p. 326). Cris «ka-a» émis sur un rythme plus lent que ceux de la Corneille noire; dans les colonies on entend des «ki-ok». Vol assez lourd. Sociable, colonies bruyantes, dans de grands arbres (platanes, peupliers, etc.) en ville et à la campagne (parcs, plantations); champs. L 48, E 90-95 cm. N: B, CH, F, L.

CORNEILLE NOIRE *Corvus corone*. Même taille que le Corbeau freux et toute noire comme lui. En diffère par: base du bec toujours emplumée, noire, plumes du haut des pattes et du ventre non pendantes, voix plus variée, niche par couples séparés. Après la reproduction, en petites troupes, l'hiver dortoirs moins importants que ceux du Freux. Cris «croa» répété 3 fois, «kirk» aigu, «clou clou...» etc. Comportement et habitat: v. Corneille mantelée. L 47, E 92-100 cm. N: B, CH, F, L.

Corneille noire et C. mantelée cohabitent dans une bande de terres (v. ci-dessus) où elles se métissent.

métis

CORNEILLE MANTELÉE *Corvus cornix*. (Corse, Irlande, N Ecosse, N, S et E Europe, O Asie): diffère par dos, poitrine, ventre, sous-alaires gris faiblement striés de noir (reste du plumage noir). Intermédiaires là où elle cohabite avec la Corneille noire. Voix et comportement semblables. Vol assez lourd, marche et sautille. Présente dans tous les milieux (sauf toundra, déserts, cimes nues des montagnes), mais surtout: campagne cultivée, landes, forêts, côtes, parcs, banlieues, bords des routes. Nid dans un arbre ou sur une corniche de rocher. Ssp. *sardonius* (Corse, Sardaigne, Italie, Balkans, Asie Mineure, Palestine, Egypte) plus petite, souvent plus claire; ssp. *sharpii* (Oural, Iran) plus pâle aussi, hiverne au S jusqu'à l'Irak; ssp. *capellanus* (N Irak, Iran) plus grande, parties grises d'un blanc laiteux. N: F (Corse).

CHOUCAS DES TOURS *Corvus monedula*. Le plus petit Corvidé de la région et le seul, au plumage noir, qui ait la nuque grise. Iris blanc ou gris clair. Voix plus aiguë que celle des corneilles, du Freux et du Grand corbeau: «kiak kiak» vifs, plus ou moins répétés. Vol et allure beaucoup plus agiles que ceux des plus grandes espèces. Falaises, grandes carrières, clochers, châteaux, ruines, allées de grands arbres, parcs, forêts; souvent villes et villages. L 33, E 67-74 cm. N: B, CH, F, L.

Choucas de Daourie *C. dauuricus*. Sibérie. A, rare. Deux phases de couleur, l'une très proche de *C. monedula* sauf iris foncé et nuque d'un gris plus terne; l'autre ressemblant à la Corneille mantelée mais gris remplacé par du blanchâtre. L 33, E 67-74 cm.

adulte

juv.

CORBEAU FREUX

Juv./im. : distinction souvent difficile avec la Corneille noire (bec emplumé à la base).

adulte

CORNEILLE NOIRE

Corbeau familier (p. 326)

adulte

CORNEILLE MANTELÉE

adulte

soemmeringii NE Europe

spermologus GB, C Europe

adulte

CHOUCAS DES TOURS

CHOUCAS DE DAOURIE

Grand corbeau
juv.

Grand corbeau
adulte

Corneille noire
(p. 324)

Juv. plus terne, gorge non hérissée,
iris d'abord gris bleu.

En vol, tête et cou du Grand corbeau plus proéminents que chez *C. corone* et *C. frugilegus*, la queue cunéiforme ressort plus en arrière. Cela vaut même pour le juv. Envergure supérieure. Bec noir beaucoup plus massif.

Jadis dans toute l'Europe, en plaine.

GRAND CORBEAU *Corvus corax*. Dans la région, le plus grand oiseau terrestre tout noir. Diffère des autres corbeaux et corneilles par : taille supérieure (celle de la Buse variable, p. 94), bec bien plus fort, silhouette en vol et voix. Cris graves «krok krok» plus ou moins en série, gloussements, cris aigus. Vol assez lourd mais, au printemps fait des acrobaties (loopings, piqués) ; peut faire du vol à voile. A terre, marche. Sociable pour dormir et sur certaines sources de nourriture (dépotoirs). Niche par couples séparés. En plaine (dans l'E), en montagne et sur les côtes rocheuses. Falaises, gorges. Niche dans une paroi de rocher ou sur un arbre. L 64, E 120-150 cm.   N : B, CH, F.

Niche sur falaises, vieux bâtiments, arbres ; des plaines aux montagnes élevées, déserts.

CORBEAU BRUN *Corvus ruficollis*. Diffère du Grand corbeau par : taille inférieure, rectrices centrales dépassant un peu les autres, bec moins fort, ailes plus longues, plus pointues atteignant presque le bout de la queue. Voix semblable à celle de *C. corone* (p. 324), mais assez silencieux. Teinte brunâtre du cou et de la nuque presque invisible en nature surtout peu après la mue, absente chez le juv. V. *C. rhipidurus*. Cris comportant une note métallique. Déserts, semi-déserts, savanes, oueds ; en AFN, surtout dans les steppes à armoises (*Artemisia*) avec jujubiers (*Zizyphus*) épars. L 50, E 106-126 cm.

Déserts, semi-déserts ; sur les falaises ; du niveau de la mer à plus de 3000 m.

CORBEAU À QUEUE COURTE *Corvus rhipidurus*. Tout noir. Queue très courte (silhouette en vol remarquable). Bec assez court, épais (vibrisses de la base dressées : visible de très près seulement). Plumage teinté de brun bronzé (visible à bon éclairage). Cris un peu plus aigus que ceux de *C. ruficollis*, presque comme ceux d'un Choucas. Répertoire varié. Fait des acrobaties aériennes ; profite des ascendances thermiques. Marche parfois le bec ouvert comme s'il haletait. Falaises, rochers des régions arides, souvent dans les villages. L 47, E 102-121 cm.

Corbeau familier *Corvus splendens*. Assez petit et svelte. Nuque, haut du dos, poitrine gris cendré, ventre brun noirâtre, le reste noir. Diffère de la C. mantelée (p. 324) par le gris plus foncé, le bec plus long et plus épais, le vertex plus bombé (confusion possible avec *C. corone sardonius*). Cris fréquents «koua koua» assez aigus, «kaan kaan» plus nasal. Près des agglomérations côtières. Moyen-Orient, Egypte ; récemment, a colonisé l'Inde (venu par bateau) ; signalé parfois près de ports européens, petite population récemment arrivée en Hollande.

CORBEAUX

GRAND
CORBEAU

adulte

im.

CORBEAU BRUN

CORBEAU FAMILIER

CORBEAU À QUEUE COURTE

juv.

1re année

♂

♀
adulte
(âgée)

Loriot d'Europe: ♂ 1re année ressemble à la ♀, mais dessous plus jaune, couleurs de la queue plus contrastées. Certains se reproduisent dans cette livrée. Certaines ♀ presque aussi jaunes que les ♂, mais ont les lores grisâtres et non pas noirs.

● LORIOTS : *Oriolidae*. Passereaux arboricoles de taille moyenne ; bec assez fort. Juv. dessous du corps strié.

LORIOT D'EUROPE *Oriolus oriolus*. ♂ : ne peut être confondu (noir et jaune d'or), mais on l'entend plus qu'on ne le voit car il se tient dans la cime des arbres. ♀/im./juv. en grande partie jaune verdâtre strié de brun terne dessous (diffèrent du juv. Pic vert car ne se nourrissent pas à terre et n'escaladent pas les arbres). Vol rapide, ondulations amples. ♂ et ♀ : bec rose foncé. Chant flûté, mélodieux, phrases courtes plus ou moins liées « duo-lio », « didelio », etc. Cri aigre « shrei », cri d'alarme « kie kie kie ». En plaine, forêts de feuillus, peupleraies, grands parcs. L 24, E 44-47 cm.   N : B, CH, F, L.

● ÉTOURNEAUX : *Sturnidae*. Passereaux grégaires de taille moyenne. Plumage souvent noirâtre et irisé. Pattes plus ou moins courtes, bec robuste. Sexes semblables. Vol rapide et direct. A terre, marchent à petits pas et courent. Nichent dans des trous.

RUFIPENNE DE TRISTRAM *Onychognathus tristramii*. Taille du Merle noir. Queue assez longue, rémiges primaires rousses formant, en vol, une grande marque alaire. ♂ adulte : noir à reflets bleu violet, iris rouge ; ♀ juv. plus ternes, tête, cou et poitrine gris cendré strié de noir violacé. Très sociable, bruyant. Les troupes font des mouvements d'ensemble, tout en émettant des cris mélancoliques « diou-dio » rappelant un peu le Loriot. Ravins rocheux, oueds, fermes ; des montagnes au niveau de la mer. L 25, E 44-45 cm.

MARTIN TRISTE *Acridotheres tristis*. Dessus brun foncé, tête et gorge noires, grande tache blanche sur l'aile, dessous brun vineux chaud, ventre blanc, pattes, bec et peau nue sous l'œil, jaunes. Sexes semblables. Juv. plus terne, tête gris brun. Comportement ressemblant à celui de l'Etourneau (p. 330). Grégaire, bruyant. Répertoire vocal très varié, cris stridents ou plus doux « kiki, ki, ki », « kok kok kok ». Commensal de l'homme en Asie ; atteint l'O de la Mer d'Aral. Introduit : Moscou, Koweit. L 23, E 33-36 cm.

juv.

Juv. : plumage et peau nue de la face plus ternes que chez l'adulte.

Martin des berges *A. gingianus*. Diffère d'*A. tristis* par : taille inférieure, plumage gris, tache alaire chamois rosé, peau nue près de l'œil rouge ; juv. brun. Voix plus douce. Commensal de l'homme en Asie. Introduit au Koweit ; ailleurs, échappé. L 21 cm.

LORIOT D'EUROPE

Pic vert (p. 224) (croupion jaune) parfois confondu avec le Loriot.

RUFIPENNE DE TRISTRAM

MARTIN TRISTE

MARTIN DES BERGES

mue de juv. à 1er hiver

sujet leucistique

adulte (fin hiver)

adulte (plumage usé)

neuves   usées

Les liserés clairs des plumes s'usent à la fin de l'hiver et l'oiseau devient plus foncé.

En été, l'Etourneau est noir à reflets violets et verts ; en plumage hivernal neuf, il est fortement tacheté de blanc et de beige. les plumages intermédiaires des juv. (gris brun terne) qui acquièrent la livrée d'adulte et des adultes qui revêtent le plumage hivernal peuvent prêter à confusion. Certains juv. sont aussi pâles que ceux de l'Etourneau roselin.

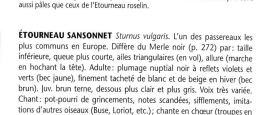

En expansion dans le S : en Espagne, niche près de l'E. unicolore ; a niché sur Ténérife.

ÉTOURNEAU SANSONNET *Sturnus vulgaris*. L'un des passereaux les plus communs en Europe. Diffère du Merle noir (p. 272) par : taille inférieure, queue plus courte, ailes triangulaires (en vol), allure (marche en hochant la tête). Adulte : plumage nuptial noir à reflets violets et verts (bec jaune), finement tacheté de blanc et de beige en hiver (bec brun). Juv. brun terne, dessous plus clair et plus gris. Voix très variée. Chant : pot-pourri de grincements, notes scandées, sifflements, imitations d'autres oiseaux (Buse, Loriot, etc.) ; chante en chœur (troupes en automne) ; cri d'inquiétude aigre. Peut être observé presque partout : bois, champs, prairies, parcs, jardins, vignes, plages, campagne et ville. Ne niche pas en colonie. En hiver, dortoirs plus ou moins importants dans allées d'arbres, plantations, roselières, sur les bâtiments en ville. Evolutions aériennes d'ensemble. Plaine et montagne. L 21,5, E 37-42 cm.
N : B, CH, F, L.

En expansion vers le N.

ÉTOURNEAU UNICOLORE *Sturnus unicolor*. Adulte : noir à reflets violets sans aucune tache (différence avec *S. vulgaris*, visible seulement de près au printemps), légèrement tacheté en hiver saison où *S. vulgaris* est très tacheté. Juv. plus foncé que celui de *S. vulgaris*, notamment sur le ventre. Comportement et habitat semblables. Voix plus forte, chant plus simple. L 21, E 38-42 cm.
N : F (Corse, Roussillon).

Niche parfois en Hongrie et SE Europe.

ÉTOURNEAU ROSELIN *Sturnus roseus*. Adulte nicheur : noir sauf manteau, dos, bas de la poitrine et ventre roses, huppe occipitale. Im/juv. : diffèrent de *S. vulgaris* juv. par : plumage gris roussâtre pâle, croupion gris rosé, pattes rosées (gris brun ou brun rougeâtre chez *S. vulgaris*) base du bec jaune. Comportement semblable à celui de *S. vulgaris*. Cris «tschirr» sec, «kikiki» en vol ; chant, mélange de sons harmonieux et grinçants. Steppes sèches, collines rocailleuses, champs ; accompagne les nuages de criquets migrateurs. Invasions irrégulières vers l'O. L 21,5, E 37 cm.

Etourneau de Daourie *Sturnus sturninus*. Sibérie. Oiseau de cage échappé ou A rare. Plus petit que *S. vulgaris*. Tête et dessous gris, nuque, dos, croupion, couvertures alaires presque noirs à reflets violets, 2 barres alaires blanches, reflets verts sur la queue. Juv. dessus brunâtre, dessous gris, 1 petite barre alaire incomplète. L 18, E 30-33 cm.

plumes de la gorge

vulgaris

unicolor

ÉTOURNEAUX

juv.

♂ N

H
(mue récente)

ÉTOURNEAU
SANSONNET

Juv. des 2 sp. très
semblables : *S. vulgaris* plus
pâle, *S. unicolor* plus foncé
(ventre surtout).

♀ H

H : variable, un
peu tacheté

♂ N

ÉTOURNEAU
UNICOLORE

juv.

H

ÉTOURNEAU
ROSELIN

juv.

N

♂

ÉTOURNEAU
DE DAOURIE

Sexes très semblables. ♂ bec rose ou jaune rosé,
noir à la base ; ♀ moins irisée, huppe plus courte.

● MOINEAUX : *Passeridae*. Plumage dépourvu de couleurs vives. Bec court, épais, queue peu ou pas échancrée. Vol direct ou ondulé.

NIVEROLLE ALPINE *Montifringilla nivalis*. Dos brun, tacheté, dessous blanc, tête grise, menton et gorge noirs, ailes et queue noires et blanches (aspect en vol unique) (v. Bruant des neiges p. 360, dont la répartition est différente). ♀ : tête plus brune, moins de blanc sur ailes et queue. Juv. plus terne. Bec noir en été, jaune en hiver. Posée, se tient dressée et agite la queue. Chant « sittitcher sittitcher » monotone ; cris fréquents « tsouik » grinçants, « pitch » plus doux. En montagne. Alpages, rochers au-dessus de la limite des arbres. En hiver, vient près des stations de ski, villages. L 17, E 34-38 cm.　　　　N : CH, F.

♂ N

♀ N

Noter les différences de coloration.

Ssp. *alpicola* (Caucase, Iran) plus pâle (tête de la couleur du dos) que ssp. *nivalis* (Europe) ; oiseaux des monts Zagros (Iran) encore plus clairs que ceux du Caucase et de Turquie.

MOINEAU SOULCIE *Petronia petronia*. Ressemble à une ♀ de Moineau domestique (p. 334) ; en diffère par : sourcils plus larges, plus visibles, blanchâtres, surmontés d'une bande noirâtre, trait oculaire noir (derrière l'œil), milieu du vertex chamois, extrémité de la courte queue blanche (la tache jaune de la gorge est à peu près invisible en nature et manque chez le juv.). Cris de type moineau « tut », « tlui » ; « pai-y » de type chardonneret. A terre, marche et court. En montagne, pentes rocailleuses, terrains pierreux, bord des déserts ; localement, en plaine, arbres creux dans la campagne, villages avec ruines. L 14, E 28-32 cm.　　　　N : F.

Tête rayée

MOINEAU PÂLE *Carpospiza brachydactyla*. Plumage terne, brun grisâtre clair, 1 barre alaire blanchâtre bien visible, queue bicolore (extrémité noire au milieu et blanche aux coins), pattes gris rosé. Sexes semblables. Chant mélodieux, sifflement « ti-zi » prenant fin par une stridulation de type cigale ; cris « toui-ou » évoquant ceux de fringilles (Chardonneret), cri en vol « pluip ». Déserts, semi-déserts avec rochers et broussailles. Parfois en troupes dans les champs. L 14, E 27-30 cm.

Bec épais, clair, crâne plat

MOINEAU À GORGE JAUNE *Petronia xanthocollis*. ♂ diffère de *C. brachydactyla* (un peu plus grand) par : tête et dos plus gris, tache jaune sur la gorge, tache marron au poignet, bec moins épais, noir en période de reproduction. ♀/juv., tache marron plus claire, pas de jaune sur la gorge. Chant monotone « tchip tchip tchoc », cris : pépiements. Bois clairs, champs, jardins, milieux avec arbres dispersés. Nid dans un trou d'arbre, un nichoir. L 12,5, E 23-27 cm.

H

N

juv.

NIVEROLLE ALPINE

adulte
sexes
semblables

juv.

MOINEAU SOULCIE

sexes
semblables

♀

♂ N

MOINEAU PÂLE

♂ H

MOINEAU À GORGE
JAUNE

MOINEAU ESPAGNOL *Passer hispaniolensis.* ♂ diffère de celui du M. domestique par : calotte marron chocolat (v. hybrides et Moineau cisalpin), joues plus blanches, grosses taches noires sur les flancs et au-dessous du noir de la poitrine (plus étendu), stries noires et blanches sur le dos. Diffère du M. friquet par : coloration de la tête, de la poitrine, du dos, une seule barre alaire blanche, l'absence de tache noire sur les joues et petits sourcils blancs. ♀/ juv. : flancs parfois faiblement striés. Distinction avec ♀ et juv. du Moineau domestique presque impossible en nature. Cris plus graves que ceux de *P. domesticus* et *P. montanus*, « tcheup ». Broussailles, oliveraies, allées d'arbres, jardins, arbres isolés, villages. Commun sur les îles Canaries. L 14,5, E 23-26 cm.

♂ Moineau espagnol : variations et hybrides avec Moineau domestique.

Plumage hivernal neuf

MOINEAU DOMESTIQUE *Passer domesticus.* Oiseau familier, très commun et largement répandu. ♂ : dos brun roux rayé de noir, vertex gris bordé de marron, joues blanchâtres, gorge et haut poitrine noirs, ventre et croupion gris, une barre blanche sur l'aile. ♀/juv. : dessus gris brun, dessous gris teinté de beige. Bruyant, pépiements plus ou moins prolongés matin et soir « tchip tchip… ». Grégaire. Rarement loin de l'homme. Villages, villes (où son plumage est souvent plus ou moins noirci), jardins, rues, gares, parcs, entrepôts, supermarchés. Nid sur un bâtiment, lampadaire, parfois dans un arbre. L 14, 5, E 21-25 cm.   N : B, CH, F, L.

Hybrides. Avec le M. espagnol : région méditerranéenne ; avec le M. friquet (ressemble à ce dernier, tache foncée sur les joues). Il y a aussi métissage avec *Passer domesticus italiae* : v. p. 335.

MOINEAU FRIQUET *Passer montanus.* Tête marron, joues blanches avec une tache noire, croupion gris brun, menton noir distinguent les 2 sexes du Moineau domestique ♂. (v. *P. d. italiae*, p. 335). Distinction des sexes : poids, longueur de l'aile, cloaque. Cris plus secs, plus aigus « tchip tchip tchip », « tec tec tec » en vol. Forêts, bosquets, haies, vergers, champs, villages. Beaucoup moins associé à l'homme que le M. domestique, mais plus que le M. espagnol. Nid dans trou d'arbre, nichoir. L 13,5-14, E 22 cm.   N : B, CH, F, L.

MOINEAU DE LA MER MORTE *Passer moabiticus.* Reconnaissable à sa coloration : tête grise sauf menton et gorge noirs, tache jaune sur le côté du cou, sourcils blancs, espace marron sur l'aile. ♀/juv. : plus pâles que ceux du M. domestique. Très localisé : broussailles proches de l'eau. S'associe souvent au M. espagnol. L 12, E 19-20 cm.

MOINEAU BLANC *Passer simplex.* ♂ : tête et dessus gris très pâle, ailes gris beige pâle et noir, menton et gorge noirs, dessous blanchâtre, bec noir en période de reproduction. ♀ : chamois rosé très pâle dessus, chamois pâle dessous. Cris « tchou », « tchip » répétés, plus aigus que ceux du M. domestique. Déserts, oueds, terrains sablonneux et herbeux, agglomérations. L 13, 5, E 22-25 cm.

MOINEAUX

juv.

H

hispaniolensis

♂ N

♀

♂ N

italiae

MOINEAU
ESPAGNOL

Moineau cisalpin (*P. d. italiae*) (ou *P. italiae*):
tête marron, joues et dessous plus blancs
que chez *P. domesticus d.* ♀, dos rayé de
beige brunâtre.

♀

Hybride *P. domesticus* x *P.
montanus* là où l'une des
2 sp. est rare.

♂

♂ H

N

sexes
semblables

MOINEAU
DOMESTIQUE

MOINEAU FRIQUET

♀

♂ N

MOINEAU
BLANC

♀

♂ N

plus terne en
hiver comme im.
du M. domestique

MOINEAU DE
LA MER MORTE

● **TISSERINS** : *Ploceidae*. Petits passereaux tropicaux, granivores, sociables. Bec court, épais. A la différence des fringilles, font un nid fermé, globuleux, ouvert au sommet, en bas ou sur le côté, placé dans un arbre, un buisson. Nichent en colonies. En troupe toute l'année.

Vit dans les roselières.

TISSERIN MANYAR *Ploceus manyar*. ♂ nicheur : front, vertex, nuque jaune vif, menton, gorge noirs, poitrine chamois striée de noirâtre. ♀/♂ non nicheur : chamois ocre, fortement strié dessus et dessous. Inde. Introduit : delta du Nil. L 15 cm. Beaucoup d'autres tisserins se sont échappés de captivité mais ont été exterminés ou n'ont pas réussi à vivre en liberté. Certains comme le Tisserin gendarme *P. cucullatus*, ont niché en Allemagne.

● **ASTRILDS** : *Estrildidae*. Très petits oiseaux granivores des régions tropicales. Grégaires. Vivent dans les hautes herbes, les roseaux. Oiseaux de cage (s'échappent souvent). Outre les espèces citées plus bas, le Diamant mandarin (*Poephila* – ou *Taeniopygia* – *guttata*) d'Australie, a niché çà et là en petits groupes (2 sont permanents). Cet oiseau a la queue barrée de noir et de blanc.

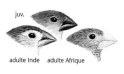

juv.

adulte Inde   adulte Afrique

Euodice hybrides : croupion rosé.

Capucin bec-de-plomb *Euodice malabarica*. Equivalent asiatique de *Euodice cantans*. Dessus brun, queue noirâtre, pointue, croupion blanc, bec gris bleu. Introduit. Niche : Wadi Araba, Israël/Jordanie, SE France. L 10 cm.

Capucin bec-d'argent *Euodice cantans*. Afrique. Un peu plus massif que *E. malabarica*, croupion noir. S Egypte, O Arabie. S'avance vers le N. Des échappés de captivité ont niché en Espagne. L 10 cm.

Introduit : Portugal (commun) ; s'est avancé en Espagne.

juv.

adulte   juv.

Bengali rouge revêtant le plumage internuptial, celui qu'on voit le plus souvent.

ASTRILD ONDULÉ *Estrilda astrild*. Afrique. Adulte : large bandeau oculaire rouge, joues blanches, sous-caudales noires, bec rouge, milieu du ventre rougeâtre. Im. plus terne, bec noirâtre. Cri en vol « tzep » ou « tiou-koup ». Roseaux près des champs. Se nourrit en troupe. Péninsule ibérique. L 9,5, E 12-14 cm.

Astrild cendré *Estrilda troglodytes*. Diffère de *E. astrild* par : croupion et queue noirs (croupion gris brunâtre chez *E. astrild*), dessous moins clair. Echappé de captivité. Pourrait nicher en Espagne. L 9,5 cm.

Astrild à joues orange *Estrilda melpoda*. Diffère des autres astrilds surtout par : joues orange, croupion rouge, vertex et dessous gris, queue noirâtre. Oiseau de cage. Echappé, a niché en Espagne, France, mais ne s'est pas établi à l'état libre. L 9-10 cm.

BENGALI ROUGE *Amandava amandava*. Asie. ♂ : tout rouge sauf ailes brunes, queue noire, points blancs. ♀/juv. brunâtre et gris jaunâtre, sus-caudales rougeâtres, ventre jaunâtre, peu tachetés. Chant gazouillis aigu, pépiements. Roselières, hautes herbes. Espagne, N Egypte. L 10, E 13-14 cm.

Amarante du Sénégal *Lagonosticta senegala*. ♂ : rouge sauf ailes et queue brun roussâtre, seulement quelques taches blanches sur la poitrine. ♀ : brune sauf sus-caudales, brefs sourcils et lores rouges. A niché : Maroc, Egypte (peut-être échappé). L 9-10, E 15-16 cm.

TISSERINS, ASTRILDS

♀ et ♂ H

♀ H

TISSERIN
MANYAR

adulte

CAPUCIN
BEC-DE-PLOMB

adulte

CAPUCIN BEC-D'ARGENT

ASTRILD ONDULÉ

juv.

adulte

ASTRILD CENDRÉ

♀

♂ N

♀

♂

BENGALI ROUGE

AMARANTE DU SÉNÉGAL

● **FRINGILLES** : *Fringillidae*. Petits passereaux plus ou moins grégaires après la reproduction. Bec robuste de granivores. Vol ondulé. Chant souvent plus mélodieux que celui des bruants. Nichent dans les milieux boisés, les buissons.

PINSON DU NORD (Pinson des Ardennes) *Fringilla montifringilla*. ♂ nicheur : tête, dos noirs, épaules et dessous orangés ; en hiver, ressemble à ♀/juv. et diffère de *F. coelebs* par le croupion blanc très visible en vol, la poitrine et les épaules orangées. Chant : rappelle celui du Verdier « dzui » ; cri fréquent « kek kek » sec. Bouleaux et saules de la taïga ; l'hiver, se nourrit dans les champs, les hêtraies et sous les charmes. Grands dortoirs à cette saison. L 15-16, E 26 cm.

PINSON DES ARBRES *Fringilla coelebs*. Le plus commun des fringilles en Europe. ♀/juv. reconnaissables à la grande tache blanche des ailes, bien visible en vol. ♂ nicheur : tête gris bleu, dos brun, croupion vert, menton noir, dessous rosé, ailes et queue noires et blanches. Chant, phrase descendante, brève, longuement répétée, présentant des variantes (dialectes) selon la région (finit souvent par un « tic »). Cri fréquent « pink pink » ; cri dit « de la pluie » « huit huit ». Forêts, bois, parcs, jardins, allées d'arbres, champs. L'hiver, s'associe à d'autres fringilles. L 15, E 26 cm.   N : B, CH, F, L.

palmae

tintillon

morelletti   *spodiogenys*

Sur les îles, les ♂ ont front et ailes noirs, dos de couleur variable : gris bleu chez ssp. *tintillon* (croupion vert vif, Canaries) et ssp. *ombriosa* (Hierro, Canaries) ; verdâtre chez ssp. *morelletti* (Açores) et *maderensis* (Madère) ; vert vif chez *spodiogenys* (N Afrique). ♀/juv. assez foncés.

maderensis

Encore commun à Ténérife dans les pinèdes originelles, rare dans les plantations de pins exotiques.

PINSON BLEU *Fringilla teydea*. Ne peut être confondu. ♂ bleu ardoise sauf ventre et sous-caudales blanchâtres. Diffère des sspp. de *F. coelebs* des Canaries par l'absence de teinte rose sur la poitrine. ♀/juv. brunâtre olive dessus, plus gris dessous. Chant et cris analogues à ceux de *F. coelebs*, en outre un pépiement double et fort. Surtout dans les forêts originelles de *Pinus canariensis* en montagne. L 16,5, E 26-31 cm.

Ssp. *polatzeki*. Grande Canarie (Pinard) : semble presque éteinte.

338

PINSONS

♀ N

♂ N

N

H

♂ N

H

Mâle nicheur : coloration variable, gorge parfois noire.

PINSON DU NORD

♀ *coelebs*

♀

♂ N

♂ H

Pinson des arbres

Les 2 sp. sont plus ternes en hiver. *F. coelebs* ♂ : bec brun clair (gris bleu au printemps); *F. montifringilla* : bec jaune en hiver, bleu noir au printemps.

PINSON DES ARBRES

♂ N

♀ N

N *teydea*

polatzeki : couleurs plus vives, ventre blanc, barres alaires blanches évidentes.

PINSON BLEU

Endémique en Europe.

VENTURON MONTAGNARD *Serinus citrinella*. ♂ : front jaune vert, vertex, nuque, cou gris, flancs gris verdâtre distinguent l'adulte de *S. serinus* et de *Carduelis spinus* (p. 344). Autres différences : croupion et dessous du corps jaune verdâtre non strié, pas de jaune sur les côtés de la queue, bec plus fin. ♀ plus terne ; juv. brun, dessous gris beige strié. Chant rappelant ceux de *Carduelis spinus* et de *Carduelis carduelis* (p. 344). Cris surtout en vol « chet chet chet... », « psui ». Forêts de résineux en montagne, jusqu'à 2000 m ; bois de bouleaux et houx (Espagne). Automne et hiver : milieux rocailleux ouverts à une altitude inférieure. L 12, E 22 cm.   N : CH, F.

VENTURON CORSE *Serinus corsicana*. Longtemps considéré comme une ssp. de *Serinus citrinella*. ♂ : dos brun plus strié, dessous jaune plus pâle, moins verdâtre. Niche dans les buissons, depuis le niveau de la mer (maquis) jusqu'en montagne (forêts de feuillus et de résineux). L 12 cm.   N : F (Corse).

Milieux boisés depuis
le niveau de la mer, mais
plus commun en montagne.

SERIN DES CANARIES *Serinus canaria*. Açores, Madère, îles occidentales des Canaries. Diffère du Serin cini par : taille un peu supérieure, dos plus gris, dessous plus jaune, croupion jaune bien visible en vol, queue plus longue. ♀ plus terne et plus brune ; juv. plus strié. Chant comme celui de l'oiseau de cage dont les nombreuses variétés dérivent du Serin des Canaries. Bois, champs, vergers, jardins. L 12,5, E 20-23 cm.

Niche dans les cyprès et autres
résineux. Existe sur les îles Canaries.

SERIN CINI *Serinus serinus*. Petit fringille. ♂ : dessus brun jaunâtre avec stries foncées, front, croupion, dessous jaune vif, ailes et queue brun noirâtre. Diffère du Tarin des aulnes (p. 344) par : bec très court, épais, croupion jaune pus évident, pas de jaune sur les côtés de la queue, menton et front jaunes. Juv. très strié, croupion jaunâtre très strié de brun foncé. Chant très aigu, trille ; longue phrase émise en vol ou d'un perchoir. Cris « tirit ». Lisières des bois clairs, jardins (campagne, banlieue), parcs, vergers, allées d'arbres, cimetières. Jusqu'à 1400 m en montagne. L 11, 5, E 20-23 cm.   N : B, CH, F, L.

SERIN SYRIAQUE *Serinus syriacus*. Un peu plus grand que *S. serinus*, plus pâle, moins strié, front, menton et tour des yeux jaune vif uni, queue plus longue (rectrices bordées de jaune), dessous jaune grisâtre à peine strié. ♀ plus grise ; juv. plus brun. Chant du type chardonneret, cri en vol « tirrh ». Cèdres et genévriers en montagne, vergers. L 12,5, E 21-24 cm.

En haute montagne, vers l'est, à
partir de la Turquie ; plus bas en hiver.

SERIN À FRONT ROUGE *Serinus pusillus*. Facilement reconnaissable : front rouge contrastant avec le reste de la tête brun noir comme la poitrine, ventre jaunâtre tacheté de noirâtre, liserés alaires chamois orangé, croupion et côtés de la queue jaunes. En vol, avant du corps sombre, arrière plus clair. ♀ plus grise ; juv. tête et poitrine brun de suie tacheté de noir pendant l'acquisition du plumage d'adulte. Chant de type chardonneret et Serin cini. Cri, trille descendant « tsirrup ». En montagne, broussailles, pentes herbeuses avec genévriers et églantiers. En montagne l'été, plus bas en hiver. L 12, E 21-23 cm.

VENTURON, SERINS

juv

VENTURON
MONTAGNARD

♂

VENTURON CORSE

♂

SERIN DES CANARIES

♀

♂

♀

♂

SERIN CINI

juv.

♂

SERIN SYRIAQUE

juv.

variante

1er H

♂

SERIN À FRONT ROUGE

Sizerins, Linottes : *Carduelis*. Petits fringilles grégaires. Bec très court, queue fourchue. Plumage brun, strié avec espaces rouges ou roux. Vol ondulé. Cri d'inquiétude « tsouit ».

SIZERIN FLAMMÉ *Carduelis flammea*. Diffère de la Linotte mélodieuse et de la Linotte à bec jaune par : menton noir, primaires sans bordure blanche, croupion rose ; de la seconde aussi par front rouge, poitrine rose rouge (♂). Juv. : pas de noir au menton, pas de rouge dans le plumage. Cri en vol « tieup tieup » alternant avec des « tirrr » et formant l'essentiel du chant souvent émis en vol circulaire. Forêts de résineux et de bouleaux, taïga ; localement, grands jardins. L'hiver, souvent près des rivières dans les aulnes avec des Tarins (p. 344). L 13-15, E 20-25 cm.
N : B, CH, F.

Dimensions et tonalité du brun varient. Ssp. *cabaret* (Irlande, GB, ex-Tchécoslovaquie, Alpes) : la plus petite et la plus foncée ; ssp. *flammea* (N Europe) la plus pâle, barres alaires et croupion (parfois uni) plus blancs ; ssp. *rostrata*, visiteur d'hiver (Groenland) la plus grande, foncée, gros bec.

SIZERIN BLANCHÂTRE *Carduelis hornemanni*. Plus clair que *C. flammea*, croupion blanc pur, non strié (distinction avec *C. f. flammea* parfois impossible), barres alaires plus évidentes, dessous plus blanc et moins strié, poitrine rose pâle (♂). Chant et cris comme *C. flammea* mais cris en vol plus lents. Toundra arctique ; hiverne au S jusque sur les côtes de Scandinavie. L 13-15, E 21-27 cm.

LINOTTE À BEC JAUNE *Carduelis flavirostris*. Diffère de la Linotte mélodieuse par : habitat nordique et montagnard, plumage brun jaunâtre fortement strié de brun noir sauf gorge chamois fauve, ventre blanc, croupion rose (♂), bec jaune (gris au printemps). La couleur du bec la distingue aussi des sizerins nicheurs. Chant, cris, comme ceux de la Linotte mélodieuse mais cri nasal, bas « tchui ». Landes plus ou moins rocheuses (du niveau de la mer à la montagne) ; en hiver, terrains vagues, prairies et marais sur les côtes. L 14, E 22-24 cm.

Ssp. *pipilans* (GB, Irlande) plus foncée que la ssp. *flavirostris* (Scandinavie) ssp. *brevirostris* (de la Turquie au Caucase) plus pâle, croupion d'un rose plus vif, ailes plus blanches, poitrine tachetée de noir.

LINOTTE MÉLODIEUSE *Carduelis cannabina*. La plus commune en Europe. Espace blanchâtre sur l'aile (en vol), bec brun gris foncé. ♂ nicheur : dos marron, strié, tête grise sauf avant du vertex rouge (front gris), poitrine rouge (en hiver, du rose remplace le rouge). ♀/juv. pas de rouge ni de rose, dos plus brun, dessous strié. Chant gazouillis aigu ; cris en vol « tsouit », « gégégé ». Terrains vagues avec buissons, landes, friches boisées, maquis, coupes forestières (stade fourré), haies, vergers. Niche parfois en colonies lâches. En hiver, milieux plus ouverts (campagne cultivée, marais salés, prairies côtières). L 13,5, E 21-25 cm.
N : B, CH, F, L.

Ssp. *bella* (Asie Mineure) plus pâle surtout sur la tête, croupion presque blanc ; sspp. *harterti* (E Canaries), *meadewaldoi* (O Canaries) et *nana* (Madère) plus petites, couleurs plus vives.

SIZERINS, LINOTTES

juv.

♀

♂ flammea

SIZERIN FLAMMÉ

cabaret
(même échelle
que la ♀)

♂

holboellii
(variante)

1er H

♂

SIZERIN
BLANCHÂTRE

♂ N

brevirostris

♂ H

♀

♂ N

♂ N
bella

♂ H flavirostris

♂

LINOTTE À
BEC JAUNE

♂
flavirostris

♂
N cannabina

♀

♂
H

LINOTTE MÉLODIEUSE

Tarin, Chardonneret, Verdier : *Carduelis*. D'aspect très différent, ces espèces ont les ailes partiellement jaunes. Les 2 plus petites prennent des positions acrobatiques pour se nourrir.

TARIN DES AULNES *Carduelis spinus*. ♂ : front, vertex, menton noirs, dos verdâtre strié de noir, croupion jaune verdâtre, stries noires sur les flancs, dessous jaune verdâtre, base de la queue jaune sur les côtés, large barre alaire jaune. ♀/juv. : tête et dos brunâtres, striés, poitrine gris jaunâtre striée de noir. Chant : gazouillis aigu de type chardonneret, souvent émis en vol circulaire, cri fréquent de tonalité plaintive « tsui ». Forêts de résineux (surtout épicéas) ou mixtes (montagne et plaine). L'hiver, souvent au bord de l'eau dans les aulnes, bouleaux. L 12, E 20-23 cm.   N : B, CH, F, L.

CHARDONNERET ÉLÉGANT *Carduelis carduelis*. Ne peut être confondu. Adulte : front et menton rouge vif, vertex et nuque noirs, joues blanches, ailes noires, blanches et jaune vif (large barre jaune), dos brun, croupion blanchâtre, poitrine blanchâtre avec 2 espaces brun roux, queue noire et blanche. Juv. : tête gris brun, queue noire et blanche, barre alaire jaune vif. Vol très ondulé. Chant, gazouillis aigu ; cri fréquent « tiglit tiglit ». Jardins, vergers, terrains vagues, friches, haies, allées d'arbres, bords des chemins. En été et en automne, mange les graines des chardons et cirses. L 12, E 23 cm.   N : B, CH, F, L.

Plus grand et plus clair dans le NE, plus petit et plus gris dans le S. Ssp. *carduelis* (Europe, Scandinavie) plus grande et plus pâle en Russie où se montre la ssp. *major* originaire de Sibérie ; ssp. *parva* (O région méditerranéenne, Canaries, Açores) pâle aussi ; sspp. du Moyen-Orient et du Caucase plus pâles ou ternes ; ssp. *britannica* (GB, Irlande) plus foncée, plus rousse (dos et flancs).

Distinction des sexes possible quand ils sont ensemble : ♂, couleurs plus vives, le rouge dépasse l'œil en arrière.

VERDIER D'EUROPE *Carduelis chloris*. Aspect massif. ♂ : plumage vert olive sauf croupion jaune et du jaune sur les ailes et sur les côtés de la base de la queue. Bec rosé, épais. ♀ plus grise, moins verte. Juv. strié. Chant monotone, aigu, roulade « triiii », comparé au bruit d'une sonnette électrique, souvent émis en vol nuptial circulaire ; cris « tsuit » « gugugu », « kij kij » répétés et plus ou moins alternés. Lisières des bois, vergers, parcs, allées d'arbres, jardins, villages et banlieues. L'hiver, aussi champs et côtes basses. Souvent en compagnie d'autres oiseaux granivores. L 14,5, E 25-27 cm.   N : B, CH, F, L.

L'intensité de la coloration varie beaucoup. Ssp. *aurentiiventris* (région méditerranéenne) plus grande et plus colorée ; ssp. *chlorotica* (Levant) plus pâle, plus jaunâtre ; ssp. *turkestanica* (Crimée, Caucase) beaucoup plus grise.

De nombreux aviculteurs européens élèvent des hybrides de Chardonneret et de Serin des Canaries et en lâchent les femelles, car elles ne chantent pas. Ces oiseaux ressemblent à des Chardonnerets au plumage terne et viennent parfois, en hiver, sur les mangeoires que les Chardonnerets sauvages fréquentent rarement.

FRINGILLES

TARIN DES AULNES

Niche surtout dans les résineux;
l'hiver, mange les graines des
aulnes et bouleaux.

♀

♀

♂

♂

Certains ♂ ont le menton
gris.

britannica

major

parva

juv.

**CHARDONNERET
ÉLÉGANT**

♀
certaines
sont plus
brunes

juv.

♂ N

chlorotica

VERDIER D'EUROPE
Dans toutes les populations, il y a 2 types, l'un plus
grisâtre, l'autre plus brunâtre.

pyrrhula

rosskowi

iberiae

Du N au S, la taille des Bouvreuils diminue. Les plus grandes sspp. *pyrrhula* (Scandinavie, N Russie) très colorée, *rosskowi* (Caucase, NE Turquie) d'un rouge plus foncé, au gros bec; *europaea* (Europe) et *pileata* (GB, Irlande) sont plus petites et plus ternes; *iberiae* (Pyrénées) plus petite, rouge plus foncé et même un peu présent sur le dos.

BOUVREUIL PIVOINE *Pyrrhula pyrrhula*. ♂ : ne peut être confondu; calotte noire, dessous rouge rose sauf bas-ventre blanc; ♀ dessous brun rosé, calotte noire; juv. brun, calotte brune. Chez tous croupion blanc et barre alaire blanche (♂), grisâtre (♀) ou chamois (juv.). Assez discret. Révèle sa présence par ses cris doux, plaintifs «diu», qui forment la base du chant (faible, flûté, enroué, souvent trisyllabique). Forêts de résineux et mixtes, parcs, jardins (presque toujours, lieux boisés riches en buissons), grosses haies. L 14,5-16, E 28 cm. N: B, CH, F, L.

Seulement sur Sao Miguel (Açores).

BOUVREUIL DES AÇORES *Pyrrhula murina*. Souvent considéré comme une ssp. de *P. pyrrhula*, dont il diffère nettement: ♂ et ♀ ressemblent à la ♀ de *P. pyrrhula* et ont le croupion chamois, un bec plus épais. Bois impénétrables de *Cryptomeria japonica*. Passait pour être éteint il y a 40 ans, retrouvé récemment. L 16 cm.

Dans l'est de la région, seule espèce d'un genre surtout himalayen.

GROSBEC À AILES BLANCHES *Mycerobas carnipes*. Ressemble au Grosbec casse-noyaux par sa grosse tête et son fort bec gris. Assez longue queue. Se tient dressé. En grande partie noir (♀ gris foncé), croupion et ventre jaune vert (plus terne chez ♀), tache alaire blanche. Cris portant loin, évoquant le jacassement d'une Pie, aussi un «schouieup». En montagne, genévriers dont il mange les fruits. L 21 cm.

GROSBEC CASSE-NOYAUX *Coccothraustes coccothraustes*. Reconnaissable à son énorme bec (gris bleu au printemps, couleur corne en hiver), dont il se sert pour ouvrir les noyaux de cerises et d'autres fruits et des graines dures. Très discret, se tient dans la cime des arbres. Repéré surtout à ses cris très secs «tsik tsik». Chant faible. En vol (ondulé), queue courte, silhouette trapue, taches alaires blanches. Plumage élégant, collier gris, tête roussâtre, menton noir, dessous brun rosé, dos brun, ailes brun et noir violacé, queue brun roussâtre et blanche. Forêts de feuillus et mixtes, parcs, vergers. L 18, E 31 cm.
N: B, CH, F, L.

346

juv.

europaea
BOUVREUIL
PIVOINE

♀

♂

BOUVREUIL
DES AÇORES

♀

♀

♂

♂

GROSBEC À AILES
BLANCHES

♀

juv.

♂ H

♀ N

♂ N

♂ H

GROSBEC CASSE-NOYAUX
♂ hiver: un peu plus terne qu'au
printemps. Dans le S, certains oiseaux
sont très pâles; plus grisâtre en AFN.

♀

♂

♂

♀

Grosbec
casse-noyaux p. 346

Grosbec errant *Hesperiphona vespertina*. Amérique du Nord. A, rare. Très gros bec, queue courte, ailes noires et blanches, haut du dos brun, bas du dos et croupion, front et sourcils jaunes. L 20 cm.

Roselins, bouvreuils : *Rhodopechys*. Quatre espèces au bec court vivant dans les milieux ouverts, arides, souvent en montagne.

Niche dans les arbres ; hiverne souvent dans les champs.

ROSELIN DE LICHTENSTEIN *Rhodopechys obsoleta*. Silhouette de Verdier (p. 344) mais ailes noires et rose pâle avec barre blanche (bien visible en vol), queue fourchue ; ♂ : lores noirs ; ♀/juv. lores bruns. Bec noir, brun en hiver (jaune chez juv.), pattes noires. Chant, trilles lents ; cris « r-r-r-r-rii » doux, ronronné, descendant et montant. Pas toujours dans les déserts ; milieux ouverts avec arbres et buissons près des eaux douces, bords des routes, vergers, jardins, champs. L 14,5, E 25-27 cm.

Montagnes nues, rocheuses. Souvent avec *Rhodopechys sanguinea* et autres fringilles.

ROSELIN DE MONGOLIE *Rhodopechys mongolica*. Ressemble beaucoup à *R. githaginea*, le ♂ en diffère par : bec jaunâtre, sourcils roses, rectrices externes blanches, croupion rose très évident ; ♀, beaucoup plus de blanc sur les ailes. Chant agréable, doux, un peu plaintif, mêlé de pépiements ; cri habituel « diou-voud », « diou-diou-vou ». Montagnes rocailleuses, descend en plaine pour l'hiver. L 13, E 25-27 cm.

Semi-déserts, déserts pierreux, collines rocailleuses, aussi sur les côtes aux Canaries.

ROSELIN GITHAGINE *Rhodopechys githaginea*. ♂ nicheur : brun clair teinté de rose, du rouge sur les ailes, les flancs et le croupion, tête plus ou moins grise, queue brun foncé, rose et blanche, pattes orangées, bec rouge vif. ♀ plus terne. Adulte en H/juv., im. : plus ternes, plus gris jaunâtre sauf bout des ailes foncé, bec brun jaunâtre, pattes rosées. Cri semblable au bruit d'une trompette enfantine, nasal « tchizz », « tchii », « tchit ». Déserts pierreux, collines rocailleuses. Ne se perche jamais sur les arbres. L 12,5, E 25-28 cm.

Montagnes arides, rocailles au-dessus de 2000 m. En hiver, se nourrit plus bas dans les champs.

ROSELIN À AILES ROSES *Rhodopechys sanguinea*. Espèce montagnarde. ♂ nicheur : brun marron tacheté de brun noir, queue et ailes partiellement roses, face rose, ventre blanc, vertex brun noirâtre, nuque grise (tachetée de noirâtre chez la ♀), bec jaune, pattes brun foncé. ♀, le rose est plus pâle. Chant, trille bref, doux, souvent émis en vol ; cris, pépiements de type linotte « di-lit », « tchi-rup ». Cimes et pentes rocailleuses des montagnes avec broussailles ; ne descend guère au dessous de 2000 m ; plus bas en hiver (champs). L 15, E 30-33 cm.

Ssp. *aliena* plus pâle, moins de blanc sur la queue, nuque grise plus visible, gorge blanche, moins de rose sur face et ailes.

Juv./1er H: peu de rose sur les ailes.

♀

♂

ROSELIN DE LICHTENSTEIN

♂ N

♂

juv.

♂ N

ROSELIN DE MONGOLIE
Sexes semblables, ♀ plus terne, moins rose (pas de sourcils roses).

♂ H

♂ N

Coloration variable. Canaries: dans l'E, poitrine souvent rose foncé; dans l'O, souvent gris argenté.

♂ N

♂ N

♀ N

ROSELIN GITHAGINE

♂ N

aliena

♂ N

sanguinea

♀

ROSELIN À AILES ROSES

Roselins: *Carpodacus*. Genre surtout asiatique. Taille moyenne ou assez grande. Bec épais (granivores). ♂ en grande partie rouge ou rose, ♀ brune et striée; queue fourchue. Vol ondulé.

ROSELIN CRAMOISI *Carpodacus erythrinus*. Le plus répandu et le plus commun dans la région; en expansion vers l'O. ♂ adulte: tête, poitrine, croupion plus ou moins rouge vif, ailes et queue brun foncé, 2 barres claires sur l'aile, ventre blanc. ♀/im./juv.: dessus brun clair et dessous roussâtre striés, ventre blanchâtre, 2 barres alaires pâles. Certains jeunes ♂ se reproduisent en plumage brun. Chant clair, sifflé «tiu tiu fi tiu»; cri habituel «touic». Bord des bois, broussailles proches des rivières, vergers, jardins, terres cultivées. L 14,5, E 24-26 cm. N: CH, F.

ROSELIN TACHETÉ *Carpodacus rubicilla*. Espèce d'Asie centrale. Le plus grand roselin de la région et le plus rouge. ♂: tête et dessous rouge foncé tacheté de blanc, croupion rouge foncé uni. ♀ gris brun, poitrine fortement tachetée. De loin, paraît sombre. Vol lent, ondulé; à terre, sautille. Caucase: pentes rocailleuses au-dessus de la zone des rhododendrons; en hiver, broussailles des vallées hautes. L 20, E 34-36 cm.

Une population isolée vit dans les alpages du Caucase au-dessus de 2000 m.

ROSELIN DU SINAÏ *Carpodacus synoicus*. ♂ adulte: tête rouge striée de blanc, poitrine, croupion rouge rose (vieux ♂ très rouges), ailes brun pâle (sans rose), bec gris corne. ♀/juv.: gris brun; certaines vieilles ♀ teintées de rosé. Chant mélodieux, varié; cris «tchig», «touit» aigus. Très localisé. Gorges, collines rocailleuses. L 14,5, E 25-27 cm.

Collines arides, rocailles, oueds secs, rochers, jusqu'à 2000 m.

Roselin rose

♀

♂

Roselin à longue queue

Deux autres roselins sont importés de Chine en grand nombre; ceux que l'on voit dans la région sont probablement échappés de captivité:

ROSELIN ROSE *C. roseus* (intermédiaire entre *C. erythrinus* et *C. rubicilla*) ♂: dessous plus rouge, dos, ailes et queue plus bruns que chez *C. erythrinus*, stries blanches moins visibles que chez *C. rubicilla*; ♀ croupion rosé. L 15 cm.

ROSELIN À LONGUE QUEUE *Uragus sibiricus*: longue queue, barres alaires blanches; ♂ rosé; ♀ croupion rosé avec double barre. L 15 cm.

DURBEC DES SAPINS *Pinicola enucleator*. Grand fringille évoquant un bec-croisé géant (p. 352). Bec court, épais. ♂ adulte: tête, cou, poitrine, croupion rouge rosé. ♀/im.: brun bronzé verdâtre. Juv. plus brun. Tous ont les ailes brun noir avec 2 barres blanches. Chant fort, lent et sifflé; cri sifflement trisyllabique, cri d'alarme «tchivli». Taïga (épicéas, mélèzes et bouleaux). Se montre rarement à l'O (en invasion). L 20, E 30-35 cm.

Hiverne au S de la taïga; rares invasions à l'O.

ROSELIN CRAMOISI

Chez tous les roselins, des ♂ ayant la même coloration que les ♀ chantent et défendent un territoire. Les ♂ vivement colorés sont souvent observés en dehors de l'aire de nidification.

ROSELIN TACHETÉ

ROSELIN DU SINAÏ

DURBEC DES SAPINS

Becs-croisés : *Loxia.* Robustes fringilles. Uniques parmi les oiseaux à cause de leurs mandibules croisées, crochues, avec lesquelles ils épluchent les cônes des résineux (épicéas, mélèzes, pins, sapins) pour obtenir les graines, leur principal aliment. Se livrent périodiquement à des invasions vers l'Ouest.

BEC-CROISÉ BIFASCIÉ *Loxia leucoptera.* Le plus petit des becs-croisés. Reconnaissable aux 2 barres alaires blanches (faibles chez juv.). ♂ rouge, plus rosé que *L. curvirostra ;* ♀ brun olive plus pâle que chez ce dernier, striée. Bec un peu moins épais. Chant, série de trilles sonores, plus ou moins aigus ; cri en vol «tchif tchif», moins métallique que celui de *L. curvirostra,* «piit» plus mélodieux. Forêts de résineux, surtout mélèzes. L 14,5, E 26-29 cm.

Certains Becs-croisés des sapins, surtout juv., ont des barres alaires pâles, parfois rosées, mais jamais aussi larges et aussi blanches que celles du Bec-croisé bifascié. La taille et la voix distinguent toujours les 2 espèces.

BEC-CROISÉ DES SAPINS *Loxia curvirostra.* Le plus répandu des becs-croisés. Invasions irrégulières à l'O et au S de la zone principale de reproduction. ♂ adulte rouge brique à rouge orangé, parfois teinté de jaune ou olive. ♂ im. rouge orangé. ♀ gris brun olive, croupion et dessous plus jaunes. Juv. gris vert avec stries foncées. Tous ont ailes et queue brunes, cette dernière fourchue. Chant, ensemble de gazouillis et trilles mêlés de cris. Cri typique (en vol ou posé) «kip kip kip» sonore, plus ou moins répété. Forêts de résineux (surtout épicéas et sapins). En invasion, bois de pins, groupes d'épicéas dans les parcs, même en ville. L 16,5, E 28 cm.   N : B, CH, F, L.

Pyrénées   *poliogyna*   *guillemardi*

balearica

Les Becs-croisés des Pyrénées et de la Péninsule ibérique (pinèdes) ont un bec un peu plus fort mais ne sont pas isolés (différence avec ceux des îles).

Les populations isolées comme les ssp. *balearica* (Baléares), *corsicana* (Corse), *poliogyna* (Maghreb), *guillemardi* (Chypre), ont, comme *L. scotica,* un gros bec, vivent dans des pinèdes et sont sédentaires. La plupart des ♂ sont rarement très rouges et plutôt orangés ; les ♀ sont moins jaunâtres, souvent très grises (couleur variable : certains ♂ des Baléares sont rouge vif). Dans les pinèdes de Crimée (ssp. *mariae*) ♂ d'un rouge plus pâle, ♀ plus grises.

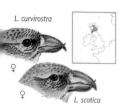

L. curvirostra

♀

♀

L. scotica

BEC-CROISÉ D'ÉCOSSE *Loxia scotica.* Intermédiaire entre *L. curvirostra* et *L. pytyopsittacus,* c'est pourquoi les spécialistes discutent toujours pour savoir s'il s'agit d'une ssp. ou, comme certains le pensent actuellement, d'une espèce distincte. Ressemble fortement à *L. curvirostra.* En diffère (ainsi que de *L. pytyopsittacus*) par son habitat exclusif (pinèdes originelles), son bec plus fort, plus obtus que celui de *L. curvirostra* mais moins que celui de *L. pytyopsittacus ;* cris plus graves «toup toup». L 16,5, E 27-31 cm.

BEC-CROISÉ PERROQUET *Loxia pytyopsittacus.* Un peu plus grand et plus massif que *L. curvirostra.* De près, reconnaissable à : tête plus grosse, crâne et front plus plats, bec bien plus épais (épluche les cônes des pins), tomia gris blanchâtre, tête et manteau nuancés de grisâtre. Cris plus bas, plus forts, plus aigres. Forêts de pins sylvestres. Rare en dehors de la taïga. L 17, E 30-33 cm.

BECS-CROISÉS

juv.

♂

♀

juv.

BEC-CROISÉ BIFASCIÉ : outre la taille et les barres alaires,
le ♂ diffère de *L. curvirostra* par le plumage plus rouge carmin.

♀

♀
grise
♂

♂

♂
♂

♂

BEC-CROISÉ DES SAPINS : coloration variable, ♂ rouge vif,
orange, voire jaune. ♀ brun olive ou gris vert.

♂

♂

♀ comme
L. curvirostra,
mais générale-
ment plus grise.

**BEC-CROISÉ
PERROQUET**

BEC-CROISÉ D'ÉCOSSE
♀ généralement plus terne
que celle de *L. curvirostra*

● BRUANTS : *Emberizidae*. La majorité (surtout genre *Emberiza*) diffèrent de la plupart des fringilles et moineaux par : tête plus petite, bec conique, queue plus longue et peu fourchue. Chant plutôt médiocre. Vol ondulé, assez rapide. Milieux ouverts ; en général, évitent les agglomérations.

Campagne cultivée ; dans le S aussi steppes sèches avec buissons épars.

BRUANT PROYER *Miliaria calandra*. Le plus grand bruant de la région. Silhouette massive. Bec épais. Dessus brun gris rayé, dessous chamois pâle à blanchâtre avec taches brun noir plus denses et plus fortes sur la poitrine. Pas de barre alaire, pas de blanc sur les rectrices externes (différence avec l'Alouette des champs). Vole souvent avec les pattes pendantes. Reconnaissable surtout à son chant, série de sons aigus accélérés, prenant fin par un trille, émis en vol ou perché sur un poteau, une motte de terre, un câble électrique. Cris brefs « quit ». Campagne cultivée, grands champs avec arbres ou buissons isolés, prairies, steppes, friches. L 18, E 26-32 cm.

En AFN, dans les agglomérations ; très confiant, entre même dans les maisons. Au Moyen-Orient, aussi sur collines rocailleuses, dans les oueds.

BRUANT STRIOLÉ *Emberiza striolata*. ♂ : moustaches blanches bordées de noir, ailes roussâtres, sourcils blancs surmontés d'un trait noir, ventre jaunâtre-roussâtre, rectrices externes roussâtres (blanches chez *E. cia*), bec, m. s. brun foncé, m. i. jaune. ♀ : plus ou moins brun roussâtre. Chant évoquant celui du Rougequeue à front blanc ; cri « tsouii » nasal, souvent émis par l'oiseau couché sur un rocher, un bord de fenêtre, un toit. En AFN, habite villes et villages ; souvent commensal de l'homme avec le Moineau domestique (p. 334) ; dans le SO de l'Asie, aussi déserts, oueds rocheux, parfois en compagnie des moutons et des chèvres. L 13,5, E 21-26 cm.

Ssp. *striolata* (SO Asie) : tête noire et blanche. V. aussi *E. tahapisi* (p. 375) ; ssp. *saharae* (AFN) : moins striée dessus, 2 traits pâles sur la tête.

Pentes rocailleuses ensoleillées, vignobles, jardins. Hiverne plus bas.

BRUANT FOU *Emberiza cia*. ♂ : tête grise avec 3 bandes noires séparées par les sourcils et les joues gris (différence avec *E. striolata*). ♀ : plus brune, plus terne, plus striée. Tous 2 ont le croupion roux uni, le dessous roussâtre, la queue brun foncé bordée de blanc. La coloration des rectrices distingue les juv./im. des jeunes Ortolans et Bruants cendrillards (p. 358). Chant typique de bruant « zizizizizirr », souvent émis d'un rocher en agitant les ailes ; cris « zit » semblables à ceux du Bruant zizi (p. 356). En montagne, jusqu'à 2000 m environ. L 16, E 22-27 cm.   N : CH, F.

BRUANT À CALOTTE BLANCHE *Emberiza leucocephalos*. ♂ nicheur aisément reconnaissable : vertex, joues et bavette blancs, lores, sourcils, trait oculaire, menton, gorge et bas des joues marron, front noir, croupion marron roux, bas de la poitrine et flancs blancs tachetés de marron. Plumage neuf : vertex tacheté de brun et noir. ♀ : plus grise que celle du B. jaune (p. 356), pas de jaune sur tête et ventre (celui-ci blanchâtre), primaires liserées de blanc. Chant semblable à celui du B. jaune. Bois clairs, broussailles, champs, bords des routes, proximité de l'eau douce. L 17, E 25-30 cm.

Dans une zone étroite située en Sibérie occidentale, *E. citrinella* et *E. leucocephalos* se croisent. On a vu des hybrides en Europe (♀ : en nature, il est parfois impossible de les distinguer de leurs parents).

BRUANTS

BRUANT
PROYER

variante

♀

♂

striolata

♂

saharae

BRUANT STRIOLÉ

♀

♂

juv.

BRUANT FOU

♀
variante

♂ plumage frais

♀ N

♂ N

BRUANT À CALOTTE
BLANCHE

BRUANT JAUNE *Emberiza citrinella*. ♂ : tête jaune, poitrine en grande partie jaune, flancs jaunes rayés de brun foncé, dos et ailes brun et roussâtre, queue assez longue, blanche sur les côtés (bien visible en vol), croupion marron roux. ♀/juv. : plus bruns, beaucoup moins de jaune, croupion roux (différence avec le Bruant zizi). Chant très aigu, monotone, montant «tsi tsi tsi tsi tsitsi-tiu». A l'envol, cri sec «tzit». Campagne cultivée, haies, broussailles, lisière des bois, grandes coupes en forêt. Jusqu'à 2000 m d'altitude. L 16,5, E 26-27 cm. N : B, CH, F, I. Se croise avec *E. leucocephala*.

BRUANT ZIZI *Emberiza cirlus*. ♂ : tête vert olive, sourcils jaunes, trait oculaire noir, relié à un trait venant du menton noir, joues et collier jaunes, bande pectorale verdâtre, dos et ailes brun roux. ♀/juv. plus chamois, diffèrent du B. jaune par le croupion olive brunâtre. Chant, trille bref, monotone, généralement émis du haut d'un arbre ou d'un buisson. Cri «zit», plus aigu que le cri du B. jaune. Campagne cultivée avec haies, arbres dispersés, buissons, vieux vergers. Assez souvent près des maisons (jardins à la campagne). L 16,5, E 22-25 cm.　　N : CH, F.

Endémique dans l'O du Paléarctique, remplace le B. jaune dans la région méditerranéenne

BRUANT AURÉOLE *Emberiza aureola*. ♂ nicheur : menton et joues noirs, vertex, nuque, dos roux marron, demi-collier jaune, ligne pectorale foncée, poitrine et ventre jaunes, sur l'aile grande tache blanche et petite barre blanche. Plus pâle en hiver. ♀/juv. : diffèrent de ceux du B. jaune par : dessous jaune clair, flancs striés, 2 barres alaires (blanche et chamois), sourcils blancs surmontés d'un trait foncé, milieu du vertex clair. Chant mélodieux, comme celui de l'Ortolan (p. 358) mais plus aigu, plus rapide ; cris, bref «zipp» et «trssit» doux. Broussailles près de l'eau, prairies. L 14, E 21-24 cm.

Migre dans le SE asiatique, revient en juin.

BRUANT À TÊTE ROUSSE *Emberiza bruniceps*. ♂ : ne peut être confondu. Tête, menton, gorge, haut poitrine brun marron, nuque verdâtre, dessous jaune vif uni. ♀ : ressemble beaucoup à celle d'*E. melanocephala* mais dessus teinté de gris vert, tête plus claire, croupion jaune verdâtre. Juv. des 2 sp. identiques. Chant de type Ortolan, mélodieux ; cri habituel «touit». Broussailles des steppes et semi-déserts, près des eaux douces. En hiver, surtout champs. Souvent tenu en cage (la plupart des ♂ observés dans l'O de la région sont sans doute échappés de captivité). L 16,5, E 24-28 cm.

Migre en Inde ; en hiver, dans les plaines, associé à *E. melanocephala*.

E. bruniceps et *E. melanocephala* sont peut-être conspécifiques ; ils se croisent là où ils cohabitent. Distinction des hybrides difficile.

BRUANT MÉLANOCÉPHALE *Emberiza melanocephala*. Tête noire contrastant avec le dessous jaune uni (plus terne en hiver), demi-collier jaune, dos marron roux, pas de blanc sur les côtés de la queue. ♀ : diffère de celle d'*E. bruniceps* par sa tête plus foncée, dos roussâtre, croupion marron clair, ventre et sous-caudales jaune pâle. Juv. : croupion et dessous chamois ou chamois jaunâtre. V. *E. bruniceps*. Chant assez mélodieux, commençant par des «tsit tsit» ; cris «tcheup», «tchit», «zit». Broussailles, oliveraies, vignobles, jardins. L 16,5, E 26-30 cm.

Migre au SE à partir d'août ; revient en Europe fin avril.

BRUANTS

BRUANT JAUNE

BRUANT ZIZI

BRUANT À TÊTE ROUSSE

BRUANT MÉLANOCEPHALE

Parade nuptiale du Bruant ortolan. L'oiseau chante en vol et du haut d'un arbre.

Le Bruant ortolan (Ortolan) et les autres bruants de cette page sont tous migrateurs; ils arrivent assez tard sur les lieux de reproduction et partent tôt vers l'Afrique tropicale, surtout le Sahel.

Préfère les terrains sablonneux bien drainés.

BRUANT ORTOLAN (ORTOLAN) *Emberiza hortulana.* ♂ adulte nicheur: tête, poitrine vert olive, moustaches et menton jaunes, anneau oculaire jaune, trait malaire olive, reste du dessous roux, sous-alaires jaunes, bec et pattes rosés, dos et ailes brun rayé de noir. ♀: terne; tête vert brunâtre, moustaches blanchâtres. Juv. gris brunâtre tacheté de noir. V. *E. caesia,* qui a la tête et la bande pectorale gris bleu, moustaches, menton, bas poitrine et ventre roux, et *E. cia* (p. 354). Chant un peu mélancolique, traduit par «bine bine bine bine bine bine 'tu»; cris «zit», «tsiu», «yip». Campagne cultivée, vignobles, terrains rocailleux en montagne, broussailles. Grand migrateur. L 16,5 E 23-29 cm.   N: B, CH, F.

Collines rocailleuses avec végétation éparse, semi-déserts.

BRUANT CENDRILLARD *Emberiza caesia.* ♂ adulte nicheur: évoque le B. ortolan, mais le vert olive est remplacé par du gris (tête, poitrine), moustaches et menton roux, sous-alaires blanchâtres; plus terne en hiver. Le croupion roux et le bec rose le séparent du juv. Bruant fou (p. 354). Juv. dessous plus chamois roussâtre que le juv. du B. ortolan. Chant semblable à celui du B. ortolan mais plus bref (seulement 3-4 notes). cris forts «stip». Parfois très confiant en migration. L 16, E 23-26 cm.

Milieux rocailleux avec végétation éparse au-dessus de 2000 m.

BRUANT À COU GRIS *Emberiza buchanani.* ♂ adulte: diffère de *E. hortulana* et de *E. caesia* par: tête et manteau gris bleu pâle, dessous roussâtre, moustaches blanchâtres; ♀ plus terne. Juv. moins fortement strié (sur manteau et poitrine) que le juv. Ortolan et le juv. B. cendrillard. Croupion brunâtre terne. Chant plus long que celui de l'Ortolan «dzi dzi dzi dzii-o», montant puis descendant. Cris «sip», «tchoup». Pentes rocailleuses nues avec promontoires au-dessus de 2000 m. L 16, E 24-27 cm.

Rare et localisé. Pentes rocheuses et herbeuses. En migration, aussi dans les déserts.

BRUANT CENDRÉ *Emberiza cineracea.* ♂ nicheur: tête vert jaunâtre, anneau oculaire jaune pâle, gorge jaune contrastant avec le reste du plumage blanchâtre dessous, gris brun strié dessus, bec bleuâtre ou grisâtre. ♂ en hiver, ♀, juv.: plus ternes, gris brunâtre, gorge striée; juv. croupion gris brun. Chant bref comportant 3 notes longues et 2 plus courtes; cri «kip». Assez rare. En montagne, pentes rocailleuses jusqu'à la limite des arbres et sur Mytilène (Mer Egée). En migration, aussi dans les déserts. L 16,5, E 25-29 cm.

Ssp. *cineracea* (Turquie): ventre blanchâtre; ssp. *semenowi* (Iran; l'hiver en Irak et Syrie), ventre jaune.

BRUANTS

juv.

♀ N

♂ N

BRUANT ORTOLAN

juv.

♀

♂ N

BRUANT
CENDRILLARD

juv.

♂

♂

BRUANT À COU GRIS

♂

semenowi

♂

♀

cineracea

juv.

BRUANT CENDRÉ

BRUANT DES ROSEAUX *Emberiza schoeniclus*. ♂ nicheur : tête, menton, gorge noirs, moustaches, nuque et collier blancs, dessous blanchâtre strié sur les flancs, dos et ailes brun rayé de noir, croupion grisâtre. ♀/juv. : tête brune, sourcils et moustaches blanc jaunâtre, trait malaire noirâtre, croupion brunâtre, dessous strié. Jeune ♂ revêtant le plumage d'adulte : triangle brun sur la poitrine. Tous ont les rectrices externes blanches et les pattes brun foncé. V. *E. pusilla, rustica* et *Calcarius lapponicus*. Chant d'abord lent puis plus rapide «tsia-tsi-si-si-sit»; cri habituel «tsieh», «tsip». Roselières au bord des étangs, des rivières, marais. En hiver, aussi dans les champs. L 15-16,5, E 21-28 cm.
N : B, CH, F, L.

hiver

Ssp. méditerranéennes et S Russie (*intermedia*, du Caucase à la Sicile) et *pyrrhuloides* (SO Asie) ont le bec beaucoup plus épais que la ssp. *schoeniclus* (N et O Europe).

E. pusilla H

E. rustica H

BRUANT NAIN *Emberiza pusilla*. Ressemble à une petite ♀ de Bruant des roseaux. En diffère par : joues et vertex roux bordés de noir, anneau oculaire crème, petites couvertures alaires gris foncé (pas marron), dessous plus blanc, pattes rose chair. Chant bref, pépiement ; cris «tsi»; cri d'alarme «tip tip». Toundra boisée. En migration, dans l'O de l'Europe, surtout sur les côtes. L 13,5, E 20-22 cm.

BRUANT RUSTIQUE *Emberiza rustica*. ♂ nicheur : tête noire. Diffère de celui du B. des roseaux par sourcils blancs en arrière des yeux, menton et gorge blancs, demi-collier blanc, dessus brun roux rayé de noir, bande pectorale rousse, reste du dessous blanc (en hiver, non remplacé par du brun). Les 2 sexes ont croupion et stries des flancs roux, barres alaires blanchâtres. Plumes du vertex parfois relevées. Chant bref, gazouillé, évoquant celui du Rouge-gorge ou de l'Accenteur mouchet. Cris «tsip tsip tsip». Taïga marécageuse L 145-15,5, E 21-25 cm.

BRUANT DES NEIGES *Plectrophenax nivalis*. Longues ailes. ♂ nicheur : en grande partie blanc. Dos noir, ailes et queue noires et blanches, tête blanche ainsi que tout le dessous, extrémité des ailes noire, milieu de la queue noir, croupion blanc, blanc et noir ou roussâtre. ♀ : dessous blanc, vertex et dessus tachetés. ♂ en hiver : tête et flancs roussâtres, dos roussâtre tacheté de noir, ailes noir et roussâtre, avec 2 barres blanches. Juv. bien plus foncé. V. Niverolle (p. 332). Chant mélodieux, émis d'un perchoir peu élevé ou en vol nuptial. Cri en vol «tirrirrirrip» (surtout émis par les groupes); autres cris «toui», «tiou» assez plaintif, «tchi-sic». Toundra, côtes rocheuses, sommet des montagnes. En hiver, en groupe sur les côtes, les collines. L 16-17, E 32-38 cm.

BRUANT LAPON *Calcarius lapponicus*. Plus trapu que le B. des roseaux, ailes plus longues. ♂ nicheur : tête, menton, gorge noirs, nuque rousse, bande blanche en arrière de l'œil, le long des joues et jusqu'aux ailes (poignet), flancs tachetés de noir, dessous blanc. ♀ : sourcils et menton blanchâtres, vertex rayé, couvertures moyennes roussâtres. Adulte en hiver : sur les joues, 2 petites taches foncées, bec jaune. Juv. large bande jaune roussâtre sur le vertex. Chant bref, mélodieux, évoquant celui de l'Alouette des champs (p. 230). Cri habituel «tiki-tic -tic», «tiu». Toundra. En hiver, en groupe sur les côtes, landes, souvent avec le Bruant des neiges. L 15-16, E 25-28 cm.

360

BRUANTS

H

♀

♂ N

♂ H
SE

groupe *intermedia*

♂ H
S

BRUANT DES ROSEAUX

♀ H

♂ N

BRUANT RUSTIQUE

BRUANT NAIN

♀

♂ N

juv.

1er H

♂ N

♂ H

♀ N

♂ H

BRUANT DES NEIGES

H

♀ N

BRUANT LAPON

Bruants nord-américains et asiatiques accidentels : *Emberizidae.* En Europe occidentale, on signale de plus en plus des bruants sibériens qui hivernent dans le SE asiatique (ex. les 4 espèces ci-dessous). Certains sont peut-être des sujets sauvages mais la majorité se sont échappés de captivité (des milliers sont importés comme oiseaux de cage). En revanche, la plupart des bruants nord-américains (p. 363) qui atteignent l'Europe, sont arrivés par leurs propres moyens et sont des oiseaux sauvages.

Bruant de Pallas *Emberiza pallasi.* Une petite population niche dans le NE de la Russie d'Europe. Sinon, A, rare, originaire de Sibérie. Plus petit, plus clair, plus gris, dessus moins roux, dessous bien moins strié que le B. des roseaux (p. 360). ♂: espace bleu ardoisé pâle sur les petites couvertures (le meilleur critère avec la voix), flancs striés. ♀/im.: petites couvertures alaires gris brun, parotiques plus uniformes ; en hiver, les bandes claires du vertex sont faibles ou absentes. Cris « tsiiip » semblable à un cri de Moineau friquet, et « rriip ». L 13-14 cm.

Bruant roux *Emberiza rutila.* E Sibérie. A, rare. ♂ nicheur typique : tête, poitrine, dos et sus-caudales marron roux, dessous jaune, flancs striés. En hiver, le roux est tacheté. ♀: pas de blanc sur les rectrices, gorge chamois pâle (différence avec les ♀ de Bruant jaune, p. 356); diffère de celle du B. auréole (p. 356) par le croupion marron (et non pas brun). Im./juv.: comme la ♀ mais plus striés. L 14-15, E 21-23 cm.

Bruant à sourcils jaunes *Emberiza chrysophrys.* Sibérie. A, rare. ♂ nicheur: tête noire et blanche avec nuque blanche, larges sourcils jaunes, parotiques noires et blanches, dessous blanc jaunâtre strié de noir sur gorge, poitrine et flancs. ♀: noir remplacé par du brun sur la tête, sourcils jaunâtres. Adulte en hiver/im. : ressemblent beaucoup à la ♀ nicheuse, sourcils pouvant être jaunes en avant des yeux et blancs derrière (ressemblent alors à *Zonotrichia albicollis* (p. 363), qui a les parotiques grises et non pas brunes et blanches). V. aussi Bruant rustique (p. 360). Cris aigus, métalliques « tic ». L 14-15, E 21-25 cm.

Bruant masqué *Emberiza spodocephala.* Sibérie, A, rare. ♂ nicheur : tête et poitrine grises (foncées), croupion brun, dessous jaune clair faiblement strié ; plus terne en hiver. ♀ brun grisâtre, un peu comme l'Accenteur mouchet : sourcils et bande médiane du vertex souvent peu apparents. Im.: intermédiaire entre ♂ en hiver et ♀. Cris métalliques « tzit », « tzii ». L 14-15, E 20-23 cm.

Junco ardoisé *Junco hyemalis*. Amérique du Nord. A. Presque entièrement gris foncé. ♂ souvent presque noirâtre sauf ventre blanc et côtés de la queue blancs (très visibles en vol). ♀ brunâtre; juv. brunâtre, strié dessus et dessous. Bec des adultes jaune rosé. Cris «dit» perçant, «smac» doux; en vol, pépiements. Ssp. *hyemalis*, la seule signalée en Europe. L 13-15, E 23-25 cm.

Bruant à couronne blanche *Zonotrichia leucophrys*. Amérique du Nord. A. Adulte: vertex blanc, bandeaux latéraux noirs, larges sourcils blancs, trait oculaire noir comme *Z. albicollis*. Diffère de celui-ci par: haut des lores noir, le bas gris (sourcils dépassant les yeux en avant), bec rosé, joues et dessous gris pâle uni. Im. coloration de la tête bien plus terne, dessins semblables mais peu distincts. Cris «pink» ou «tchink» forts, «tchip» perçant. L 15-17, E 23-25 cm.

1er H

Bruant à gorge blanche *Zonotrichia albicollis*. Amérique du Nord. A. Tête noire et blanche comme *Z. leucophrys* mais en diffère par: bec plus foncé, sourcils jaune vif en avant des yeux, menton et gorge blancs contrastant avec les joues et haut de la poitrine gris plus foncé, dessous finement et faiblement tacheté. Im. et certains adultes: sourcils entièrement chamois, dessins de la tête moins nets. V. *Emberiza chrysophrys*, p. 362, qui a le bord blanc du vertex plus étroit, les parotiques noires et le dessous fortement strié. Cris fréquents «tsiip», «tchink» plus sec. 15-17, E 22-25 cm.

1er H

Bruant chanteur *Melospiza melodia*. Amérique du Nord. A. Evoque une ♀ de Bruant des roseaux (p. 360), en diffère par: absence de blanc sur la queue, dessous fortement strié (les stries convergent vers une grande tache pectorale foncée parfois absente chez l'im.), tête rayée, sourcils gris, moustaches blanches cernées de noir (v. Bruant des savanes p. 374). En vol, relève et abaisse la queue. Cri nasal «tschepp»; chant long, assez mélodieux, commençant par 3-4 «souit» et prenant fin par un trille bref. L 15-16, E 20-21 cm.

Bruant fauve *Passerella iliaca*. Amérique du Nord. A. Taille du Bruant proyer. Queue, ailes, croupion et parotiques roux, dos gris rayé de roux, poitrine et ventre fortement tachetés de grandes marques rousses triangulaires, un peu plus grandes au milieu (comme chez *Melospiza melodia*). Cris «tchik» fort, «tsiip» aigu. Furtif, se cache dans la végétation. basse. L 16-19, E 26-28 cm.

1er H

Autres passereaux américains accidentels.
Chaque année, des passereaux américains autres
que les bruants de la p. 363, parviennent en Europe.
Beaucoup sont entraînés au-dessus de l'Atlantique
par de forts vents d'ouest dus à d'importantes
dépressions. D'autres se posent sur un bateau et y
restent jusqu'à ce qu'ils voient la terre (GB, Irlande,
île d'Ouessant, etc.). Tous sont des migrateurs qui
ont été déviés de leur route traditionnelle au long
des côtes américaines.

◀ **Cardinal à poitrine rose** *Pheucticus ludovicianus*.
♂ (plumage nuptial): ne peut être confondu mais
tous les sujets signalés jusqu'à présent dans la
région étaient des im. ♀/im.: fortement striés, gros
bec, grande taille. ♂ im.: dessous des ailes rose, noir
et blanc (jaune, noir et blanc chez la ♀), poitrine
plus ou moins teintée de rose. Cri «iik» perçant.
L 19-21, E 30-32 cm

◀ **Passerin indigo** *Passerina cyanea*. Taille et
silhouette de la Linotte (p. 342). ♂ nicheur: bleu vif
sauf face et queue noirâtres (à contre-jour, peut
paraître tout noir). Echappé de captivité ou
accidentel. ♂ en hiver comme ♀/juv.: brun, mais
a toujours un peu de bleu sur les ailes.
♀ reconnaissable à l'absence de taches, stries ou
barres, brune, plus pâle dessous, 2 faibles barres
alaires brunâtres. Cri «tsick» bref. Signalé aux
Açores où il est sans doute échappé de captivité.
L 12-13, E 19-21 cm.

● ORIOLES : *Icteridae*. Famille du Nouveau Monde
beaucoup plus apparentée aux bruants qu'aux loriots
de l'Ancien Monde (p. 328). En font partie les vachers,
les orioles, les quiscales et les carouges. Quelques-
uns seulement ont été signalés en Europe. La plupart ont un vol direct et puissant.

Goglu des prés *Dolichonyx oryzivora*. ♂ en
plumage nuptial: noir sauf nuque, croupion, base
de la queue et 2 larges barres alaires jaune ocre. En
hiver, ressemble fortement à ♀/im. qui évoquent le
Bruant proyer (p. 354): dessus strié, plumage jaune
roussâtre, 2 bandes claires sur les épaules. A tout
âge, ♂ et ♀ ont les rectrices pointues. Cri en vol
«pint» répété. L 16-18, E 26-32 cm

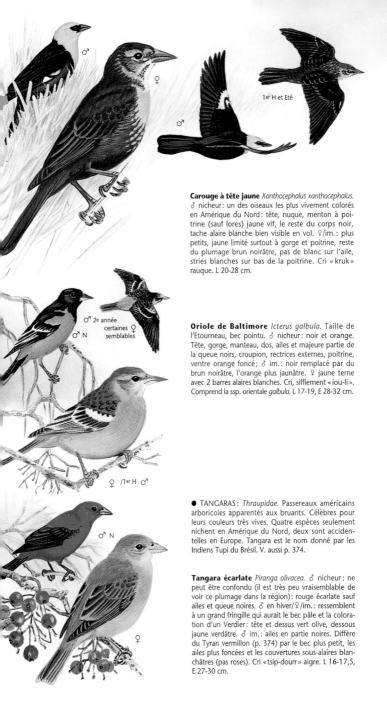

1er H et Eté

Carouge à tête jaune *Xanthocephalus xanthocephalus.*
♂ nicheur: un des oiseaux les plus vivement colorés en Amérique du Nord: tête, nuque, menton à poitrine (sauf lores) jaune vif, le reste du corps noir, tache alaire blanche bien visible en vol. ♀/im.: plus petits, jaune limité surtout à gorge et poitrine, reste du plumage brun noirâtre, pas de blanc sur l'aile, stries blanches sur bas de la poitrine. Cri « kruk » rauque. L 20-28 cm.

Oriole de Baltimore *Icterus galbula.* Taille de l'Étourneau, bec pointu. ♂ nicheur: noir et orange. Tête, gorge, manteau, dos, ailes et majeure partie de la queue noirs, croupion, rectrices externes, poitrine, ventre orange foncé; ♂ im.: noir remplacé par du brun noirâtre, l'orange plus jaunâtre. ♀ jaune terne avec 2 barres alaires blanches. Cri, sifflement « iou-li ». Comprend la ssp. orientale *galbula.* L 17-19, E 28-32 cm.

● TANGARAS: *Thraupidae.* Passereaux américains arboricoles apparentés aux bruants. Célèbres pour leurs couleurs très vives. Quatre espèces seulement nichent en Amérique du Nord, deux sont accidentelles en Europe. Tangara est le nom donné par les Indiens Tupi du Brésil. V. aussi p. 374.

Tangara écarlate *Piranga olivacea.* ♂ nicheur: ne peut être confondu (il est très peu vraisemblable de voir ce plumage dans la région): rouge écarlate sauf ailes et queue noires. ♂ en hiver/♀/im.: ressemblent à un grand fringille qui aurait le bec pâle et la coloration d'un Verdier: tête et dessus vert olive, dessous jaune verdâtre. ♂ im.: ailes en partie noires. Diffère du Tyran vermillon (p. 374) par le bec plus petit, les ailes plus foncées et les couvertures sous-alaires blanchâtres (pas roses). Cri « tsip-dourr » aigre. L 16-17,5, E 27-30 cm.

● PARULINES : *Parulidae*. Vaste famille de petits passe-reaux insectivores des forêts de feuillus. Bec fin et pointu. Les cris, très semblables, de la plupart des espèces, sont souvent des «tsik» brefs. La plupart des ♂ et beaucoup de ♀ ont une coloration typique mais en plumage d'hiver, la distinction des adultes et de presque tous les im. est difficile (c'est en automne qu'on risque le plus de les voir en Europe). V. aussi pp. 373-374. Egalement appelés Parulines.

Paruline noir et blanc *Mniotilta varia*. Facilement reconnaissable. La seule à se déplacer sur les branches et le long des troncs comme une sittelle (p. 312). Tête et dessus noirs avec rayures blanches, dessous blanc avec rayures noires. ♀ : dessous plus blanc ; im.: dessous en grande partie chamois. Cri habituel «tik» sec, «tzit» fin. L 11,5-13, E 20-22 cm.

Paruline obscure *Vermivora peregrina*. Evoque un Pouillot fitis (p. 296), mais bec plus pointu. Adulte/im.: vert jaune uni, sous-caudales blanches. ♂ nicheur: tête grise, sourcils blancs ; ♂ hiver et ♀ : tête moins grise, dessous plus jaune. im.: sourcils jaunes, faible barre alaire. V. Viréo à œil rouge (p. 367). L 12, E 18-20 cm.

Paruline à collier *Parula americana*. Taille du Pouillot véloce. Dessus gris bleu, gorge et poitrine jaunes, ventre blanc, double barre alaire et cercle oculaire blancs, manteau vert jaunâtre. ♂ : bande foncée et rousse entre gorge et poitrine, présente mais faible chez certaines ♀. Im. comme la ♀. L 11,5, E 17-18 cm.

Paruline à croupion jaune *Dendroica coronata*. Vertex jaune (parfois absent), croupion et haut des flancs jaune, tache blanche près du bout des rectrices externes, gorge et anneau oculaire blancs sont les meilleurs caractères présents à tout âge et en toute saison. ♂ nicheur: dessus gris bleu, poitrine noire. ♂ hiver/♀/im.: plus ternes, plus bruns, dessous strié (pas de tache pectorale noire). Cris «tick», «tip», forts et secs, «tsit» plus faible. Comprend le groupe *coronata*. L 14, E 21-23 cm.

Paruline rayée *Dendroica striata*. Accidentelle, signalée seulement en automne. Le ♂ en plumage nuptial ne peut donc être observé (noir et blanc, calotte noire et joues blanches). Adulte hiver/im.: dessus (brun olive) et dessous (jaunâtre terne) faiblement striés, 2 barres alaires blanches bien visibles, sous-caudales blanches, taches blanches au bout des rectrices externes, pattes jaunâtres. Cri «tsip» mais généralement silencieux en automne. L 13, E 20-23 cm.

Paruline flamboyante *Setophaga ruticilla*. Plumage nuptial du ♂ (noir et orange) jamais vu dans la région où on a signalé seulement des ♀/im. en automne. Ceux-ci ont une queue large, généralement étalée, brun foncé avec espace jaune très visible à la base ; dessus gris vert, tache alaire jaune bien nette, tête gris bleuâtre, dessous blanchâtre, sous-caudales blanc pur, haut des flancs jaune. L 13, E 19-22 cm.

Paruline couronnée *Seiurus aurocapillus*. Un des 3 Parulidae qui ressemblent à une petite Grive musicienne (p. 274) ou à un Pipit farlouse à queue courte (p. 242) : dessus brun olive, dessous strié (lignes de taches noirâtres), pattes rosées. Reconnaissable à : milieu du vertex roux, bordé de lignes noires, cercle oculaire blanc. En Amérique, se nourrit sur le sol forestier. Cri « tsiit » aigu, cri d'alarme « tzik » fort. L 14-15, E 22-26 cm.

Paruline des ruisseaux *Seiurus noveboracensis*. Diffère de *S. aurocapillus* par le vertex entièrement brun comme le dessus, les sourcils jaunâtres, l'absence de cercle oculaire, le dessous plus jaunâtre et plus nettement strié. Marche sur les plages, le bord des cours d'eau comme un Chevalier guignette (p. 160), levant et abaissant l'arrière-train. Cri sec « pzint » ou « tchip ». L 15, E 21-25 cm. La Sylvette hoche-queue *S. motacilla*, la 3e du genre, pas encore signalée en Europe, ressemble beaucoup à *S. noveboracensis* mais a le bec plus long, plus fort, le dessous et les sourcils blancs.

Paruline masquée *Geothlypis trichas*. ♂ : front et joues noirs bordés de gris pâle sur occiput et parotiques, gorge et poitrine jaunes, ventre blanc. ♀ : tête brune, dessous comme le ♂. Im. : parfois une esquisse de masque. ♂ im. : cercle oculaire blanc. Comme le Troglodyte, relève la queue verticalement. Cris « tep, trep » secs. L 11,5-13, E 16-18 cm.

● **VIRÉOS** *Vireonidae*. Les viréos ressemblent un peu aux Parulidae, mais ont un aspect plus massif. Plumage généralement olive, brun ou jaunâtre. Certains ont des sourcils mais pas de barres alaires, d'autres ont ces deux types de marques. V. aussi p. 373.

Viréo à œil rouge *Vireo olivaceus*. A. Le passereau américain le plus souvent signalé en Europe (en Angleterre, chaque année en octobre). Dessus verdâtre uni, dessous plus blanc jaunâtre ; évoque un *Hippolais* (p. 286) mais a le vertex gris bleu, de larges sourcils blancs surmontés d'une ligne noire, un bec assez épais et de robustes pattes bleuâtres, iris rouge vif ou brun foncé. Cri nasal, sec « couii » ou « miou ». L 13, E 23-25 cm.

Oiseaux accidentels. Ces oiseaux, rarement signalés dans la région, n'ont pas été décrits dans le texte principal ou ont été simplement cités. Tous proviennent de contrées très éloignées de la région envisagée dans ce guide. La plupart sont des migrateurs égarés qui ont été entraînés par des vents contraires. Les lieux où on les voit nous donnent parfois une idée de leur pays d'origine. Ainsi, les oiseaux d'Amérique du Nord ou des Caraïbes sont généralement observés aux Açores ou en Europe occidentale alors que les espèces du S de l'Asie ou d'Afrique orientale se montrent surtout au Koweït, en Israël ou en Égypte. Les oiseaux marins accidentels sont le plus souvent originaires du sud des océans Atlantique et Indien.

Beaucoup d'oiseaux captifs s'échappent un jour ou l'autre, c'est pourquoi nous les avons omis sauf s'ils sont fréquents. Un + signale les espèces provenant de captivité ou celles dont la présence n'a pas été encore confirmée.

Pour de plus amples informations sur ces oiseaux, on pourra consulter : S. MADGE et H. BURN, Guide des canards, des oies et des cygnes, Delachaux et Niestlé, 1995 ; P. CLEMENT, A. HARRIS, J. DAVIS, Guide des fringilles, astrilds et moineaux, Delachaux et Niestlé, 1996 ; P. ALSTRÖM, P. COLSTON, I. LEWINGTON, Guide des oiseaux accidentels et rares en Europe, Delachaux et Niestlé, 1992.

Albatros à bec jaune *Diomedea chlororhynchos*. Ressemble à un petit Albatros à sourcils noirs (p. 28). Etroits rebords noirs sous les ailes, bec noir et jaune. L 71-86, E 178-205. + GB.

Albatros hurleur *D. exulans*. Bien plus grand que *D. melanophrys*. Adulte en grande partie blanc, très gros bec clair. L 107-135, E 234-351. Mer du Nord, Portugal, Sicile.

Fulmar géant *Macronectes giganteus*. Comme un très grand Fulmar foncé et massif (p. 30). Im. : distinction avec *M. halli* difficile. L 86-99, E 185-213 cm. + GB, + France.

Damier du Cap *Daption capense*. Comme un petit Fulmar : tête foncée, dessus tacheté de noir et de blanc. L 36-41, E 81-91 cm. + E Atlantique, + Méditerranée.

Pétrel de Schlegel *Pterodroma incerta*. Grande espèce (presque la taille du Fulmar boréal). Brun foncé sauf dessous blanc. L 43-46, E 104 cm. + Israël.

Puffin leucomèle *Calonectris leucomelas*. Ressemble au Puffin cendré (p. 30) sauf face blanche et nuque striée. L 48, E 122 cm. Israël.

Puffin fouquet *Puffinus pacificus*. Semblable au Puffin fuligineux et au Puffin à pieds pâles (p. 30) sauf ailes plus larges et entièrement foncées dessous. L 38-46, E 97-105 cm. Egypte.

Fou à pieds rouges *Sula sula*. 2 phases : une blanche comme le petit Fou masqué (p. 36), l'autre gris brun (dessous des ailes inclus). Les adultes ont tous la queue blanche ; im. et intermédiaires facilement confondus avec d'autres fous. L 66-77, E 91-101 cm. Mer Rouge, Norvège.

Blongios mandchou *Ixobrychus eurhythmus*. Comme le Blongios nain (p. 42) sauf dessus marron. Adulte: face marron. ♀/juv.: couvertures alaires tachetées de blanc. L 33-39, E 55-59 cm. Italie.

Blongios de Sturm *Ardeirallus sturmii*. Comme le Blongios nain sauf dessus gris ardoise foncé. L 27-30 cm. Iles Canaries.

Crabier chinois *Ardeola bacchus*. Plumage nuptial typique. Adulte hiver/im. distinction avec le Héron crabier et avec le Crabier de Gray (p. 44) probablement impossible. Norvège. L 45 cm.

Aigrette bleue (Petit héron bleu) *Egretta caerulea*. Adulte bleu ardoise; im. blanc comme l'Aigrette garzette (p. 46) sauf ailes généralement foncées au bout, bec plus épais, pattes jaunes. L 51 cm. Açores.

Aigrette tricolore *Egretta tricolor*. Bleu foncé, ventre et croupion blancs, long bec mince. Juv. cou marron. L 50, E 90 cm. Açores.

Aigrette neigeuse *Egretta thula*. Ressemble beaucoup à l'A. garzette sauf lores jaune vif. im. le jaune des doigts atteint l'arrière des tarses. L 48-68, E 96 cm. Açores, Islande.

Dendrocygne veuf *Dendrocygna viduata*. L'adulte ne peut être confondu; juv. plus terne, face grise. L 38-48 cm. + Espagne.

Oie de Ross *Anser rossii*. Diffère de l'Oie des neiges (p. 54) par: cou plus bref, bec plus court, tête plus ronde, « expression aimable ». L 53-66 cm. NL, + Belgique, + GB, + Féroés, + Allemagne.

Oie-armée de Gambie *Plectropterus gambensis*. Grande espèce noire et blanche aux longues pattes rougeâtres, bec rougeâtre. L 73-100 cm. Maroc.

Canard à bec rouge *Anas erythrorhyncha*. Calotte noire, joues blanches, bec rouge le distinguent. L 43-48 cm. + Israël.

Canard de Smith *Anas smithii*. Diffère du Souchet (p. 68) par le contraste entre le corps foncé, la tête pâle et le gros bec sombre. L 51-53 cm. + Maroc.

Fuligule à dos blanc *Aythya valisineria*. Aspect de grand Fuligule milouin (p. 70). Long bec triangulaire noir, profil fuyant. L 48-61 cm. Islande, + GB, + Allemagne.

369

pâle

foncée   im.   pâle   Aigle botté pâle p. 96

Buse de Swainson *Buteo swainsoni*. Ailes plus pointues et primaires plus foncées que chez la Buse variable (p. 94) ; il y a des phases pâle, rousse et intermédiaire. L 48-55 cm. Norvège.

Râle à bec jaune *Limnocorax flavirostra*. Petit, tout noir, bec jaune, pattes roses (plus ternes chez juv.). L 23 cm. Madère.

Glaréole orientale *Glareola maldivarum*. Dessus plus brun, queue plus courte que chez les Glaréoles à collier et à ailes noires (p. 134), dessous des ailes roux, pas de blanc au bord de fuite. L 25 cm. + GB.

Gravelot à triple collier *Charadrius tricollaris*. Petite espèce des eaux douces. Front blanc. L 18 cm. + Israël.

Gravelot élégant *Charadrius pallidus*. Grandes pattes, dos gris, bande pectorale marron (incomplète et grise chez juv.). Lacs alcalins en Afrique. L 15 cm. + Israël.

Vanneau à tête noire *Hoplopterus tectus*. Ne peut être confondu. Huppé. Plus svelte que le Vanneau éperonné (p. 142), pattes assez longues, roses. Prairies sèches. L 25 cm. Israël, Jordanie.

Bécassine de Swinhoe *Gallinago megala*. Ressemble fortement à *G. stenura* (p. 152) sauf que la queue dépasse nettement le bout des ailes pliées. L 28 cm. Caucase.

Chevalier de Sibérie *Heteroscelus brevipes*. Aspect de chevalier *(Tringa)*. Dessus et sous-alaires gris uni, pattes jaunes assez courtes. L 26-29 cm. GB.

Sterne des Aléoutiennes *Sterna aleutica*. Plus petite que la Sterne pierregarin (p. 182), plus foncée dessus et dessous, front blanc, bord de fuite noir, bec et pattes noirs. L 32-38, E 75-81 cm. GB.

Petite sterne *S. antillarum*. Diffère de la S. naine (p. 184) par le dos et le milieu de la queue plus gris, les cris perçants, rappelant ceux de l'Huîtrier-pie. L 20-28, E 50-55 cm. GB.

Noddi brun *Anous stolidus*. Entièrement brun foncé sauf front et vertex blancs. L 38-40, E 77-85 cm. Allemagne, Norvège.

Bec-en-ciseaux d'Afrique *Rynchops flavirostris*. Dessus noir, dessous blanc, très gros bec étroit, rouge, m. i. plus longue que la m. s. L 38, E 106 cm. Israël.

Mergule nain p. 190

Tourterelle
turque
p. 198

N

H

♀

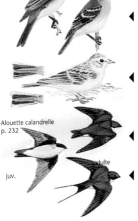

Alouette calandrelle
p. 232

juv.

adulte

Guillemot à cou blanc *Synthliboramphus antiquus.* Plus petit que le Macareux moine (p. 190). Tête noire, dos gris, très petit bec jaune pâle, noir de la gorge moins étendu en hiver. L 24-27, E 43 cm. GB.

Starique cristatelle *Aethia cristatella.* Dessus noir, dessous gris brunâtre, bec rouge (brun en hiver); adulte: huppe incurvée en avant. L 23 cm. Islande.

Starique perroquet *Cyclorrhynchus psittacula.* Dessus gris ardoise, gorge brun grisâtre tachetée de blanc, dessous blanc, bec épais, rouge. L 23-27, E 46 cm. Suède.

Tourterelle rieuse *Streptopelia roseogrisea.* Un peu plus petite que la T. turque (p. 198) et queue plus courte, région anale blanche, queue plus foncée que le dos. L 28 cm. Israël.

Tourterelle triste *Zenaida macroura.* Ressemble un peu à la Tourterelle maillée (p. 198). Extrémité des ailes noire, longue queue rétrécie à l'extrémité comme chez la T. masquée. L 31 cm. GB.

Coucou Didric *Chrysococcyx caprius.* Petit coucou africain. ♂: dessus vert à reflets cuivrés; ♀ vert barré de roux; dessous blanchâtre, barré. Son nom évoque son cri. L 19-23 cm. Chypre.

Pic flamboyant *Colaptes auratus.* Pic nord-américain. Dessus brunâtre barré de noir, dessous plus clair tacheté de noir, croupion blanc bien visible, dessous des ailes jaune. ♂: moustaches noires. L 25-36 cm. DK, Irlande.

Moucherolle Phébi *Sayornis phoebe.* Gobe-mouche nord-américain. Queue assez longue, dessus gris brun, le plus foncé sur la tête, dessous blanchâtre teinté de jaune olive. Se perche tout droit, lève et abaisse la queue. L 17-18 cm. GB.

Moucherolle vert *Empidonax virescens.* Dessus gris vert olive, poitrine grisâtre, ventre jaune clair, 2 barres alaires et anneaux oculaires pâles. Son cri « oui-sii » le distingue des autres gobe-mouches nord-américains semblables. L 15 cm. Islande.

Alouette de Hume *Calandrella acutirostris.* En nature, ne peut être distinguée de la ssp. grise de *C. brachydactyla* (p. 232). En main: moins de blanc sur les rectrices externes, les 4 primaires (pas 3) les plus longues ont la même taille. L 13 cm. Israël.

Hirondelle bicolore *Tachycineta bicolor.* Petite hirondelle nord-américaine. Queue peu fourchue. Adulte: dos vert, dessous blanc. Juv.: gris brun et blanc; ressemble beaucoup à *Riparia riparia* (plus petite) (p. 238). L 13-15 cm. GB.

Hirondelle d'Ethiopie *Hirundo aethiopica.* Bien plus petite que l'Hirondelle rustique (p. 240). Front roux, menton et gorge chamois clair, bande pectorale incomplète. Juv.: dos plus brun. L 14 cm. Israël.

Bergeronnette pie *Motacilla aguimp*. Afrique. Diffère de *M. alba* (p. 248) par: queue plus courte, taille inférieure, grande marque alaire blanche. L 20 cm. Jordanie.

Jaseur d'Amérique *Bombycilla cedrorum*. Amérique du Nord. Plus petit et plus brun que *B. garrulus* (p. 252), ventre jaune, sous-caudales blanches. L 18 cm. + GB.

Moqueur polyglotte *Mimus polyglottos*. Amérique du Nord. Diffère de la Pie-grièche grise (p. 316) par: pattes plus longues, bec non crochu, pas de bandeau oculaire noir. L 25 cm. GB, NL.

Moqueur roux *Toxostoma rufum*. Amérique du Nord. Furtif. Diffère des grives par: longue queue, ailes courtes, dessus marron roux, bec assez long. L 29 cm. GB, Allemagne.

Moqueur chat *Dumetella carolinensis*. Amérique du Nord. Oiseau discret. Entièrement gris fuligineux sauf vertex et queue noirs, sous-caudales rousses. Im.: ailes brunes. L 22 cm. Allemagne, Irlande, Jersey.

Rossignol bleu *Luscinia cyane*. Sibérie. ♂ bleu et blanc. ♀: ressemble un peu à celle du Robin à flancs roux, mais pas de roux sur les flancs, gorge jaunâtre. Parfois du bleu sur la courte queue souvent agitée. L 15 cm. + Sark (Îles Anglo-Normandes).

Grive à collier *Zoothera naevia*. Amérique du Nord. Dessus gris bleu, dessous orange. ♀ plus brune dessus, bande pectorale plus faible. L 25 cm. GB.

Merle unicolore *Turdus unicolor*. Himalaya. ♂: dessus gris ou gris brun uni, ventre blanc, poitrine grisâtre ou roussâtre. ♀ plus brune, gorge blanche, striée, bec et cercle oculaire d'un jaune plus terne. L 21 cm. Héligoland (D).

Rousserolle à gros bec *Acrocephalus aedon*. Diffère de la R. turdoïde (p. 282) par: queue plus longue, bec plus court et plus épais (m. i. pâle), projection des primaires plus courte. L 18-19 cm. GB.

Pouillot de Temminck *Phylloscopus coronatus*. Diffère du P. boréal (p. 294) par: 2 barres alaires, longs sourcils blanchâtres soulignés par un trait oculaire noirâtre et une large bande pâle sur le vertex. L 12-13 cm. Héligoland (D).

Roitelet à couronne rubis *Regulus calendula*. Amérique du Nord. Diffère du R. huppé (p. 300) par: tour des yeux blanc, vertex rouge du ♂ (rarement visible). L 11 cm. Islande.

Gobe-mouche brun *Muscicapa dauurica (latirostris)*. Dessus gris brun non strié, cercles oculaires et lores pâles, dessous grisâtre. Im.: barre alaire pâle (ne pas confondre avec *M. sibirica*, ci-contre) qui est brun, avec haut des flancs bruns. L 12 cm. GB, DK, Suède.

Sittelle à poitrine rousse *Sitta canadensis*. Ressemble à la S. corse (p. 312). Le ♂ en diffère par: dessous beaucoup plus roux orangé, rectrices externes: bout gris pâle (foncé et blanc chez la S. corse). L 11 cm. GB.

Pie-grièche brune *Lanius cristatus*. Ressemble à la P. G. isabelle (p. 318), en diffère par: bec plus épais, queue plus longue, étagée, ligne frontale blanche, dessous roussâtre (barré de brun chez im.). L 18 cm. GB, DK.

Pie-grièche Schach *Lanius schach*. Vertex, nuque, manteau gris, dos et croupion roux, longue queue noire, étagée, bordée de chamois. Juv. plus terne, plus brun, barré dessus et dessous. L 22-23 cm. Hongrie, Israël, Turquie.

Corneille mantelée
p. 324 Irak/Egypte

Corbeau pie *Corvus albus*. Ventre et collier blancs. L 46 cm. Libye.

Spréo améthyste *Cinnyricinclus leucogaster*. ♂: ne peut être confondu. Dessus violet, dessous blanc. ♀/juv.: dessus brun foncé, poitrine et flancs tachetés de brun sur fond blanc. L 18-19 cm. Israël.

Viréo à gorge jaune *Vireo flavifrons*. Reconnaissable à: gorge, cercle oculaire, poitrine jaune vif, ventre blanc, 2 barres alaires blanches. L 14 cm. GB.

Viréo de Philadelphie *Vireo philadelphicus*. Tête et dessus gris, sourcils blancs, dessous jaune, bec robuste un peu recourbé, différent de celui de la Sylvette obscure (pp. 298, 366). L 12-13 cm. GB.

Parulines *Parulidae*: passereaux nord-américains. v. p. 366.

Paruline à ailes dorées *Vermivora chrysoptera*. ♂ adulte facilement reconnaissable: grande tache alaire jaune, tête jaune, blanche et noire. ♀: tête plus grise. L 12 cm. GB.

Paruline jaune *Dendroica petechia*. Trapue, queue courte. ♂ nicheur: dessous jaune strié de roux; autres plumages plus ternes, sans stries yeux foncés ressortant nettement de la face pâle. L 13 cm. GB, DK.

Paruline à flancs marron *Dendroica pensylvanica*. Plumage nuptial: bande marron roux sur les flancs blancs (presque inexistante en automne où le plumage est verdâtre dessus et grisâtre dessous); en toute saison, 2 barres alaires jaunes et cercles oculaires blancs. L 11-14 cm. GB.

Paruline bleue *Dendroica caerulescens*. ♂: dessus gris bleu, gorge, face et flancs noirs, dessous blanc. ♀ vert brunâtre, joues plus foncées, étroits sourcils et anneaux oculaires blancs; souvent, une petite tache alaire blanche. L 12-14 cm. Islande.

Paruline à gorge noire *Dendroica virens*. ♂ nicheur: front et joues jaunes, gorge et poitrine noires (♀: poitrine striée de noir); im.: pas de noir); à tout âge, 2 barres alaires blanches et flancs striés. L 11-13 cm. D, Islande.

373

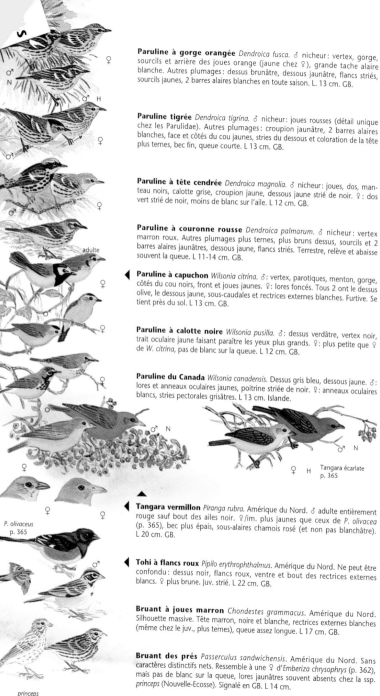

Paruline à gorge orangée *Dendroica fusca*. ♂ nicheur: vertex, gorge, sourcils et arrière des joues orange (jaune chez ♀), grande tache alaire blanche. Autres plumages: dessus brunâtre, dessous jaunâtre, flancs striés, sourcils jaunes, 2 barres alaires blanches en toute saison. L. 13 cm. GB.

Paruline tigrée *Dendroica tigrina*. ♂ nicheur: joues rousses (détail unique chez les Parulidae). Autres plumages: croupion jaunâtre, 2 barres alaires blanches, face et côtés du cou jaunes, stries du dessous et coloration de la tête plus ternes, bec fin, queue courte. L 13 cm. GB.

Paruline à tête cendrée *Dendroica magnolia*. ♂ nicheur: joues, dos, manteau noirs, calotte grise, croupion jaune, dessous jaune strié de noir. ♀: dos vert strié de noir, moins de blanc sur l'aile. L 12 cm. GB.

Paruline à couronne rousse *Dendroica palmarum*. ♂ nicheur: vertex marron roux. Autres plumages plus ternes, plus bruns dessus, sourcils et 2 barres alaires jaunâtres, dessous jaune, flancs striés. Terrestre, relève et abaisse souvent la queue. L 11-14 cm. GB.

Paruline à capuchon *Wilsonia citrina*. ♂: vertex, parotiques, menton, gorge, côtés du cou noirs, front et joues jaunes. ♀: lores foncés. Tous 2 ont le dessus olive, le dessous jaune, sous-caudales et rectrices externes blanches. Furtive. Se tient près du sol. L 13 cm. GB.

Paruline à calotte noire *Wilsonia pusilla*. ♂: dessus verdâtre, vertex noir, trait oculaire jaune faisant paraître les yeux plus grands. ♀: plus petite que ♀ de *W. citrina*, pas de blanc sur la queue. L 12 cm. GB.

Paruline du Canada *Wilsonia canadensis*. Dessus gris bleu, dessous jaune. ♂: lores et anneaux oculaires jaunes, poitrine striée de noir. ♀: anneaux oculaires blancs, stries pectorales grisâtres. L 13 cm. Islande.

Tangara écarlate
p. 365

Tangara vermillon *Piranga rubra*. Amérique du Nord. ♂ adulte entièrement rouge sauf bout des ailes noir. ♀/im. plus jaunes que ceux de *P. olivacea* (p. 365), bec plus épais, sous-alaires chamois rosé (et non pas blanchâtre). L 20 cm. GB.

Tohi à flancs roux *Pipilo erythrophthalmus*. Amérique du Nord. Ne peut être confondu: dessus noir, flancs roux, ventre et bout des rectrices externes blancs. ♀ plus brune. Juv. strié. L 22 cm. GB.

Bruant à joues marron *Chondestes grammacus*. Amérique du Nord. Silhouette massive. Tête marron, noire et blanche, rectrices externes blanches (même chez le juv., plus ternes), queue assez longue. L 17 cm. GB.

Bruant des prés *Passerculus sandwichensis*. Amérique du Nord. Sans caractères distinctifs nets. Ressemble à une ♀ d'*Emberiza chrysophrys* (p. 362), mais pas de blanc sur la queue, lores jaunâtres souvent absents chez la ssp. *princeps* (Nouvelle-Écosse). Signalé en GB. L 14 cm.

P. olivaceus
p. 365

princeps

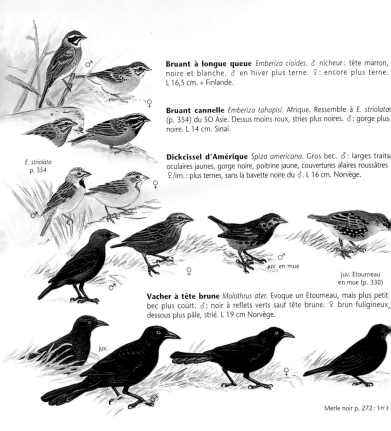

Bruant à longue queue *Emberiza cioides*. ♂ nicheur: tête marron, noire et blanche. ♂ en hiver plus terne. ♀: encore plus terne. L 16,5 cm. + Finlande.

Bruant cannelle *Emberiza tahapisi*. Afrique. Ressemble à *E. striolata* (p. 354) du SO Asie. Dessus moins roux, stries plus noires. ♂: gorge plus noire. L 14 cm. Sinaï.

E. striolata
p. 354

Dickcissel d'Amérique *Spiza americana*. Gros bec. ♂: larges traits oculaires jaunes, gorge noire, poitrine jaune, couvertures alaires roussâtres. ♀/im.: plus ternes, sans la bavette noire du ♂. L 16 cm. Norvège.

juv en mue

juv. Etourneau
en mue (p. 330)

Vacher à tête brune *Molothrus ater*. Evoque un Etourneau, mais plus petit, bec plus court. ♂: noir à reflets verts sauf tête brune. ♀ brun fuligineux, dessous plus pâle, strié. L 19 cm Norvège.

juv.

Merle noir p. 272: 1er H

Quiscale bronzé *Quiscalus quiscula*. Longue queue, large à l'extrémité. ♂ tout noir à reflets violets ou bronzés. ♀/juv.: plus petits, plus ternes. L 28-34 cm. DK

Observations récentes. De nouveaux oiseaux sont constamment signalés dans la région surtout dans le SE et le SO. Ceux qui sont mentionnés ci-après sont parmi les tout derniers, mais la plupart des observations n'ont pas encore été confirmées et, comme pour d'autres espèces « accidentelles », il s'agit peut-être de sujets échappés de captivité.

Spatule rosée *Platalea ajaja*. Plumage rose. + Açores.
Dendrocygne siffleur *Dendrocygna javanica*. Plus petit que *D. bicolor*, sus-caudales marron. + Israël.
Bondrée orientale *Pernis ptilorhynchus*. Plus grande, ailes plus larges que *P. apivorus*, dessous des ailes sar tache noirâtre au poignet. Israël.
Macareux huppé *Lunda cirrhata*. Diffère du Macareux moine par: plumage tout noir sauf face blanche (grise e hiver) avec grandes plumes jaunes retombant sur la nuque. + Suède.
Traquet familier *Cercomela familiaris*. Diffère de *C. melanura* par: bec plus grand, plumage brun queue bru roussâtre sauf milieu et bande subterminale foncés. + Canaries.
Merle pâle *Turdus pallidus*. Diffère de *T. unicolor* par: taille supérieure, dos plus brun, côtés de la queue blanc: bec jaune à pointe foncée. + Allemagne.
Etourneau caronculé *Creatophora cineracea*. Evoque un Etourneau sansonnet mais gris pâle, ailes et queu foncées. ♂ nicheur: peau nue, jaune sur la tête, caroncules noires. + Israël.
Moinelette à dos gris *Eremopterix verticalis*. Ressemble à *E. nigriceps*. ♂: tête plus noire, tache blanche sur l nuque. ♀: ventre noir. + Israël.

Anatidae échappés de captivité. Certains Anatidae se sont acclimatés dans les pays où ils avaient été élevés en captivité et vivent désormais en liberté. D'autres, échappés eux aussi (tels ceux décrits ci-après) n'en sont pas encore à ce stade.

Oie cygnoïde domestique

Oie cygnoïde sauvage

adulte

Oie des neiges

juv.

Oie de Ross

Oie « bleue »

juv.

adulte

♂

♀

juv.

v. p. 62

Oie cygnoïde *Anser cygnoides*. Ancêtre sauvage de l'Oie cygnoïde domestique. En diffère par l'absence de renflement à la base du bec. L 81-94 cm.

Oie des neiges (p. 54). L'une de celles qui s'échappe le plus souvent (phases blanche et bleue). Se croise avec d'autres oies, ce qui accroît les confusions. L'Oie de Ross (p. 369) est élevée elle aussi. Celles que l'on voit dans la région sont très probablement (comme les Oies des neiges) échappées de captivité.

Oie empereur *Anser canagicus*. Evoque l'Oie des neiges de phase bleue (p. 54). Seuls le cou et la tête sont blancs, gorge et devant du cou noirs. La seule oie qui ait les pattes jaunes (sauf l'Oie à tête barrée, p. 58 et l'Oie des moissons, p. 56, qui les ont jaune orangé). L 66-89 cm. Amérique.

Tadorne à tête grise *Tadorna cana*. Le ♂ diffère de celui de *T. ferruginea* par tête et cou gris ; ♀ : front, joues, menton blancs, reste de la tête et cou gris foncé, bec et pattes noirs. L 61-66 cm.

Autres tadornes. Tadorne de Nouvelle-Zélande *T. variegata*. ♂ noirâtre sauf espaces blancs et marron sur les ailes. ♀ : diffère de celles de *T. ferruginea* et *T. cana* par la tête et le haut du cou blancs, le corps plus foncé (marron roux). L 63-71 cm. Le T. d'Australie, *T. tadornoides* : ♂ et ♀ ressemblent au ♂ de *T. variegata* sauf poitrine rousse et étroit collier blanc ; la ♀ a des cercles oculaires blancs. L 56-72, E 94-132 cm.

Dendrocygne veuf *Dendrocygna viduata*. Afrique. Comme chez les autres membres de ce genre surtout tropical, cou et pattes longs. Adulte : front, joues et menton blancs (gris chez l'im.). L 38-48 cm.

p. 64

versicolor

puña

♀

♂ N

♀

♂

♀

♂

Canard de Chiloé *Anas sibilatrix.* Evoque le Canard siffleur (p. 64). Diffère des autres canards de même taille par : face blanche, reste de la tête et cou noirs (sauf bande vert foncé derrière l'œil), flancs roux. ♀ plus terne. L 43-54 cm. Amérique du Sud.

Canard des Bahamas *Anas bahamensis.* Reconnaissable à : calotte noire, joues et gorge blanches, base du bec rouge, queue pointue assez longue. L 38-51 cm. Amérique tropicale.

Canard à bec rouge *Anas erythrorhyncha.* Afrique. Ressemble à *A. bahamensis* sauf calotte brun foncé, face blanche plus restreinte, bec entièrement rouge vif. L 43-48 cm.

Sarcelle versicolore *Anas versicolor.* Amérique du Sud. Bec bleu, jaune à la base. ♂ : calotte noire, joues et menton blancs. Une de ses sspp. est la Sarcelle de la Puña. L 38-43 cm.

Sarcelle cannelle *Anas cyanoptera.* Amériques. Equivalent tropical de la Sarcelle soucrourou (p. 66). ♂ : plumage roux marron. ♀ : diffère de celle d'*A. discors* par plumage en grande partie roux et non pas grisâtre. L 35-48 cm.

Sarcelle à collier *Callonetta leucophrys.* ♂ : plumage bigarré, joues gris jaunâtre, vertex et nuque noirs. ♀ : sourcils, menton et joues blanchâtres (celles-ci avec taches foncées), vertex et nuque brun foncé. En vol, tous 2 ont un miroir vert et une marque alaire blanche. L 35-38 cm.

Sarcelle du Brésil *Amazonetta brasiliensis.* Plumage brun assez terne sauf poitrine rousse. ♀ : menton blanchâtre, 2 taches blanches sur la face (parfois aussi chez le ♂), bec et pattes rouges. L 35-40 cm.

Canard de Barbarie (Canard musqué) *Cairina moschata.* Oiseau sauvage noir sauf grande marque alaire blanche, petite huppe, peau nue, rouge autour des yeux et bosse noirâtre à la base du bec blanc rosé, pattes noires. Les oiseaux domestiques sont blancs, noirs et blancs, noirs ou même gris bleu. Amérique centrale et du Sud. L 66-84 cm.

les noms scientifiques

Index des noms français